高等教育“十四五”精品教材

会计信息化

（第2版）

主　编　郑新娜　孙丽艳
副主编　孙　楠　安　洋

北京交通大学出版社
·北京·

内 容 简 介

本书着重讲解会计信息化管理软件中财务会计业务处理的基本知识和操作方法。全书共分 9 个项目，主要内容包括：软件选择与安装、系统管理、总账基础信息设置、总账系统业务、会计报表系统业务、薪资管理系统业务、固定资产管理系统业务、应收款管理系统业务和应付款管理系统业务。

本书附有课内练习资料及课后巩固练习，可供高等学校会计类专业师生使用，也可供相关专业师生参考。

图书在版编目（CIP）数据

会计信息化 / 郑新娜，孙丽艳主编. —2 版. —北京：北京交通大学出版社，2024.4
ISBN 978-7-5121-5211-3

Ⅰ. ① 会… Ⅱ. ① 郑… ② 孙… Ⅲ. ① 会计信息–财务管理系统–高等学校–教材 Ⅳ. ① F232

中国国家版本馆 CIP 数据核字（2024）第 084058 号

会计信息化
KUAIJI XINXIHUA

责任编辑：田秀青
出版发行：北京交通大学出版社　　电话：010-51686414　　http://www.bjtup.com.cn
地　　址：北京市海淀区高梁桥斜街 44 号　　邮编：100044
印 刷 者：北京鑫海金澳胶印有限公司
经　　销：全国新华书店
开　　本：185 mm×260 mm　　印张：19.5　　字数：500 千字
版 印 次：2018 年 10 月第 1 版　　2024 年 4 月第 2 版　　2024 年 4 月第 1 次印刷
定　　价：49.00 元

本书如有质量问题，请向北京交通大学出版社质监组反映。对您的意见和批评，我们表示欢迎和感谢。
投诉电话：010-51686043，51686008；传真：010-62225406；E-mail：press@bjtu.edu.cn。

21 世纪是一个信息化时代，会计作为经济生活不可或缺的部分，必将更多地运用信息技术。随着计算机技术的飞速发展和信息技术的广泛应用，会计信息化得到快速发展，会计信息系统的应用平台、开发技术及功能体系也在不断更新，应用水平不断提高，应用范围也不断扩大。会计软件从单一的记账软件逐步发展到包含销售、采购等的业务流程信息化软件，即从最初的会计电算化时代逐步发展到会计信息化时代，因此，会计工作人员应注重对会计信息化的了解、使用和维护。《会计信息化》自 2018 年出版以来深受读者好评和厚爱，已重印 5 次。为适应会计信息化的快速发展，现对本书进行修订再版。

本书着重讲解会计信息系统的原理和操作方法，使学生在了解会计信息系统基本知识的基础上，系统学习会计信息系统的基本原理和会计核算与管理的全部工作过程。本书采用理论教学和实践教学相结合的方式，体现教学过程的理实一体化，有针对性地介绍会计核算和会计管理的应用，以模块化的方式介绍会计信息系统，内容安排合理，文字简明，突出操作技能的训练，能够适应企业管理现代化对会计工作人员综合素质的要求。本书每章后的巩固练习可以供学生进行大量的实际操作，以巩固所学习的理论教学知识。

本书在内容和结构上突出了如下特点。

1. 实用性

采用理论教学和实践教学相结合的方式，有针对性地学习，完整地实现企业财务一体化，能够适应企业管理现代化对会计工作人员综合素质的要求，有效地培养学生的综合实践能力和创新精神，促进学生知识、能力及素质的全方位提高。

2. 综合性

在讲解会计信息系统基本原理的基础上，具体讲解会计信息系统的操作方法，将理论与实践紧密地结合起来，使学生既能掌握会计信息系统的基本理论知识，又能全面了解利用会计信息系统处理会计业务的原理和方法，从而满足熟练使用会计信息系统处理会计业务及进行会计数据综合查询的需要。

3. 系统性

依据企业会计业务处理的过程，全面、系统地介绍会计信息系统的原理和使用方法，使学生全面了解会计信息系统的功能、结构和数据流程，系统地掌握会计信息系统的工作原理和数据处理方法。

本书由沈阳工学院郑新娜、沈阳理工大学孙丽艳担任主编，沈阳工学院孙楠、安洋担任副主编。写作分工是：孙丽艳编写导学、项目一、项目二、项目三；郑新娜编写项目四、项目五、项目六；孙楠编写项目七、项目八；安洋编写项目九。

全书由郑新娜统稿，由孙丽艳、孙楠审定。

本教材是集体智慧的结晶，是大家共同的劳动成果，也是沈阳工学院经济与管理实验中心建设成果。在此谨对全体参与人员表示衷心的感谢！

在本书的编写过程中，我们拜读了国内外许多专家、学者的著作，并借鉴了其中部分内容，在此谨向他们表示深深的感谢和敬意！由于受时间和水平所限，书中难免会有错误和纰漏，敬请专家和读者不吝指正。

编　者
2024年1月

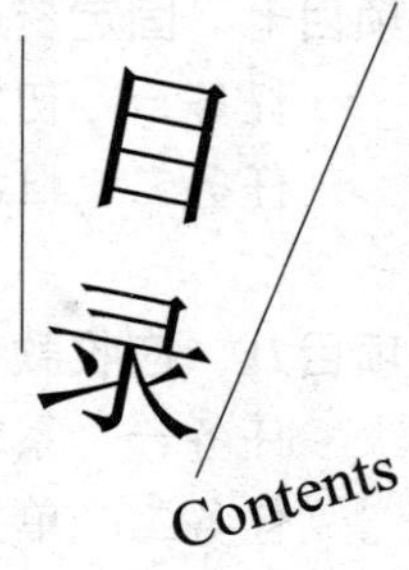

目录 Contents

导　学

➘ 为什么学习本课程

随着计算机技术的广泛普及，各行各业都已大范围采用了计算机及相应的管理软件来实现对工作的高效管理。会计信息化软件，即财务软件已经成为绝大多数企业采用的管理软件。

在实际工作中，绝大多数企业已采用会计信息化软件，可以说熟练操作会计信息化软件已经成为会计工作人员的必备技能。因此，作为会计专业的学生，熟练掌握会计信息化软件的操作是非常有必要的。在实际工作中，企业采用的信息化软件种类繁多，而在学校的学习过程中，不可能也没必要把所有的信息化软件都学一遍。为了达到让学生掌握会计信息化软件熟练操作的目的，可以选择一款常见的、有代表性的软件，通过它来学习操作原理与实践技能。

本课程选用了比较常见的、广泛应用于大中型企业的用友 ERP－U8 管理软件。通过对这款软件的学习，可以让学生既能了解会计信息化软件的基本原理，又能掌握具体操作过程，从而达到培养学生专业能力的目标。

➘ 如何学习本课程

本课程内容包括 9 个项目，具体包括软件选择与安装、系统管理、总账基础信息设置、总账系统业务、会计报表系统业务、薪资管理系统业务、固定资产管理系统业务、应收款管理系统业务和应付款管理系统业务。

每个项目都有几个不同的任务，每个任务中都包括学习目标、项目描述、项目要求、知识准备、操作指导等内容。具体学习时，根据项目要求，按照操作指导的步骤，将情景描述中的业务录入系统中，通过完成特定的项目来学习相应的知识和技能。

在学习过程中，每做完一个项目都要备份。其中，系统管理和总账系统业务是连续的操作内容，是最重要、最基础的内容，其他项目都是在此基础上开展的。项目五至项目九是独立的操作内容，但每个项目需要用到总账系统业务的结果。

每个项目后都配备了相应的操作练习。其中，系统管理至总账系统业务后配备的操作练习，是连续的操作内容，其他项目后配备的操作练习都是在此基础上开展的。其他项目后配备的操作练习是独立的操作内容，做每个练习前需要用到总账系统业务后配备的操作练习的结果。

➘ 会计信息化概述

1. 会计信息化的基本概念

1）会计信息化的含义

会计信息化的含义可以从总体性和深度性两方面来理解。

（1）会计信息化的总体性概念。所谓总体性，是指会计信息化的应用范围应当是全社会的会计工作，即所有会计单位基本上实现了应用计算机信息技术进行会计核算、管理工作。在实践中，会计信息化也可当作一个个体性概念来理解和应用，此时其含义是指某一会计单位或特定会计范畴的会计核算及管理工作，通过计算机信息技术，实现会计工作的信息化。

（2）会计信息化的深度性概念。所谓深度性，是指每个实施会计信息化的单位，其会计信息化的水平应当达到较高的程度。这表明会计信息化是一个不断发展的过程，随着计算机信息技术的飞速发展、财务软件的不断更新和会计制度改革的深化，会计信息化的发展程度也必将日益完善。

2）会计信息化的内容

会计信息化包括宏观和微观两方面的内容。

（1）会计信息化的宏观内容。会计信息化的宏观内容，是指各级财政部门对全国和本地区、本系统、本行业的会计信息化工作实施的组织推动、规划制定、人员培训、制度制定等管理活动。

（2）会计信息化的微观内容。会计信息化的微观内容，是指基层企事业单位在建立了会计信息化系统后所进行的组织和管理工作，即运用各种管理方法和手段，对实现信息化后会计工作的人、财、物各要素进行有效的计划、组织、协调和控制，促进基层企事业单位的会计信息收集、整理、传输、反馈的灵敏度和准确度，全面提高会计工作水平，使会计部门的职能和作用得到充分的发挥，以便更好地为基层单位的财务管理和决策服务。

3）会计信息化的特点

（1）及时性与准确性。计算机方式下的会计信息化，其数据处理更及时、准确。计算机对会计数据的分类、汇总、计算、传递及报告等处理几乎是在瞬时完成的。计算机运用正确的处理程序可以避免手工处理出现的错误。计算机可以采用手工条件下不易或无法采用的复杂、精确的计算方法，如材料收发的移动加权平均法等，从而使会计核算工作更细致、更深入，能更好地发挥其参与管理的职能。

（2）集中化与自动化。计算机方式下的会计信息化，其各种核算工作都由计算机集中处理。在网络环境中信息可以被不同的用户分享，数据处理更具有集中化的特点。对于大的系统，如大型集团或企业，规模越大，则数据越复杂，数据处理就要求越集中。在计算机方式下的会计信息处理过程中，人工干预较少，由程序按照指令进行管理，具有自动化的特点。通过集中化与自动化，企业将会取得更好的效益。

（3）人机结合。会计工作人员是会计信息化的组成部分，不仅要进行日常的业务处理，还要进行计算机软硬件故障的排除。会计数据的输入、处理及输出是手工处理和计算机处理两方面的结合。有关原始资料的收集是计算机化的关键性环节，而原始数据必须经过手工收集、处理后才能输入计算机，由计算机按照一定的指令进行数据的加工和处理，将处理后的信息通过一定的方式存入磁盘，打印在纸张上或通过显示器显示出来。

（4）内部控制更加严格。计算机方式下的会计信息化，其内部控制制度有了明显的变化，新的内部控制制度更强调手工与计算机结合的控制形式，控制要求更严，内容也更广泛。

2. 会计信息化信息系统概述

1）会计信息化信息系统数据处理流程

（1）会计数据输入。

在会计信息化信息系统中，会计数据输入的方式有多种。

① 直接输入方式。这是指财会人员根据原始凭证或记账凭证（如销售发票、出差单据），通过键盘、屏幕将数据直接输入计算机存入凭证文件的一种方式。采用这种方式输入的凭证称为人工凭证，很类似于手工填制凭证。由于人工凭证是从屏幕输入，所以会计信息化信息

系统提供一个直观、方便、准确性高的输入模块。该模块有利于提高凭证的输入速度，减少数据输入错误，同时提供凭证输入过程中的编辑和数据检测功能。利用逻辑判断、平衡法则、检验法等检测手段对输入的记账凭证进行正确性、合法性、有效性检查，及时发现错误并进行编辑修改，以保证产生正确的人工凭证。

② 间接输入方式。财会人员首先将会计数据录制在磁介质上，然后将其转换成计算机所能接受的凭证，并保存在凭证文件中。例如，连锁店营业员通过扫描装置将当日的销售数据录制到磁盘或计算机中，一天的营业结束后，连锁店将装有会计数据的磁盘送到总店，或者通过调制解调器、远程网络将会计数据传送到总店，总店根据这些数据生成凭证，并保存在凭证文件中。

③ 自动输入方式。这是指计算机自动编制凭证并保存在凭证文件中，这种方式生成的凭证称为机制凭证，包括如下内容。

a）各业务子系统处理业务后自动编制的机制凭证，如固定资产子系统转来的固定资产增加、减少、计提折旧等凭证；材料子系统转来的收料、发料等凭证；工资子系统转来的工资费用分配凭证；销售子系统转来的销售凭证等。

b）财务子系统自身自动生成的机制凭证，如月末辅助生产费用的分配结转凭证，月末把本期销售成本、销售税金、期间费用、销售收入等科目余额结转年利润科目等形成的凭证等。

（2）会计数据处理。

在会计信息化信息系统中，会计数据处理工作都是由计算机自动完成的。目前，最常见的会计数据处理方式如下。

① 成批处理。这是指定期收集会计数据，按组或按批进行处理的方式。例如，输入并审核 50 张凭证后，要求计算机对这 50 张凭证进行记账，或者输入并审核了一天或一周的凭证后，要求计算机对一天或一周的凭证进行记账，计算机就会自动、准确、高速地将这些数据分别登记在总账、明细账、日记账等“电子账簿”中。由于登记账簿的工作是由计算机自动完成的，不会出现人工记账时的错误，所以不需要进行总账和明细账的核对、总账和日记账的核对。成批处理是会计信息化信息系统中使用最广泛的一种处理方式。当财会人员发出成批处理的命令后，计算机便进行成批处理。在处理过程中，人和计算机不发生任何交互作用，财会人员一般不需要介入，计算机便自动、高速地完成工作。

② 及时处理。这是指当产生数据或财会人员有一次处理要求时，计算机就立即进行处理的方式。例如，材料核算采用先进先出法，当收到或发出一笔材料时，便要求计算机立即进行数据处理，更改材料结存文件。及时处理方式要求计算机必须随时接受处理的要求，及时进行处理。因此，对系统的响应时间、可靠性、安全性等要求都比较高。

（3）会计信息输出。

会计数据都保存在磁介质的文件中，为了使信息的使用者能够看到各种信息（如凭证、账簿、各种报表等），就需要从磁介质文件中提取信息并输出。提取会计数据并按财会人员需要的形式输出的过程称为会计信息输出。目前，会计信息输出最常见的方式有如下几种。

① 显示输出。这是指用字符或图形的形式，将磁介质文件中的会计数据，按照财会人员的要求输出到显示器上。例如，财会人员“告诉”计算机，需要输出 1 月的应收账款明细账，计算机就对磁介质文件中的会计数据进行加工，以财会人员要求的明细账形式显示在屏幕上。显示输出的特点是信息的使用者可以迅速、准确地得到所需的信息，但所得到的信息不能长期保存。所以，这种方式一般用于随机查询信息。

② 打印输出。这是指用字符或图形的形式，将磁介质文件中的会计数据，按照财会人员的要求输出到打印机，并将会计信息打印在纸张上。例如，财会人员“告诉”计算机，需要将 12 月的应收账款明细账以纸张的形式输出，计算机就对磁介质文件中的会计数据进行加工，以财会人员要求的明细账形式传到打印机上，并打印在纸张上，形成可长期保存和阅读的账簿。打印输出使信息的使用者可以方便、准确地得到所需资料，并可以长期保存。

③ 软盘输出。这是指将产生的有关结果信息输出到软盘磁介质中的一种方式。例如，将所有会计数据保存在软盘上作为备份资料，当硬盘中的会计数据被破坏时，可以用此备份资料进行恢复。又如，将会计凭证保存在软盘上，以便下次记账用。再如，将报表数据保存在软盘上，为主管部门进行报表汇总提供资料等。

④ 会计数据存储。在信息化会计信息系统中，无论是记账凭证、账簿还是会计报表，都是以数据库文件形式保存在磁介质中的。一个文件由若干条记录组成，一个记录由若干个字段组成。

2）会计信息化信息系统的划分及其关系

一个会计信息化信息系统通常由多个子系统组成，每个子系统各自处理特定部分的会计信息，同时各子系统之间通过信息传递和核对相互作用、相互依赖，形成一个完整的会计信息化系统。

会计信息系统的构成，即子系统的划分带有明显的行业特点，行业不同，子系统的划分也不完全相同。

工业企业经营活动包括供应、生产、销售 3 个环节。在供应环节，企业从外部购进原材料，以备生产领用。在生产环节，劳动者借助劳动工具对劳动对象进行加工，生产出产品，同时要发生各种各样的耗费，包括材料的耗费、人力的耗费及机器设备和厂房等固定资产的耗费等。在销售环节，企业将生产出的产品销售出去并收回货款。因此，工业企业的会计信息化信息系统的划分，必须能够反映工业企业经营活动的特点。对于工业企业来说，会计信息化信息系统一般划分为账务处理、工资核算、固定资产核算、材料核算、往来账款核算、销售核算、成本核算、报表、财务分析与领导查询等子系统。

商业企业经营活动包括进货、销售、存货 3 个环节。因此，对于商业企业来说，会计信息化信息系统一般划分为账务处理、工资核算、固定资产核算、材料核算、往来账款核算、产品销售核算、成本核算、报表处理、财务分析与领导查询等子系统。

会计核算系统反映了资金运动的过程：材料核算子系统处理了供应过程中产生的费用及成本，将货币资金形态转化为储备资金形态；固定资产核算子系统和工资核算子系统处理了生产过程中发生的固定资产折旧，以及材料消耗等物化劳动和劳动者的活劳动的费用，将储备资金形态转化为生产资金形态；成本核算子系统处理了生产过程中的产品成本及费用，将生产资金形态转化为成品资金形态；产品销售核算子系统处理了销售过程中企业出售产品的收入，以及销售过程中交付的销售费用、税金及成本，计算财务成果，将成品资金形态又转化为货币资金形态。这样的周而复始，通过资金流、物流、信息流来阐明企业的经营过程，就是会计核算系统要描述的过程。

下面具体说明各子系统的功能。

（1）账务处理子系统。账务处理子系统是会计信息系统中的一个主要子系统（或软件），它以凭证为原始数据，通过凭证输入和处理，完成记账和结账、银行对账、账簿查询、打印输出，以及系统服务和数据管理等工作。

（2）工资核算子系统。工资核算子系统以职工个人的原始工资数据为基础，完成职工工资的计算，工资费用的汇总和分配，计算个人所得税，查询、统计和打印各种工资表，自动编制工资费用分配转账凭证，传递给账务分析子系统等。

（3）固定资产核算子系统。固定资产核算子系统主要是存储和管理固定资产卡片，灵活地进行增加、删除、修改、查询、打印、统计与汇总，进行固定资产的变动核算，输入固定资产增减变动或项目内容的变化原始凭证后，自动登记固定资产明细账，更新固定资产卡片；完成计提折旧和分配，产生“折旧提取及分配明细表”“固定资产综合指标统计表”等，费用分配转账凭证可自动转入账务处理子系统；可灵活地查询、统计和打印各种账表。

（4）材料核算子系统。材料核算子系统主要根据有关凭证进行材料采购的核算；按计划或实际计价两种方式中的任意一种，完成库存材料收、发、结存的核算，自动编制材料费用分配转账凭证，自动计算成本差异，编制的转账凭证自动传递给账务处理子系统；可灵活地查询、统计和打印各种账表。通常工业企业才需要这种软件，商业和行政事业单位不需要这种软件。

（5）往来账款核算子系统。往来账款核算子系统主要根据往来业务（应收、应付业务）的有关凭证，完成应收账款、应付账款等往来业务的登记、核销等工作；动态反映各往来客户信息；进行账龄分析和坏账估计；生成应收、应付账款明细账、账龄分析表等，自动编制有关凭证并传递到账务处理子系统。有的财务软件将应收账款核算、应付账款核算分别作为两个相对独立的子系统。

（6）产品销售核算子系统。产品销售核算子系统根据有关销售凭证及销售费用等数据完成产品收、发、存核算，销售收入、销售费用、销售税金、销售利润的核算，进行合同辅助管理；生成产品收、发、存汇总表等表格；生成产品销售明细账等账簿；灵活地查询、统计和打印各种账表。

（7）成本核算子系统。成本核算子系统根据会计核算和管理的要求，计算全部生产费用支出和产品的总成本与单位成本，打印输出规定的成本表，并为成本分析、成本控制、核算销售利润提供成本数据资料。

目前，成本核算子系统不多，通用性比较差。因此，有些企业利用报表处理子系统进行成本核算。

（8）报表处理子系统。报表处理子系统主要根据会计核算数据（如账务处理子系统产生的总账及明细账等数据），完成各种会计报表的编制与汇总报表，生成各种内部报表、外部报表及汇总报表，根据报表数据生成各种分析图等。

（9）财务分析与领导查询子系统。财务分析子系统是能够利用会计核算数据，进行会计管理和分析的子系统。一般来说，可以完成比率分析（如资产、负债比率分析等）、结构分析（如资产负债结构分析、损益结构分析、各项收入和各项费用结构分析等）、对比分析（如本年与上年同期对比分析、实际数与计划数对比分析等）和趋势分析（如任意会计科目各期变动情况等）。领导查询子系统是企业管理人员科学、实用、有效地进行企业管理和决策的一个重要帮手。它可以从各子系统中提取数据，并将数据进一步加工、整理、分析和研究，按照领导的要求提取有用信息（如资金快报、现金流量表、费用分析表、计划执行情况报告、部门收支分析表等），并以最直观的表格和图形显示。在网络会计信息化信息系统中，领导还可以通过自己办公室的计算机及时、全面地了解企业的财务状况和经营成果。

3. 会计信息化的建设

1）会计信息化的发展

（1）起步阶段（1983 年以前）。这个阶段起始于 20 世纪 70 年代少数企事业单位单项会计业务的信息化，那时计算机技术应用到会计领域的范围十分狭窄，涉及的业务内容十分单一，最为普遍的是工资核算的信息化。在这个阶段，由于会计信息化人员很少、计算机硬件比较昂贵并且软件汉化也不理想，因此会计信息化没有得到高度重视，致使会计信息化发展比较缓慢。

（2）自发发展阶段（1983—1986 年）。在这个阶段，全国掀起了计算机应用的热潮，加上计算机在国内市场上大量出现，企业也有了开展会计信息化工作的愿望，纷纷组织力量开发财务软件。但是，这个阶段由于会计信息化工作在宏观上缺乏统一的规范、指导和相应的管理制度，加之我国计算机在经济管理领域的应用也同样处于发展的初级阶段，开展会计信息化的单位也没有建立相应的组织管理制度和控制措施，使得大多数会计信息化工作和财务软件开发的单位各自为政，盲目自行组织和开发软件，低水平重复开发现象严重。财务软件的通用性、适用性差。财务软件“一家一户”地自行开发，投资大、周期长、见效慢，造成大量的人力、物力和财力的浪费。针对这种情况，我国开始了对会计信息化实践经验的总结和理论研究工作，并逐步培养既懂会计又懂计算机的复合型人才。

（3）稳步发展阶段（1987—1996 年）。在这个阶段，财政部和中国会计学会在全国大力推广会计信息化并加强了会计信息化的管理工作，各地区财政部门以及企业管理部门也逐步开始对会计信息化工作进行组织和管理，使会计信息化工作走上了有组织、有计划的发展轨道，并得到了蓬勃的发展。这个阶段的主要标志是：商品化财务软件市场从“幼年”走向成熟，初步形成了财务软件市场和财务软件产业；一部分企事业单位逐步认识到开展会计信息化的重要性，纷纷购买或自行开发财务软件，甩掉了手工操作，实现了会计核算业务的信息化处理；在会计信息化人才培养方面，许多中职或高职院校开设了会计信息化专业，在大学本科教育中，会计学及相关专业也开设了会计信息化课程，对在职财会人员的培训中，也加大了会计信息化的培训力度；与单位会计信息化工作的开发相配套的各种组织管理制度及其控制措施逐步建立和成熟起来，会计信息化的理论研究工作开始取得成效。

（4）竞争提高阶段（1996 年至今）。随着会计信息化工作的深入开展，特别是在财政部及各省市财政部门的大力推广下，财务软件市场进一步成熟，并出现激烈竞争的态势，各类财务软件在市场竞争中进一步拓展功能，各专业软件公司进一步发展壮大。这个阶段的主要标志为：国外一些优秀的财务软件进入并开始在国内市场立足；国内老牌专业财务软件公司迅速壮大发展，如用友软件年销售额已突破亿元，一批后起之秀也迅速发展，如深圳金蝶、山东国强及杭州新中大等专业的财务软件公司。管理型财务软件的成功开发及推广应用，进一步拓展了财务软件的功能，提高了计算机在财务会计领域中的作用。与此同时，加快了会计信息化专业人才的培养，特别是加大了中高级人才的培养力度，使会计信息化研究方向的研究生进一步增加，并开始在会计信息化方向设立博士教学点。另外，部分专业的财务软件公司在成功推广应用管理型财务软件的基础上，又开始研制并试点推广 MRP II 和 U8 软件。

2）会计信息化的发展趋势

（1）会计信息化进一步得到普及和推广。近几年，我国财务软件水平提高很快，一些国产软件产品很受欢迎，为基层单位开展会计信息化工作提供了前提条件，尤其在各级政府的支持下以及社会各界的努力下，国内不断掀起会计信息化知识培训的热潮，为全面普及会计信息化奠定了人才基础。

（2）会计信息化的开展与管理将更加规范和标准。为搞好会计信息化管理制度的建设，应不断完善会计信息化管理制度，运用新的管理手段，进一步组织实施已有的管理办法。目前，财政部已制定颁发了会计信息化的管理规章，随着这些管理规章的贯彻实施，会计信息化管理工作将更加规范。

（3）财务软件的开发向着工程化和商品化发展。财务软件商品化加速了我国商品化会计市场的形成。目前，财务软件的开发已从以往的经验开发转向科学化、工程化开发，一些财务软件公司集中各种软件技术专家，开发通用化、规范化的财务软件，通过提高软件的实用性、功能性和可靠性以及提供良好的售后服务进行竞争。随着商品化财务软件的日益增多和成熟，我国商品化的财务软件市场将不断成熟和完善。

（4）财务软件更加注重功能上的综合化和技术上的集成化。企业的生产经营活动是一个相互联系、相互制约的有机整体，会计不仅要综合反映和监督企业的财务状况和经营成果，而且要参与和支持企业的生产经营和管理活动。企业供、产、销各个环节的经营好坏，人、财、物各项消耗的节约与浪费，都直接影响企业的财务状况和经营成果。因此，要开展预测、决策、控制和分析等工作，不仅需要财会数据，而且必须有供、产、销等方面的经济信息，这就要求会计信息化系统应首先具备综合组织管理这些数据的能力，并在对这些数据综合处理的基础上，进一步利用系统数据进行统计、分析及预测等处理，使原来单一的会计核算发展为集核算、监督、管理、控制、分析、预测和决策支持于一体的综合系统。

（5）会计数据处理的大量化和多维化。要实现预测、决策、控制、管理和分析，不仅需要企业的内部数据，也需要企业外部数据及历史数据，并且需要反映企业生产经营活动的会计数据和市场、物价、金融、政策和投资等经济数据，系统数据量明显加大。另外，为了有效支持预测、决策的实施，需要对各项数据进行多维分析与观察。目前，新推出的数据仓库、联机分析处理及数据挖掘等技术，为大量数据的处理和存储提供了有力的支持，如数据的多维分析与观察。

（6）会计信息化的网络化与智能化。计算机网络技术，特别是局域网已广泛应用于会计信息化系统，这使会计信息化系统实现了各个工作站的联网操作、统一管理和数据共享。随着集团公司的发展和全国各地分支机构的建立，一些企业提出了更高的要求，如中远程数据传输、中远程数据查询、中远程维护和合并会计报表的编制等。计算机网络技术的发展，为会计信息化信息系统满足企业的需求提供了强大的技术支持。另外，随着市场经济的发展，影响经济变化的因素越来越复杂，预测、决策、管理、控制和分析的难度也越来越大。除要不断提高工作人员的信息处理水平、加大数据量的采集和运用以外，还要逐步实现信息系统的智能化，利用人工智能研究成果，采集专家的经验和智慧，用以辅助企业的经营管理决策等，所有这些对软件智能化的要求同样是会计信息化软件今后的努力目标。

（7）会计信息化专门人才队伍的形成。会计信息化人才的培养一直是会计信息化的重点工作之一，在财政部门和有关教育部门的领导支持和大力推动下，目前我国已培养了一部分会计信息化的专业人员，但是与会计信息化的发展以及企业和市场的需求相比，财会人员的会计信息化水平还相差很远。专业的会计信息化人员特别是具有中高级技术水平的人才仍然很匮乏，人才的缺乏必定会阻碍会计信息化的发展。因此，加强对会计信息化专门人才的培养从而形成和壮大会计信息化专门人才队伍是会计信息化发展的必然趋势。

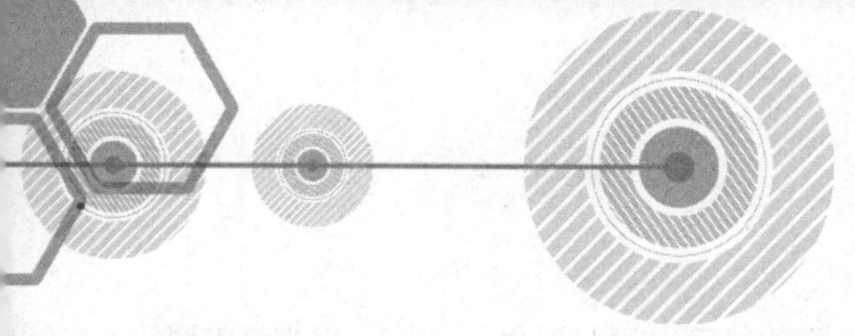

项目一

软件选择与安装

项目导学

与传统手工账相比，会计信息化软件核算在数据处理、查询等方面具有极大的优势。为了实现会计信息化软件核算等功能，一款会计信息化软件一般同时拥有若干的功能模块。不同的会计信息化软件核算侧重点不同，所以功能模块也不尽相同。那么，面对市场上各种各样的会计信息化软件，选择一款适合自己企业的会计信息化软件是非常重要的。

本项目介绍了如何选择一款适合自己企业特点的会计信息化软件，以及如何正确地安装会计信息化软件。

学习目标

了解常见的会计信息化软件种类，了解不同会计信息化软件的核算特点和适用企业，了解会计信息化软件选择的基本思路，了解用友 ERP－U8 软件的功能和特点，掌握用友 ERP－U8 软件的安装和维护。

任务一　软 件 选 择

➘ 目标

市场上的会计信息化软件种类多种多样，选择适合自己单位实际情况的会计信息化软件可以让财务工作效率得到极大的提高。通过本部分内容的学习，了解常见会计信息化软件的特点，进而了解如何选择会计信息化软件。

➘ 项目描述

郑主管是 A 企业的会计主管，这家企业要安装一款会计信息化软件，请你从郑主管的角度了解几种常见的会计信息化软件，并确定选择哪种软件，以及负责安装。

1. A 企业基本情况介绍

A 企业为家具制造企业，生产并销售办公家具。A 企业设有管理部门、销售部门、采购部门和生产部门。A 企业客户数量较多，与客户的往来业务比较复杂；同时，A 企业供应商数量较多，与供应商的往来业务也比较复杂。A 企业拥有大量固定资产，薪资核算较为全面、复杂，会计核算健全。因为会计核算量大，A 企业准备购进一款会计信息化软件，来实现会计数据的共享与处理。

2. 金蝶 KIS 标准版财务软件介绍

金蝶 KIS 标准版财务软件是金蝶国际软件集团有限公司研发的产品，主要是面向中小型企业的管理软件。

金蝶 KIS 标准版财务软件根据中小企业发展阶段的管理需要，提供了总账、报表、工资、固定资产、出纳管理、往来管理、财务分析等企业财务核算功能。

3. 速达 3000 财务管理软件介绍

速达 3000 财务管理软件是速达软件技术（广州）有限公司研发的产品，它是主要面向中小型企业的管理软件。

它的特点是拥有清晰的业务流程、强大的业务功能，主要面对中小商贸企业复杂的进销存业务，可以提供全面快速的进销存管理。

4. 用友 ERP－U8 软件介绍

用友 ERP－U8 软件是用友网络科技股份有限公司研发的大型 ERP 软件，广泛适用于大中型企业。它注重财务核算与供应链核算，既能满足大型企业财务核算的需要又能满足复杂的采购、生产制造和销售管理的需要。

➘ 项目要求

分析 A 企业所需会计信息化软件的要求。

分析各会计信息化软件的适用范围。

给 A 企业选择适合的会计信息化软件。

➘ 知识准备

1. 财务软件

财务软件是指专门用于完成会计工作的计算机应用软件。一般完整的财务业务管理软件称为财务软件，比财务软件小型些的通用记账类型的软件称为财务记账软件。

财务软件与进销存软件是比较常见的企业管理软件，财务软件主要立足于企业财务账目、企业资金账户、企业收支状况等方面的管理，用途明确，使用很简单。财务软件以它图形化的管理界面，提问式的操作导航，打破了传统财务软件文字加数字的烦琐模式。

2. ERP 软件

ERP 软件是企业资源计划（enterprise resource planning）的简称，是指建立在信息技术基础上，以系统化的管理思想为企业决策层及员工提供决策运行手段的管理平台。它拥有企业全部资源的管理功能，可以为企业全部工作提供全方位管理，包括销售、生产、采购、库存、财务、人力资源、行政、集团应用等业务。

ERP 软件功能全面，完全包括了财务软件，可以说财务软件的功能仅仅是 ERP 软件功能的一部分。

➘ 操作指导

1. A 企业所需软件的要求

A 企业需要将各个部门的业务统一用一款软件进行管理，所以所需软件要包含 A 企业各个部门的业务，不能选择单一的财务记账软件，要选择功能全面的 ERP 软件。

2. 金蝶 KIS 标准版财务软件适用范围

金蝶 KIS 标准版财务软件主要适用于中小型企业，特别是只注重财务核算的中小型企业，它不能提供详细的采购、销售、生产管理功能。

3. 速达 3000 财务管理软件适用范围

速达 3000 财务管理软件主要适用于中小型企业，特别是只注重进销存核算的中小型企业，它提供的财务、工资、固定资产管理等功能一般，不能满足大中型企业的精细化核算要求。

4. 用友 ERP－U8 软件适用范围

用友 ERP－U8 软件适用于大中型企业，既能对财务、工资、固定资产管理进行精细化核算，又能对进、销、存进行详细核算。因此，它可以满足中大型企业对所有部门进行的业务进行管理的要求。

5. 企业最终选择

A 企业经过比较，决定购买用友 ERP－U8 软件。用友 ERP－U8 软件包括多种版本，不同版本的具体功能基本相同，只是在细化程度和价格方面有所区别。A 企业最终决定选择 ERP－U8［V8.50］版本。

任务二 软件安装

目标

了解用友 ERP－U8 软件的安装步骤，熟练安装用友 ERP－U8 软件。

项目描述

（1）计算机名称必须是全英文名称。查看计算机名称，若不是全英文名称，则将计算机名称改为全英文名称。例如，将计算机名称改为“ay”。

（2）将 SQL Service 2000 软件中的 Analysis Service 模块安装到计算机上。安装选项见表 1－1。

表 1－1 Analysis Service 模块安装选项表

安装选项	内容
组件	默认
目标文件夹	D
程序文件夹	默认

（3）将 SQL Service 2000 软件中的数据库服务器模块安装到计算机上。安装选项见表 1－2。

表 1－2 数据库服务器模块安装选项表

计算机名	本地计算机
安装选项	创建新的 SQL Service 实例，或安装客户端工具
姓名与公司	默认
安装类型	服务器和客户端工具
程序文件、数据文件	D
服务账户	对每个服务使用同一账户
服务设置	使用本地账户
身份验证模式	混合模式
是否空密码	选中空密码

（4）将用友 ERP－U8 软件安装到计算机上，安装类型为完全安装。安装选项表见表 1－3。

表 1－3 用友 ERP－U8 软件安装选项表

用户名、公司名称	默认
目的地文件夹	D
安装类型	完全
程序文件夹	默认
是否重新启动计算机	是

（5）将服务管理器正确设置，即将 SQL Server 服务管理器的服务器设置为计算机名称，将 U8 服务管理器中的 U8 服务参数中的数据库服务器名设置为计算机名称，将系统管理服务器名设置为计算机名称。

➘ 项目要求

（1）设置计算机名称。

（2）安装 SQL Service 2000 Analysis Service。

（3）安装 SQL Service 2000 数据库服务器。

（4）安装用友 ERP－U8 软件。

（5）设置服务管理器：设置 SQL Server 服务管理器，设置 U8 服务管理器，设置系统管理服务器。

➘ 材料准备

1. 计算机名称

在计算机网络中，计算机名称代表某个用户的计算机。计算机名称可以根据需要进行更改，只要计算机所在的局域网里没有重名即可。在计算机网络中，当某个程序或命令寻找某台计算机，或者在局域网中寻找某台计算机时，只需要指定那台计算机的名称即可。某些程序，如 SQL Server 数据库程序，只能支持全英文或全英文加数字的计算机名称。

2. SQL Server 2000 软件

SQL Server 是一个关系数据库管理系统，由 Microsoft 公司推出。SQL Server 2000 软件是 Microsoft 公司推出的 SQL Server 数据库管理系统的一个版本，它具有使用方便，可伸缩性好，与相关软件集成程度高等优点。

SQL Server 2000 关系数据库引擎支持复杂的数据处理环境，充分保护数据的完整性，它的分布式查询使来自不同数据源的数据就好像是 SQL Server 2000 数据库的一部分，同时分布式事务支持充分保护任何分布式数据更新的完整性。SQL Server 2000 关系数据库的复制功能使用户得以维护多个数据复本，同时确保单独的数据复本保持同步；可将一组数据复制到多个移动的脱机用户，使用户自主地工作，然后将用户所做的修改合并至发布服务器。

3. 用友 ERP－U8 软件

用友 ERP－U8 软件是用友公司研发的大型 ERP 软件，广泛适用于大中型企业。

ERP－U8［V8.50］是用友 ERP－U8 系列软件中的一个版本，它可分为基础设置、财务会计、管理会计、供应链、生产制造、人力资源、集团应用、Web 应用、商业智能和企业应用集成 10 大产品组。其中，基础设置主要包括基本信息、基础档案、数据权限、单据设置。

财务会计主要包括总账、应收款管理、应付款管理、报账中心、工资管理、固定资产、UFO报表等。

➘ 操作指导

1. 设置计算机名称

（1）右键单击“我的电脑”，单击“属性”按钮，打开“系统属性”对话框（如图1－1所示）。

（2）单击“计算机名”按钮，打开“计算机名”选项卡（如图1－2所示）。

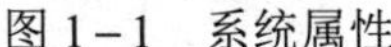
图1－1 系统属性

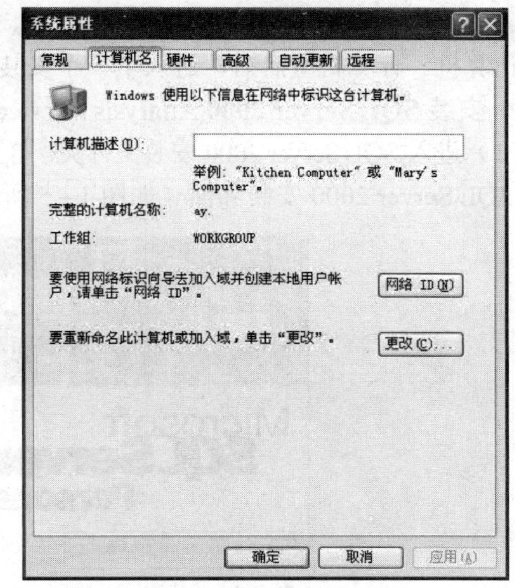

图1－2 “计算机名”选项卡

（3）如图1－2所示，完整的计算机名称“ay.”已经是英文，就可以直接安装用友软件了。

（4）计算机名称如不是全英文，需要设置为全英文，单击“更改”按钮，打开“计算机名称更改”对话框（如图1－3所示）。

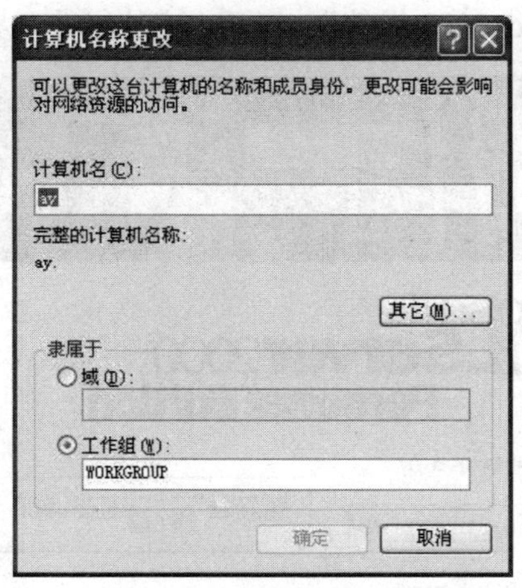

图1－3 计算机名称更改

（5）在“计算机名”中输入全英文的名称，如输入“ay”之后，单击“确定”按钮，弹出“要使更改生效，必须重新启动计算机。”提示对话框（如图 1－4 所示）。

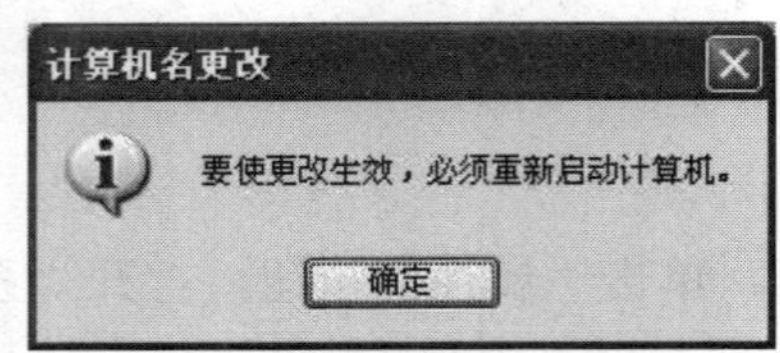

图 1－4　提示对话框

（6）单击“确定”按钮，关闭提示窗口。回到系统属性窗口，再次单击“确定”按钮，重启计算机。计算机重启后，进入下一个安装环节。

2. 安装 SQL Server 2000 Analysis Service

（1）进入 SQL Server 2000 安装文件夹，打开“Personal 文件夹”，双击“AUTORUN.EXE”，打开 SQL Server 2000 安装界面（如图 1－5 所示）。

图 1－5　SQL Server 2000 安装界面

（2）单击“安装 SQL Server 2000 组件”，打开“安装组件”界面（如图 1－6 所示）。

图 1－6　“安装组件”界面

（3）单击“安装 Analysis Service”，打开“欢迎”界面（如图 1－7 所示）。

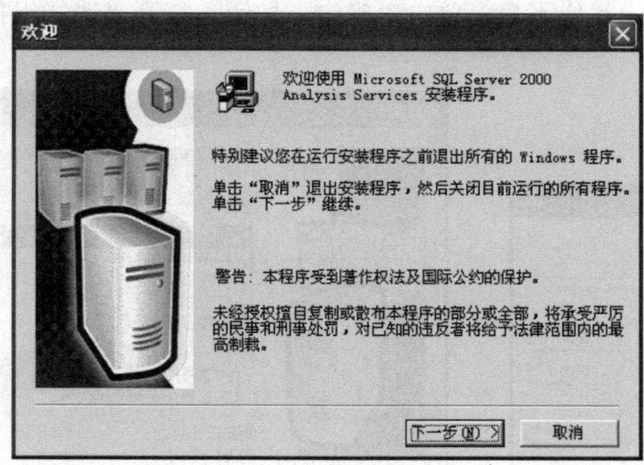

图 1－7　“欢迎”界面（一）

单击“下一步”按钮，打开“软件许可证协议”界面（如图 1－8 所示）。

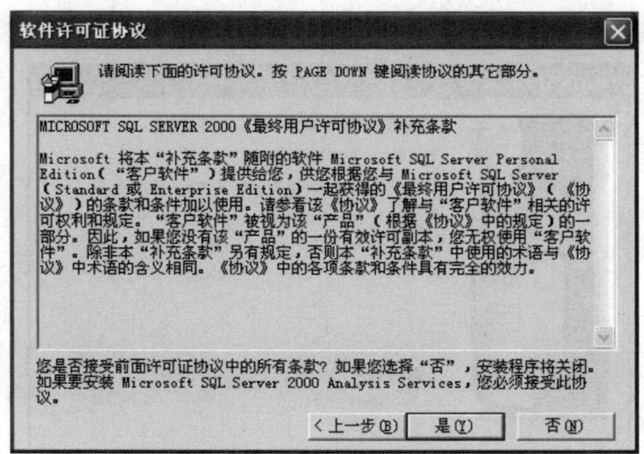

图 1－8　“软件许可证协议”界面

单击“是”按钮，打开“选择组件”界面（如图 1－9 所示）。

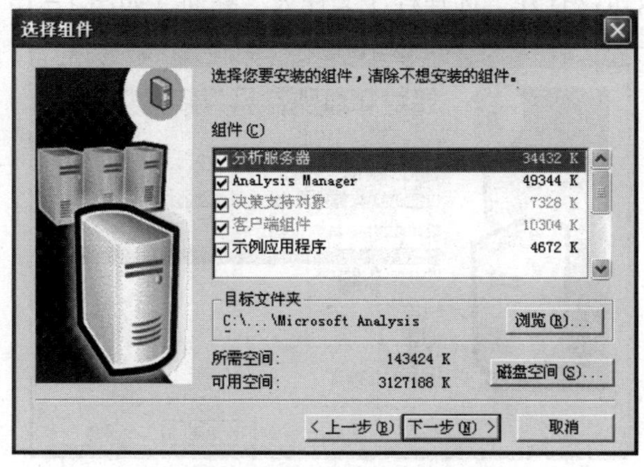

图 1－9　“选择组件”界面（一）

单击“浏览”按钮，打开“选择文件夹”界面（如图 1－10 所示）。

把路径由 c 改为 d，其他不变，单击“确定”按钮，打开“选择组件”界面（如图 1－11 所示）。

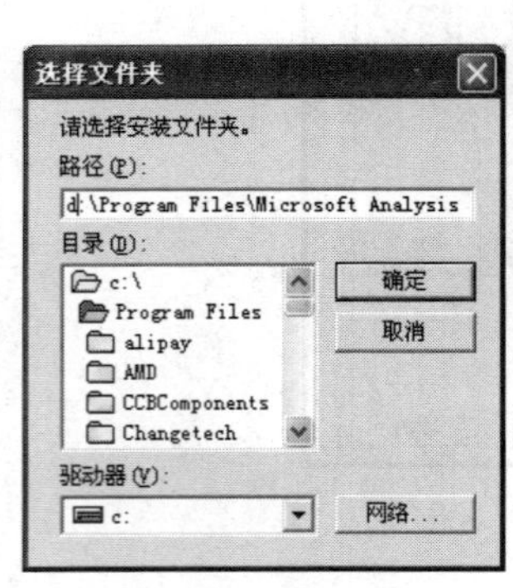

图 1－10 “选择文件夹”界面

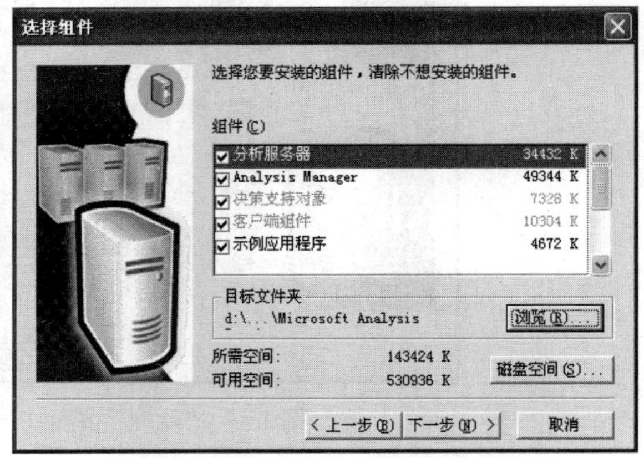

图 1－11 “选择组件”界面（二）

单击“下一步”按钮，打开“Data 文件夹位置”界面（如图 1－12 所示）。

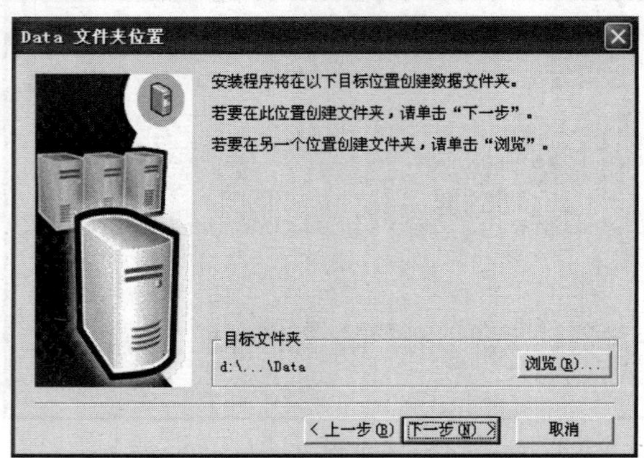

图 1－12 “Data 文件夹位置”界面

单击“下一步”按钮，打开“选择程序文件夹”界面（如图 1－13 所示）。

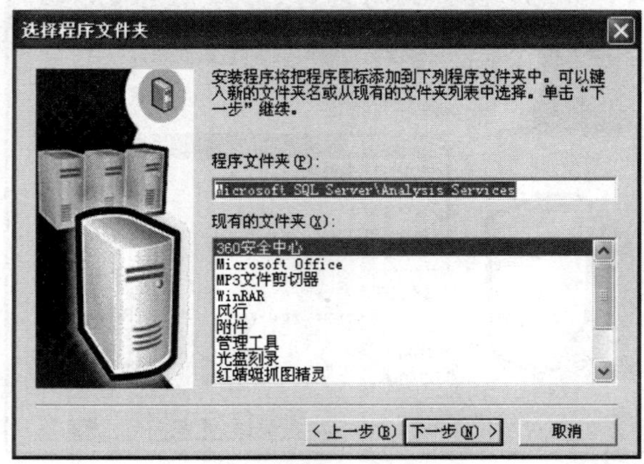

图 1－13 “选择程序文件夹”界面

默认程序文件夹即可，单击“下一步”按钮，打开“SQL Redist”界面（如图 1－14 所示）。

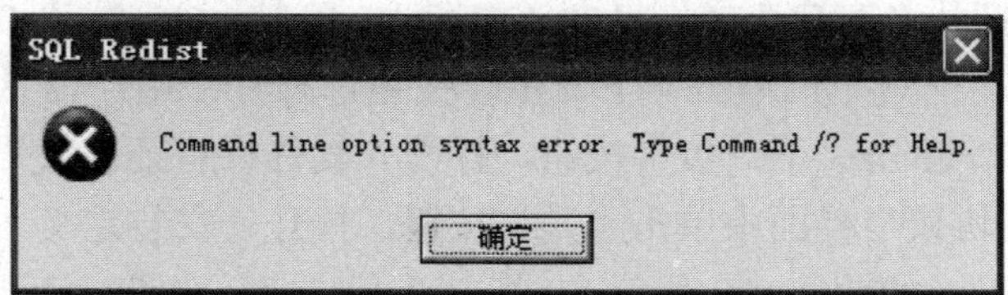

图 1－14　“SQL Redist”界面

单击“确定”按钮，打开“安装完毕”界面（如图 1－15 所示）。

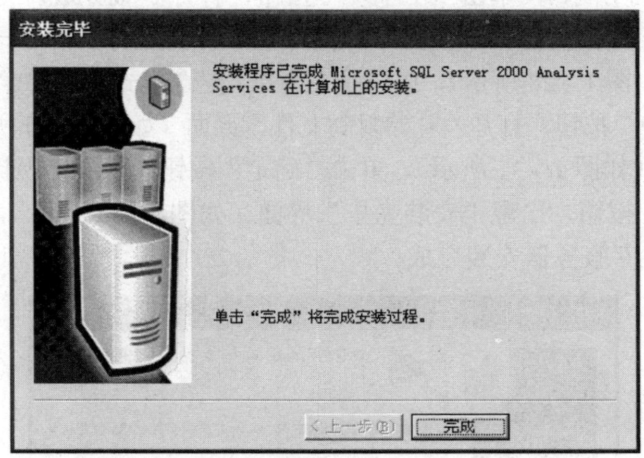

图 1－15　“安装完毕”界面（一）

单击“完成”按钮，SQL Server 2000 Analysis Service 安装完成。

3. 安装 SQL Server 2000 数据库服务器

（1）同安装 SQL Server 2000 Analysis Service 的（1）。

（2）同安装 SQL Server 2000 Analysis Service 的（2）。

图 1－16　“安装组件”界面（二）

（3）单击图 1－16 中的“安装数据库服务器”，打开“欢迎”界面（如图 1－17 所示）。

单击“下一步”按钮，打开“计算机名”界面（如图 1－18 所示）。默认“本地计算机”，单击“下一步”按钮，打开“安装选择”界面（如图 1－19 所示）。默认“创建新的 SQL Server 实例，或安装‘客户端工具’”，单击“下一步”按钮，打开“用户信息”界面，输入姓名即可（如图 1－20 所示）。单击“下一步”按钮，打开“软件许可证协议”界面（如图 1－21 所示）。在“软件许可证协议”界面中单击“是”按钮，打开“安装定义”界面，默认安装类型“服务器和客户端工具”（如图 1－22 所示），单击“下一步”按钮，打开“实例名”界面（如图 1－23 所示）。在图 1－23 中，默认“默认”，单击“下一步”按钮，打开“安装类型”界面，默认“典型”（如图 1－24 所示），并把目标文件夹中的程序文件夹和数据文件夹，都改为 d 盘（如图 1－25 所示），单击“下一步”按钮，打开“服务账户”界面（如图 1－26 所示），服务设置选择“使用本地系统账户”（如图 1－27 所示），单击“下一步”按钮，打开“身份验证模式”界面（如图 1－28 所示），身份模式选择“混合模式”，选中“空密码”（如图 1－29 所示），单击“下一步”按钮，打开“开始复制文件”界面（如图 1－30 所示），单击“下一步”按钮，出现提示界面（如图 1－31 所示），单击“确定”按钮，再次出现提示界面（如图 1－31 所示），单击“确定”按钮，出现“安装完毕”界面（如图 1－32 所示），单击“完成”按钮，SQL Server 2000 数据库服务器安装完成。

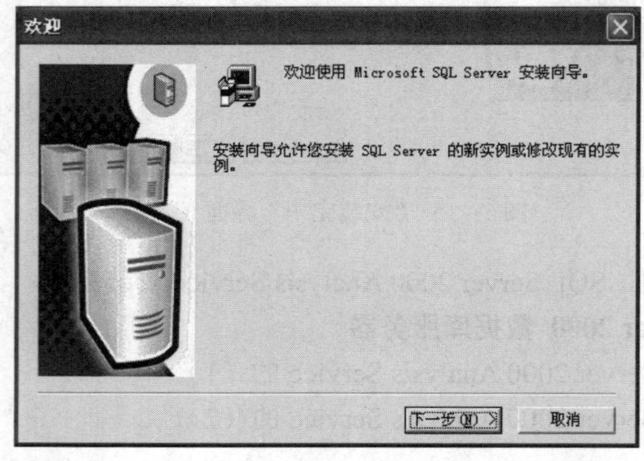

图 1－17 “欢迎”界面（二）

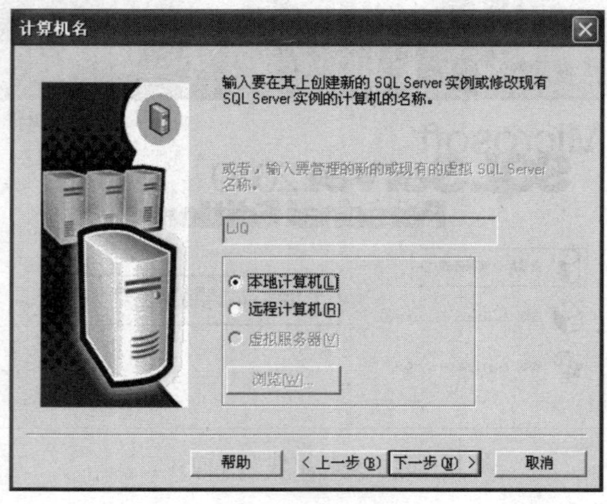

图 1－18 “计算机名”界面

安装选择
从下列安装选项中选择一个。
创建新的 SQL Server 实例，或安装"客户端工具"(C)
对现有 SQL Server 实例进行升级、删除或添加组件(U)
高级选项(A)
创建新安装
该选项使您得以在任何受支持的操作系统上创建新的 SQL Server 2000 实例或安装"客户端工具"。
帮助
< 上一步(B)
下一步(N) >
取消

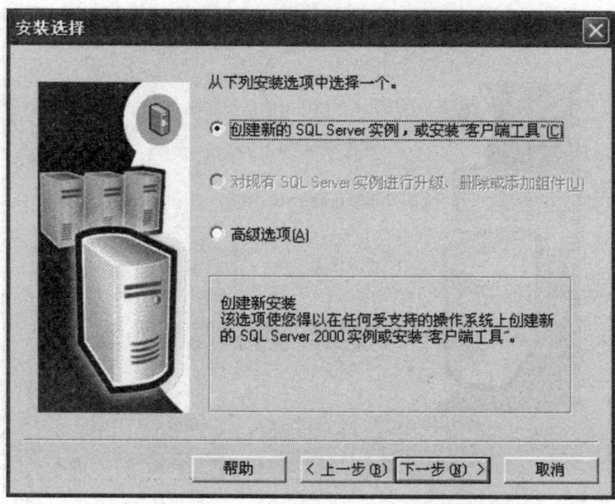

图 1-19 “安装选择”界面

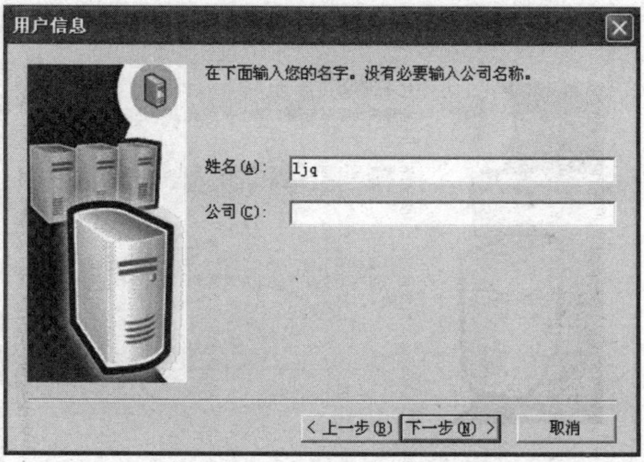

用户信息
在下面输入您的名字。没有必要输入公司名称。
姓名(A):
ljq
公司(C):
< 上一步(B)
下一步(N) >
取消

图 1-20 “用户信息”界面

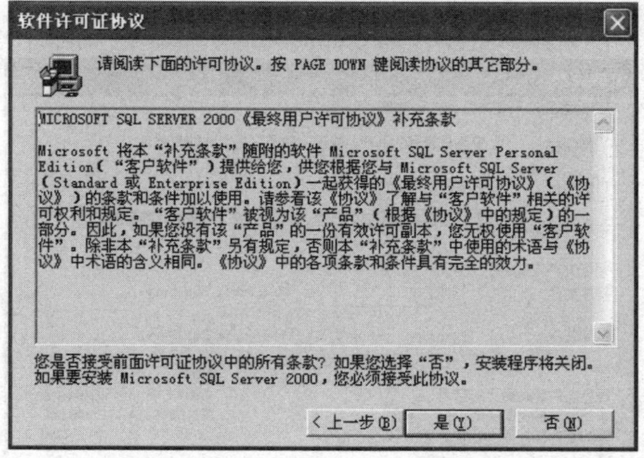

软件许可证协议
请阅读下面的许可协议。按 PAGE DOWN 键阅读协议的其它部分。
MICROSOFT SQL SERVER 2000《最终用户许可协议》补充条款
Microsoft 将本“补充条款”随附的软件 Microsoft SQL Server Personal Edition（“客户软件”）提供给您，供您根据您与 Microsoft SQL Server（Standard 或 Enterprise Edition）一起获得的《最终用户许可协议》（《协议》）的条款和条件加以使用。请参看该《协议》了解与“客户软件”相关的许可权利和规定。“客户软件”被视为该“产品”（根据《协议》中的规定）的一部分。因此，如果您没有该“产品”的一份有效许可副本，您无权使用“客户软件”。除非本“补充条款”另有规定，否则本“补充条款”中使用的术语与《协议》中术语的含义相同。《协议》中的各项条款和条件具有完全的效力。
您是否接受前面许可证协议中的所有条款? 如果您选择“否”，安装程序将关闭。如果要安装 Microsoft SQL Server 2000，您必须接受此协议。
< 上一步(B)
是(Y)
否(N)

图 1-21 “软件许可证协议”界面

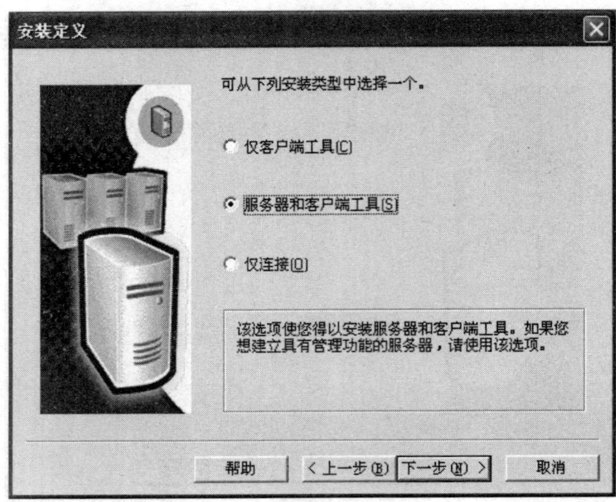

图 1－22 “安装定义”界面

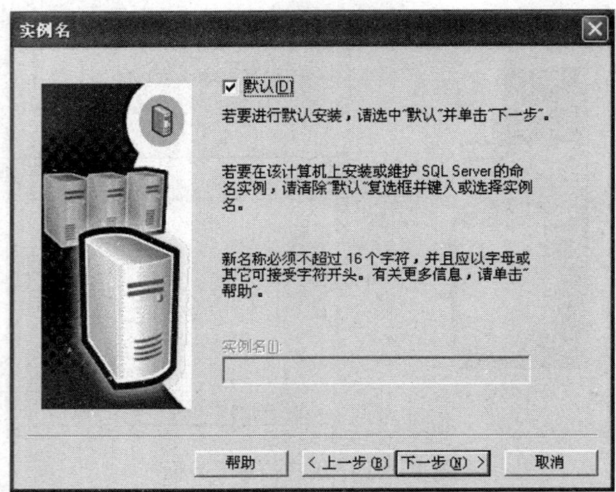

图 1－23 “实例名”界面

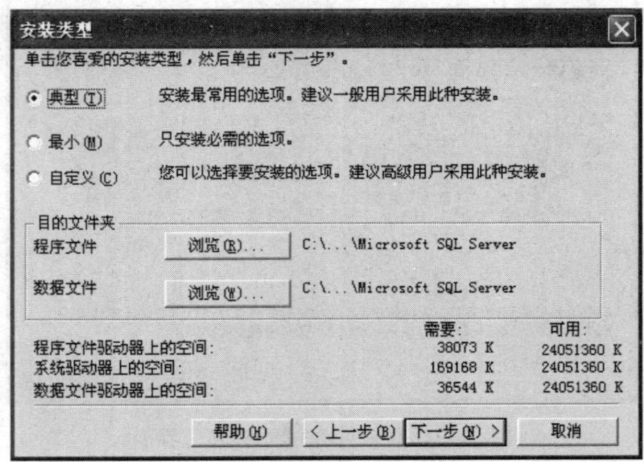

图 1－24 “安装类型”界面（一）

安装类型
单击您喜爱的安装类型，然后单击“下一步”。
典型(T)
安装最常用的选项。建议一般用户采用此种安装。
最小(M)
只安装必需的选项。
自定义(C)
您可以选择要安装的选项。建议高级用户采用此种安装。
目的文件夹
程序文件
浏览(R)...
d:\...\Microsoft SQL Server
数据文件
浏览(W)...
d:\...\Microsoft SQL Server
需要:
可用:
程序文件驱动器上的空间:
38073 K
42399196 K
系统驱动器上的空间:
169168 K
24051360 K
数据文件驱动器上的空间:
36544 K
42399196 K
帮助(H)
< 上一步(B)
下一步(N) >
取消

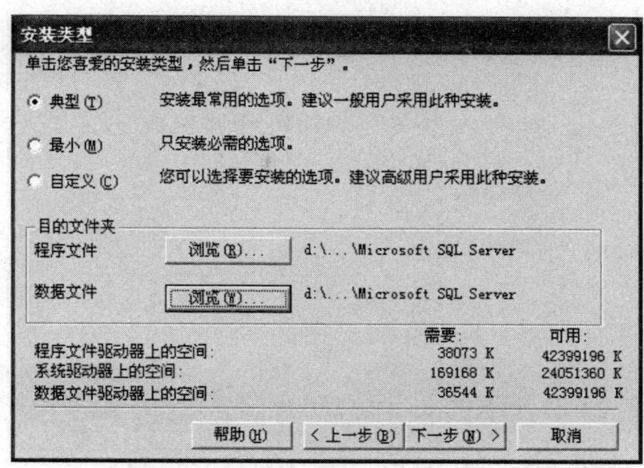

图 1－25　“安装类型”界面（二）

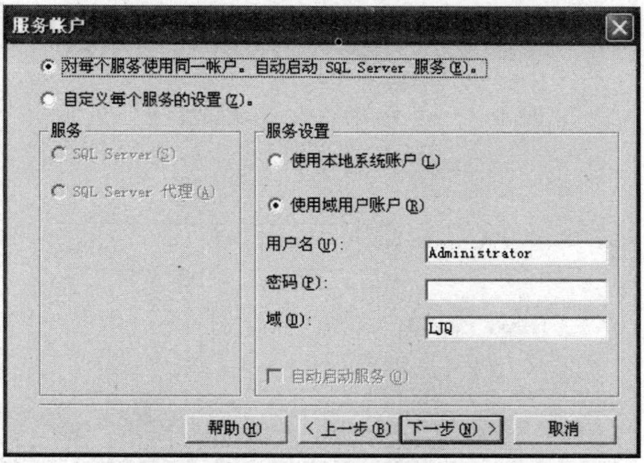

服务帐户
对每个服务使用同一帐户。自动启动 SQL Server 服务(E)。
自定义每个服务的设置(Z)。
服务
SQL Server(S)
SQL Server 代理(A)
服务设置
使用本地系统账户(L)
使用域用户账户(R)
用户名(U):
Administrator
密码(P):
域(D):
LJQ
自动启动服务(U)
帮助(H)
< 上一步(B)
下一步(N) >
取消

图 1－26　“服务账户”界面（一）

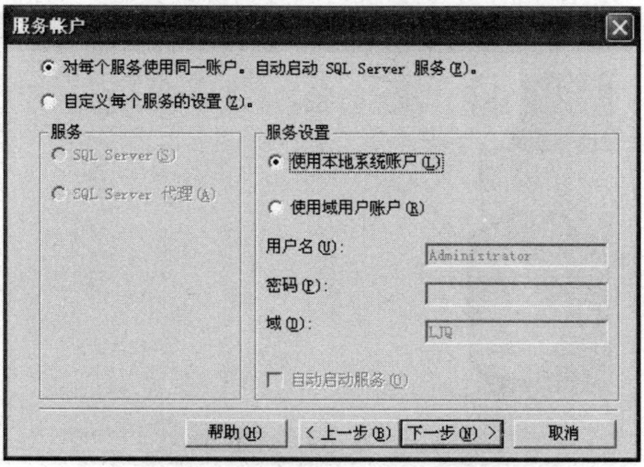

服务帐户
对每个服务使用同一账户。自动启动 SQL Server 服务(E)。
自定义每个服务的设置(Z)。
服务
SQL Server(S)
SQL Server 代理(A)
服务设置
使用本地系统账户(L)
使用域用户账户(R)
用户名(U):
Administrator
密码(P):
域(D):
LJQ
自动启动服务(U)
帮助(H)
< 上一步(B)
下一步(N) >
取消

图 1－27　“服务账户”界面（二）

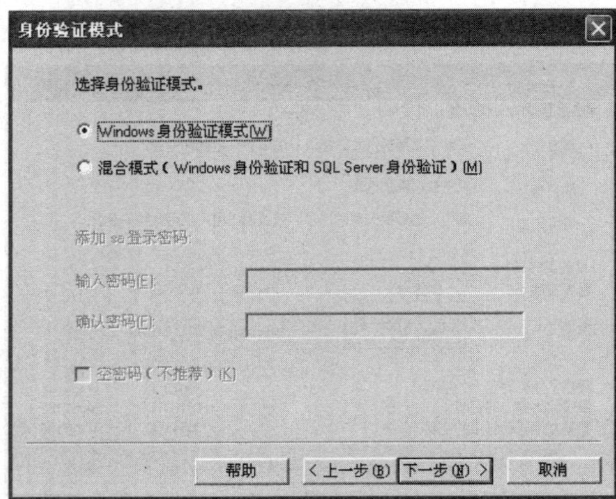

图 1－28 “身份验证模式”界面（一）

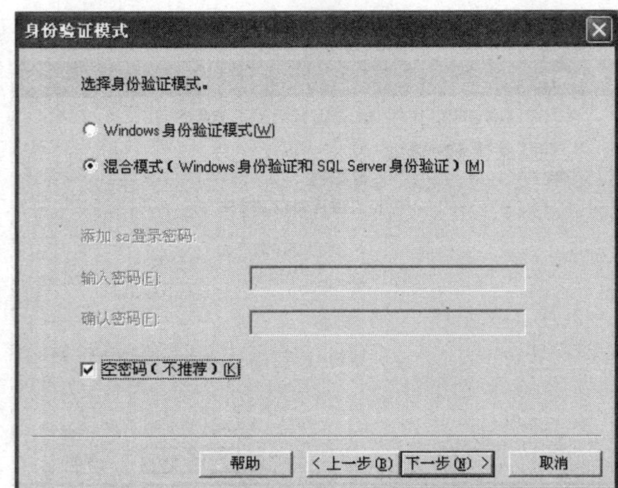

图 1－29 “身份验证模式”界面（二）

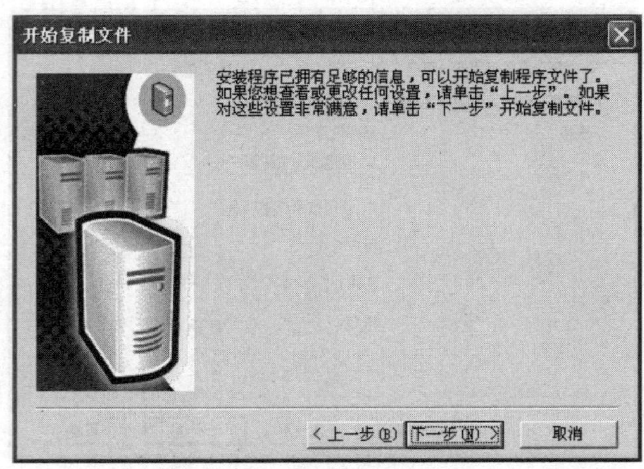

图 1－30 “开始复制文件”界面

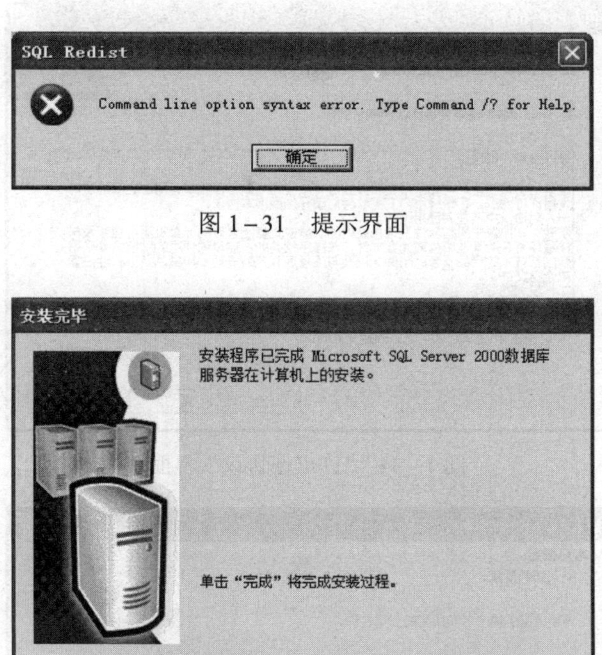

图 1－31　提示界面

图 1－32　"安装完毕"界面（二）

4. 安装用友 ERP－U8 软件

（1）打开用友 ERP－U8 软件安装文件夹，双击"Setup.exe"，打开"用友 ERP－U8［V8.50］安装"界面（如图 1－33 所示），单击"下一步"按钮，打开"许可证协议"界面（如图 1－34 所示），单击"是"按钮，打开"客户信息"界面（如图 1－35 所示），输入用户名和公司名称即可，单击"下一步"按钮。

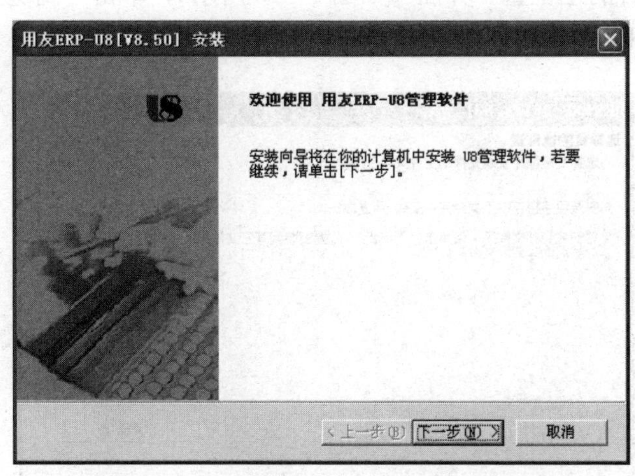

图 1－33　"用友 ERP－U8［V8.50］安装"界面

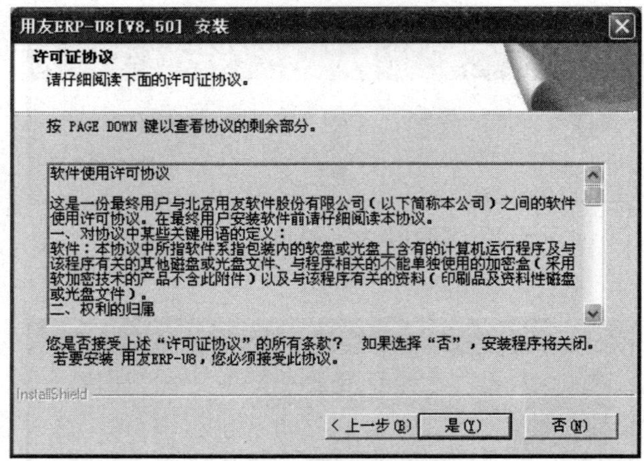

图 1－34 “许可证协议”界面

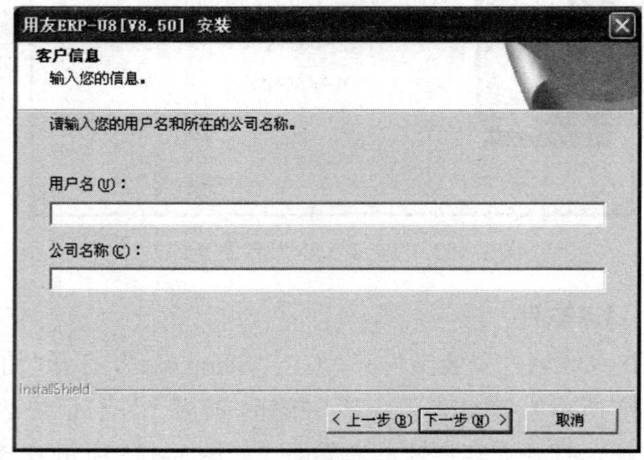

图 1－35 “客户信息”界面

（2）打开“选择目的地位置”界面（如图 1－36 所示），单击“浏览”按钮，将目的地文件夹改为“d:\U8SOFT”（如图 1－37 所示），单击“下一步”。

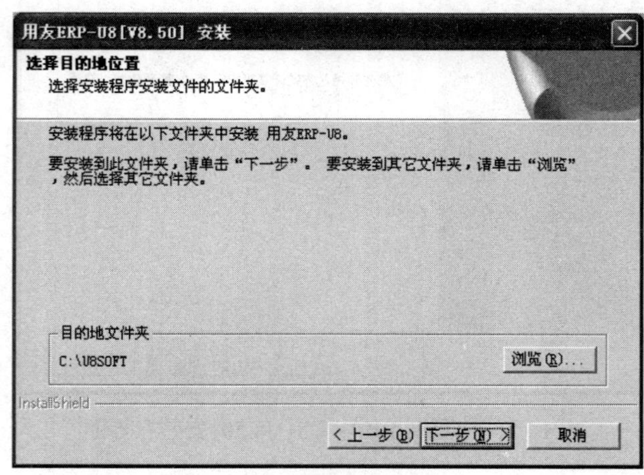

图 1－36 “选择目的地位置”界面（一）

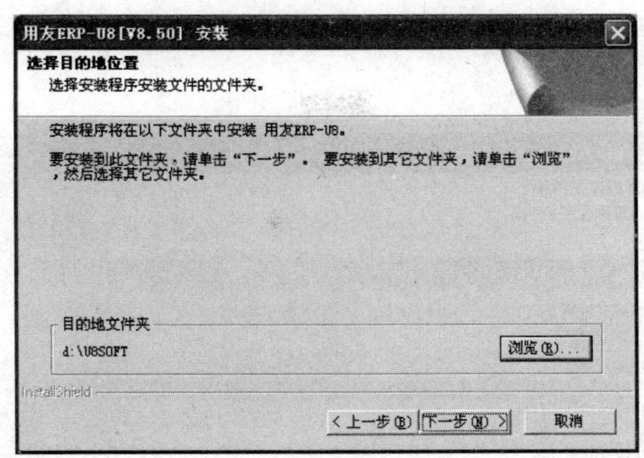

图 1－37　“选择目的地位置”界面（二）

（3）打开“安装类型”界面（如图 1－38 所示），所需的安装类型选择“完全”（如图 1－39 所示），单击“下一步”按钮，打开“选择程序文件夹”界面，默认程序文件夹（如图 1－40 所示），单击“下一步”按钮，进入“开始复制文件”界面（如图 1－41 所示），单击“下一步”按钮，系统提示安装进度（如图 1－42 所示），等待安装至 100%，默认重新启动计算机（如图 1－43 所示），单击“完成”按钮，重新启动计算机，用友 ERP－U8[V8.50]软件安装完成。

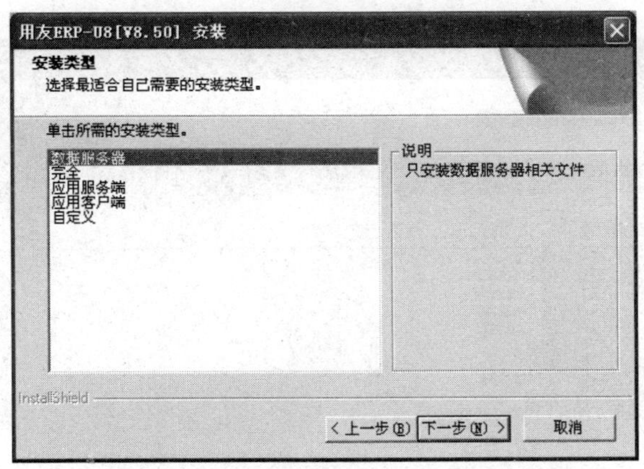

图 1－38　“安装类型”界面（一）

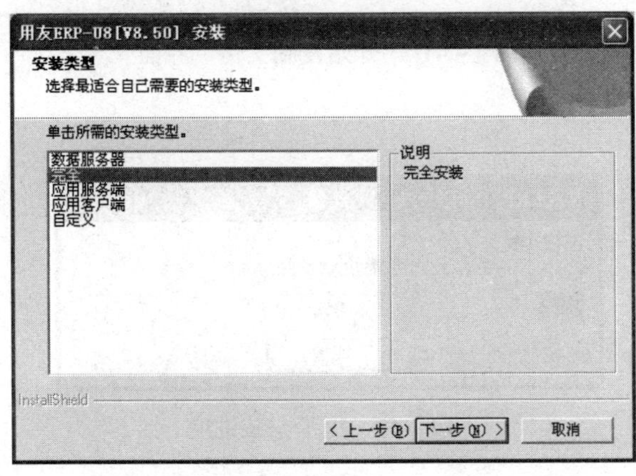

图 1－39　“安装类型”界面（二）

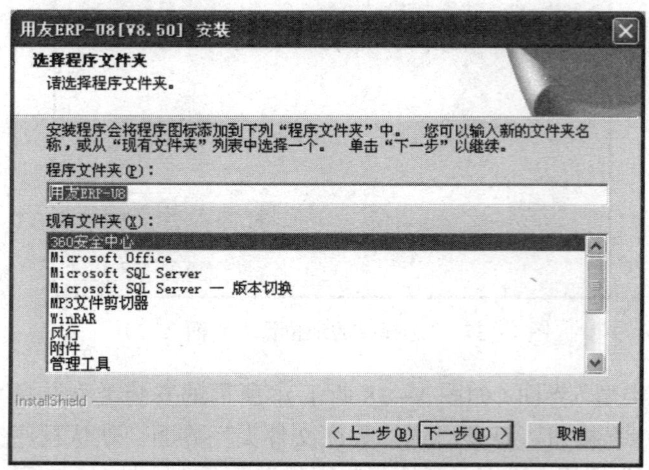

图 1－40 “选择程序文件夹”界面

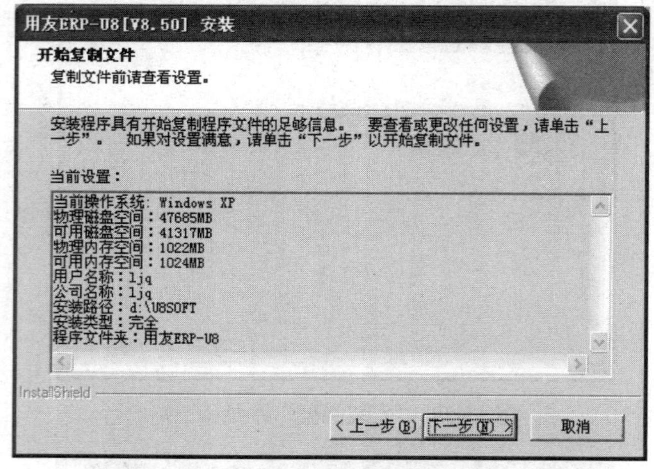

图 1－41 “开始复制文件”界面

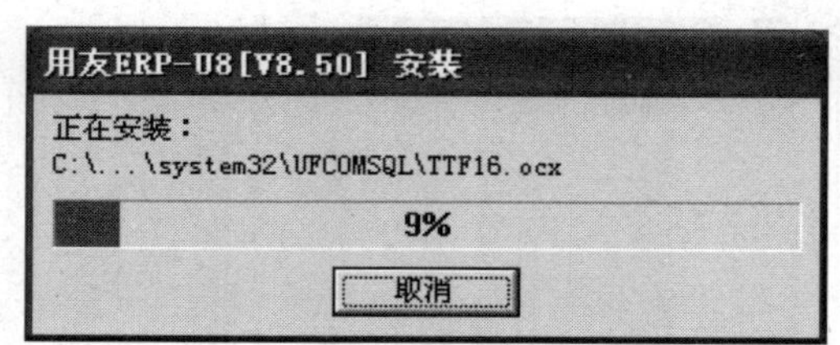

图 1－42 提示安装进度

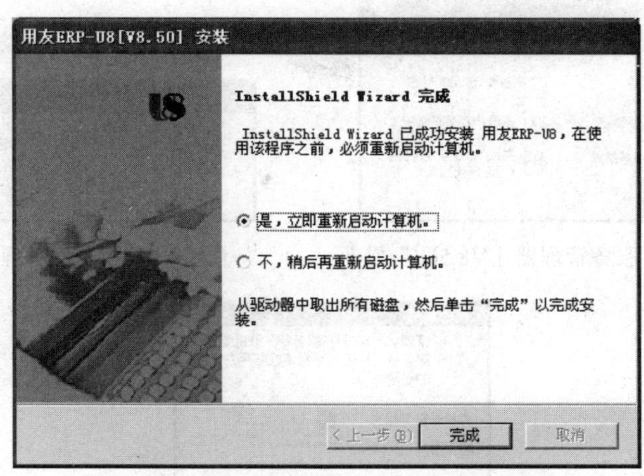

图 1－43　“InstallShield Wizard 完成”界面

5. 设置服务管理器

以上软件安装后，还需要设置 SQL Server 服务管理器、设置 U8 服务管理器、设置系统管理服务器三个步骤，软件才能正常使用。

1）设置 SQL Server 服务管理器

双击桌面右下角图标，打开“SQL Server 服务管理器”界面（如图 1－44 所示），服务器一栏，显示的若是你之前设置的完整的计算机名称（不带后面的点“.”），则不需设置本步骤。

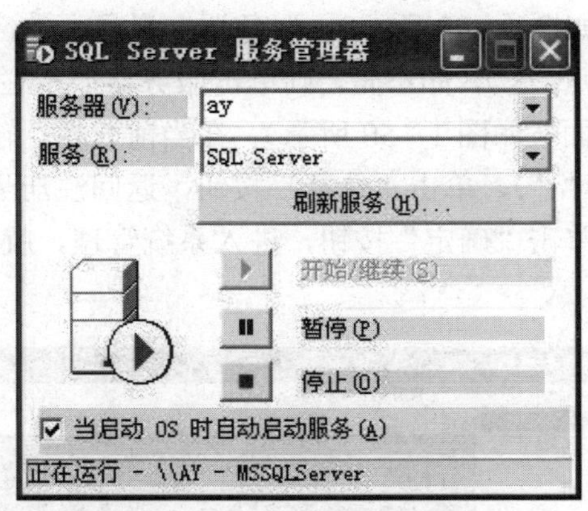

图 1－44　“SQL Server 服务管理器”界面

如不是你之前设置的完整的计算机名称，则需要单击右边的下拉框，输入或选择你之前设置的完整的计算机名称（不带后面的点“.”），然后单击“刷新服务”按钮。

2）设置 U8 服务管理器

双击桌面右下角图标，打开“U8 服务管理器[V8.50]”界面（如图 1－45 所示），单击“设置 U8 服务参数”，弹出提示“更改设置将自动重新启动 U8 管理服务，继续吗？”单击“确定”按钮（如图 1－46 所示），打开“配置 U8 服务”界面（如图 1－47 所示），在数据库服务器名一栏，录入你之前设置的完整的计算机名称（不带后面的点“.”），单击“确认”按钮，返回 U8 服务管理器窗口，关闭该窗口。

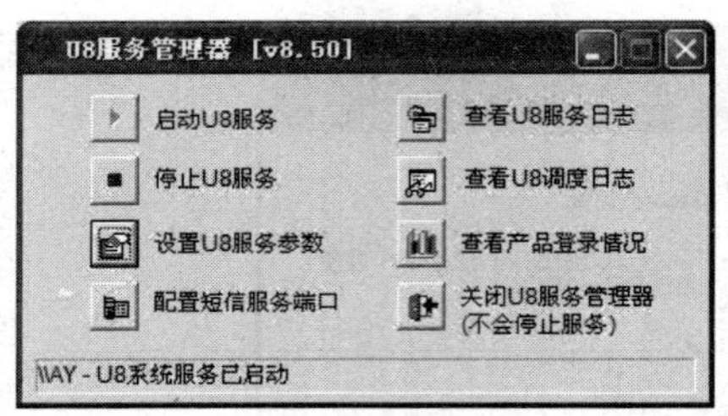

图 1－45 “U8 服务管理器［V8.50］”界面

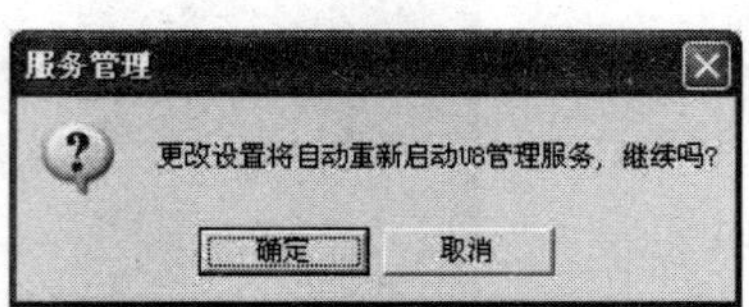

图 1－46 “服务管理”界面

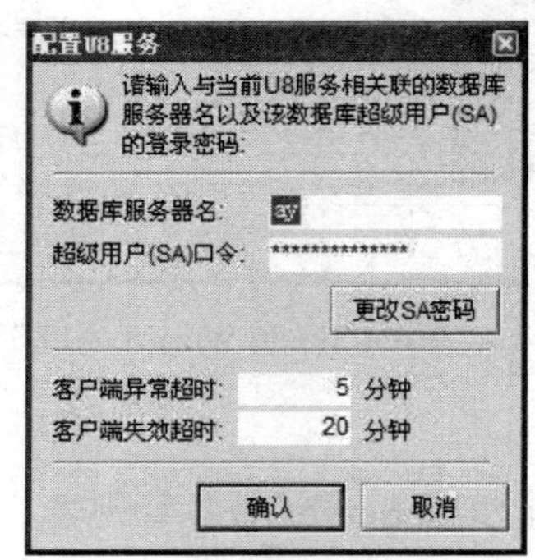

图 1－47 “配置 U8 服务”界面

3）设置系统管理服务器

单击桌面“开始”按钮，执行“所有程序”，单击“用友 ERP－U8”→“系统服务”→“系统管理”，打开“系统管理”界面（如图 1－48 所示），单击“系统”菜单，单击“注册”按钮，打开“注册”界面（如图 1－49 所示），服务器一栏显示的应该是用户之前设置的完整的计算机名称（不带后面的点“.”），如不是，则单击服务器显示栏，再单击显示栏右侧按钮，打开“网络计算机浏览”界面（如图 1－50 所示），在当前一栏，输入用户之前设置的完整的计算机名称（不带后面的点“.”），单击“选择”按钮，返回注册界面，在操作员一栏，输入 admin（如图 1－51 所示），单击“确定”按钮，进入系统管理，就可以使用用友 ERP－U8 软件了。

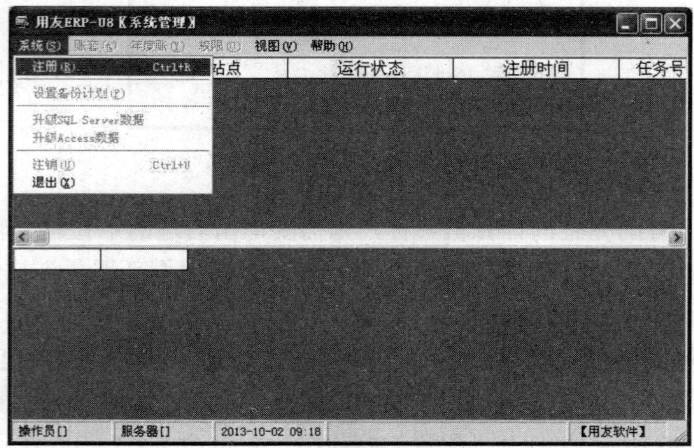

图 1－48 “系统管理”界面

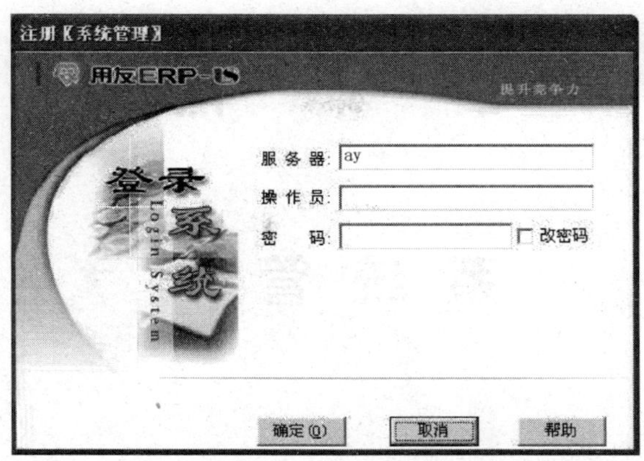

图 1-49 “注册”界面（一）

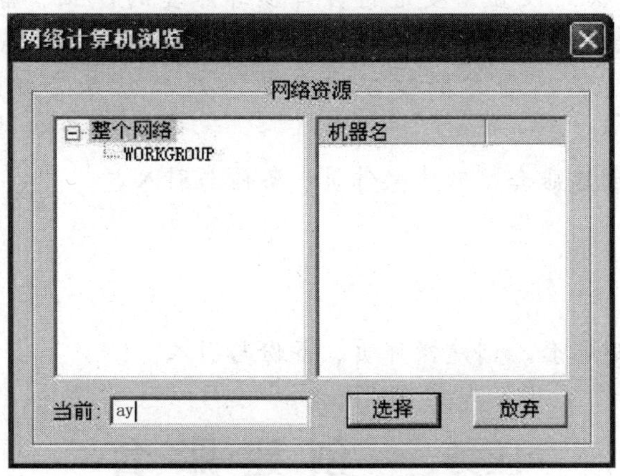

图 1-50 “网络计算机浏览”界面

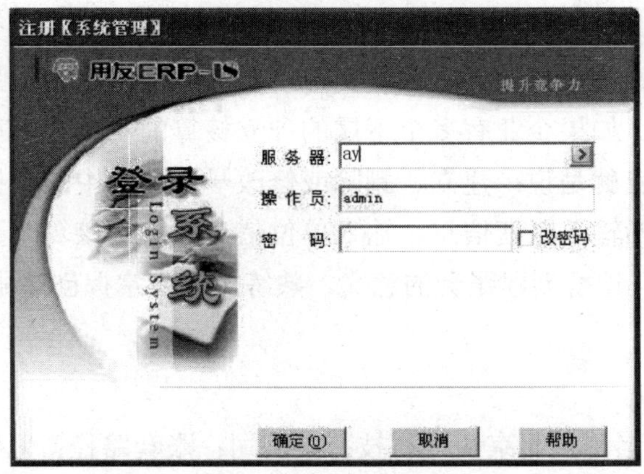

图 1-51 “注册”界面（二）

巩固练习

企业需要安装用友 ERP-U8 软件，请你按照上述所学知识，给自己的计算机安装用友 ERP-U8 软件，并调试配置，达到可以使用的状态。

项目二

系 统 管 理

项目导学

会计信息化软件的初始设置需要进行会计核算账套的建立、备份和恢复，操作员的建立、角色的划分和权限的分配等，这需要一个平台来进行集中管理，系统管理就是提供这样一个操作平台。系统管理的使用对象是企业的信息管理人员（系统管理员，即 admin）或账套主管。

系统管理主要包括创建账套、创建操作员、备份与引入。

学习目标

熟练操作并掌握创建账套、创建操作员、备份与引入。

任务一 创 建 账 套

➘ 目标

创建账套是指在会计信息化软件中，设置经济实体的所有往来信息的一整套记录。一般一个企业只用一个账套，如果企业有多个下属的独立核算的实体，就可以创建多个账套。账套之间是相对独立的，也就是说：建立、删除或修改一个账套中的数据，不会对其他账套有任何影响。创建账套包括输入账套信息、输入单位信息、输入核算类型、设置基础信息等。通过本部分内容的学习，理解创建账套的意义，熟练操作并掌握创建账套的过程。

➘ 项目描述

1. 账套信息

账套号：100；账套名称：北京朔日科技有限公司；账套路径：采用默认账套路径；启用会计期：2024 年 1 月；会计期间设置：1 月 1 日至 12 月 31 日。

2. 单位信息

单位名称：北京朔日科技有限公司。

3. 核算类型

该企业的记账本位币为人民币（RMB），企业类型为工业；行业性质为 2007 年新会计制度；账套主管为郑主管；按行业性质预置科目。

4. 基础信息

该企业有外币核算，进行经济业务处理时，需要对存货、客户、供应商进行分类。

5. 分类编码方案

科目编码级次：4222。

6. 数据精度

该企业对存货数量、单价小数位定为2。

➘ 项目要求

输入账套信息；

输入单位信息；

输入核算类型；

设置基础信息；

设置分类编码方案；

设置数据精度。

➘ 材料准备

1. 输入账套信息

（1）已存账套。系统将已存在的账套以下拉列表框的形式表示出来，只能参照，不能输入或修改。其作用是在建立新账套时可以明晰已经存在的账套，避免在新建账套时重复建立。

（2）账套号。用来输入新建账套的编号，用户必须输入，可输入3个字符（只能是001～999的数字，而且不能是已存账套中的账套号）。

（3）账套名称。用来输入新建账套的名称，作用是标识新账套的信息，用户必须输入，最多可以输入40个字符。

（4）账套路径。用来输入新建账套所要被保存的路径，用户必须输入，可以参照输入，但不能是网络路径中的磁盘。单击参照图标，将弹出“请选择账套路径”对话框。选择适宜的驱动器和目标文件夹，系统将按选择的保存路径保存账套数据。

（5）启用会计期。输入新建账套被启用的日期（必须输入）。

（6）会计期间设置。因为企业的实际核算期间可能和正常的自然日期不一致，所以系统提供此功能。用户在输入“启用会计期”后，单击“会计期间设置”按钮，将弹出“会计月历—建账”对话框。系统根据前面“启用会计期”的设置，自动将启用月份以前的日期标识为不可修改的部分；而将启用月份以后的日期（仅限于各月的截止日期，至于各月的初始日期则随上月截止日期的变动而变动）标识为可以修改的部分，用户可以任意设置。

2. 输入单位信息

单位名称必须输入，其他信息可输入可不输入。

3. 输入核算类型

用于记录本单位的基本核算类型。

（1）本币代码。用来输入新建账套所用的本币代码，如“人民币”的代码为RMB。

（2）本币名称。用来输入新建账套所用的本币名称（必须输入）。

（3）企业类型。用户必须从下拉列表框中选择与自己企业类型相同或相近的类型。系统提供工业和商业两种类型。对于其他行业，建议选用“工业”。

（4）行业性质。用户必须从下拉列表框中选择本单位所处的行业性质。用友 ERP－U8 产品提供了 32 种不同性质的行业，请选择适用于本企业的行业性质。这为“按行业性质预置科目”确定了行业范围，系统会根据选择预置一些行业特定的报表。

（5）账套主管。用来确认新建账套的账套主管，用户只能从下拉列表框中选择。

（6）按行业性质预置科目。如果用户希望采用系统预置所属行业的标准一级科目，则选择该选项，那么进入 ERP－U8 后，由系统自动设置一级会计科目；如果不选择该选项，则由用户自己设置一级会计科目。

4. 设置基础信息

（1）存货是否分类。如果单位的存货较多，且类别繁多，可以选择该选项，表明要对存货进行分类管理；如果单位的存货较少且类别单一，也可以不选择该选项。

（2）客户是否分类。如果单位的客户较多，且希望进行分类管理，可以选择该选项，表明要对客户进行分类管理；如果单位的客户较少，也可以不选择该选项。

（3）供应商是否分类。如果单位的供应商较多，且希望进行分类管理，可以选择该选项，表明要对供应商进行分类管理；如果单位的供应商较少，也可以不选择该选项。

（4）有无外币核算。如果单位有外币业务，可以选择该选项；否则不选择该选项。

5. 系统启用

系统进入“分类码设置”，然后进入“数据精度”定义。完成后系统提示“×××账套建立成功，您可以现在进行系统启用设置，或以后从‘企业门户_基本信息’进入‘系统启用’功能，是否进行系统启用设置”。选择“是”进入系统启用设置界面，选择“否”将在以后进入“企业门户_基本信息”进行设置。

如果此时完成当前设置，则企业建立账套成功。对于其他相关参数，可以在“企业门户”中进行设置。

6. 修改账套参数

如果账套启用后，需要修改账套参数，那么以账套主管的身份注册进入系统管理。

（1）在“系统管理”窗口，执行“系统”→“注册”命令，打开“注册【系统管理】”对话框，如果此前是以系统管理员的身份注册进入系统管理，那么需要首先执行“系统”→“注销”命令，注销当前系统操作员，再以账套主管的身份登录。

（2）输入操作员（账套主管），选择账套号、会计年度、日期。

（3）单击“确定”按钮，进入“系统管理”窗口，菜单中显示为黑色字体的部分为账套主管可以操作的内容。

（4）执行“账套”→“修改”命令，打开“修改账套”对话框，可修改的账套信息以白色显示，不可修改的账套信息以灰色显示。

（5）修改完成后，单击“完成”按钮，弹出系统提示信息“确认修改账套了吗？”，单击“是”按钮，确定“分类编码方案”和“数据精度”，单击“确定”按钮，弹出系统提示“修改账套成功！”

➘ 操作指导

1. 启动系统管理

执行“开始”→“程序”→“用友 ERP－U8”→“系统服务”→“系统管理”命令，进入“用友 ERP－U8【系统管理】”窗口。

2. 登录系统管理

（1）执行“系统”→“登录”命令，打开“登录”对话框。

（2）输入操作员“admin”，单击“登录按钮”（如图 2－1 所示），以系统管理员身份进入系统管理。

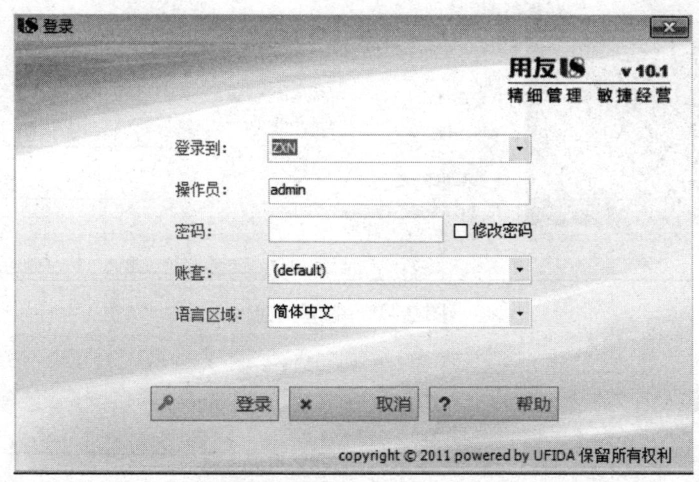

图 2－1　登录

3. 建立账套

（1）执行“账套”→“建立”命令，打开“创建账套”对话框。

（2）输入账套信息。

现存账套：系统将已存在的账套以下拉列表框的形式显示，用户只能查看，不能输入或修改。

账套号：必须输入账套号“100”。

账套名称：必须输入账套名称“北京朔日科技有限公司”。

账套路径：用来确定新建账套将要被放置的位置，系统默认的路径为“C:\U8SOFT\admin”，用户可以人工更改，也可以利用“…”按钮进行参照输入，本例采用系统的缺省路径。

启用会计期：必须输入。系统缺省为计算机的系统日期，更改为“2024 年 1 月”。输入完成后，单击“下一步”按钮，进行单位信息设置。

具体如图 2－2 所示。

（3）输入单位信息。

单位名称：用户单位的全称，必须输入。单位全称只在发票打印时使用，其余情况全部使用单位简称。

输入完成后，单击“下一步”按钮，进行核算类型设置。

具体如图 2－3 所示。

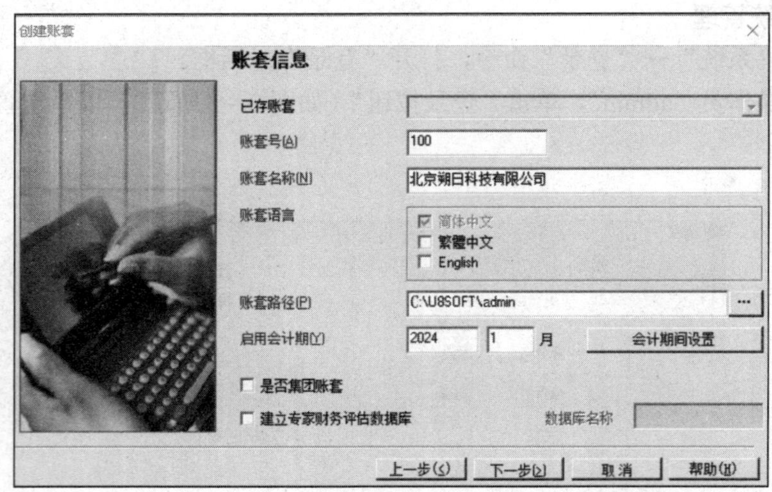

图 2-2 账套信息

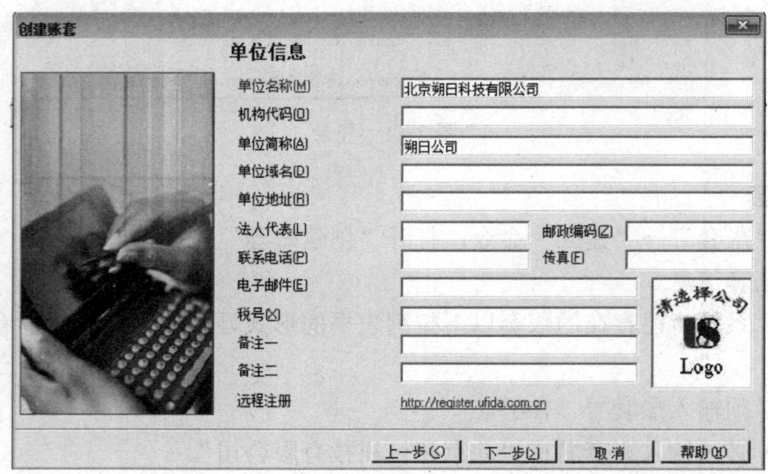

图 2-3 单位信息

（4）输入核算类型。

本币代码：必须输入。本例采用系统默认值“RMB”。

本币名称：必须输入。本例采用系统默认值“人民币”。

企业类型：用户必须从下拉列表框中选择输入。如果选择工业类型，则系统不能处理受托代销业务；如果选择商业类型，委托代销和受托代销都能处理。本例选择“工业”。

行业性质：用户必须从下拉列表框中选择输入，系统按照所选择的行业性质预置科目。本例选择行业性质为“2007 年新会计制度科目”。

账套主管：必须从下拉列表框中选择输入，本例为“郑主管”。

按行业性质预置科目：如果用户预置所属行业的标准一级科目，则选中该复选框。本例选择“按行业性质预置科目”。具体如图 2-4 所示。

输入完成后，单击“下一步”按钮，设置基础信息。

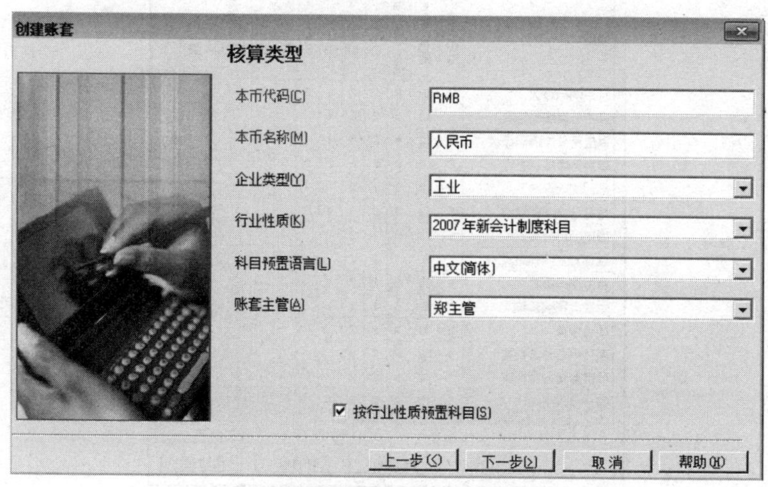

图 2–4　核算类型

（5）设置基础信息。

如果单位的存货、客户、供应商相对较多，可以对其进行分类管理。如果此时不能确定是否进行分类管理，也可以等到软件启用时再设置分类管理。

按照本例要求，选中“存货是否分类”“客户是否分类”“供应商是否分类”“有无外币核算”四个复选框（如图 2–5 所示），单击“下一步”按钮，弹出系统提示“可以创建账套了吗？”，单击“是”按钮，然后打开“分类编码方案”对话框。

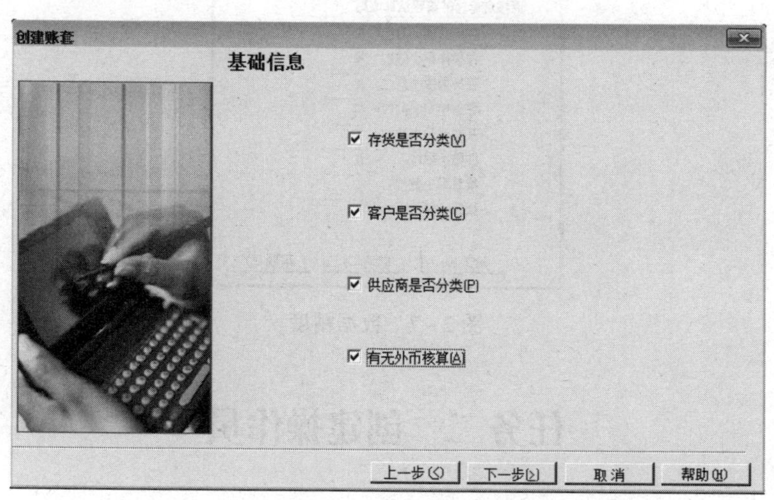

图 2–5　基础信息

（6）设置分类编码方案。

为了便于对经济业务数据进行分级核算、统计和管理，系统要求预先设置基础档案的编码规则，即规定各种编码的级次及各级的长度。

按实验资料所给内容修改系统默认值，单击“确定”按钮，打开“编码方案”对话框（如图 2–6 所示）。

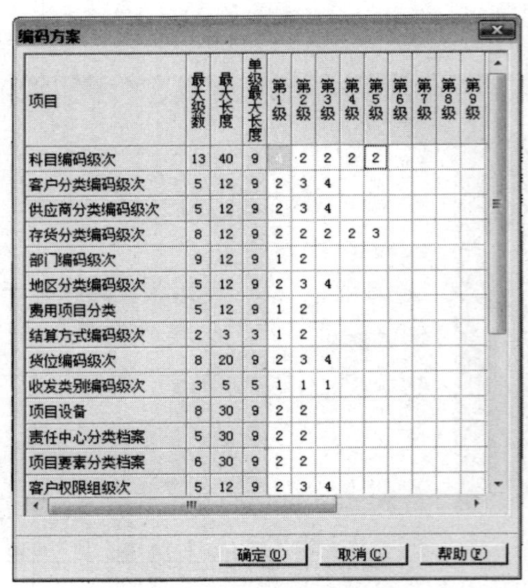

图 2-6　编码方案

（7）设置数据精度。

数据精度是指定义数据的小数位数，如果需要进行数据核算，需要认真填写该项。本例采用系统默认值，单击“确定”按钮，弹出系统提示“创建账套成功！”和“现在进行系统启用的设置吗？”。单击“是”按钮，弹出“数据精度”对话框（如图 2-7 所示）。

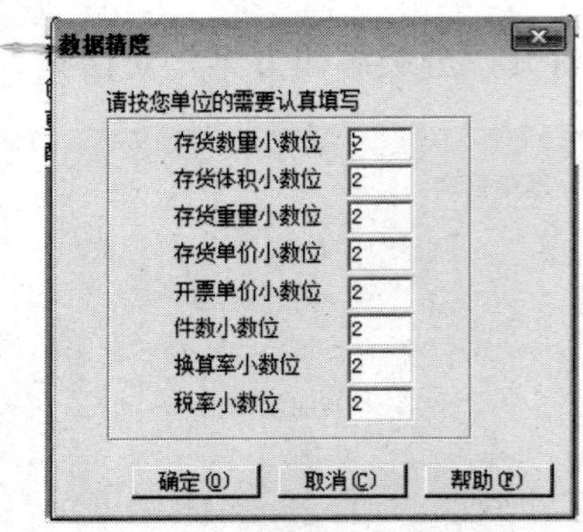

图 2-7　数据精度

任务二　创建操作员

目标

操作员是负责操作软件系统的人员，操作员可以由一人担任，在大型企业中，操作员也可以由多人担任。操作员设置包括角色设置、用户设置、权限设置。通过本部分内容的学习，理解操作员的意义以及熟练掌握设置操作员的过程。

项目描述

1. 增加操作员

所要增加的操作员信息见表 2-1。

表 2－1　操作员信息

编号	姓名	口令	确认口令	所属部门	角色
001	郑主管	1	1	财务部	账套主管
002	刘出纳	2	2	财务部	出纳
003	黄会计	3	3	财务部	会计

2. 财务分工及权限分配

1）001 郑主管（口令：1）——账套主管

负责软件运行环境的建立，以及各项初始设置工作；负责软件的日常运行管理工作，监督并保证系统有效、安全、正常的运行；负责总账系统的凭证审核、记账、账簿查询、月末结账工作；负责报表管理及其财务分析工作具有系统所有模块的全部权限。

2）002 刘出纳（口令：2）——出纳

负责现金、银行存款管理工作；具有“总账—凭证—出纳签字”权限，具有“总账—出纳”的全部操作权限。

3）003 黄会计（口令：3）——会计

负责总账系统的凭证管理工作以及客户往来和供应商往来管理工作；具有“总账—凭证—凭证处理”的全部权限，具有“总账—凭证—查询凭证、打印凭证、科目汇总、摘要汇总表、常用凭证、凭证复制”权限，具有“总账—期末—转账设置、转账生成”权限。

➘ 项目要求

增加操作员；

财务分工及权限分配。

➘ 知识准备

1. 角色设置

角色是指在企业管理中拥有某一类职能的组织，这个角色组织可以是实际部门，也可以是由拥有同一类职能的人构成的虚拟组织。例如，实际工作中最常见的会计和出纳两个角色（他们可以是一个部门的人员，也可以不是一个部门但工作职能是一样的人员）。在角色设置后，可以定义角色的权限，如果用户归属此角色，其相应具有角色的权限。此功能的优点是方便控制操作员权限，可以依据职能统一进行权限的划分。本功能可以进行账套中角色的增加、删除、修改等维护工作。用户和角色的设置不分先后顺序，用户可以根据自己的需要进行设置。

（1）增加角色信息。在“角色管理”窗口，单击“增加”按钮，打开“角色详细情况”对话框。在“角色编码”文本框中，可以输入 12 位字符；在“角色名称”文本框中，可以输入 40 位字符；在“备注”列表框中可以加入对此角色的注释，可以输入 119 位字符。单击“增加”按钮，保存新增设置。如果设置过用户，则在“所属用户名称”中选择该角色的用户。

（2）修改角色信息。选中要修改的角色，单击“修改”按钮，进入角色编辑界面，对当前所选角色记录进行编辑，除角色编号不能修改之外，其他信息均可以修改。

（3）删除角色信息。单击“删除”按钮，则将选中的角色删除，在删除前系统会进行确认。如果该角色有所属用户，是不允许删除的。必须先进行“修改”，将所属用户置于非选中状态，然后才能进行角色的删除。

2. 用户设置

本功能主要完成账套用户的增加、删除、修改等维护工作。设置用户后系统对于登录操作，要进行相关的合法性检查。其作用类似于 Windows 系统的用户账号，只有设置具体的用户之后，才能进行相关操作。在“系统管理”主界面，选择“权限”→“用户”命令，进入“用户管理”窗口。

（1）增加新用户。在“用户管理”窗口，单击“增加”按钮，显示“操作员详细情况”对话框。输入用户编号（必须唯一）、姓名、口令和所属部门、E-mail 地址、手机号等，并选择新增用户所属的角色，单击“增加”按钮，保存新增用户信息。

（2）修改用户信息。选中要修改的用户信息，单击“修改”按钮，进入修改状态，但已启用用户只能修改口令、所属部门、E-mail 地址、手机号和所属角色的信息。此时，系统会在“姓名”后出现“注销当前用户”的按钮，如果需要暂时停止使用该用户，则单击此按钮。此按钮会变为“启用当前用户”，可以单击继续启用该用户。

（3）删除用户信息。选中要删除的用户，单击“删除”按钮，可删除该用户。但已启用的用户不能删除，已定义用户角色的用户必须先取消所属角色信息后才能删除。

3. 权限设置

会计信息化系统是一个人机对话系统，其处理必须通过人机对话的方式进行，这就带来了一个谁跟计算机“对话”的问题。也就是说，谁有权进入会计信息系统进行操作。

在“系统管理”窗口，执行“权限”→“权限”命令，显示“操作员权限”窗口。

（1）选择要分配权限的账套和账套所在年度，左边显示本账套内所有角色和用户名。

（2）选择要分配权限的角色和操作员，单击工具栏上的“修改”按钮，显示“增加和调整权限”对话框，系统提供 22 个子系统的功能权限的分配。

（3）单击⊞展开功能目录树，单击☑表示选中某项详细功能。

（4）单击“确定”按钮，保存设置返回“操作员权限”窗口。

（5）右边显示该角色或用户所拥有的权限名称和权限隶属的系统。

➘ 操作指导

1. 增加操作员

（1）执行“权限”→“用户”命令，进入“用户管理”窗口，窗口中显示系统预设的几位用户：admin、demo、SYSTEM、UFSOFT（如图 2－8 所示）。

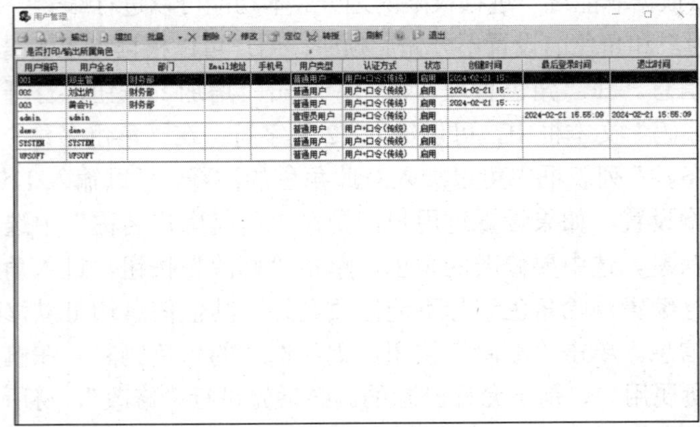

图 2－8　用户管理

（2）单击工具栏中的“增加”按钮，打开“操作员详细情况”对话框（如图2-9所示），按表2-2中资料输入用户。

表2-2 操作员信息

编号	姓名	口令	确认口令	所属部门	角色	完成操作
001	郑主管	1	1	财务部	账套主管	单击“增加”按钮
002	刘出纳	2	2	财务部	出纳	单击“增加”按钮
003	黄会计	3	3	财务部	会计	单击“增加”按钮

（3）关闭“操作员详细情况”对话框，返回“用户管理”窗口。

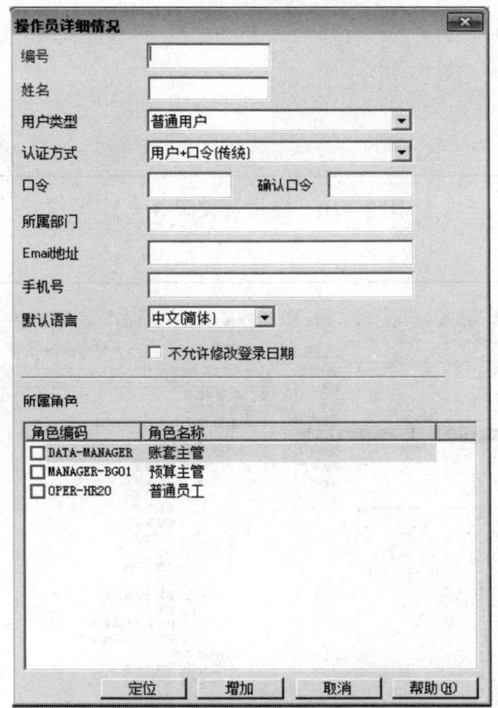

图2-9 操作员详细情况

2. 财务分工及权限分配

（1）执行“权限”→“权限”命令，进入“操作员权限”窗口。

（2）选择100账套、2024年度。

（3）在操作员列表中选择“郑主管”，选中“账套主管”复选框，确定“郑主管”具有账套主管权限。

（4）选择“刘出纳”，单击工具栏中的“修改”按钮，根据实验资料选择相应的权限项，单击“保存”按钮。

同理，设置操作员黄会计的权限。

（5）单击工具栏中的“退出”按钮，返回系统管理。

具体如图2-10和图2-11所示。

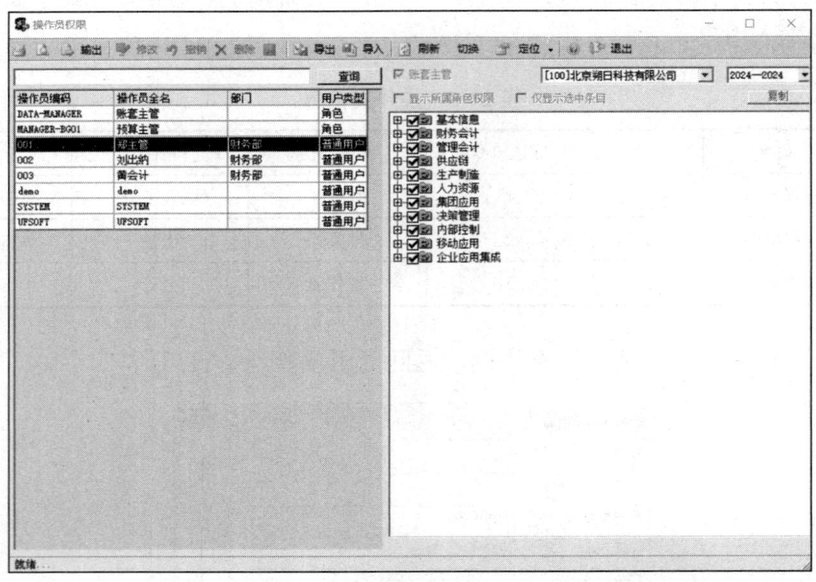

图 2-10　操作员权限（一）

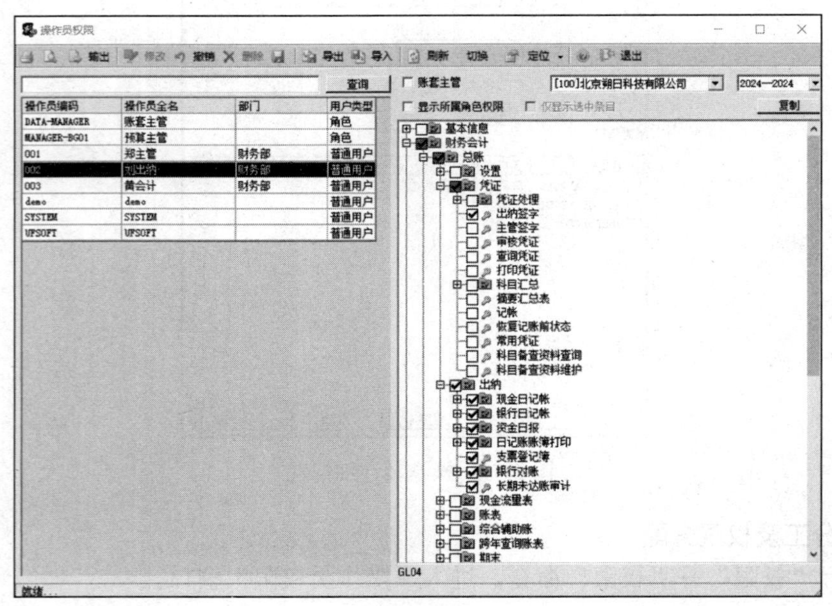

图 2-11　操作员权限（二）

任务三　备份与引入

➘ 目标

一般通用财务软件都直接在硬盘上存储会计数据，对存储在硬盘上的数据文件，财务软件有保护措施，数据备份是保护数据的主要手段。由于计算机在运行时经常会受到来自各方面因素的干扰，如人的因素、硬件的因素、软件或计算机病毒等因素，因而出现数据损坏或丢失。因此，财务软件在具备备份功能的同时必须具备数据恢复功能。通过本部分内容的学习，熟练掌握账套的备份与引入功能。

➘ 项目描述

1. 账套的备份

（1）以系统管理员身份注册，进入系统管理模块。然后执行“账套”→“输出”命令。

（2）此时系统弹出“账套输出”对话框。在“账套号”下拉列表框中选择需要输出的账套，然后单击“确定”按钮。此时系统会进行输出的工作。在系统进行输出过程中有一个进度条，任务完成后，系统会提示输出的路径。选择输出路径，单击“确定”按钮，系统提示输出是否成功的标识。

2. 账套的引入

系统管理员在系统管理界面执行“账套”→“引入”命令，打开“引入账套数据”对话框。系统管理员在该对话框中选择所要引入的账套数据备份文件，账套数据备份文件是系统输出的文件，前缀名统一为“UfErpAct”。然后单击“确定”按钮。系统提示可修改数据库存放的路径和文件夹。

➘ 项目要求

账套的备份；

账套的引入。

➘ 知识准备

1. 账套的备份

账套的备份功能是将所选的账套数据进行备份输出。对于企业系统管理员来讲，定时将企业的账套数据备份出来存储到不同的介质上（如软盘、光盘、网络磁盘等），对账套数据的安全性是非常重要的。如果企业由于不可预知的原因（如地震、火灾、计算机病毒、人为的误操作等），需要对账套数据进行恢复，此时备份的账套数据就可以将企业的损失降到最小。

2. 账套的引入

账套的引入功能是将系统外某账套数据引入本系统中。该功能可以把子公司的账套数据定期引入母公司系统中，以便进行有关账套数据的分析和合并工作。

➘ 操作指导

1. 账套的备份

（1）以系统管理员的身份注册进入系统管理模块。

（2）执行“账套”→“输出”命令，打开“账套输出”对话框，选择需要输出的账套后单击“确定”按钮。

（3）系统开始进行备份，备份完成后，弹出系统提示“备份完毕!”，单击“确定”按钮返回。

具体如图 2－12、图 2－13、图 2－14 所示。

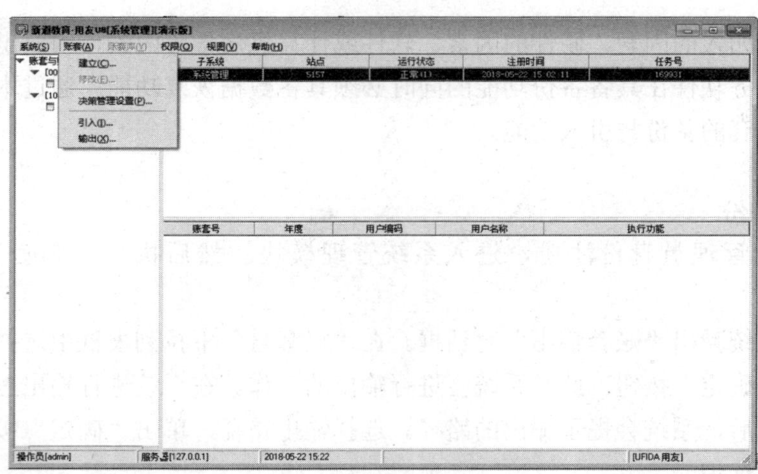

图 2-12　系统管理（一）

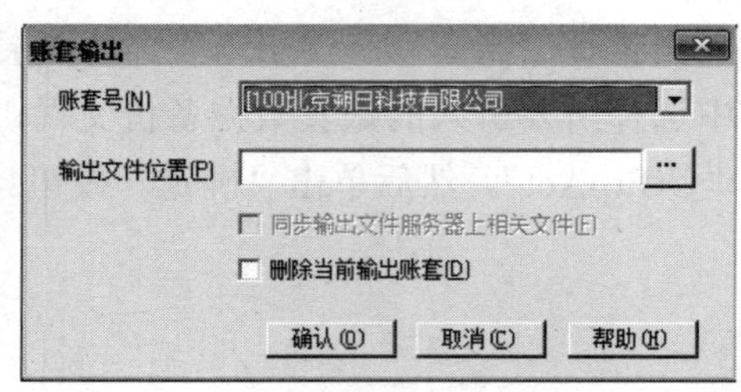

图 2-13　账套输出

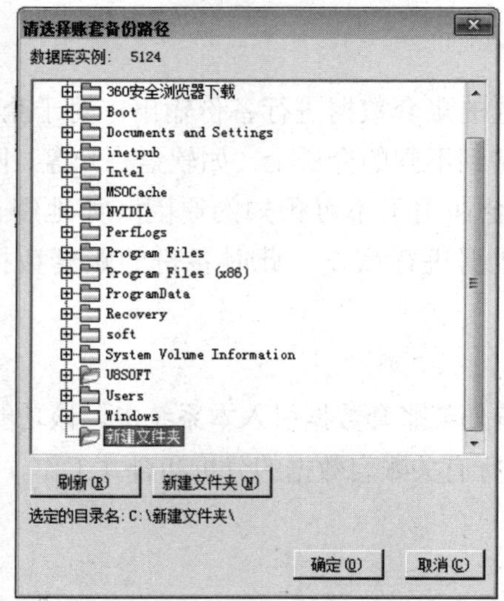

图 2-14　选择备份目标

2. 账套的引入

（1）以系统管理员的身份注册进入系统管理模块。

（2）执行“账套”→“引入”命令，打开“引入账套数据”对话框，选择需要引入的账套数据路径，选择账套文件，单击“确定”按钮。

（3）系统提示“此项操作将覆盖［100］账套当前的所有信息，继续吗？”，单击“否”

按钮。

（4）系统提示“正在引入账套，请等待……”，最后提示“账套［100］引入成功!”，单击“确定”按钮。

具体如图 2－15、图 2－16、图 2－17 所示。

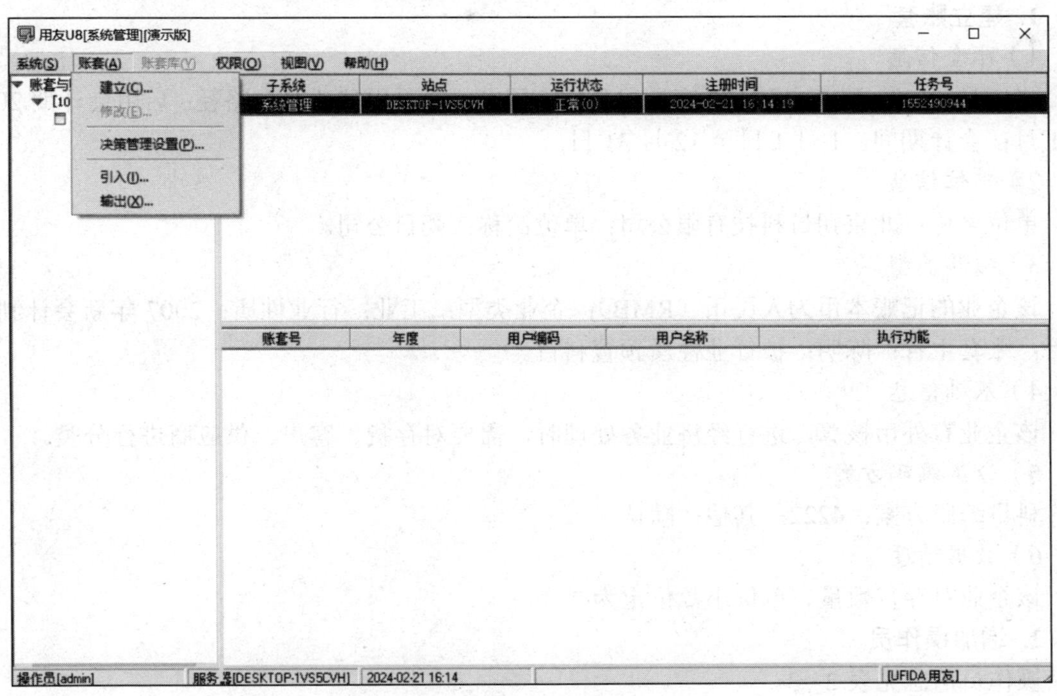

图 2－15　系统管理（二）

图 2－16　系统管理（三）

图 2－17　系统管理（四）

巩固练习

项目练习：利用所学的知识，建立账套，增加操作员，进行财务分工、账套数据备份、账套数据引入练习。

1. 建立账套

1）账套信息

账套号：100；账套名称：北京朔日科技有限公司；采用默认账套路径；启用会计期 2024 年 1 月；会计期间：1 月 1 日至 12 月 31 日。

2）单位信息

单位名称：北京朔日科技有限公司；单位简称：朔日公司。

3）核算类型

该企业的记账本币为人民币（RMB）；企业类型：工业；行业性质：2007 年新会计制度科目；账套主管：陈明；按行业性质预置科目。

4）基础信息

该企业有外币核算，进行经济业务处理时，需要对存货、客户、供应商进行分类。

5）分类编码方案

科目编码方案：4222；其他：默认。

6）数据精度

该企业对存货数量、单价小数位定为 2。

2. 增加操作员

操作员信息见表 2－3。

表 2－3　操作员信息

编号	姓名	口令	确认口令	所属部门	角色
001	陈明	1	1	财务部	账套主管
002	王晶	2	2	财务部	出纳
003	马方	3	3	财务部	会计

3. 财务分工

1）001 陈明（口令：1）——账套主管

负责软件运行环境的建立，以及各项初始设置工作；负责软件的日常运行管理工作，监督并保证系统有效、安全、正常运行；负责总账系统的凭证审核、记账、账簿查询、月末结账工作；负责报表管理及财务分析工作；具有系统所有模块的全部权限。

2）002 王晶（口令：2）——出纳

负责现金、银行存款管理工作；具有“总账—凭证—出纳签字”权限，具有“总账—出纳”的全部操作权限。

3）003 马方（口令：3）——会计

负责总账系统的凭证管理工作以及客户往来和供应商往来管理工作；具有“总账—凭证—凭证处理”的全部权限，具有“总账—凭证—查询凭证、打印凭证、科目汇总、摘要汇总、常用凭证”权限，具有“总账—期末—转账设置、转账生成”权限。

4. 文件保存

将新建账套备份到 D 盘的新建文件夹中，新建文件夹名为本人姓名。下次上课前将备份的文件夹引入账套中。

➘ 操作指导

1. 启动系统管理

执行“开始”→“程序”→“用友 ERP－U8”→“系统服务”→“系统管理”命令，进入“用友 ERP－U8【系统管理】”窗口。

2. 登录系统管理

（1）执行“系统”→“注册”命令，打开“注册系统管理”对话框。

（2）输入。服务器（默认）：操作员：admin；密码：（空）。单击“登录”按钮，以系统管理员身份进入系统管理。

注意：

为了保证系统的安全性，在“系统管理员登录”对话框中，可以设置或更改系统管理员的密码。首先在“改密码”复选框选中，单击“确定”按钮，打开“设置操作员口令”对话框，在“新口令”和“确认新口令”后面的输入区中均输入新密码，最后单击“确定”按钮，返回系统管理。

一定要牢记设置的系统管理员密码，否则无法以系统管理员的身份进入系统管理，也就不能执行账套数据的输出和引入。

用友 ERP－U8 系统运行期间禁止修改计算机操作系统日期。

3. 增加操作员

（1）执行“权限”→“用户”命令，进入“用户管理”窗口，窗口中显示系统预设的几位用户：demo、SYSTEM、UFSOFT 和 admin。

（2）单击工具栏中的“增加”按钮，打开“操作员详细情况”对话框，按表 2－4 中的资料输入用户。

表 2－4　用户资料

编号	姓名	口令	确认口令	所属部门	角色	完成操作
001	陈明	1	1	财务部	财套主管	单击“增加”按钮
002	王晶	2	2	财务部	出纳	单击“增加”按钮
003	马方	3	3	财务部	会计	单击“增加”按钮

（3）关闭“操作员详细情况”对话框，返回“用户管理”窗口，所有用户以列表方式显示。

注意：

◎只有系统管理员用户才有权限设置操作员。

◎操作员编号在系统中必须唯一，即使是不同的账套，操作员编号也不能重复。

◎设置操作员口令时，为保密起见，输入的口令字以“*”号在屏幕上显示。

◎所设置的操作员用户一旦被引用，便不能被修改和删除。

◎指定“陈明”为“账套主管”角色，“账套主管”角色拥有了该账套的全部功能权限。其他两位用户不通过指定角色的方式来分配功能权限，直接在权限分配时指明其相应的权限。

4. 建立账套

1）打开对话框

执行“账套”→“建立”命令，打开“创建账套”对话框。

2）输入账套信息

现存账套：系统将已存在的账套以下拉列表框的形式显示，用户只能查看，不能输入或修改。“[999] 演示账套”是系统内置的。

账套号：必须输入。本例输入账套号100。

账套名称：必须输入。本例输入“北京朔日科技有限公司”。

账套路径：用来确定新建账套将要被放置的位置，系统默认的路径为“C:\U8SOFT\admin”，用户可以人工更改，也可以利用“…”按钮进行参照输入，本例采用系统的缺省路径。

启用会计期：必须输入。系统缺省为计算机的系统日期，更改为“2024 年 1 月”。输入完成后，单击“下一步”按钮，进行单位信息设置。

3）输入单位信息

单位名称：用户单位的全称，必须输入。单位全称只在发票打印时使用，其余情况全部使用单位简称。本例输入“北京朔日科技有限公司”。

单位简称：用户单位的简称，最好输入。本例输入“朔日公司”。

其他栏目都属于任选项。

输入完成后，单击“下一步”按钮，进行核算类型设置。

4）输入核算类型

本币代码：必须输入。本例采用系统默认值“RMB”。

本币名称：必须输入。本例采用系统默认值“人民币”。

企业类型：用户必须从下拉列表框中选择输入。如果选择工业类型，则系统不能处理受托代销业务；如果选择商业类型，委托代销和受托代销都能处理。本例选择“工业”。

行业性质：用户必须从下拉列表框中选择输入，系统按照所选择的行业性质预置科目。本例选择行业性质为“2007 年新会计制度科目”。

账套主管：必须从下拉列表框中选择输入。本例选择“001 陈明”。

按行业预置科目：如果用户预置所属行业的标准一级科目，则选中该复选框。本例选择“按行业性质预置科目”。

输入完成后，单击“下一步”按钮，设置基础信息。

5）设置基础信息

如果单位的存货、客户、供应商相对较多，可以进行分类管理。如果此时不能确定是否进行分类管理，也可以等到软件启用时再设置分类管理。

按照本例要求，选中“存货是否分类”“客户是否分类”“供应商是否分类”“有无外币核算”四个复选框，单击“下一步”按钮，弹出系统提示“可以创建账套了吗？”，单击“是”按钮，然后打开“分类编码方案”对话框。

6）设置分类编码方案

为了便于对经济业务数据进行分级核算、统计和管理，系统要求预先设置基础档案的编码规则，即规定各种编码的级次及各级的长度。

按实验资料所给内容修改系统默认值，单击“确定”按钮，打开“数据精度”对话框。

7）设置数据精度

数据精度是指定义数据的小数位数，如果需要进行数据核算，需要认真填写该项。本例采用系统默认值，单击“确定”按钮，弹出系统提示“创建账套成功！”和“现在进行系统启用的设置吗？”。单击“是”按钮，弹出“系统启用”对话框。

8）系统启用

选中“GL－总账”复选框，弹出“日历”对话框，选择日期“2024年1月1日”，单击“确定”按钮，单击“退出”按钮。

5. 财务分工

① 执行“权限”→“权限”命令，进入“操作员权限”窗口。

② 选择100账套，2024年度。

③ 在操作员列表中选择“陈明”，选中“账套主管”复选框，确定“陈明”具有账套主管权限。

注意：

● 由于在建立账套时已指定“陈明”为账套主管，此处无须再设置。

● 账套主管自动拥有该账套的所有权限。

● 如果在角色管理或用户管理中已将“用户”归属于“账套主管”角色，则该操作员即已定义为系统内所有账套的账套主管。本例中，由于在用户管理中指明了“陈明”具有“账套主管”的权限，因此，“陈明”不仅是账套100的账套主管，同时也是本系统中其他账套的账套主管。

● 选择王晶，单击工具栏中的“修改”按钮，根据实验资料选择相应的权限项，单击“确定”按钮。

④ 同理，设置操作员马方的权限。

注意：

● 在用友ERP－U8系统中，提供了三个层次的权限管理，分别是功能级权限管理、数据级权限管理、金额级权限管理。

● 功能级权限管理提供了对不同的用户分配不同功能模块的操作权限。例如，用户“王晶”拥有“总账—出纳”的全部权限。

● 数据级权限管理。该权限可通过两个方面进行控制，一个是字段级权限控制，另一个是记录级权限控制。例如，设定用户“马方”只能录入某一种凭证类别的凭证。

● 金额级权限管理。该权限主要用于完善内部金额控制，实现对具体金额的数量划分级别，对不同岗位和职位的操作员金额级别控制，限制他们制单时可以使用的金额数量。例如，设定用户“马方”只能录入金额在20 000元以下的凭证。

● 功能级权限的分配在系统管理的“权限分配”中设置，数据级权限和金额级权限在“企业门户”→“系统服务”→“数据权限分配”中进行设置，且必须是在系统管理的功能权限分配之后才能进行。本实验中只有功能权限的分配。

6. 账套的备份

（1）以系统管理员的身份注册进入系统管理模块。

（2）执行“账套”→“输出”命令，打开“账套输出”对话框，选择需要输出的账套100，选择输出文件的位置，单击“确定”按钮。

（3）系统备份完成后，在弹出的“备份完毕！”对话框中，单击“确定”按钮返回。

注意：

● 只有系统管理员（admin）才能进行账套备份。备份的账套数据名以“UfErpAct”为前缀。

● 正在使用的账套是不允许删除的。

● 若要删除选中账套数据，则在输出账套时，选中“删除当前输出账套”即可。

7. 账套的引入

（1）以系统管理员的身份注册进入系统管理。

（2）执行“账套”→“引入”命令，打开“引入账套数据”对话框，选择需要引入的账套路径“C:\U8SOFT\demo999”，选择账套文件“UfErpAct.Lst”，单击“确定”按钮。

（3）系统提示“请选择账套引入目录”，单击“确定”按钮。

（4）系统提示“正在引入账套，请等待……”，最后提示“账套引入成功！”，单击“确定”按钮。

注意：

● 只有系统管理员（admin）才能进行账套引入。

● 引入的账套999数据为系统提供的账套数据，可在打开未建立新的账套之前，打开此账套了解和学习相关操作，查询相关的信息。

8. 修改账套参数

如果账套启用后，需要修改账套参数，要以账套主管的身份注册进入系统管理。

（1）在“系统管理”窗口，执行“系统”→“注册”命令，打开“注册【系统管理】”对话框。

注意：

● 如果此前是以系统管理员的身份注册进入系统管理，那么需要首先执行“系统”→“注销”命令，注销当前系统操作员，再以账套主管的身份登录。

（2）输入：操作员“001”，密码“1”。选择账套“100 北京朔日科技有限公司”；会计年度“2024”；日期“2024－01－01”。

（3）单击“确定”按钮，进入“系统管理”窗口，菜单中显示为黑色字体的部分为账套主管可以操作的内容。

（4）执行“账套”→“修改”命令，打开“修改账套”对话框，可修改的账套信息以白色显示，不可修改的账套信息以灰色显示。

（5）修改完成后，单击“完成”按钮，弹出系统提示信息“确认修改账套了吗？”，单击“是”按钮，确定“分类编码方案”和“数据精度”，单击“确定”按钮，弹出系统提示“修改账套成功！”

项目三

总账基础信息设置

项目导学

用友 ERP－U8 软件包括了多个子系统，每个子系统相对独立存在，但相互之间又联系紧密，共享一些基础信息。企业门户集中了用友 ERP－U8 软件的所有功能，为各个子系统提供了一个公共的交流平台。用户登录企业门户后，可以通过企业门户进入任何一个子系统，实现数据共享和系统集成，系统的基础档案信息均集中在企业平台中进行维护，实现信息的统一管理。

总账基础信息设置包括基本信息设置和基础档案设置。

学习目标

能够根据需要准确设置部门、职员、客户、存货等各类基础档案。

任务一　基本信息设置

➘ 目标

能够根据企业新账套基本信息要求，启用用友 ERP－U8 软件的总账系统，准确设置部门、人员基本信息。

➘ 项目描述

1. 总账系统启用

总账系统启用日期为 2024 年 1 月 1 日。

2. 设置部门档案

部门档案见表 3－1。

表 3－1　部门档案

部门编码	部门名称	部门编码	部门名称
1	总经理办公室	301	销售 1 分部
2	财务部	4	采购部
3	销售部	5	生产部

3. 设置人员档案

人员档案见表 3－2。

表 3－2 人员档案

人员编码	人员姓名	行政部门	人员类别
01	郑总管	财务部	在职人员
02	黄会计	财务部	在职人员
03	刘出纳	财务部	在职人员
04	孙经理	销售 1 分部	在职人员

项目要求

总账系统启用；

设置部门档案；

设置人员档案。

知识准备

1. 系统启用

（1）系统管理员创建新账套后，自动进入系统启用界面，这时可直接选择系统启用。

（2）在账套建立后由账套主管登录“企业门户”，在设置中按“基础设置”→“基本信息”→“系统启用”路径进入“系统启用”对话框。

2. 人事档案设置

1）部门档案

（1）双击“基础设置”菜单中的“部门档案”。

（2）单击“增加”按钮，在编辑区输入相应的部门信息，其中“部门编码”和“部门名称”必须输入。如果要在“销售管理系统－信用控制”中选择“部门信用控制”，建议在这里输入部门信用状况。

2）人员档案

人员档案主要用于记录本单位使用系统的人员列表，双击“基础设置”菜单中的“人员档案”，进入“人员档案”窗口。在左边目录区选择要增加人员的部门，单击“增加”按钮，在窗口输入人员的有关信息资料。其中，“人员编码”“人员姓名”“行政部门”必须输入。如果要在“销售管理系统－信用控制”中选择“业务员信用控制”，建议在这里输入人员信用权限。

操作指导

1. 启动企业门户

执行“开始”→“程序”→“用友 ERP－U8”→“企业门户”命令，打开“登录”对话框（如图 3－1 所示）。输入：操作员“001”；密码为“空”。选择账套“100 北京朔日科技有限公司”；会计年度“2024”；日期“2024－01－01”，单击“登录”按钮。

2. 启用总账系统

（1）进入“用友 ERP－U8”→“企业门户”后，在设置中按“基础设置”→“基本信息”→“系统启用”路径进入“系统启用”对话框（如图 3－2 所示）。

（2）由账套主管选择总账系统，在方框内打钩。

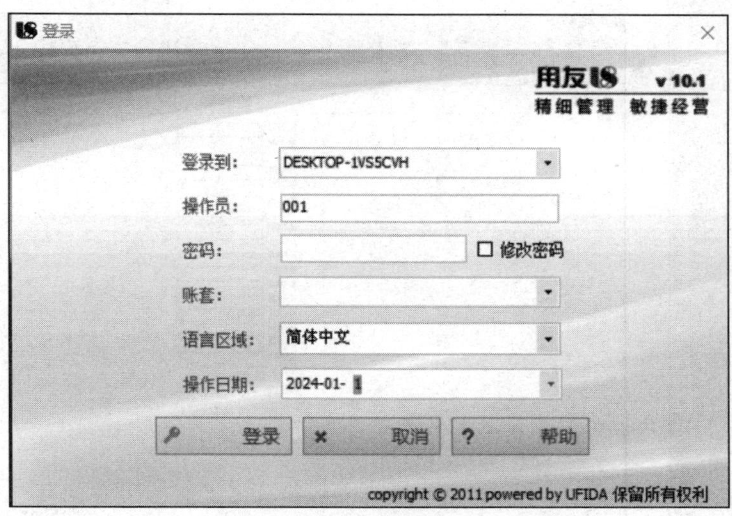

图 3－1　登录

图 3－2　系统启用

（3）启用会计期 2024 年 1 月 1 日。

（4）单击“确定”按钮后，保存此次启用信息。

3. 设置部门档案

打开“基础设置”对话框，执行“基础档案”→“机构人员”命令，在“机构人员”菜单中（如图 3－3 所示），双击“部门档案”进入“部门档案”窗口（如图 3－4 所示），输入部门编码、部门名称等基本信息。

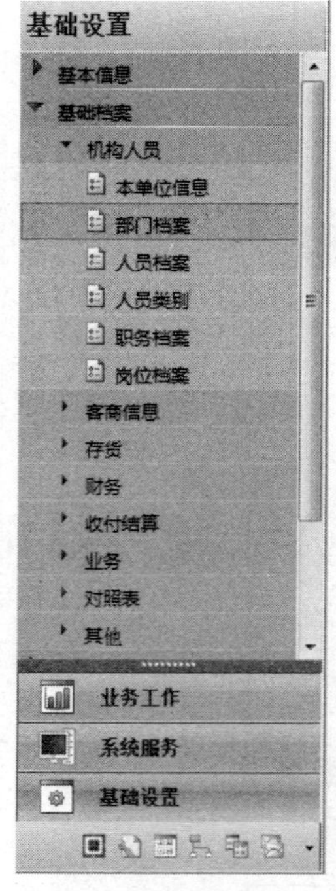

图 3－3　基础设置

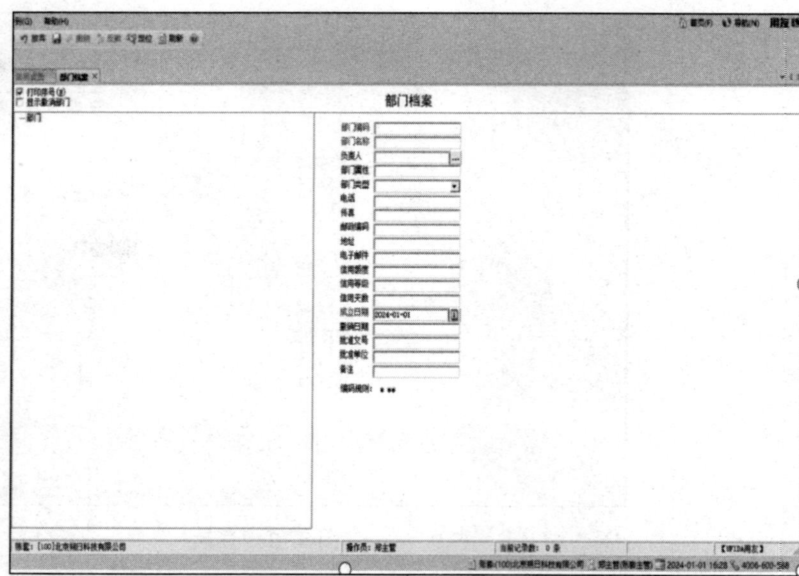

图 3－4　部门档案（一）

按照以上操作依次录入其他部门档案（如图 3－5 所示）。

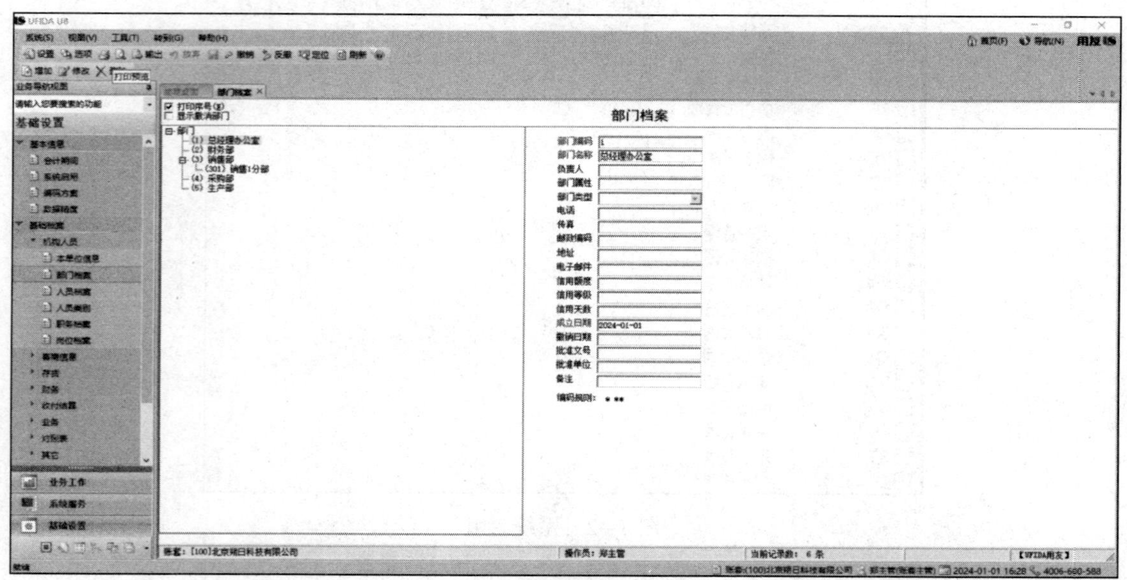

图 3－5　部门档案（二）

4. 设置人员档案

打开“基础设置”对话框，执行“基础档案”→“机构人员”命令，在“机构人员”菜单中，双击“人员档案”进入“人员档案”窗口（如图 3－6 所示），单击“增加”按钮，输入人员编码、人员姓名、行政部门等基本信息。

人员档案

基本 | 其它

人员编码　人员姓名　工号
英文名　性别　行政部门
雇佣状态　人员类别　证件类型 身份证
证件号码　签发机关　开始时间
截止时间　出生日期　银行
账号　到职日期　离职日期
人员属性
请双击方框编辑照片
是否操作员
对应操作员编码　对应操作员名称
是否业务员　是否营业员
生效日期 2018-01-01　失效日期　业务或费用部门
信用天数　信用额度　信用等级
联系方式
办公电话　内线电话　工位
邮政编码　通讯地址　Email地址
手机号　家庭电话　家庭住址
个人网址　QQ号
考勤信息
考勤卡号　是否考勤 是　班组

图 3－6　人员档案（一）

按照以上操作依次录入其他人员基础档案（如图 3－7 所示）。

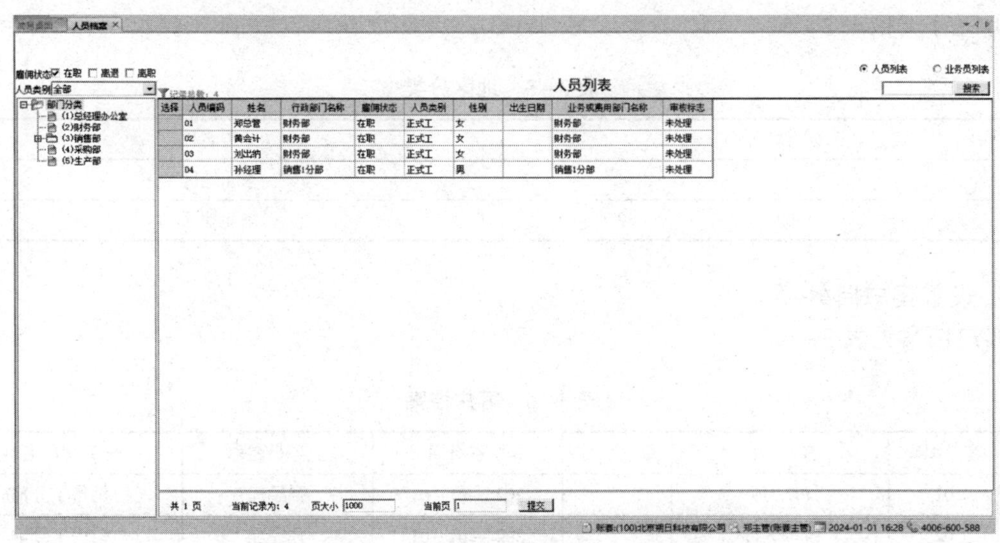

人员列表

选择	人员编码	姓名	行政部门名称	雇佣状态	人员类别	性别	出生日期	业务或费用部门名称	审核标志
	01	郑总管	财务部	在职	正式工	女		财务部	未处理
	02	黄会计	财务部	在职	正式工	女		财务部	未处理
	03	刘出纳	财务部	在职	正式工	女		财务部	未处理
	04	孙经理	销售1分部	在职	正式工	男		销售1分部	未处理

图 3－7　人员档案（二）

任务二　基础档案设置

➘ 目标

为了便于对业务数据进行统计、分析，企业根据自身管理需要设置客户、地区、存货等基本信息。

➘ 项目描述

1. 设置客户分类

客户分类见表 3－3。

表 3-3 客户分类

分类编码	分类名称
01	沈阳地区
02	辽宁其他地区
03	吉林黑龙江地区
04	其他地区

2. 设置供应商分类

供应商分类见表 3-4。

表 3-4 供应商分类

分类编码	分类名称
01	沈阳供应商
02	辽宁其他供应商

3. 设置地区分类

地区分类见表 3-5。

表 3-5 地区分类

分类编码	分类名称
01	东北地区
02	华北地区

4. 设置客户档案

客户档案见表 3-6。

表 3-6 客户档案

序号	客户编码	客户名称	地区名称	发展日期	业务员名称	分管部门名称
1	01	沈阳万兴		2024-01-01	孙经理	销售 1 分部
2	02	抚顺天际		2024-01-01	孙经理	销售 1 分部
3	03	沈阳中兴公司		2024-09-23		
4	04	长春科宏		2024-10-27		

5. 设置供应商档案

供应商档案见表 3-7。

表 3-7 供应商档案

序号	供应商编码	供应商名称	发展日期
1	01	沈阳万顺公司	2017-09-23
2	02	沈阳品达公司	2017-09-23
3	03	抚顺韦力公司	2017-09-23

6. 设置计量单位及存货分类

（1）计量单位组见表 3－8。

表 3－8　计量单位组

计量单位组编码	计量单位组名称	计量单位组类别
01	无换算关系	无换算率

（2）计量单位见表 3－9。

表 3－9　计量单位

计量单位编码	计量单位名称	计量单位组编码
01	盒	01
02	台	02

（3）存货分类见表 3－10。

表 3－10　存货分类

分类编码	分类名称
01	原材料
0101	主　机
02	产成品
0201	计算机

项目要求

设置客户/供应商分类；

建立客户/供应商档案；

设置地区分类；

设置计量单位及存货分类。

知识准备

1. 客户/供应商分类

用户根据已设置好的分类编码方案对客户/供应商进行分类设置。在“客户分类”窗口，单击“增加”按钮，可新增一个客户类型，在编辑区输入客户“分类编码”“分类名称”，注意“客户分类”必须逐级增加；单击“修改”按钮，可对除了客户分类编码以外的其他客户分类信息进行修改；单击“删除”按钮，即可删除当前分类，注意已经使用的客户分类不能删除，非末级客户分类不能删除。供应商分类设置的操作与客户分类相似。

2. 客户/供应商档案

完成客户/供应商分类设置后，开始进行客户/供应商档案的建立和管理。在“客户档案”窗口中的客户分类下，单击“增加”按钮，进入“增加客户档案”对话框，分别填写“基本”选项卡、“联系”选项卡、“信用”选项卡和“其他”选项卡内容，增加客户信息。

（1）“基本”选项卡：填写一些主要客户信息。其中，“客户编码”“客户名称”“客户简称”“所属分类”这些信息在以后的日常业务处理中将作为一个客户区别于另一个客户的主要标识，是必填项。

（2）“联系”选项卡：填写一些与客户联系所必需的信息。

（3）“信用”选项卡：填写有关用户信用等级、信用期限等客户信用信息。如果在应收款管理中选用“根据单据自动报警”，那么在这里要输入相应的信用期限；如果在应收款管理中启用“信用额度控制”，那么建议在这里输入信用额度的金额。供应商的信用控制主要在应付款管理中使用。

（4）“其他”选项卡：填写其他辅助信息。

供应商档案建立操作与客户档案建立相似。

3. 地区分类

如果企业要对供应商或客户按地区进行统计，就应该建立地区分类体系。地区分类最多有五级，企业可以根据实际需要进行分类。在“地区分类”窗口中，单击“增加”按钮，进行相应设置。

4. 计量单位及存货分类

1）存货分类

存货分类用于设置存货分类编码、名称及所属经济分类。例如，工业企业的存货可以分为三类：材料、产成品、应税劳务。用户可以在此基础上继续分类。商业企业存货的第一级一般可以分为两类：商品、应税劳务。商品又可以按商品属性分为日用百货、家用电器、五金工具等，也可以按仓库分为一仓库、二仓库等。

在“存货分类”对话框，单击“增加”按钮，在编辑区输入分类编码、分类名称等分类信息。

2）计量单位

本功能主要用于设置存货的计量单位组和计量单位信息。首先在该档案中设置好计量单位组，再在组下增加具体的计量单位信息。

（1）计量单位组设置。计量单位组包括无换算、浮动换算、固定换算三种类别。每个计量单位组中有一个主计量单位、多个辅助计量单位，可以设置主辅计量单位之间的换算率；也可以设置采购、销售、库存和成本系统所默认的计量单位。

在“计量单位组”对话框中，单击该对话框中的“增加”按钮，输入唯一的计量单位组编码和组名称。

（2）计量单位设置。在“计量单位”对话框中，单击“增加”按钮，进行计量单位设置。

3）存货档案

本功能完成对存货目录的设立和管理，随同发货单或发票一起开具的应税劳务或采购费用等也应设置在存货档案中。双击“基础设置”中的“存货档案”，单击“增加”按钮，增加一个新的存货档案。存货的增加和修改按选项卡的形式录入，存货档案分为四个主要选项卡。

（1）“基本”选项卡：“存货编码”“存货名称”“计量单位”等相关的存货基本信息为必填项，“存货名称”“规格型号”必须唯一。

（2）“成本”选项卡：主要用于输入有关存货成本的信息。

（3）“控制”选项卡：主要用于输入有关存货库存量的信息。

（4）“其他”选项卡：置灰的项目为不可修改的项目。

➘ 操作指导

1. 设置客户分类

打开企业门户后，执行“基础设置”→“基础档案”命令，在“客商信息”窗口中，双击“客户分类”进入“客户分类”窗口，单击“增加”按钮，可新增一个客户类型，在编辑区输入分类编码“01”、分类名称“沈阳地区”（如图 3－8 所示）。

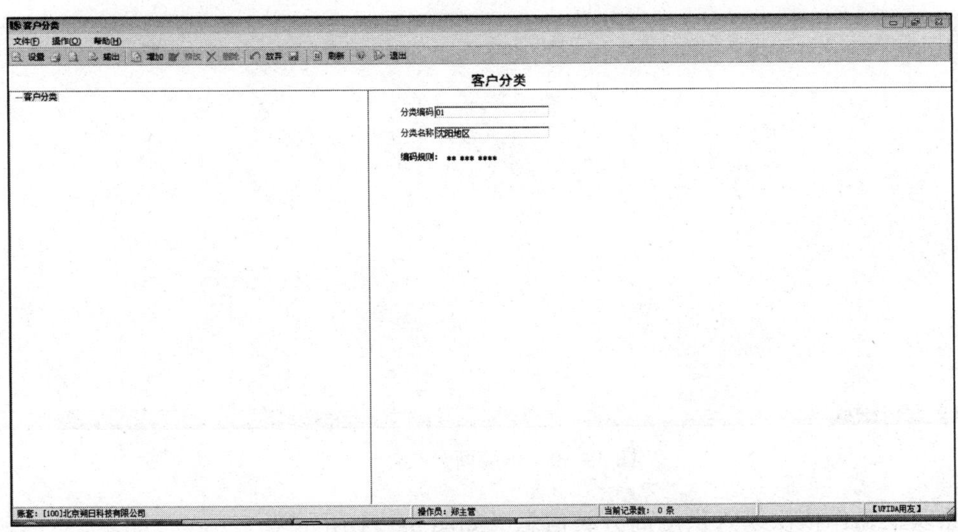

图 3－8　客户分类（一）

按照以上操作依次录入客户分类信息（如图 3－9 所示）。

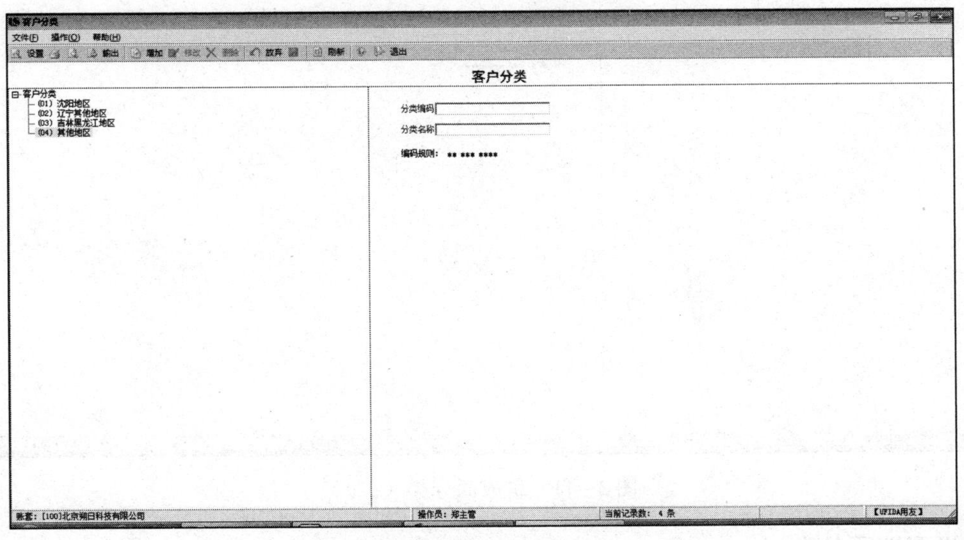

图 3－9　客户分类（二）

2. 设置供应商分类

执行“基础设置”→“基础档案”命令，在“客商信息”窗口中，双击“供应商分类”进入“供应商分类”窗口，单击“增加”按钮，可新增一个供应商分类，在编辑区输入分类编码“01”、分类名称“沈阳供应商”（如图 3－10 所示）。

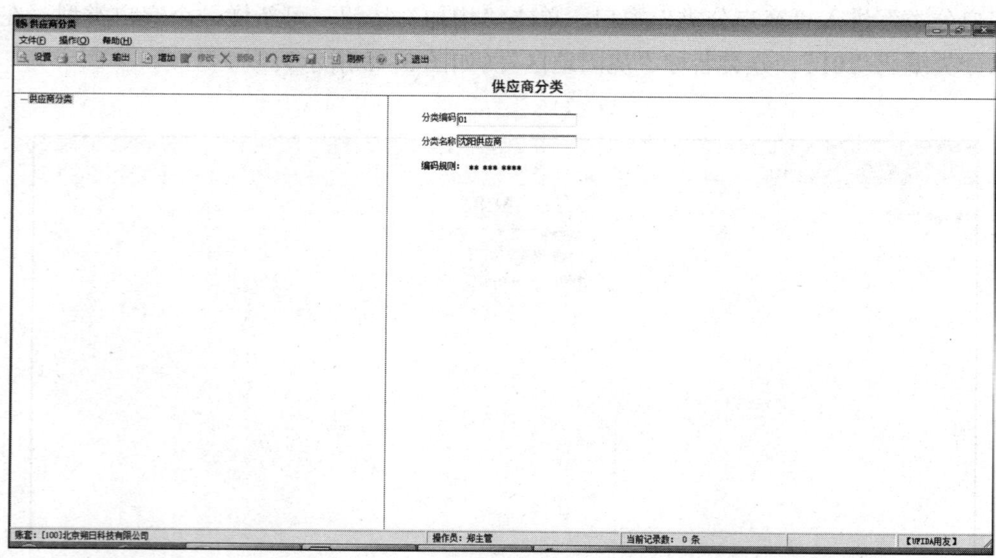

图 3－10　供应商分类（一）

按照以上操作依次录入供应商分类信息（如图 3－11 所示）。

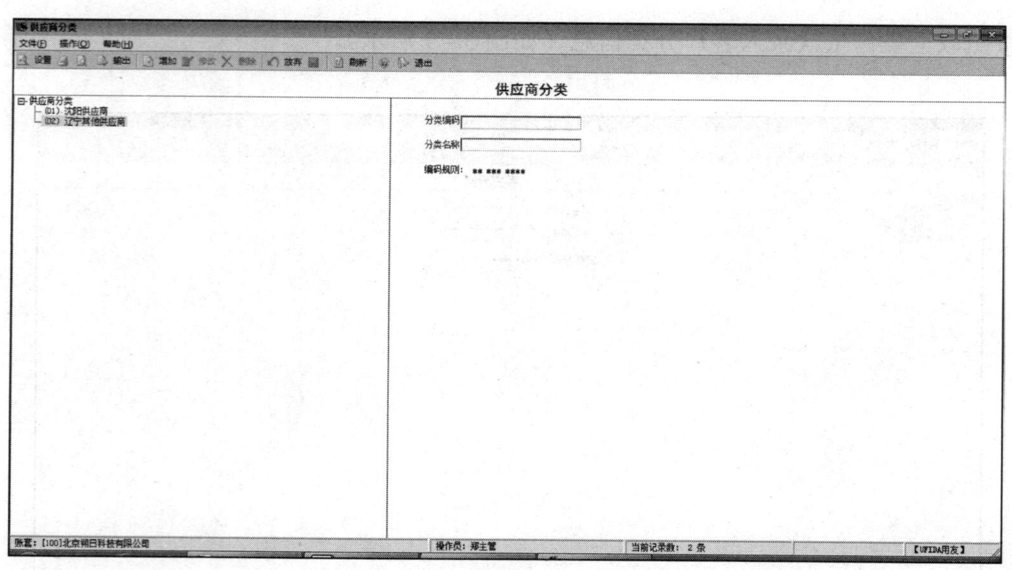

图 3－11　供应商分类（二）

3. 设置地区分类

执行“基础设置”→“基础档案”命令，在“客商信息”窗口中，双击“地区分类”进入“地区分类”窗口，单击“增加”按钮，可新增一个地区。在编辑区输入分类编码“01”、分类名称“东北地区”（如图 3-12 所示）。

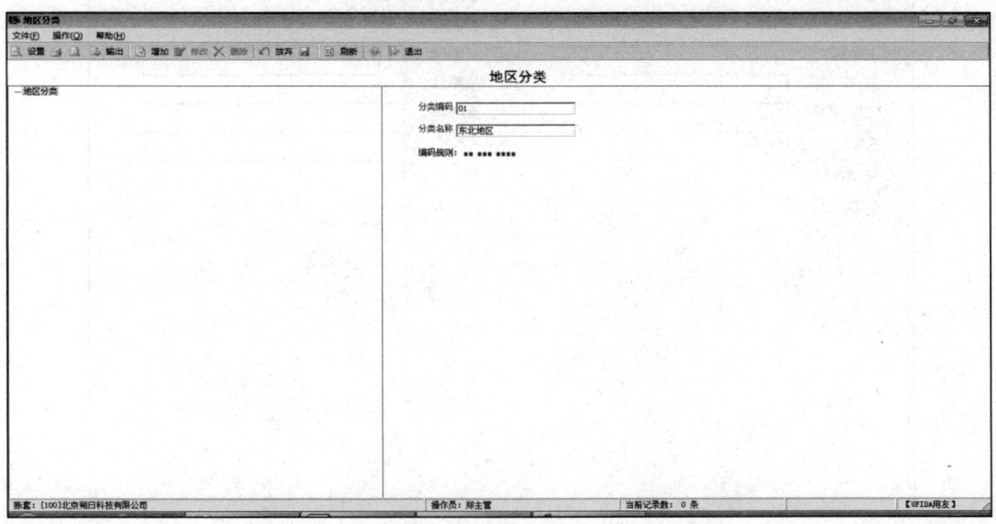

图 3-12　地区分类（一）

按照以上操作依次录入地区分类信息（如图 3-13 所示）。

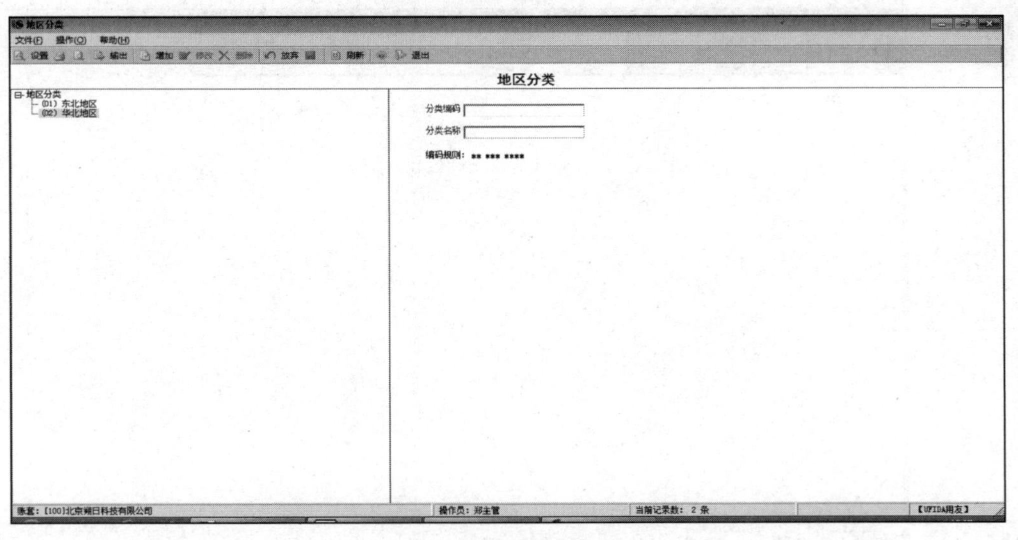

图 3-13　地区分类（二）

4. 设置客户档案

执行“基础设置”→“基础档案”命令，在“客商信息”窗口中，双击“客户档案”进入“客户档案”窗口，在客户分类下，单击“增加”按钮进入“增加客户档案”对话框，分别填写“基本”选项卡中的客户编码“01”、客户名称“沈阳万兴”、客户简称“万兴”、所属分类“01-沈阳地区”（如图 3-14 所示），在“其他”选项卡中填写发展日期、专营业务员名称、分管部门名称等内容。

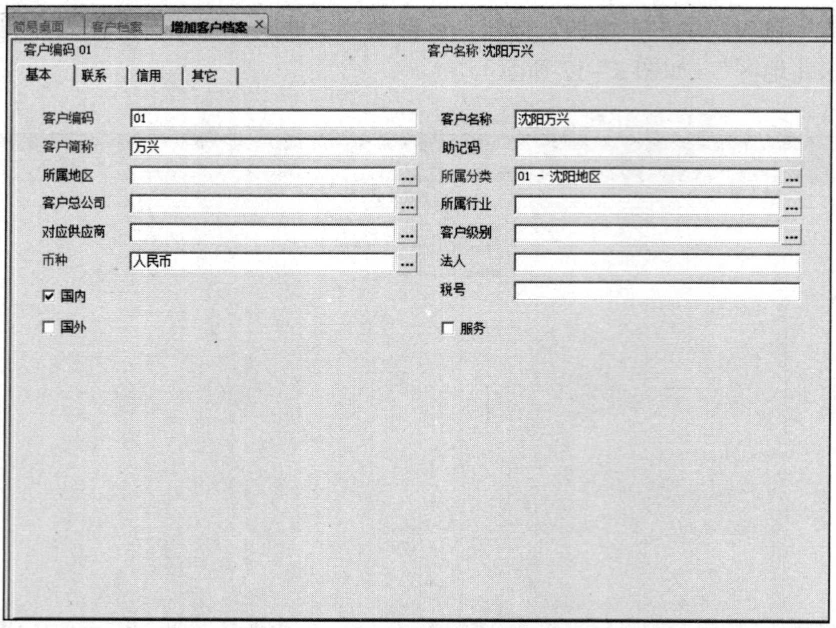

图 3－14　增加客户档案

按照以上操作依次录入客户档案（如图 3－15 所示）。

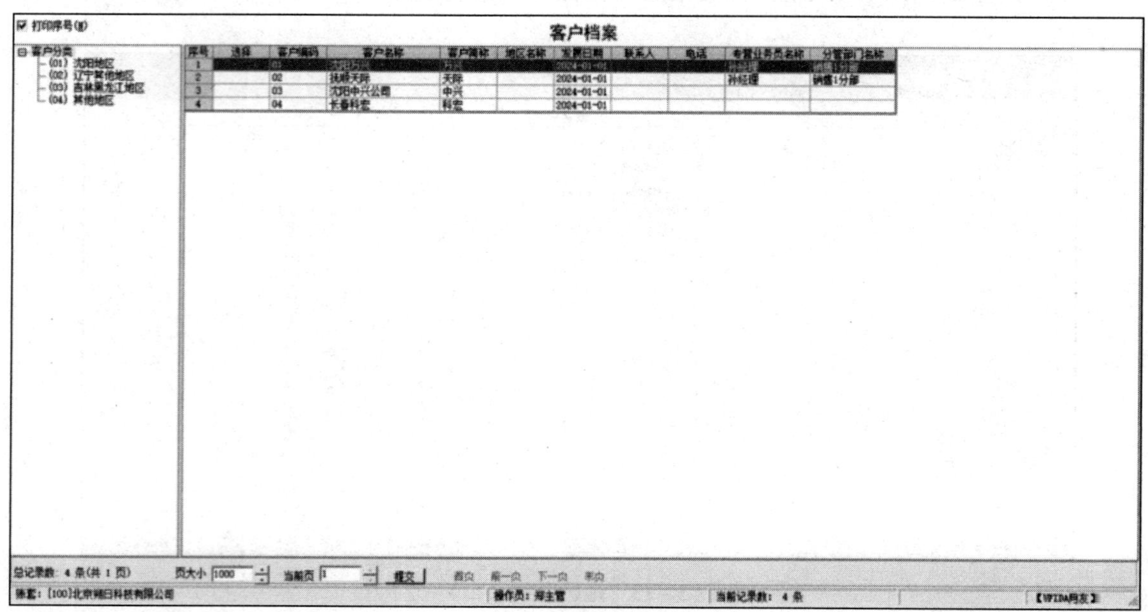

图 3－15　客户档案

5. 设置供应商档案

执行“基础设置”→“基础档案”命令，在“客商信息”窗口中，双击“供应商档案”进入“供应商档案”窗口，在供应商分类下，单击“增加”按钮进入“增加供应商档案”对话框，分别填写“基本”选项卡中的供应商编码“01”、供应商名称“沈阳万顺公司”、供应商简称“万顺”、所属分类“01－沈阳供应商”（如图 3－16 所示）。在“其他”选项卡中填写发展日期、专营业务员名称、分管部门名称等内容。

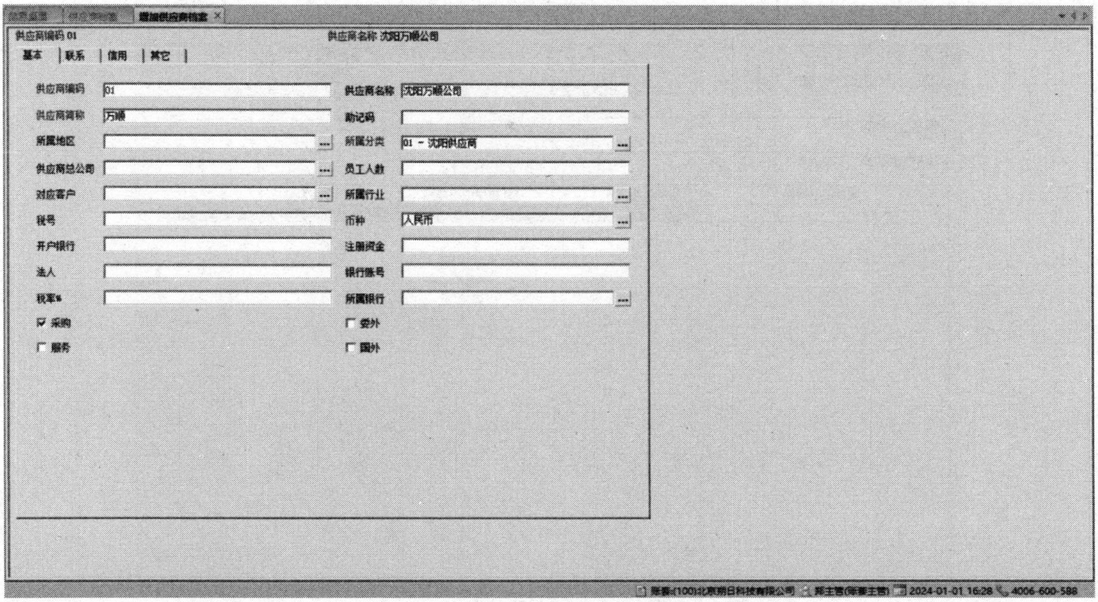

图 3－16　增加供应商档案

按照以上操作依次录入供应商档案信息（如图 3－17 所示）。

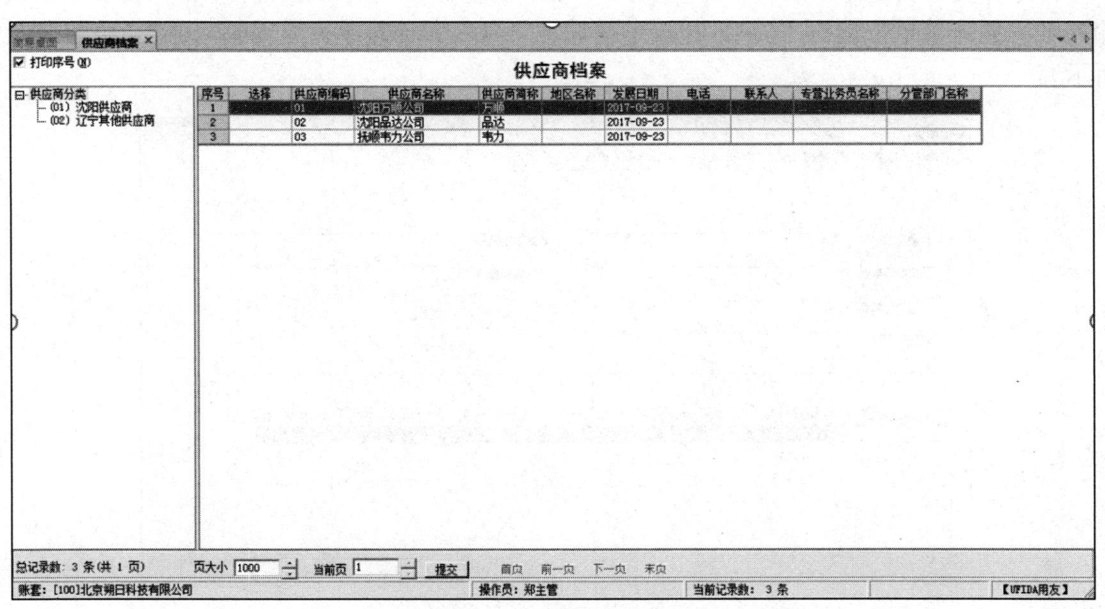

序号	选择	供应商编码	供应商名称	供应商简称	地区名称	发展日期	电话	联系人	专营业务员名称	分管部门名称
1		01	沈阳万顺公司	万顺		2017-09-23				
2		02	沈阳品达公司	品达		2017-09-23				
3		03	抚顺韦力公司	韦力		2017-09-23				

图 3－17　供应商档案

6. 设置计量单位及存货分类

1）设置计量单位组

执行“基础设置”→“基础档案”命令，在“存货”窗口中，双击“计量单位”，单击“分组”按钮，显示“计量单位组”对话框，单击该对话框中“增加”按钮，输入唯一的计量单位组编码“01”、计量单位组名称“无换算关系”和计量单位组类别“无换算率”（如图 3－18 所示）。

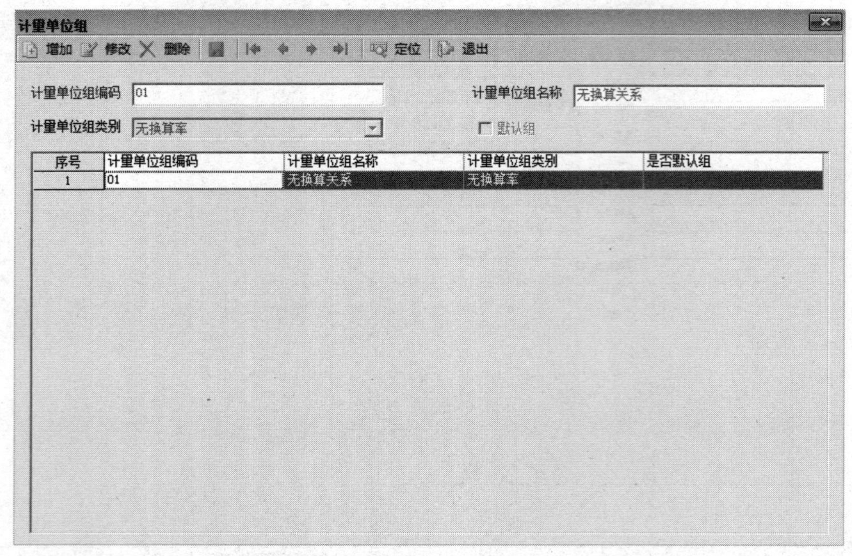

图 3－18　计量单位组

2）设置计量单位

在“存货”窗口中，双击“计量单位”，在“计量单位”的对话框中单击“增加”按钮，输入唯一的计量单位编码“01”、计量单位名称“盒”和计量单位组编码“01”（如图 3－19 所示）。

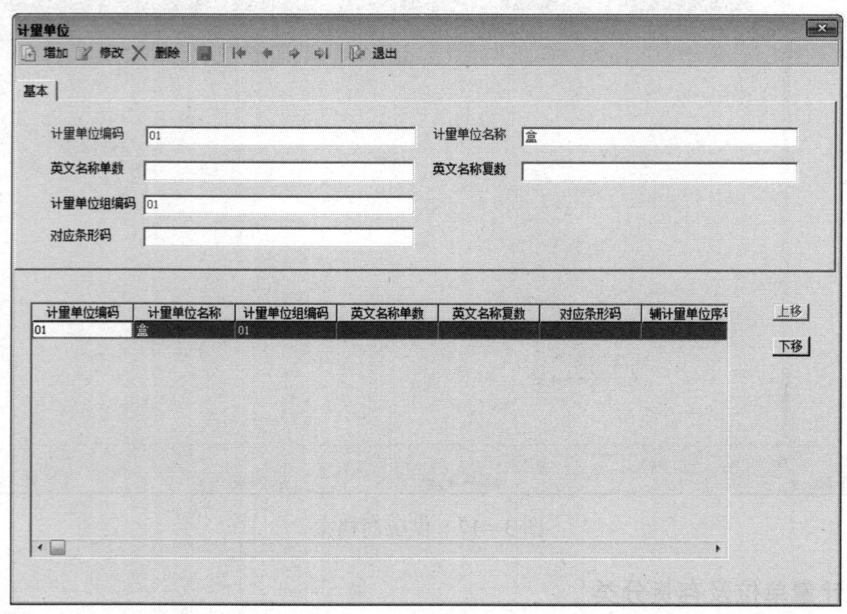

图 3－19　计量单位（一）

按照以上操作依次录入计量单位信息（如图 3－20 所示）。

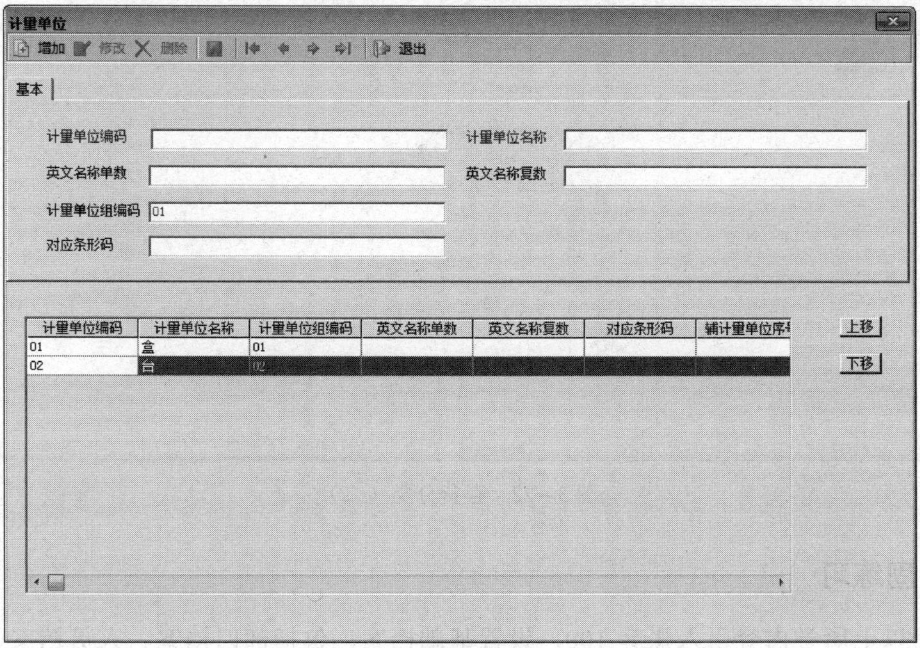

图 3－20 计量单位（二）

3）设置存货分类

在“存货”窗口中，双击“存货分类”进入“存货分类”对话框，单击“增加”按钮，可新增一个存货分类，在编辑区输入分类编码“01”、分类名称“原材料”（如图 3－21 所示）。

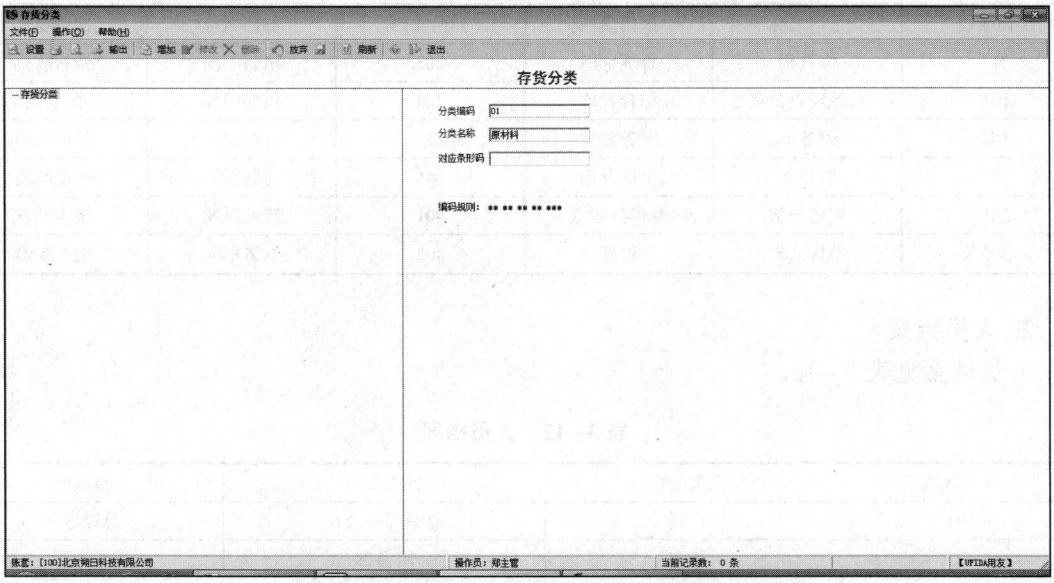

图 3－21 存货分类（一）

按照以上操作依次录入存货分类（如图 3－22 所示）。

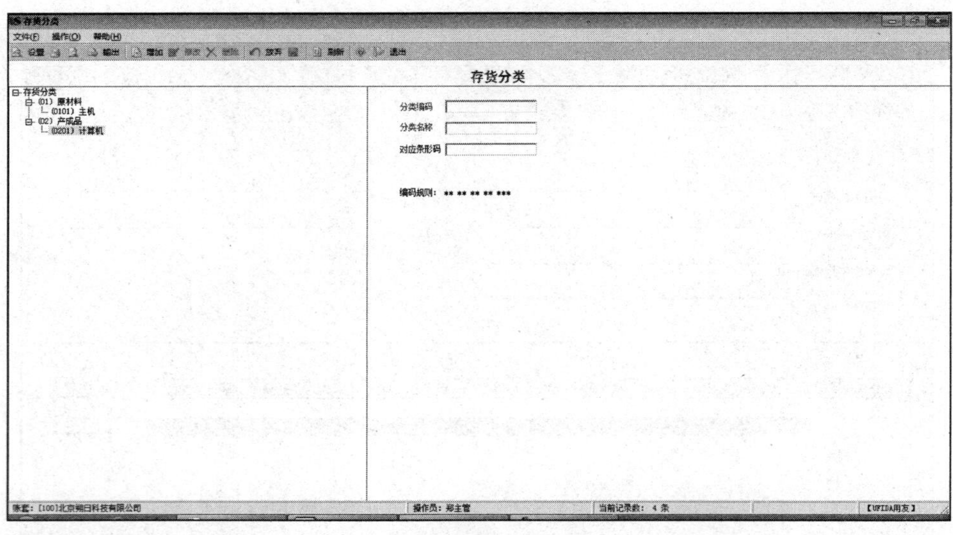

图 3-22 存货分类（二）

巩固练习

根据以上所学内容引入账套 100，设置基础档案，包括部门档案、人员档案、客户分类、供应商分类、地区分类、客户档案、供应商档案、外币及汇率、结算方式。北京朔日科技有限公司档案资料见表 3-11 至表 3-18。

1. 部门档案

部门档案见表 3-11。

表 3-11 部门档案

部门编码	部门名称	部门属性	部门编码	部门名称	部门属性
1	综合部	管理部门	203	销售三部	专售软件
101	总经理办公室	综合管理	204	销售四部	售配套用品
102	财务部	财务管理	3	供应部	采购供应
2	销售部	市场营销	4	制造部	研发制造
201	销售一部	专售打印纸	401	产品研发	技术开发
202	销售二部	专售硬件	402	制造车间	生产制造

2. 人员档案

人员档案见表 3-12。

表 3-12 人员档案

人员编码	人员名称	行政部门	人员属性
101	肖剑	总经理办公室	总经理
102	陈明	财务部	会计主管
103	王晶	财务部	出纳
104	马方	财务部	会计
201	赵斌	销售一部	业务员

续表

人员编码	人员名称	行政部门	人员属性
202	宋佳	销售二部	业务员
203	孙健	销售三部	业务员
204	王华	销售四部	经营人员
301	白雪	供应部	业务员
401	周月	制造车间	业务员
402	李彤	制造车间	业务员

3. 客户分类

客户分类见表 3－13。

表 3－13 客户分类

分类编码	分类名称
01	事业单位
01001	学校
01002	机关
02	企业单位
02001	工业
02002	商业
02010	金融
03	其他

4. 供应商分类

供应商分类见表 3－14。

表 3－14 供应商分类

分类编码	分类名称
01	硬件供应商
02	软件供应商
03	材料供应商
04	其他

5. 地区分类

地区分类见表 3－15。

表 3－15 地区分类

分类编码	分类名称
01	东北地区
02	华北地区
03	华东地区
04	华南地区
05	西北地区
06	西南地区

6. 客户档案

客户档案见表 3－16。

表 3－16　客户档案

客户编码	客户名称	客户简称	所属分类码	所属地区	税号	开户银行	地址	邮政编码	发展日期
001	北京世纪学校	世纪学校	01001	02	11111	工行	北京市海淀区上地路 1 号	100077	2018－01－01
002	天津海达公司	海达公司	02002	02	22222	工行	天津市南开区华苑路 1 号	300000	2018－01－01
003	上海万邦证券公司	万邦证券	02010	03	33333	工行	上海市徐汇区天平路 8 号	200032	2018－01－01
004	哈尔滨市飞机制造厂	哈飞	02001	01	44444	中行	哈尔滨市平房区和平路 116 号	150008	2018－01－01

7. 供应商档案

供应商档案见表 3－17。

表 3－17　供应商档案

供应商编码	供应商名称	供应商简称	所属分类码	所属地区	税号	开户银行	地址	发展日期
001	北京万科有限公司	万科	02	02	55555	中行	北京市朝阳区十里堡 8 号	2018－01－01
002	北京联想分公司	联想	01	02	66666	中行	北京市海淀区开拓路 108 号	2018－01－01
003	南京多媒体教学研究所	多媒体研究所	04	03	77777	工行	南京市湖北路 100 号	2018－01－01
004	上海信息记录纸厂	记录纸厂	03	03	88888	中行	上海市浦东新区东方路 1 号	2018－01－01

8. 外币及汇率

币符：USD；币名：美元；固定汇率 1:8.275。

9. 结算方式

结算方式见表 3－18。

表 3－18　结算方式

结算方式编码	结算方式名称	票据管理
1	现金结算	否
2	支票结算	否
201	现金支票	是
202	转账支票	是
3	其他	否

➘ 操作指导

1. 启动企业门户

执行“开始”→“程序”→“用友 ERP－U8”→“企业门户”命令，打开“登录”对话框。输入：操作员“001”；密码“1”。选择账套“100 北京朔日科技有限公司”；会计年度“2024”；日期“2024－01－01”。单击“登录”按钮。

2. 进行基础设置

执行“基础设置”→“基础档案”命令，在“基础档案”对话框中，双击要设置的档案项目，即进入相应项目的设置界面。

3. 按所给实验资料依次输入基础档案数据

（1）所有档案建立时，应遵循事先设定的编码原则。

（2）客户档案、供应商档案应建立在最末级分类上。

（3）上述基础档案的建立在总账系统中也可进行。

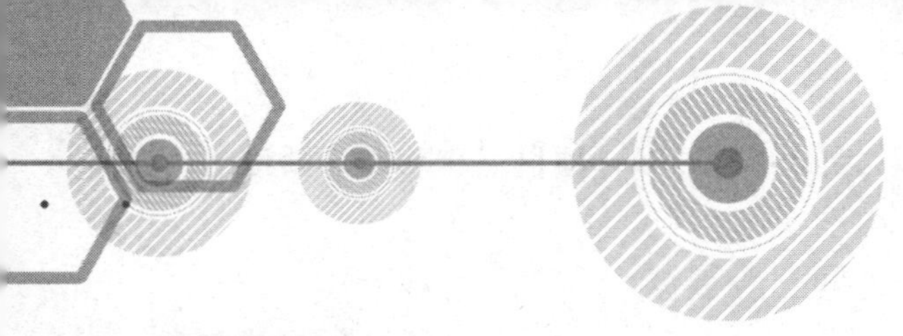

项目四

总账系统业务

项目导学

总账系统是用友 ERP－U8 软件中最基本、最常用的模块系统，主要功能是日常凭证的填制、查询、审核、记账，总账与明细账的查询，出纳管理、期末转账凭证的生成、期末结账等业务处理。总账系统可以单独使用，也可以与其他模块系统联合使用，来满足不同企业的实际需求。

总账系统主要包括系统初始化、日常业务处理、出纳管理、期末业务处理等内容。

学习目标

理解系统初始化的含义，掌握系统初始化的操作过程，掌握日常业务处理的操作过程，理解出纳管理的含义与内容，理解期末业务处理的含义，掌握期末业务处理的操作过程 能熟练运用总账系统来完成会计实验资料的操作。

任务一　系统初始化

↘ 目标

系统初始化就是由用户根据企业的需要建立账务应用环境，使账务处理系统变成适合单位实际需要的专用系统，为了以后的总账系统日常业务处理工作而做的准备，包括设置系统控制参数、设置会计科目、设置凭证类别、录入期初余额等。通过本部分内容的学习，理解总账系统初始化的意义，掌握总账系统初始化的操作方法。

↘ 项目描述

1. 设置总账系统控制参数

设置控制参数就是对总账系统的一些系统选项进行设置，以便为总账系统配置相应的功能或设置相应的控制，其内容包括不允许修改、作废他人填制的凭证，出纳凭证必须由出纳签字，可以使用应收系统受控科目，可以使用应付系统受控科目、支票控制，等等。

2. 设置会计科目

（1）指定“1001 库存现金”为现金总账科目、“1002 银行存款”为银行总账科目。

（2）增加会计科目，具体见表 4－1。

表 4-1 会计科目表

科目编码	科目名称	辅助账类型
100201	工行存款	日记账、银行账
100202	盛京银行存款	日记账、银行账
140301	生产用原材料	数量核算：计量：吨
140302	其他原材料	
1802	待摊费用	
180201	报刊费	
122101	职工借款	个人往来
160501	专用材料	项目核算
160502	专用设备	项目核算
160503	预付大型设备款	项目核算
500101	直接材料	
500102	直接人工	
500103	制造费用	
660201	办公费	部门核算
660202	差旅费	部门核算
660203	工资	部门核算
660204	福利费	部门核算
660205	折旧	部门核算
660206	招待费	部门核算
660207	其他	

（3）修改会计科目，其中，“应收票据”“应收账款”“预收账款”科目辅助账类型为“客户往来”（应收系统受控）；“应付票据”“应付账款”“预付账款”科目辅助账类型为“供应商往来”（应付系统受控）；“工程物资”科目及所属明细科目辅助账类型为“项目核算”。

3. 设置项目档案

项目大类为“基建工程”，核算科目为“工程物资”及其下级明细科目，项目有房屋工程、设备工程两种分类，其中房屋类项目包括“1 号厂房”和“2 号厂房”两项工程。

4. 设置凭证类别

凭证类别见表 4-2。

表 4-2 凭证类别

类别名称	限制类型	限制科目
收款凭证	借方必有	1001，100201，100202
付款凭证	贷方必有	1001，100201，100202
转账凭证	凭证必无	1001，100201，100202

5. 设置外币及汇率

有外币业务，币名为美元，币符为USD，汇率为8.275。

6. 设置结算方式

结算方式见表4－3。

表4－3 结算方式

结算方式编码	结算方式名称	票据管理
1	现金	否
2	现金支票	是
3	转账支票	是
4	电汇	否

7. 输入期初余额

期初余额见表4－4。

表4－4 期初余额

科目名称	期初余额/元	备 注
库存现金	9 505	
工行存款	212 000	
应收票据	2 340	2023－11－26，沈阳万兴公司购买产品，价税合计2 340元，附票据一张，票号为79892
应收账款	8 690	2023－12－16，沈阳万兴公司购买产品，价税合计1 170元，货款未付。发票号为79896 2023－12－31，抚顺天际公司购买产品，价税合计7 020元，货款未付。发票号为79897 2023－12－31，为抚顺天际公司代垫运费500元
职工借款	6 000	销售1分部孙经理出差借差旅费6 000元
预付账款	10 000	2023－12－27，预付沈阳万顺公司货款10 000元
生产用原材料	51 200	数量：10吨
库存商品	60 000	
固定资产	2 160 000	
累计折旧	516 325	
短期借款	50 000	
应付票据	23 400	2023－12－27，从抚顺韦力公司采购23 400元的货物，开具应付票据，票号为12345
应付账款	62 010	2023－12－18，从抚顺韦力公司采购38 610元的货物，货款未付 2023－12－21，从沈阳品达公司采购23 400元的货物，货款未付
预收账款	40 000	2023－12－31，预收沈阳中兴公司货款40 000元
应交税费/应交增值税/进项税额	2 000（借）	借方，以负号“－”表示
应交税费/应交增值税/销项税额	30 000	
长期借款	100 000	
实收资本	1 700 000	

项目要求

1. 设置总账系统控制参数。

2. 设置会计科目：指定会计科目，增加会计科目，修改会计科目。

3. 设置项目档案：新增项目大类，指定项目核算科目，进行项目分类定义，进行项目目录的维护。

4. 设置凭证类别：按收款凭证、付款凭证、转账凭证设置。

5. 设置外币及汇率。

6. 设置结算方式。

7. 输入期初余额：按所给明细输入每笔业务的金额，然后进行试算。

知识准备

1. 设置总账系统控制参数

对总账系统的一些系统选项进行设置，为总账系统配置相应的功能或设置相应的控制，以便日后总账日常业务处理的工作。具体包括以下内容。

制单序时控制：制单时凭证编号必须按日期顺序排列。

支票控制：在使用银行科目编制凭证时，系统针对票据管理的结算方式进行登记。

赤字控制：在制单时，科目的最新余额出现负数时，系统将予以提示。

制单权限控制到科目：在制单时，操作员只能使用具有相应制单权限的科目制单。

允许修改、作废他人填制的凭证：在制单时，可修改或作废别人填制的凭证，否则不能修改或作废别人填制的凭证。

制单权限控制到凭证类别：在制单时，只显示此操作员有权限的凭证类别。

操作员进行金额权限控制：可以对不同级别的人员进行金额大小的控制。

超出预算允许保存：选择“预算控制”选项后此项才起作用，从财务分析系统取预算数，如果制单输入分录时超过预算也可以保存超预算分录，否则不予保存。

可以使用应收受控科目：若科目为应收款系统的受控科目，为了防止重复制单，只允许应收系统使用此科目进行制单，总账系统是不能使用此科目制单的。所以如果希望在总账系统中也能使用这些科目填制凭证，则应选择此项。

可以使用应付受控科目：若科目为应付款系统的受控科目，为了防止重复制单，只允许应付系统使用此科目进行制单，总账系统是不能使用此科目制单的。所以如果希望在总账系统中也能使用这些科目填制凭证，则应选择此项。

可以使用存货受控科目：若科目为存货核算系统的受控科目，为了防止重复制单，只允许存货核算系统使用此科目进行制单，总账系统是不能使用此科目制单的。所以如果希望在总账系统中也能使用这些科目填制凭证，则应选择此项。

打印凭证页脚姓名：在打印凭证时，是否自动打印制单人、出纳、审核人、记账人的姓名。

凭证审核控制到操作员：若只允许某操作员审核其部门操作员填制的凭证，则选择此项。

出纳凭证必须经由出纳签字：若要求现金、银行科目凭证必须由出纳人员核对签字后才能审核、记账，则选择此项。

凭证必须经主管签字：若要求所有凭证必须由主管签字后才能记账，则选择此项。

可查询他人凭证：若允许操作员查询他人凭证，则选择此项。

自动填补凭证断号：若选择凭证编号方式为系统编号，则在新增凭证时，系统按凭证类别自动查询本月的第一个断号默认为本次新增凭证的凭证号。如无断号则为新号，与原编号规则一致。

现金流量科目必录现金流量项目：选择此项后，在录入凭证时如果使用现金流量科目则必须输入现金流量项目及金额。

批量审核凭证进行合法性校验：批量审核凭证时针对凭证进行二次审核，提高凭证输入的正确率，合法性校验与保存凭证时的合法性校验相同。

2. 设置会计科目

设置会计科目包括指定会计科目、增加会计科目等。

指定会计科目就是指定出纳专管的科目，只有指定后的科目才能由出纳签字，才能查询现金日记账、银行存款日记账。被指定的科目必须是一级会计科目。

企业可以根据实际情况增加会计科目，科目代码要符合国家标准，明细科目的名称要通俗易懂。有些科目可以设置辅助核算，如部门核算、客户核算等。会计科目的受控科目也在此设置。凡是设置有辅助核算内容的会计科目，在填制凭证时都需要填制具体的辅助核算内容。

3. 设置项目档案

企业在实际业务处理中会对多种类型的项目进行核算和管理。例如，在建工程、对外投资、技术改造项目、项目成本管理、合同等。使用项目核算与管理的首要步骤是设置项目档案，项目档案设置包括：增加或修改项目大类，定义项目核算科目、项目分类、项目栏目结构，并进行项目目录的维护。一个项目大类可以指定多个科目，一个科目只能属于一个项目大类。标识结算后的项目将不能再使用。

4. 设置凭证类别

为了便于管理或登账方便，一般对记账凭证进行分类编制，用户完全可以按照本单位的需要对凭证进行分类。

1）记账凭证

记账凭证常用的分类方式有：收款凭证、付款凭证、转账凭证；现金凭证、银行凭证、转账凭证；现金收款凭证；现金付款凭证、银行收款凭证、银行付款凭证、转账凭证。

2）自定义凭证类别

某些类别的凭证在制单时对科目有一定限制，系统中有七种限制类型可供选择：

（1）借方必有：制单时，此类凭证借方至少有一个限制科目发生。

（2）贷方必有：制单时，此类凭证贷方至少有一个限制科目发生。

（3）凭证必有：制单时，此类凭证无论是借方还是贷方至少有一个限制科目发生。

（4）凭证必无：制单时，此类凭证无论是借方还是贷方不可有一个限制科目发生。

（5）无限制：制单时，此类凭证可使用所有合法的科目，限制科目由用户输入，可以是任意级次的科目，科目之间用逗号分隔，数量不限，也可参照输入，但不能重复输入。

（6）借方必无：金额发生在借方的科目集必须不包含借方必无科目。可在凭证保存时检查。

（7）贷方必无：金额发生在贷方的科目集必须不包含贷方必无科目。凭证保存时检查限制科目由用户输入，可以是任意级次的科目，不能重复输入。若限制科目为非末级科目，则在制单时，其所有下级科目都将受到同样的限制。

5. 设置外币及汇率

根据企业实际情况进行设置。

6. 设置结算方式

在经营活动中，为了保证企业所涉及的结算方式与财务结算方式相一致，就要设置结算方式，包括现金结算方式、支票结算方式等的设置。

7. 输入期初余额

将各明细科目的期初余额录入系统中。若在年初建账，则期初余额就是年初数。若科目有辅助核算，则录入各辅助项目的期初余额。

➘ 操作指导

1. 设置总账系统控制参数

（1）在企业应用平台“基础设置”菜单中单击“业务参数”—“财务会计”—“总账”（如图 4－1 所示），打开总账系统。

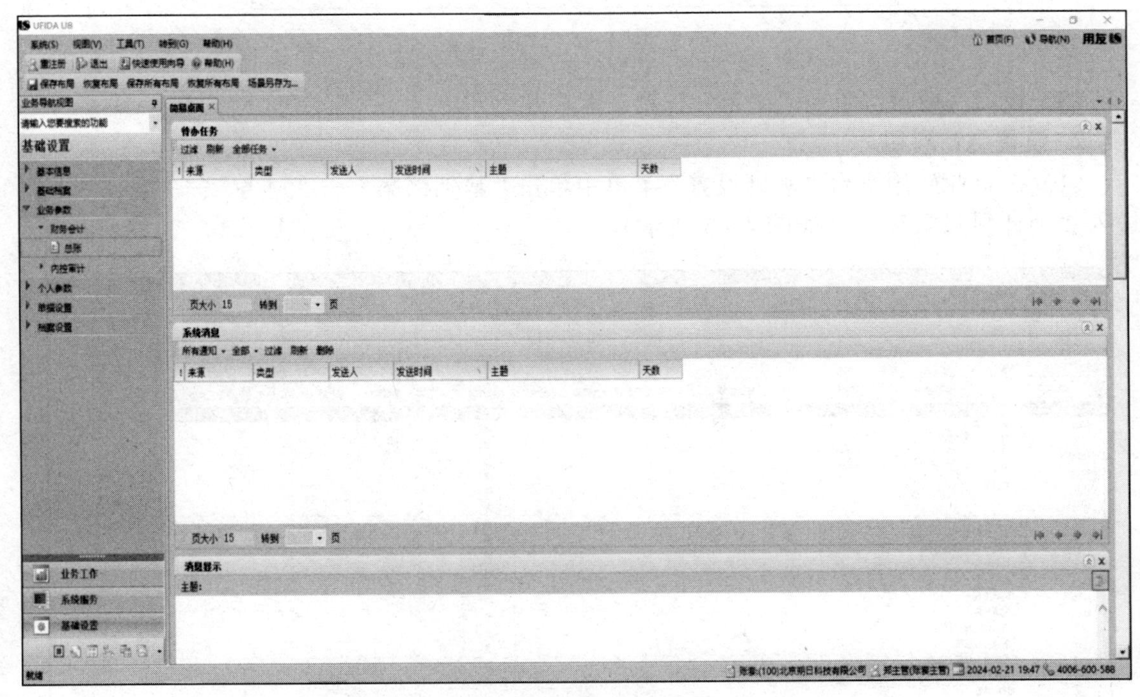

图 4－1　企业应用平台（一）

（2）在总账系统的“设置”中打开“选项”对话框（如图 4－2 所示）。可以分别单击“凭证”“账簿”“会计日历”“其他”选项卡，按照要求进行相应的设置。

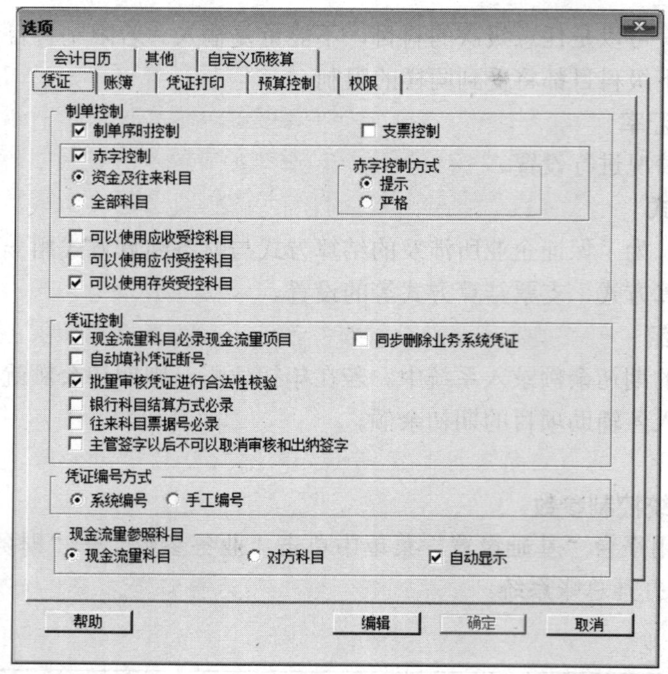

图 4－2　选项

（3）设置完成后，单击“确定”按钮，保存并返回。

2. 设置会计科目

（1）在企业应用平台“基础设置”菜单中单击“基础档案”—“财务”—“会计科目”，进入“会计科目”窗口（如图 4－3 所示）。

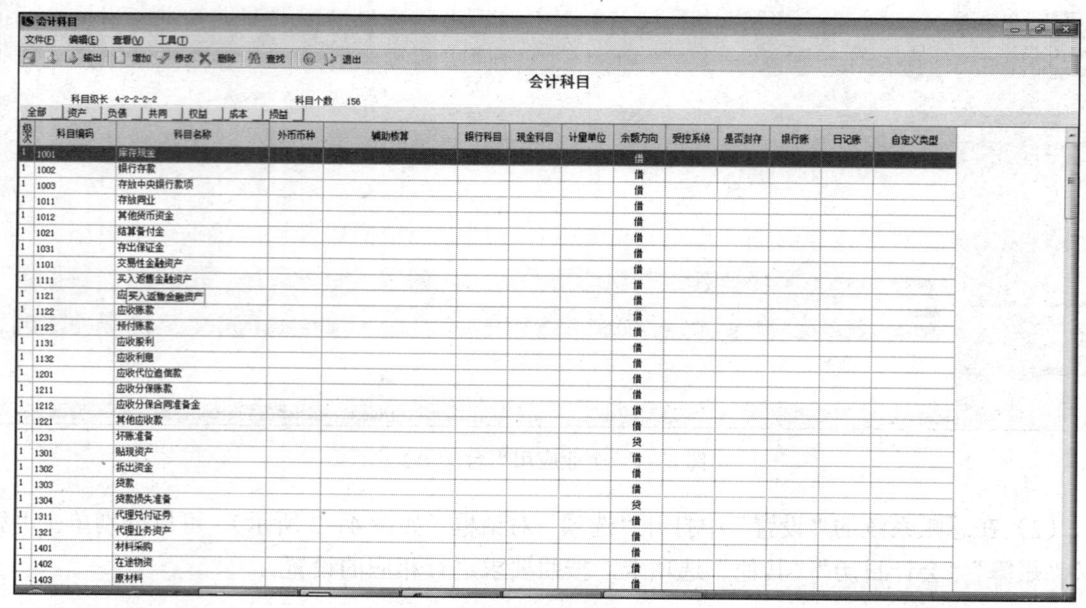

图 4－3　会计科目

（2）单击“编辑”菜单下的“指定科目”（如图 4－4 所示），打开“指定科目”对话框。

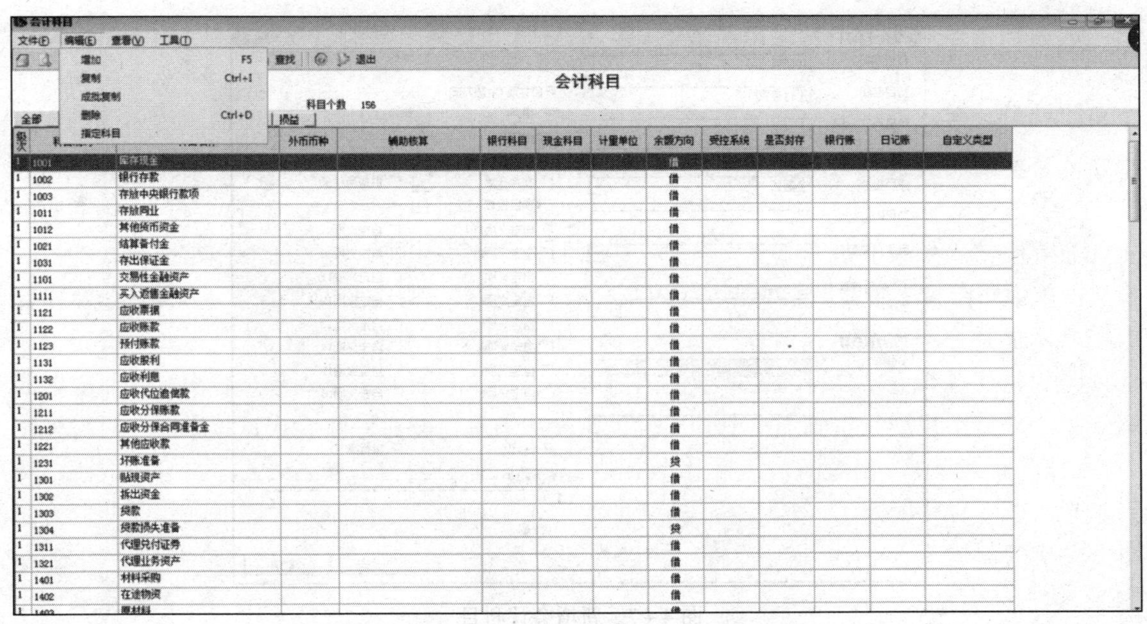

图 4－4　单击“编辑”菜单下的“指定科目”

（3）选中“现金科目”，将“1001 库存现金”从待选科目移到已选科目（如图 4－5 所示）。选中“银行科目”，将“1002 银行存款”从待选科目移到已选科目（如图 4－6 所示）。

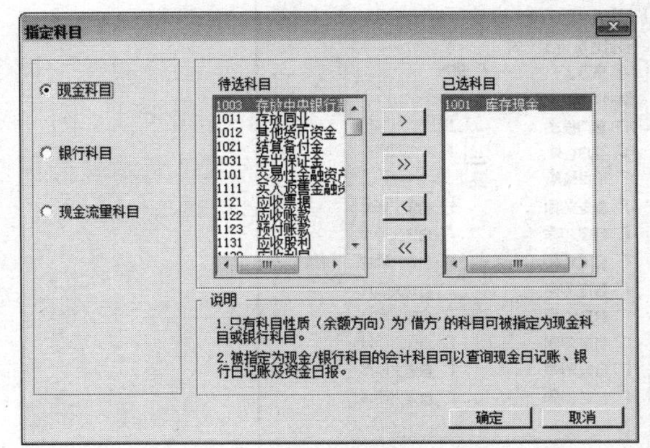

图 4－5　指定科目（一）

图 4－6　指定科目（二）

（4）在“会计科目”窗口中，单击“增加”按钮，打开“新增会计科目”对话框（如图 4－7 所示）。

（5）录入科目编码、科目名称，选中“日记账”“银行账”，单击“确定”按钮。

（6）继续在“会计科目”窗口中单击“增加”按钮，输入其他需要增加的会计科目的相关内容。

（7）全部输入后，单击“关闭”按钮。

（8）在“会计科目”窗口中，双击“应收账款”，或选中“应收账款”后单击“修改”按钮，打开“会计科目_修改”对话框。

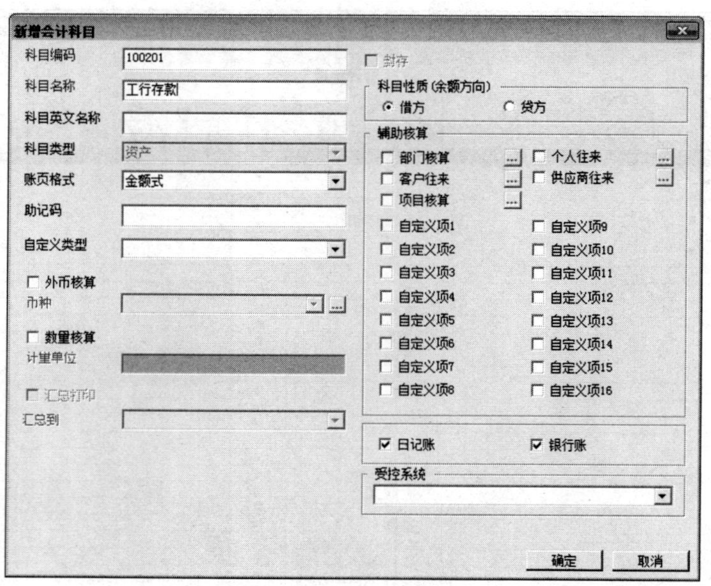

图 4－7　新增会计科目

（9）单击“修改”按钮，选中“客户往来”复选框，再单击“受控系统”栏的下三角按钮，选择应收系统（如图 4－8 所示）。

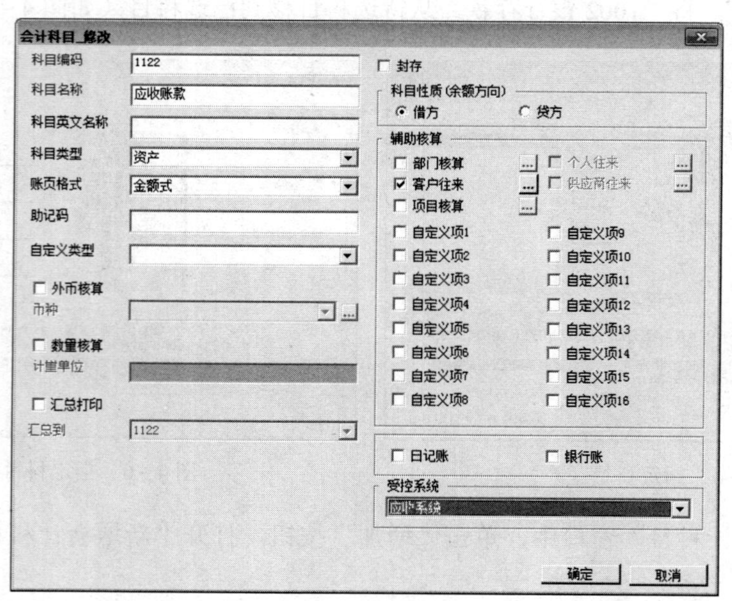

图 4－8　会计科目_修改

（10）单击“确定”按钮。

（11）同理，修改其他科目。

3. 设置项目档案

（1）在企业应用平台“基础设置”菜单中，单击“基础档案”—“财务”—“项目档案”（如图 4－9 所示），打开“项目档案”对话框（如图 4－10 所示），单击“增加”按钮，打开

“项目大类定义_增加”对话框（如图 4－11 所示）。

图 4－9 业务导航视图

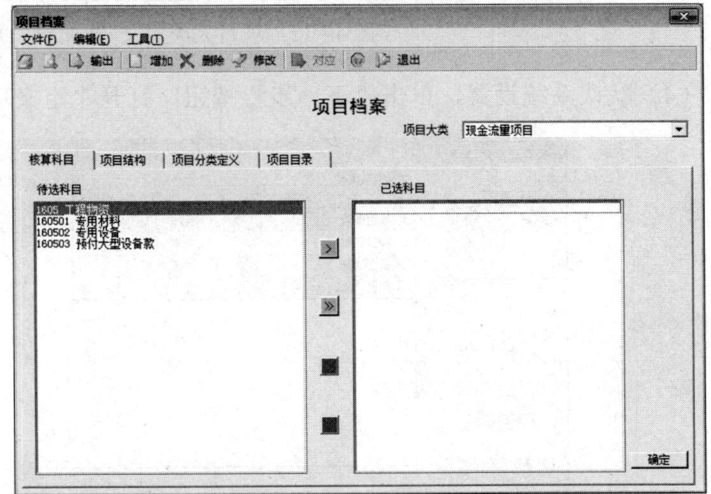

图 4－10 项目档案

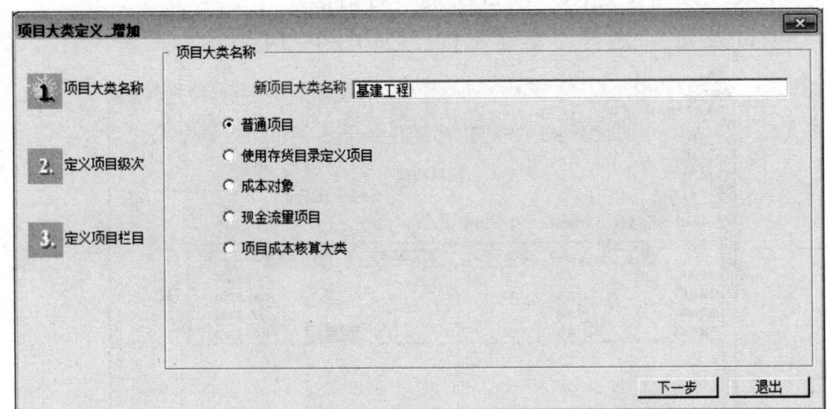

图 4－11 项目大类定义_增加（一）

（2）录入新项目大类名称“基建工程”。

（3）单击“下一步”按钮，打开“定义项目级次”（如图 4－12 所示）。

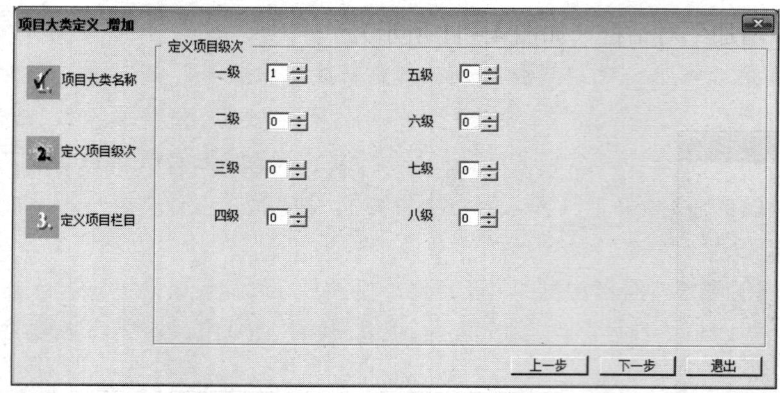

图 4－12 项目大类定义_增加（二）

（4）默认系统设置，单击“下一步”按钮，打开“定义项目栏目”（如图 4－13 所示）。

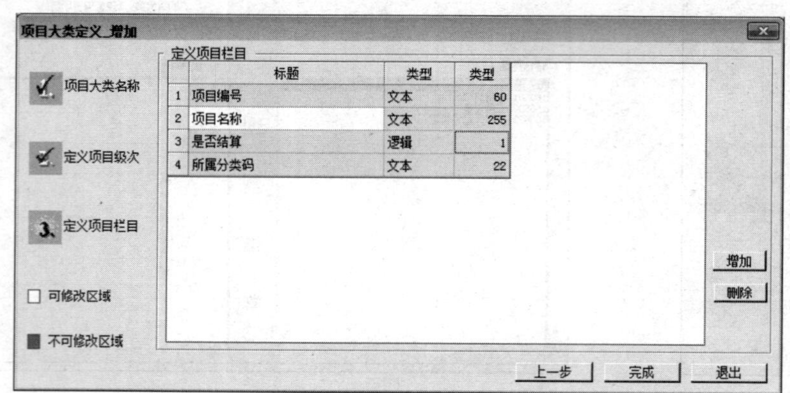

图 4－13 项目大类定义_增加（三）

（5）单击“完成”按钮，返回“项目档案”对话框。

（6）单击“项目大类”，选择“基建工程”（如图 4－14 所示）。

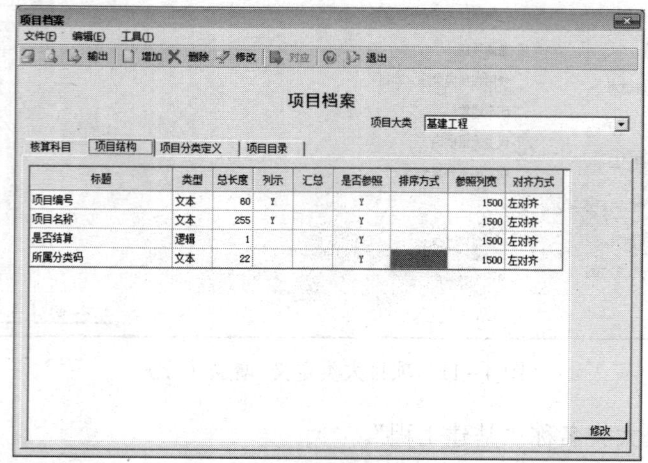

图 4－14 “项目档案”窗口（一）

（7）单击“核算科目”选项卡，单击“>”按钮，将工程物资及其下级明细科目从“待选科目”列表移到“已选科目”列表中（如图4－15、图4－16所示），单击“确定”按钮。

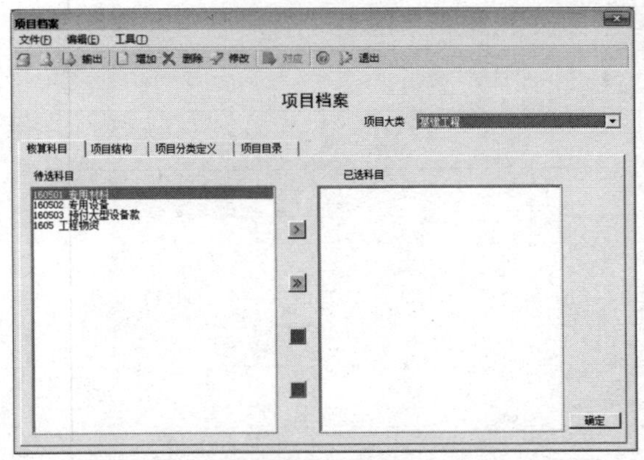

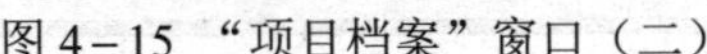
图4－15　“项目档案”窗口（二）

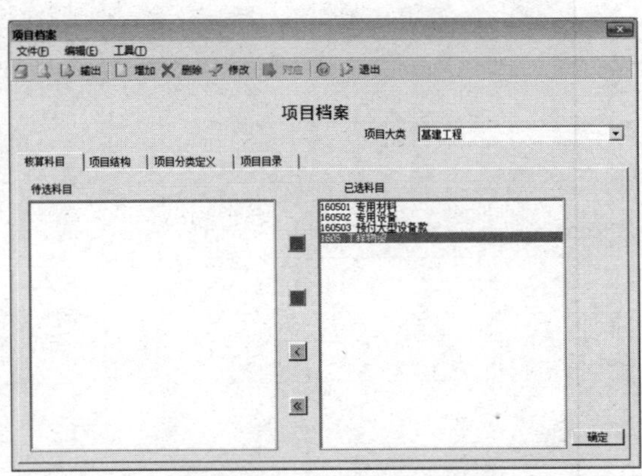

图4－16　“项目档案”窗口（三）

（8）单击“项目分类定义”选项卡，录入分类编码“1”，分类名称“房屋工程”，单击“确定”按钮。同理，增加设备工程，单击“确定”按钮（如图4－17所示）。

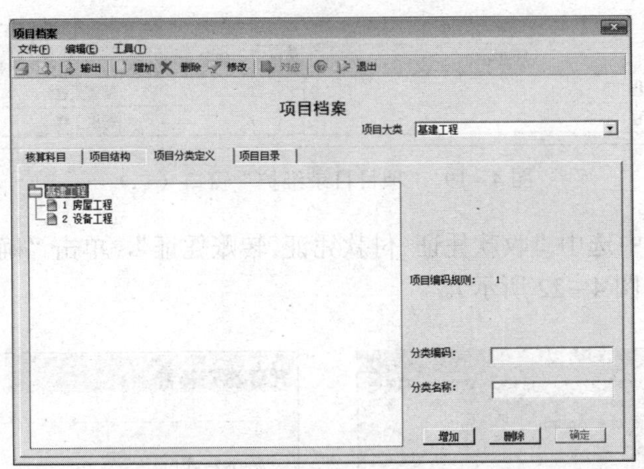

图4－17　“项目档案”窗口（四）

（9）单击“项目目录”选项卡，单击“维护”按钮，进入“项目目录维护”窗口（如图4－18所示）。

（10）单击“增加”按钮，录入项目编号“1”，项目名称“1号工程”，单击“所属分类码”栏参照按钮，选择“1”。同理，增加“2号工程”，所属分类码也是“1”（如图4－19所示）。

（11）单击“退出”按钮。

4. 设置凭证类别

（1）在企业应用平台“基础设置”菜单中，单击“基础档案”—“财务”—“凭证类别”（如图4－20所示），打开“凭证类别预置”对话框（如图4－21所示）。

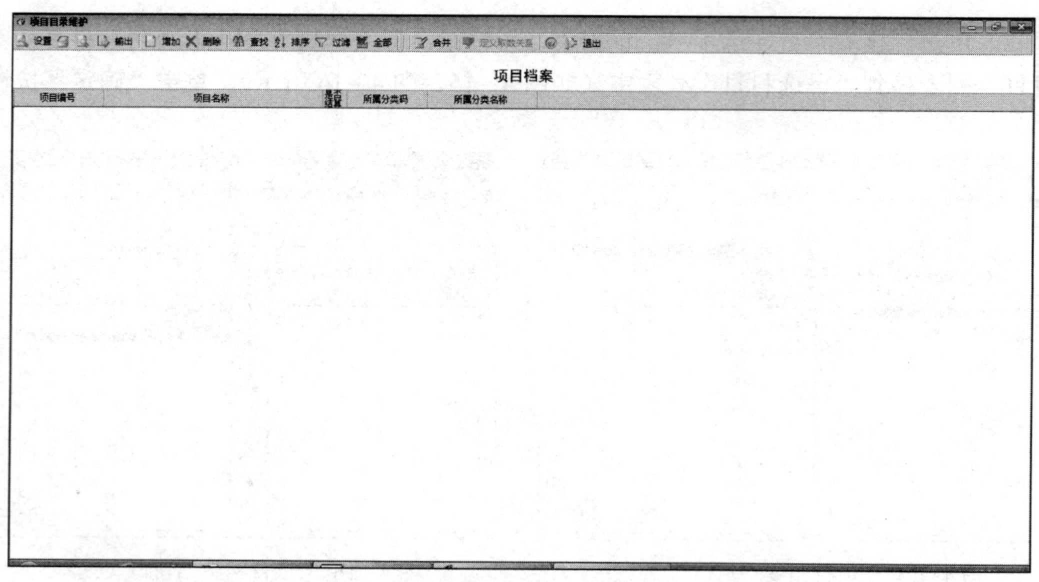

图 4－18 “项目目录维护”窗口（一）

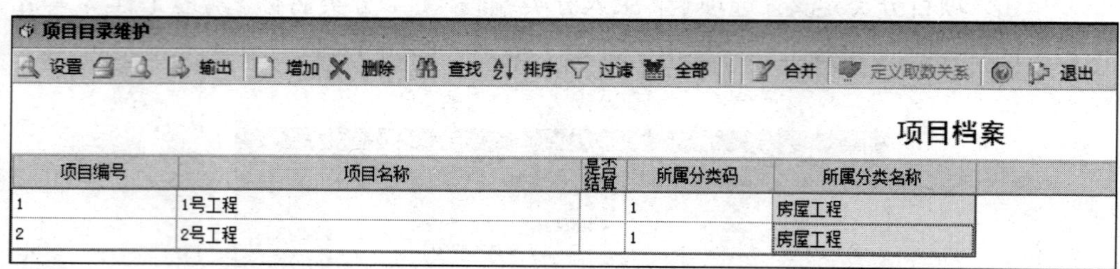

图 4－19 “项目目录维护”窗口（二）

（2）在图 4－21 中选中“收款凭证 付款凭证 转账凭证”，单击“确定”按钮，打开“凭证类别”对话框（如图 4－22 所示）。

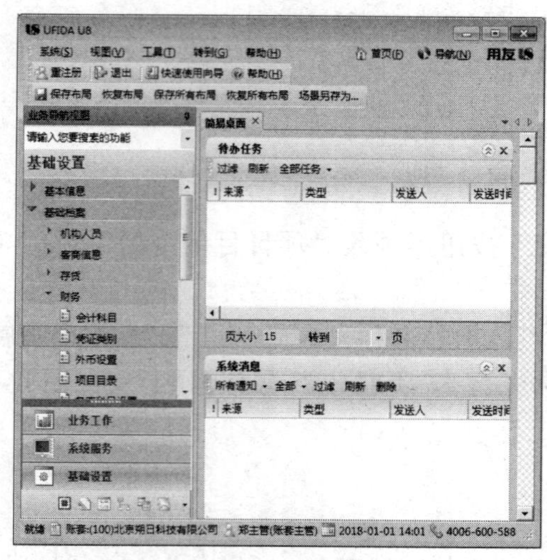

图 4－20 企业应用平台（二）

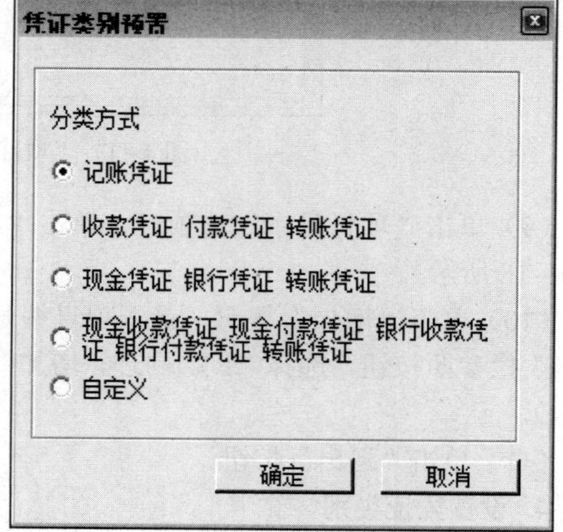

图 4－21 凭证类别预置

（3）单击“凭证类别”对话框中的“修改”按钮，双击“收款凭证”所在行的“限制类型”栏，出现下三角按钮，从下拉列表框中选择“借方必有”，在“限制科目”栏录入“1001，100201，100202”，或单击限制科目栏参照按钮，分别选择“1001”“100201”“100202”。同理，按照资料完成付款凭证和转账凭证的类别设置（如图4-23所示）。

（4）单击“退出”按钮。

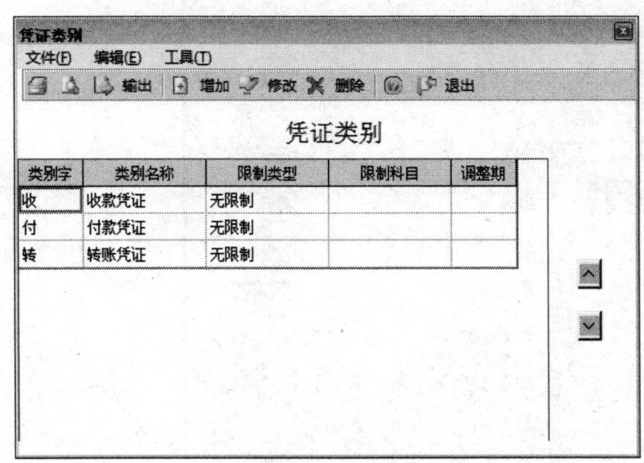

图4-22 “凭证类别”对话框（一）

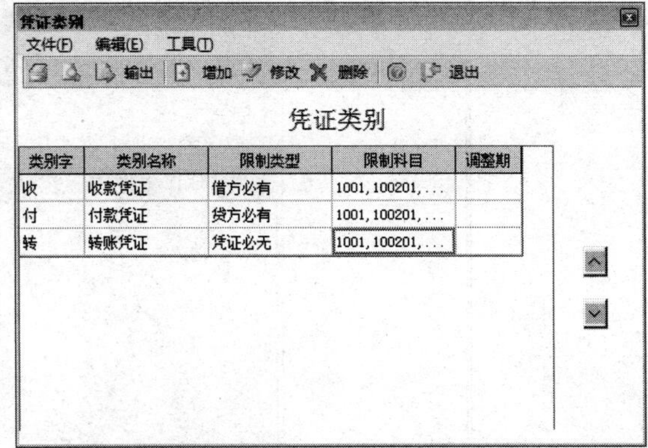

图4-23 “凭证类别”对话框（二）

友情提示：

（1）已使用的凭证类别不能删除，也不能修改类别字。

（2）如果收款凭证的限制类型为借方必有“1001，100201，100202”，则在填制凭证时系统要求收款凭证的借方一级科目至少有一个是“1001”，或者“100201”，或者“100202”，否则，系统会判断该张凭证不属于收款凭证类别，不允许保存。付款凭证及转账凭证也应满足相应的要求。

（3）如果直接录入科目编码，则编码间的标点符号应为英文状态下的标点符号，否则会提示科目编码有错误。

5. 设置外币及汇率

（1）在企业应用平台“基础设置”菜单中，单击“基础档案”—“财务”—“外币设置”，打开“外币设置”对话框（如图4-24所示）。

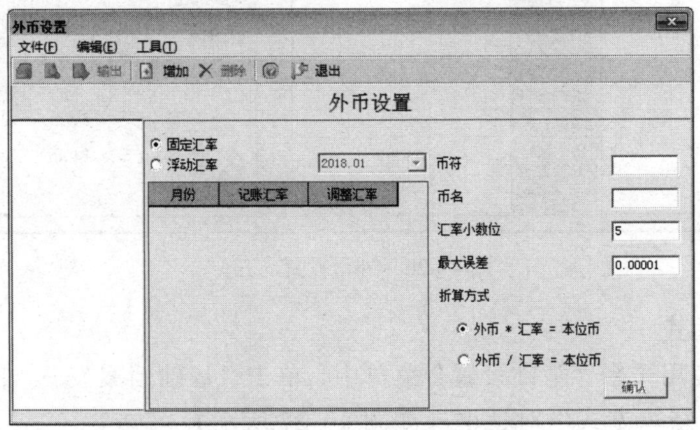

图4-24　外币设置（一）

（2）在币符处输入“USD”，币名处输入“美元”，单击“确认”按钮（如图 4-25 所示）。

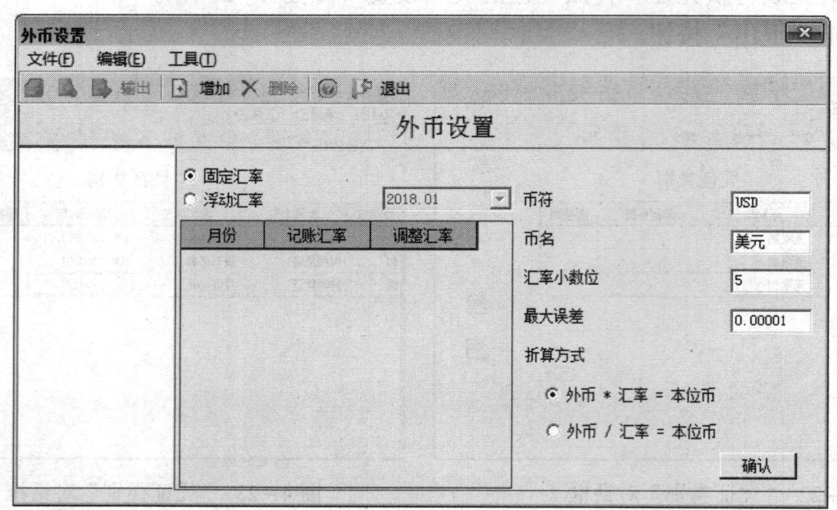

图 4-25 外币设置（二）

（3）在 2024 年 1 月，记账汇率栏，输入“8.275”（如图 4-26 所示），单击“退出”按钮。

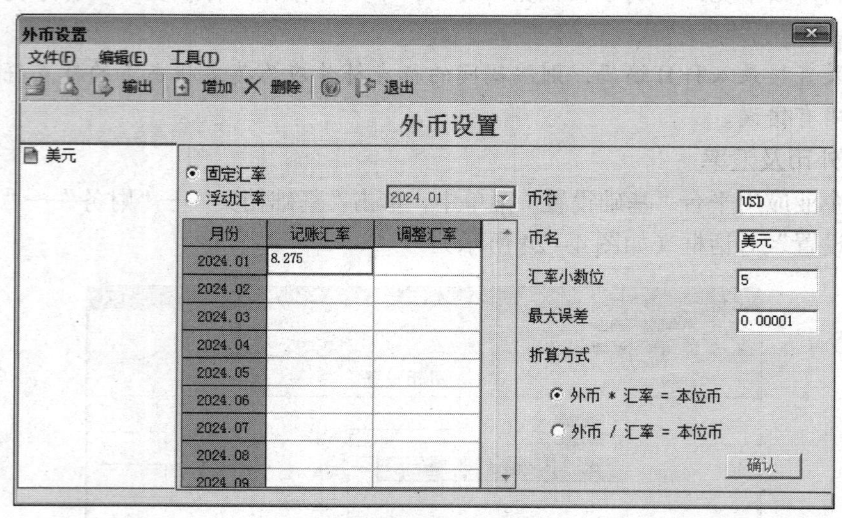

图 4-26 外币设置（三）

6. 设置结算方式

（1）在企业应用平台“基础设置”菜单中，单击“基础档案”—“收付结算”—“结算方式”，进入“结算方式”对话框（如图 4-27 所示）。

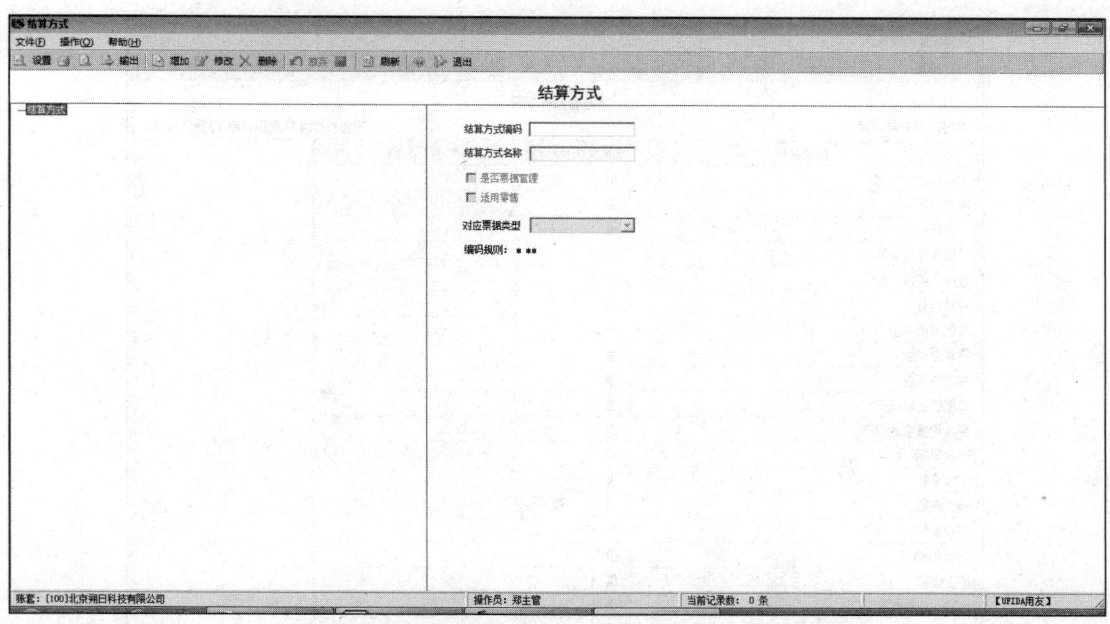

图 4－27　结算方式（一）

（2）在“结算方式”对话框中单击“增加”按钮，录入结算方式编码“1”，结算方式名称“现金”。以此方法继续录入其他的结算方式（如图 4－28 所示）。

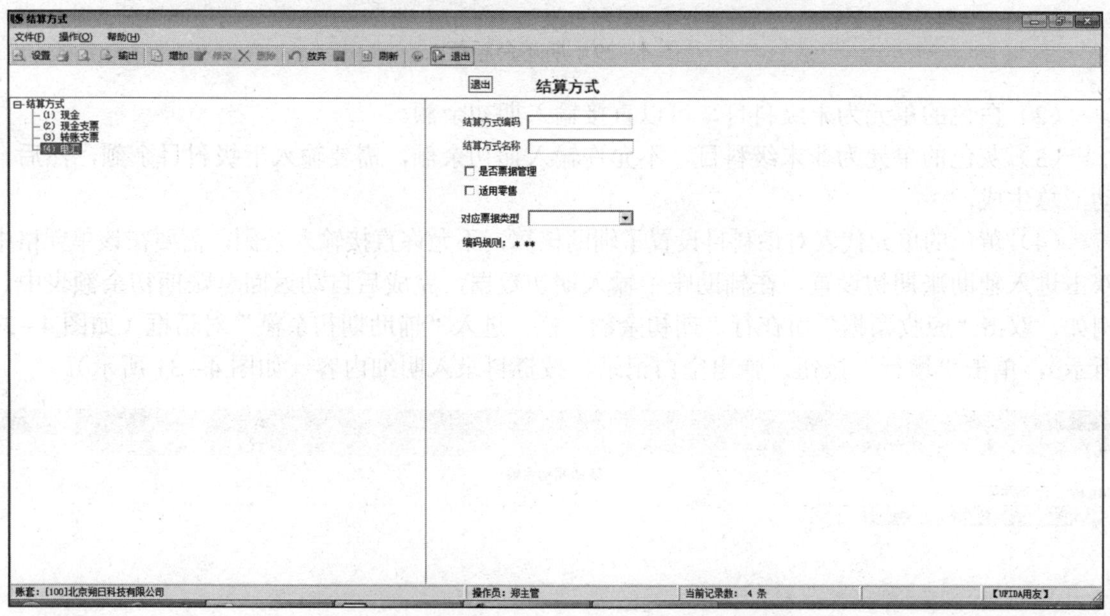

图 4－28　结算方式（二）

（3）单击“退出”按钮。

7. 输入期初余额

（1）在总账系统中，单击“设置”—“期初余额”，进入“期初余额录入”窗口（如图 4－29 所示）。

图 4-29　期初余额录入

（2）白色的单元为末级科目，可以直接输入期初余额。

（3）灰色的单元为非末级科目，不允许输入期初余额，需要输入下级科目余额，然后自动汇总生成。

（4）黄色的单元代表对该科目设置了辅助核算，不允许直接输入余额，需要在该单元格中双击进入辅助账期初设置，在辅助账中输入期初数据，完成后自动返回总账期初余额表中。例如，双击“应收票据”所在行“期初余额”栏，进入“辅助期初余额”对话框（如图 4-30 所示），单击“增行”按钮，弹出空白记录，按资料录入明细内容（如图 4-31 所示）。

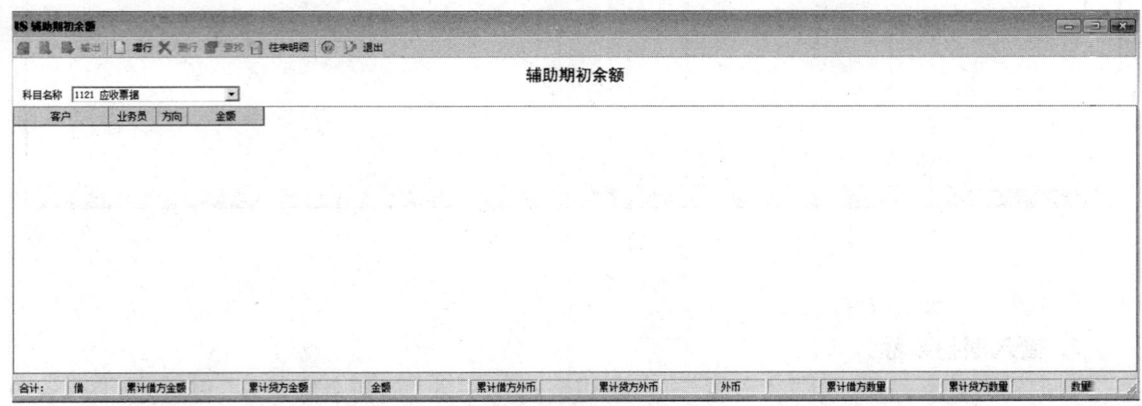

图 4-30　辅助期初余额（一）

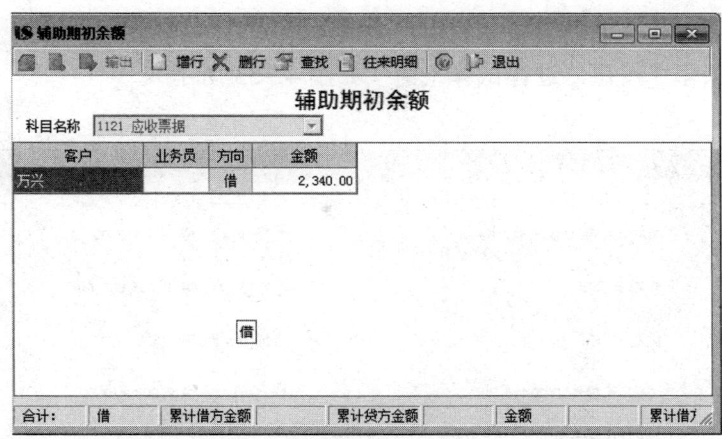

图 4－31　辅助期初余额（二）

（5）输入完毕后退出，可以在期初余额栏中看到该笔金额已经自动显示在上级科目中（如图 4－32 所示）。

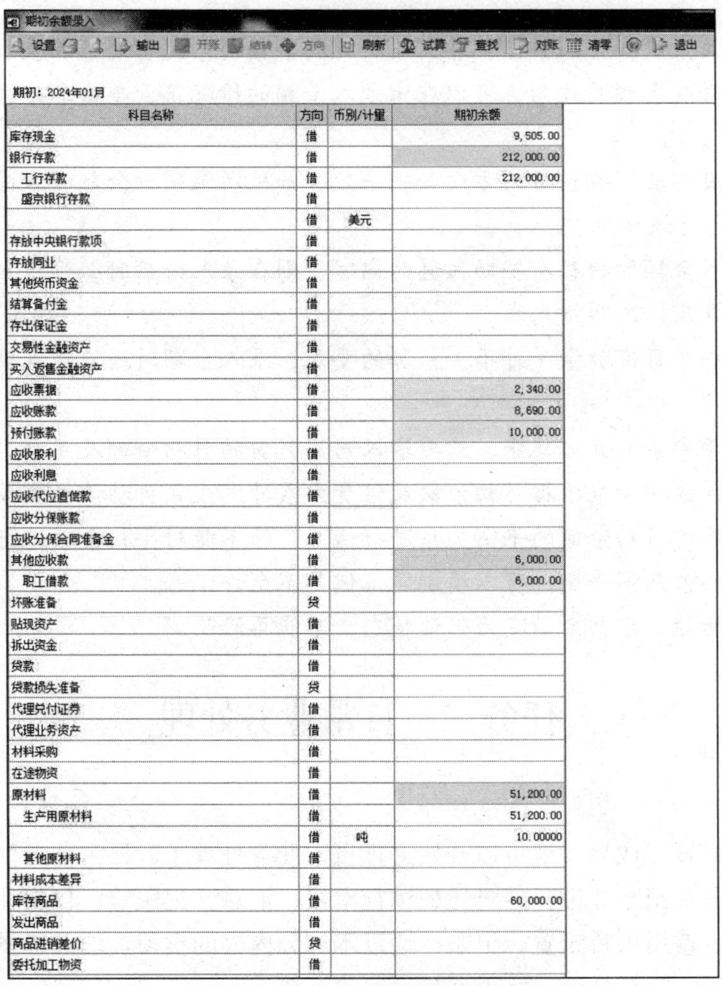

科目名称	方向	币别/计量	期初余额
库存现金	借		9,505.00
银行存款	借		212,000.00
工行存款	借		212,000.00
盛京银行存款	借		
	借	美元	
存放中央银行款项	借		
存放同业	借		
其他货币资金	借		
结算备付金	借		
存出保证金	借		
交易性金融资产	借		
买入返售金融资产	借		
应收票据	借		2,340.00
应收账款	借		8,690.00
预付账款	借		10,000.00
应收股利	借		
应收利息	借		
应收代位追偿款	借		
应收分保账款	借		
应收分保合同准备金	借		
其他应收款	借		6,000.00
职工借款	借		6,000.00
坏账准备	贷		
贴现资产	借		
拆出资金	借		
贷款	借		
贷款损失准备	贷		
代理兑付证券	借		
代理业务资产	借		
材料采购	借		
在途物资	借		
原材料	借		51,200.00
生产用原材料	借		51,200.00
	借	吨	10.00000
其他原材料	借		
材料成本差异	借		
库存商品	借		60,000.00
发出商品	借		
商品进销差价	贷		
委托加工物资	借		

图 4－32　期初余额录入

（6）同理，录入其他带辅助核算的科目余额。

（7）单击“试算”按钮，进行试算平衡（如图4－33所示）。

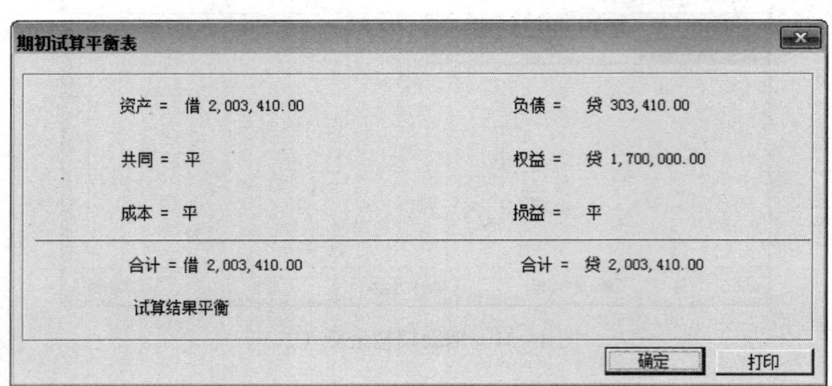

图4－33　期初试算平衡表

友情提示：

（1）只需输入末级科目的余额，非末级科目的余额由系统自动计算生成。

（2）如果要修改余额的方向，可以在未录入余额的情况下，单击“方向”按钮改变余额的方向。

（3）总账科目与其下级科目的方向必须一致，如果所录明细余额的方向与总账余额方向相反，则用“－”号表示。

（4）如果录入余额的科目有辅助核算的内容，则在录入余额时必须录入辅助核算的明细内容，而修改时也应修改明细内容。

（5）如果某一科目有数量（外币）核算的要求，录入余额时还应输入该余额的数量（外币）。

（6）如果在年中某月开始建账，需要输入启用月份的月初余额及年初到该月的借贷方累计发生额（年初余额由系统根据月初余额及借贷方累计发生额自动计算生成）。

（7）系统只能对月初余额的平衡关系进行试算，而不能对年初余额进行试算。

（8）如果期初余额不平衡，可以填制凭证但是不允许记账。

（9）凭证记账后，期初余额变为只读状态，不能再修改。

任务二　日常业务处理

目标

系统初始化设置完成后，就可以开始进行日常业务处理了。日常业务处理主要针对日常发生的业务填制各种记账凭证，并对凭证进行审核、汇总、记账等。日常业务处理包括凭证管理、凭证审核、常用项目设置、记账。通过本部分内容的学习，能熟练操作各种凭证的填制，掌握填制凭证、审核凭证、常用项目设置的方法。

项目描述

1. 填制凭证

以“黄会计”的身份在空白凭证中录入会计资料。

（1）2024 年 1 月 2 日财务部刘出纳从工行提取现金 8 000 元，作为备用金（现金支票号为 6601），附单据 1 张。

借：库存现金（1001） 8 000

贷：银行存款——工行存款（100201） 8 000

（2）1 月 3 日采购部购买原材料 500 吨，单价 20 元，材料直接入库，货款以工行存款支付（转账支票号为 6602）。

借：原材料——生产用原材料（121101） 10 000

贷：银行存款——工行存款（100201） 10 000

（3）1 月 5 日收到资金 10 000 美元，汇率 1:6.5（转账支票号为 6603）。

借：银行存款——盛京银行存款（100202） 65 000

贷：实收资本（3101） 65 000

（4）1 月 12 日销售一分部孙经理收到抚顺天际的一张转账支票，金额为 7 020 元，用以还欠款（转账支票号为 6604）。

借：银行存款——工行存款（100201） 7 020

贷：应收账款（1131） 7 020

（5）1 月 15 日总经理办公室支付业务招待费 1 200 元（转账支票号为 6605）。

借：管理费用——招待费（550205） 1 200

贷：银行存款——工行存款（100201） 1 200

（6）1 月 16 日修改第 2 号付款凭证金额为 12 000 元。

（7）删除第 2 号付款凭证并整理凭证断号。

（8）查询第 1 号收款凭证。

2. 出纳签字和审核凭证

（1）由刘出纳进行出纳签字。

（2）由郑主管进行凭证审核。

3. 常用项目设置

由 01 号操作员新增常用凭证，见表 4－5。

表 4－5 常用凭证

凭证编码	凭证内容
1	办公费

4. 记账

由郑主管进行凭证记账。

➘ 任务要求

填制凭证：录入会计资料、作废凭证、整理凭证等。

出纳签字和审核凭证：出纳人员对出纳凭证检查核对后签字；审核员对记账凭证进行检查核对。

常用项目设置：新增常用凭证。

记账：进行凭证记账。

➘ 知识准备

1. 填制凭证

记账凭证一般包括两部分：一是凭证表头部分，包括凭证类别、凭证编号、凭证日期和附件张数等；二是凭证正文部分，包括摘要、科目、借贷方向和金额等。如果输入的会计科目有辅助核算要求，则应输入辅助核算内容；如果一个科目同时兼有多种辅助核算，则同时要求输入各种辅助核算的有关内容。

（1）执行“凭证”→“填制凭证”命令。

（2）单击“增加”按钮或按 F5 键，增加一张空白凭证。

（3）输入凭证类别字，也可以单击🔍或按 F2 键，参照选择一个凭证类别，确定后按 Enter 键，系统将自动生成凭证编号。

（4）在“选项”对话框中选择“自动编号”单选按钮，则由系统按时间自动编号，否则，请手工编号。

（5）制单日期。系统自动进入账务系统时输入的业务日期为记账凭证填制的日期，可修改或单击📅参照输入。

（6）输入本张凭证的每笔分录。每笔分录由摘要、科目、发生金额组成。

当输入的科目为辅助核算时，系统根据科目属性要求输入相应的辅助信息，如部门、个人、项目、客户、供应商、数量等。在其中输入的辅助信息将在凭证下方的备注中显示。当需要对所录入的辅助项进行修改时，可双击所要修改的项，系统显示“辅助项”对话框，可进行修改。

如果该科目要进行数量核算，系统会提示用户输入“数量”“单价”，系统根据“数量×单价”自动计算出金额。

如果该科目要进行外币核算，系统自动将凭证格式改为外币格式。如果系统有其他辅助核算，则先输入其他辅助核算后，再输入外币信息。

金额系统根据折算公式自动计算，如果在账套选项中没有设置数据的小数位，系统自动四舍五入取整。

如果科目在“会计科目”中被指定为银行科目或设置了“银行账”的属性，系统会提示用户输入“结算方式”“票号”“发生日期”。

（7）当凭证全部录入完毕后，单击“保存”按钮或按 F6 键保存这张凭证，或者单击“增加”按钮继续填制下一张凭证。

- 凭证类别为初始设置时已定义凭证的类别代码或名称。
- 采用自动编号时，系统自动按月按类别进行连续编号。
- 采用序时控制时，凭证日期应大于或等于启用日期，但不能超过计算机的系统日期。

- 在“附单据数”处可以按 Enter 键通过，也可以输入单据数量。
- 凭证一旦保存，其凭证类别、凭证编号均不能修改。

（8）在“填制凭证”对话框中，通过单击“首张”“上张”“下张”“末张”按钮翻页查找或单击“查询”按钮输入条件查找要作废的凭证，执行“制单”→“作废/恢复”命令，凭证左上角显示“作废”字样，表示已将该凭证作废。

（9）有些作废凭证不想保留，可以通过凭证整理功能将这些凭证彻底删除，并利用留下的空号对未记账凭证重新编号。

（10）在“填制凭证”对话框中，执行“制单”→“冲销凭证”命令，可以制作红字冲销凭证。输入要冲销的凭证所在月份、凭证类别和凭证号，系统将自动制作一张红字冲销凭证，本功能用于自动冲销某张已记账的凭证。

（11）执行“凭证”→“查询凭证”命令，打开“查询凭证”对话框，可以进行凭证的查询。若要按科目、摘要、金额等条件进行查询，可单击“辅助条件”按钮输入辅助查询条件；若要按科目自定义项查询，可单击“自定义项”按钮输入自定义项查询条件。输入查询凭证的条件后，系统显示凭证一览表。在凭证一览表中双击某张凭证，则系统显示此张凭证。在单张凭证界面可翻页查找或单击“查询”按钮查找输入条件查找。

2. 出纳签字和审核凭证

1）出纳签字

为了加强企业库存现金收入与支出的管理，应加强对出纳凭证的管理。出纳凭证的管理可以采用多种方法，其中，出纳签字就是主要的方法之一。出纳签字是指由出纳人员通过“出纳签字”功能对制单员填制的带有库存现金和银行存款科目的凭证进行检查核对，主要核对出纳凭证的科目金额是否正确。如果凭证正确，则在凭证上进行出纳签字，经审查如果认为该张凭证有错误或有异议，则不予签字，应交给填制人员修改后再核对。

（1）执行“凭证”→“出纳签字”命令，打开“出纳签字”对话框。

（2）在“出纳签字”对话框中，输入查询凭证的日期、凭证号、操作员、凭证的来源、自定义项和辅助条件等条件，缩小查询范围，在大量凭证环境下可减少查询等待时间。

（3）输入出纳凭证的条件后，单击“确定”按钮，系统显示凭证列表窗口。

- 企业根据实际需要在“选项”设置中选择或取消“出纳凭证必须经由出纳签字”的设置。
- 凭证一经签字，就不能被修改、删除，只有被取消签字后才可以进行修改或删除。
- 取消签字只能由出纳人操作。

为了加强企业的集中财务管理，在本系统的会计核算中也可以采取主管签字的管理模式。在此模式中，经主管会计签字后，这些凭证才能记账。

- 已签字的凭证在凭证上显示为当前操作员姓名加红色框。
- 签字人不能与制单人相同。
- 取消签字必须由签字人本人取消。

2）审核凭证

审核凭证是审核员按照财会制度，对制单员填制的记账凭证进行检查核对，主要审核记账凭证是否与原始凭证相符，会计分录是否正确等。审核认为错误或有异议的凭证，应交给填制人员修改后再审核，只有有审核权的人才能使用本功能。

（1）执行“凭证”→“审核凭证”命令，进入“凭证审核”对话框。

（2）输入查询条件，系统显示凭证审核列表。

（3）双击要审核的凭证，系统显示此张凭证，可单击“首张”“上张”“下张”“末张”按钮翻页查找或单击“查询”按钮查找输入条件查找。执行“查看”→“查最新余额”命令，可查看选中科目的最新余额一览表。

（4）审核人员在确认该张凭证正确后，单击“审核”按钮将在审核处自动签上审核人姓名；若想对已签字的凭证取消签字，可单击“取消”按钮取消签字。

● 审核人员也可以执行“审核”→“成批审核凭证”命令，将一批凭证在审核处自动签上审核人姓名，也可以成批取消审核签字。

● 审核人必须具有对待审核凭证制单人所制凭证的审核权，在系统管理的“权限”中设置。

● 审核人和制单人不能是同一个人。

● 凭证一经审核，就不能被修改、删除，只有被取消审核签字后才可以进行修改或删除。

● 取消审核签字只能由审核人自己进行。

● 已标错的凭证不能被审核，若想审核，需先单击“取消”按钮，取消标错后才能审核。

3. 常用项目设置

1）常用摘要

在日常填制凭证的过程中，因为业务重复发生，经常会有许多摘要完全相同或大部分相同，如果将这些常用摘要储存起来，在填制会计凭证时可随时调用，必将大大提高业务处理效率。调用常用摘要，可以在输入摘要时直接输入摘要代码，也可按 F2 键或单击按钮参照输入。

可单击“增加”按钮，新增一条常用摘要，录入编码、摘要内容、相关科目，这些信息（数据）可任意设定并在调用后修改补充。

常用摘要编码是调用常用摘要的依据，因此不能重复也不能为空。如果某条常用摘要对应某科目，则可在“相关科目”中输入，那么在调用常用摘要的同时调用对应科目，可提高凭证录入效率。

2）常用凭证

会计业务都有其规范性，因而在日常填制凭证的过程中，经常会有许多凭证完全相同或部分相同，如果将这些常用的凭证储存起来，在填制会计凭证时可随时调用，必将大大提高业务处理的效率。

（1）调用常用凭证。在制单中调用常用摘要时，可输入常用摘要编号进行调用，也可按 F2 键调出常用摘要定义，选择要调用的常用摘要后单击“选入”按钮，可选入要调用的摘要。常用摘要的调入不会清除原有的输入内容。在填制凭证时执行“制单”→“调用常用凭证”命令，在“常用摘要”对话框中输入或参照选择常用凭证代号，即可调用。若调出的常用凭证与当时的业务有出入或缺少部分信息，可直接修改成所需的凭证。在输入凭证处单击参照图标或按 F2 键，系统显示“常用凭证”定义窗，选择要调用的常用凭证，单击“选入”按钮即可。

（2）保存当前凭证为常用凭证。当某张凭证作为常用凭证保存时，可执行“制单”→“生成常用凭证”命令制作常用凭证。给该张凭证确定一个代号和说明，该张凭证即被存入常用凭证库中，以后可按所存代号调用这张常用凭证。

（3）新增常用凭证。在“常用凭证”对话框中，单击“增加”按钮，录入常用凭证的主要信息，如编码、说明、凭证类别，并定义凭证分录内容。在“常用凭证”对话框中单击“详细”按钮，或者按 F8 键，则进入“常用凭证—转账凭证”对话框，光标所在行显示常用凭证的凭证分录内容。录入常用凭证分录时，必须输入摘要和会计科目，会计科目可以录入非末级科目。如果借贷方金额或辅助信息在定义常用凭证时还不能确定，则可不输入，可以留到填制凭证时再输入。若会计科目有辅助核算，则录入科目后自动弹出“辅助信息”对话框，输入辅助信息。如需修改辅助信息，可单击“辅助”按钮再次进入“辅助信息”对话框进行修改。

4. 记账

记账凭证经审核及出纳签字后，即可进行登记总账、明细账、日记账及往来账等操作。本系统记账采用向导方式，使记账过程更加明确，记账工作由计算机自动进行数据处理，不用人工干预。

（1）执行“凭证”→“记账”命令，进入“记账”对话框。

（2）对话框中列出各期间的未记账凭证范围清单，同时列出其中的空号与已审核凭证范围。若编号不连续，则用逗号分隔；若显示宽度不够，可拖动表头调整列宽查看。

（3）只有已审核的凭证才能记账。在“记账范围”栏中输入凭证编号或单击“全选”按钮选择本次记账范围。

（4）系统对选中的凭证进行合法性检查，如果未发现不合法凭证，系统显示所选凭证的汇总表及凭证总数，供用户进行核对。

（5）核对后单击“确定”按钮。

（6）当以上工作都确认无误后，单击“记账”按钮，系统开始登录有关的总账和明细账、辅助账。

记账过程一旦断电或其他原因造成中断后，系统将自动调用“恢复记账前状态”恢复数据，然后重新记账。

如果由于某种原因，记账后发现本月记账有错误，利用“恢复记账前状态”功能可将本月已记账的凭证全部重新变成未记账凭证，进行修改，然后记账。进入系统时，并没有显示该功能。如果要使用该功能，必须在“对账”功能界面按下“Ctrl+H”键激活“恢复记账前状态”功能，退出“对账”功能后，在系统“凭证”菜单下将显示该功能。执行“凭证”→“恢复记账前状态”命令，系统显示“恢复记账前状态”对话框。

- 只有账套主管才有权限进行恢复到记账前状态的操作。
- 对于已结账的月份，不能恢复记账前状态。
- 选择“最近一次记账前状态”，这种方式一般用于记账时系统造成的数据错误的恢复。

● 选择“上个月初状态”，恢复到上个月月初未记账时的状态。

➘ 操作指导

1. 填制凭证

以“黄会计”身份注册进入总账系统。

1)(业务 1)——银行科目

(1) 执行“凭证”→“填制凭证”命令，进入“填制凭证”窗口。

(2) 单击“增加”按钮，增加一张空白凭证（如图 4-34 所示）。

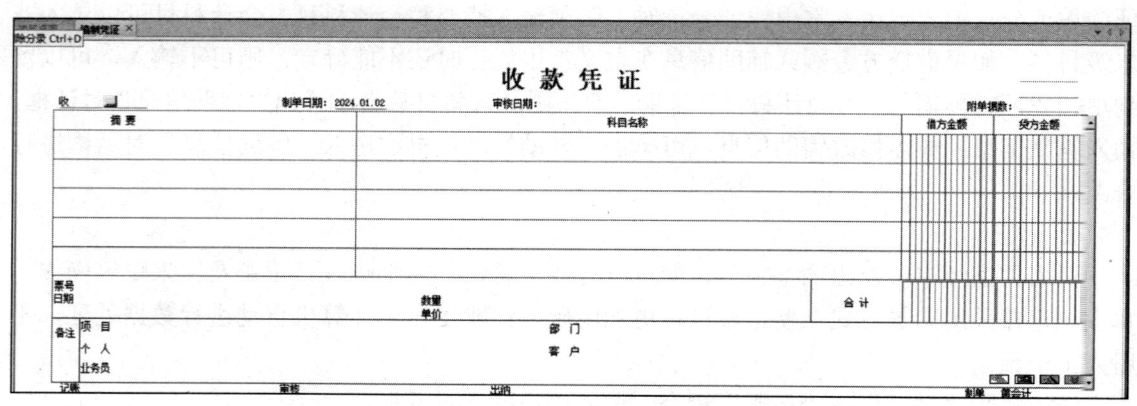

图 4-34　新增的空白凭证

(3) 在填制凭证过程中，输入银行科目“100201”，弹出“辅助项”对话框。

(4) 输入结算方式“2”，票号“6601”，发生日期“2024.01.02”，单击“确定”按钮。

(5) 凭证输完后，单击“保存”按钮，若此张支票未登记，则弹出“此支票尚未登记，是否登记？”对话框。

(6) 单击“是”按钮，弹出“票号登记”对话框。

(7) 输入领用日期“2024.01.02”，领用部门“财务部”，姓名“刘出纳”，限额“8 000”，用途“备用金”，单击“确定”按钮，出现如图 4-35 所示的收款凭证。

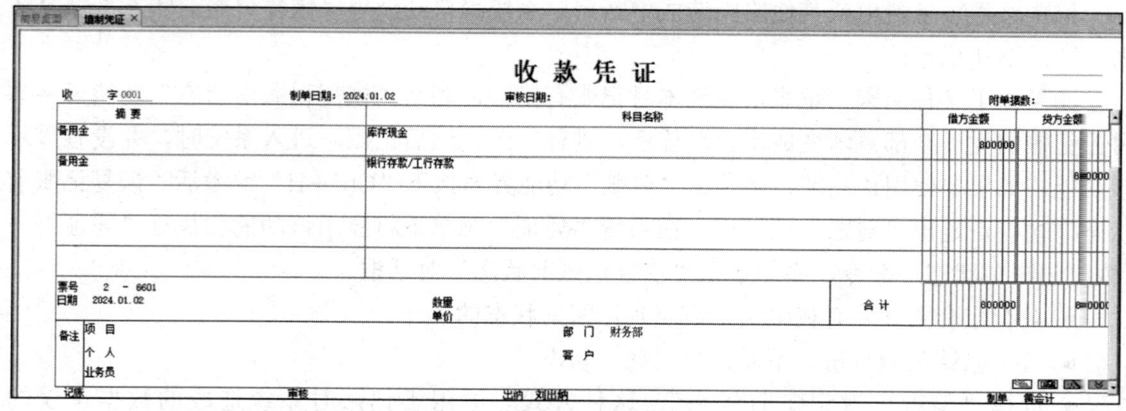

图 4-35　收款凭证

注意：

● 在填制凭证过程中，若某科目为“银行科目”“外币科目”“数量科目”“辅助核算科目”，输完科目名称后，则应继续输入该科目的辅助核算信息。

● 凭证中不同行的摘要可以相同也可以不同，但不能为空。每行摘要将随相应的会计科目在明细账、日记账中出现。

● 科目编码必须是末级的科目编码。金额不能为“零”；红字以“–”号表示。

2)(业务2)——数量科目

(1) 新增加一张空白凭证，在填制凭证过程中，输入数量科目“121101”，弹出“辅助项”对话框。

(2) 输入数量“500”，单价“20”，单击“确定”按钮，出现如图4–36所示的付款凭证。

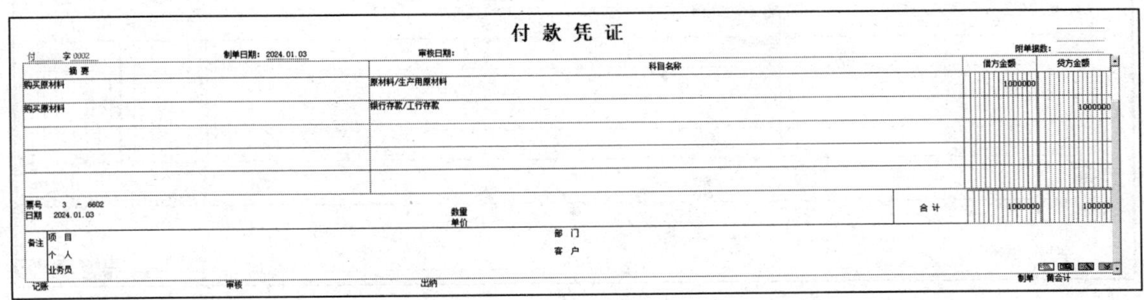

付款凭证

付 字 0002　制单日期：2024.01.03　审核日期：　附单据数：

摘要	科目名称	借方金额	贷方金额
购买原材料	原材料/生产用原材料	1000000	
购买原材料	银行存款/工行存款		1000000
票号 3 – 6602 日期 2024.01.03	数量 单价	合计 1000000	1000000

备注 项目　部门　个人　客户　业务员

记账　审核　出纳　制单 黄会计

图4–36 填制凭证–数量科目

注意：

● 如果往来单位不属于已定义的往来单位，则要正确输入新往来单位的辅助信息，系统会自动追加到往来单位目录中。

3)(业务3)——外币科目

(1) 新增加一张空白凭证，在填制凭证过程中，输入外币科目“100202”，输入外币金额“10000”，根据自动显示的外币汇率“6.5”，自动算出并显示本币金额“65000”。

(2) 输完后，单击“保存”按钮，出现如图4–37所示的收款凭证。

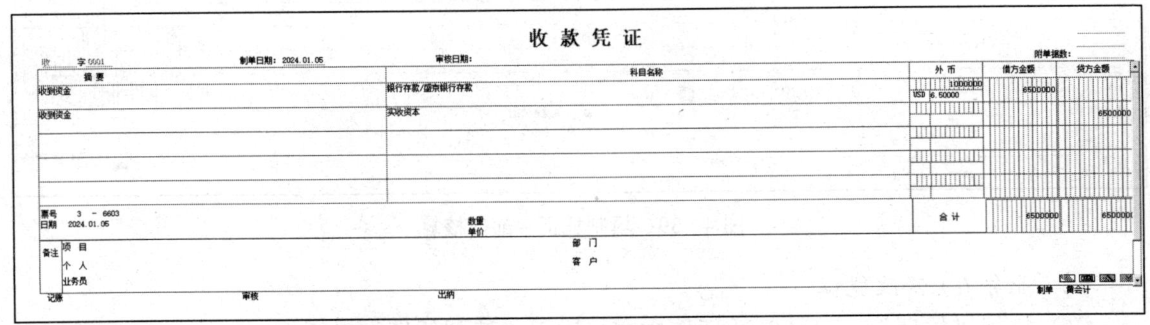

收款凭证

收 字 0001　制单日期：2024.01.05　审核日期：　附单据数：

摘要	科目名称	外币	借方金额	贷方金额
收到资金	银行存款/建京银行存款	1000000 USD 6.50000	6500000	
收到资金	实收资本			6500000
票号 3 – 6603 日期 2024.01.05	数量 单价	合计	6500000	6500000

备注 项目　部门　个人　客户　业务员

记账　审核　出纳　制单 黄会计

图4–37 填制凭证–外币科目

注意：

汇率栏中内容是固定的，不能输入或修改。如使用变动汇率，汇率栏中显示最近一次汇率，可以直接在汇率栏中修改。

4）（业务4）辅助核算科目－客户往来

（1）新增加一张空白凭证，在填制凭证过程中，输入客户往来科目“1131”，弹出“辅助项”对话框。

（2）选择输入客户“抚顺天际”，业务员“孙经理”，发生日期“2024.01.12”。

（3）单击“确定”按钮，出现如图4－38所示的收款凭证。

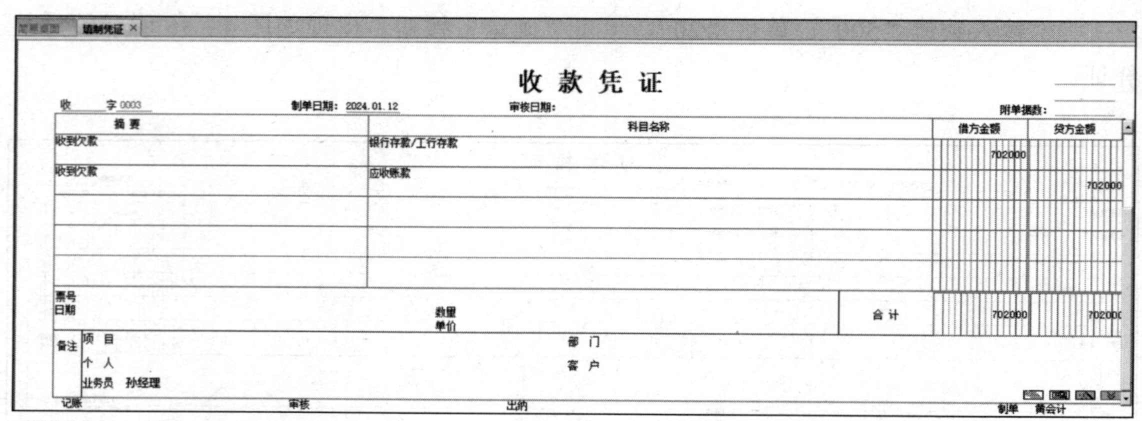

图4－38 填制凭证－客户往来

5）（业务5）辅助核算科目－部门核算

（1）新增加一张空白凭证，在填制凭证过程中，输入部门核算科目“660206”，弹出“辅助项”对话框。

（2）选择输入部门“总经理办公室”，发生日期“2024.01.15”，单击“确定”按钮，出现如图4－39所示的付款凭证。

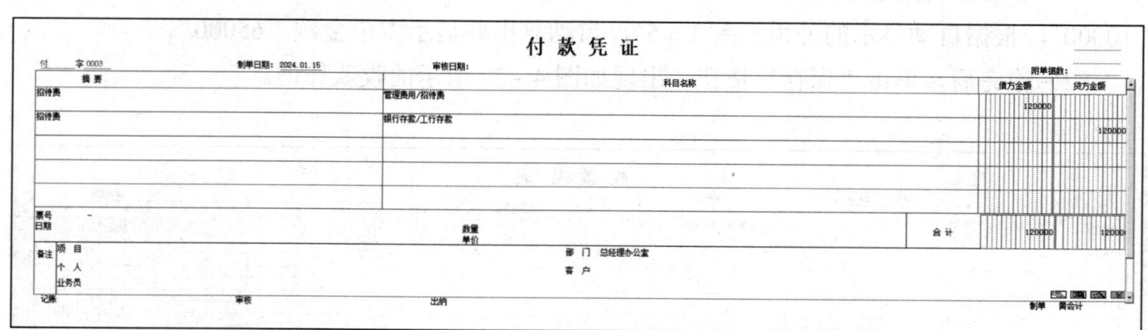

图4－39 填制凭证－部门核算

6）（业务6）修改凭证

（1）执行“凭证”→“填制凭证”命令，进入“填制凭证”对话框。

（2）单击“查询”按钮，输入查询条件，找到要修改的凭证。

（3）对于凭证的一般信息，将光标放在要修改的地方，直接修改；如果要修改凭证的辅助项信息，应首先选中辅助核算科目行，然后将光标置于备注栏辅助项，待光标变形时双击，弹出“辅助项”对话框，在对话框中修改相关信息。

（4）单击“保存”按钮，保存相关信息（如图 4－40 所示）。

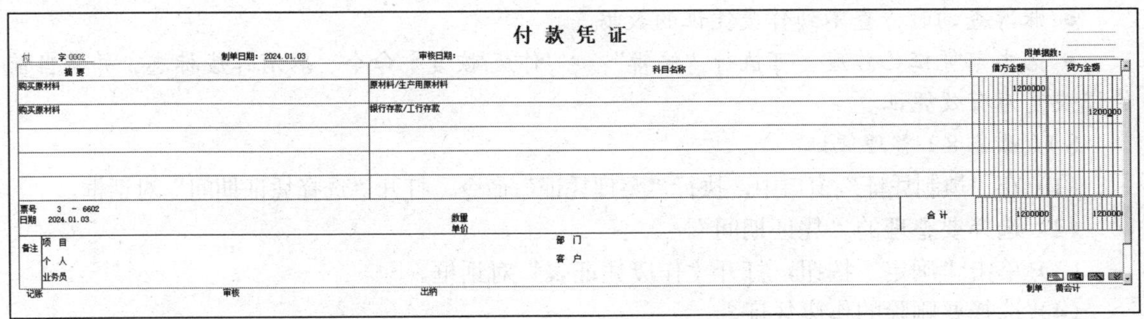

图 4－40 填制凭证－修改凭证

注意：

● 未经审核的错误凭证可通过“填制凭证”功能直接修改；已审核的凭证应先取消审核后，再进行修改。

● 若已采用制单序时控制，则在修改制单日期时，不能选择在上一张凭证的制单日期之前。

● 若选择“不允许修改或作废他人填制的凭证”权限控制，则不能修改或作废他人填制的凭证。

● 如果涉及银行科目的分录已录入支票信息，并对该支票做过报销处理，修改操作将不影响“支票登记簿”中的内容。

● 外部系统传过来的凭证不能在总账系统中进行修改，只能在生成该凭证的系统中进行修改。

7）（业务 7）作废凭证

（1）在“填制凭证”窗口中，查询到要作废的凭证。

（2）执行“制单”→“作废/恢复”命令。

（3）凭证的左上角显示“作废”，表示该凭证已作废（如图 4－41 所示）。

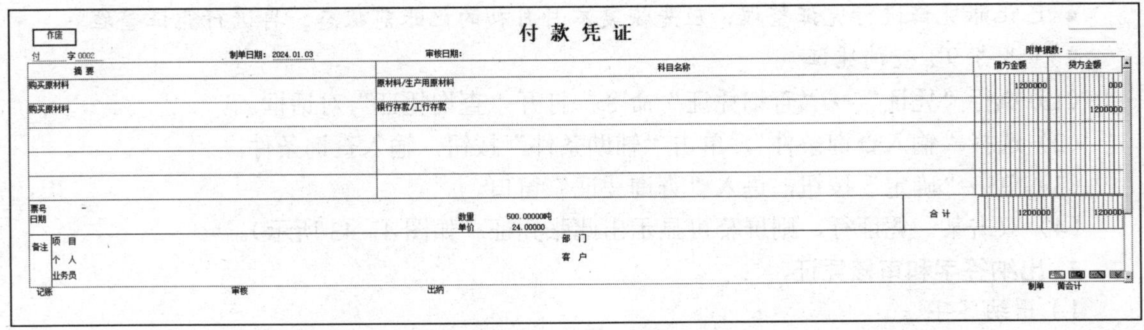

图 4－41 作废凭证

注意：

- 作废凭证仍保留凭证内容及编号，只显示“作废”字样。
- 作废凭证不能修改，不能审核。
- 在记账时，已作废的凭证应参与记账，否则月末无法结账，但不对作废凭证做数据处理，相当于一张空凭证。
- 账簿查询时，查不到作废凭证的数据。
- 若当前凭证已作废，可执行“编辑”→“作废/恢复”命令，取消作废标志，并将当前凭证恢复为有效凭证。

8)（业务8）整理凭证

（1）在“填制凭证”窗口中，执行“整理凭证”命令，打开“选择凭证期间”对话框。

（2）选择要整理的“凭证期间”。

（3）单击“确定”按钮，打开“作废凭证表”对话框。

（4）选择要删除的作废凭证。

（5）单击“确定”按钮，系统将这些凭证从数据库中删除，并对剩下的凭证重新排号（如图4－42所示）。

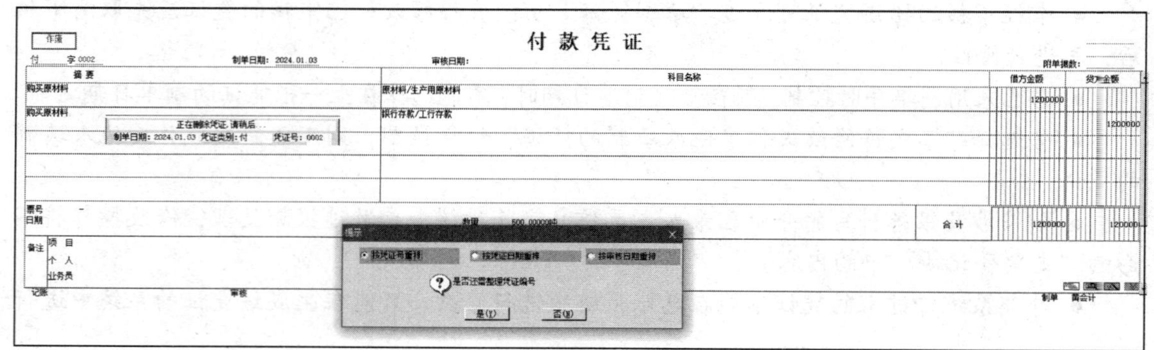

图4－42 整理凭证

注意：

- 如果不想保留作废凭证时，则可以通过“整理”功能，将其彻底删除，并对未记账凭证重新编号。
- 只能对未记账凭证进行凭证整理。
- 已记账凭证进行凭证整理，应先恢复本月月初的记账前状态，再进行凭证整理。

9)（业务9）查询凭证

（1）执行“凭证”→“查询凭证”命令，打开“查询凭证”对话框。

（2）选择“输入查询条件”，单击“辅助条件”按钮，输入查询条件。

（3）单击“确定”按钮，进入“查询凭证”窗口。

（4）双击某一凭证行，则屏幕可显示出此张凭证（如图4－43所示）。

2. 出纳签字和审核凭证

1）出纳签字

（1）在“企业应用平台”，执行“系统”→“重注册”命令，进入登录界面。

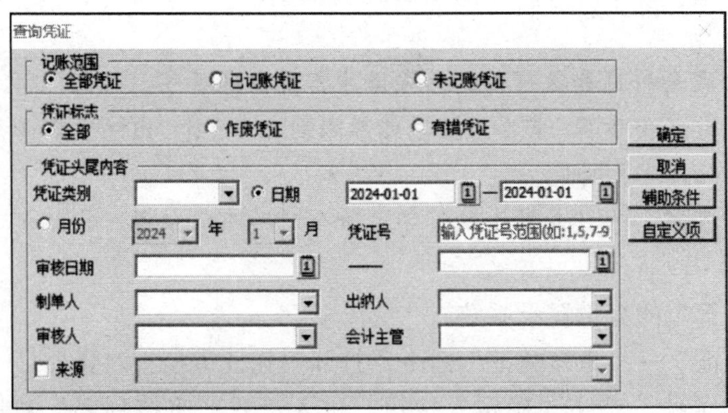

图 4－43 查询凭证

（2）以“刘出纳”的身份重新进入总账系统，单击“确定”按钮。

（3）执行“凭证”→“出纳签字”命令，打开“出纳签字”的查询条件对话框（如图 4－44 所示）。

图 4－44 出纳签字（一）

（4）输入查询条件：单击“全部”单选按钮，输入月份“2024 年 1 月”。

（5）单击“确定”按钮，进入“出纳签字”的凭证列表窗口。

（6）双击某一要签字的凭证或者单击“确定”按钮，进入“出纳签字”的签字窗口。

（7）单击“签字”按钮，凭证底部的“出纳”处自动签上出纳人姓名（如图 4－45 所示）。

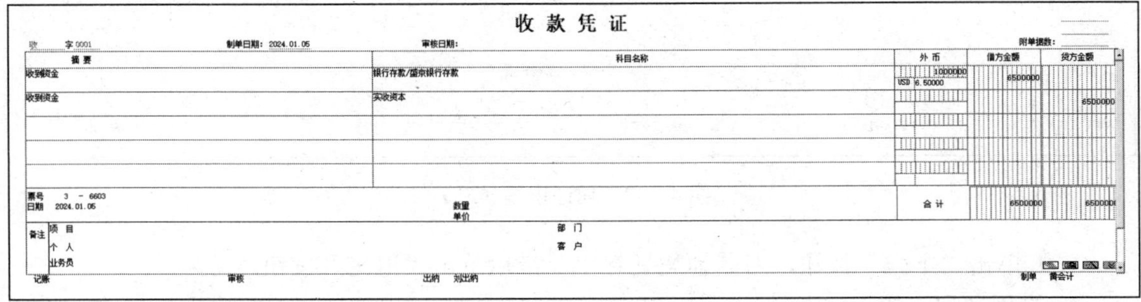

图 4－45 出纳签字（二）

（8）单击“下张”按钮，对其他凭证签字，最后单击“退出”按钮。

注意：

- 涉及指定为现金科目和银行科目的凭证才需要出纳签字。
- 出纳签字并非必要步骤。若在设置总账参数时，不选择“出纳凭证必须经由出纳签字”，则可以不执行“出纳签字”功能。
- 可以执行“签字”→“成批出纳签字”命令对所有凭证进行出纳签字。

2）审核凭证

（1）以“郑主管”的身份登录系统。

（2）执行“凭证”→“审核凭证”命令，打开“凭证审核”对话框。

（3）输入查询条件，单击“确定”按钮，进入“凭证审核列表”对话框（如图 4–46 所示）。

简易桌面　凭证审核列表

凭证共 5张　已审核 0 张　未审核 5 张　凭证号排序　制单日期排序

制单日期	凭证编号	摘要	借方金额合计	贷方金额合计	制单人	审核人	系统名	备注	审核日期	年度
2024-01-05	收 - 0001	收到资金	65,000.00	65,000.00	黄会计					2024
2024-01-12	收 - 0002	转账支票	7,020.00	7,020.00	黄会计					2024
2024-01-02	付 - 0001	提取备用金	8,000.00	8,000.00	黄会计					2024
2024-01-15	付 - 0002	招待费	1,200.00	1,200.00	黄会计					2024
2024-01-16	付 - 0003	购买原材料	12,000.00	12,000.00	黄会计					2024

图 4–46　凭证审核（一）

（4）双击要审核的凭证或单击“确定”按钮，进入“审核凭证”对话框。

（5）检查要审核的凭证，无误后，单击“审核”按钮，凭证底部的“审核”处自动签上审核人姓名（如图 4–47 所示）。

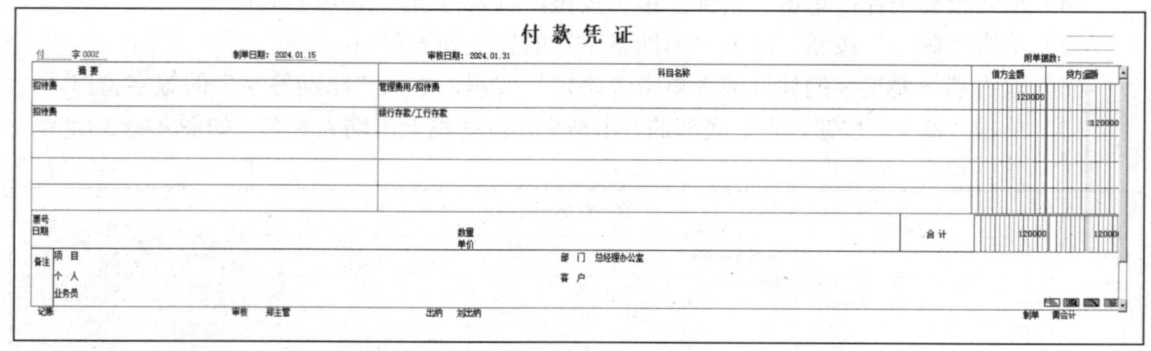

付款凭证

付 字 0002　制单日期：2024.01.15　审核日期：2024.01.31　附单据数：

摘要	科目名称	借方金额	贷方金额
招待费	管理费用/招待费	120000	
招待费	银行存款/工行存款		120000
票号 日期	数量 单价	合计 120000	120000

备注　项目　部门 总经理办公室　个人　客户　业务员

记账　审核 郑主管　出纳 刘出纳　制单 黄会计

图 4–47　凭证审核（二）

（6）单击“下张”按钮，对其他凭证签字，最后单击“退出”按钮。

3. 常用项目设置

（1）在“常用凭证”对话框中，单击“增加”按钮，录入常用凭证的主要信息：编码（1）、说明（办公费）、凭证类别（付款凭证）（如图4－48所示），并定义凭证分录（借：管理费用/550201 贷：库存现金1001）。

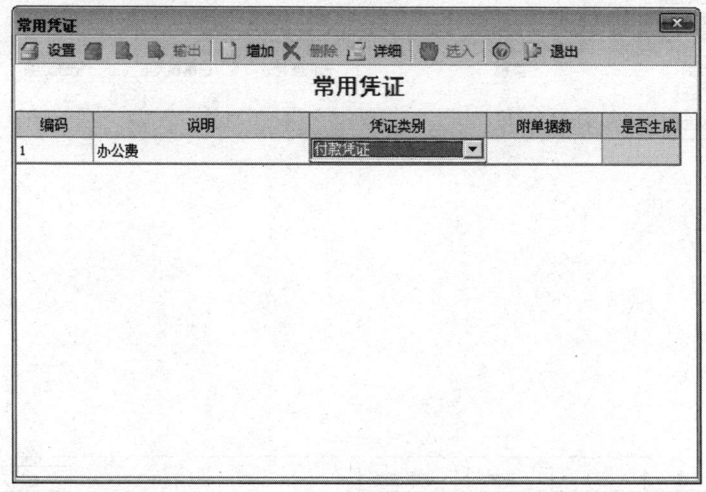

图4－48　常用凭证（一）

（2）若会计科目有辅助核算，则录入科目后自动弹出“辅助信息”对话框，输入辅助信息（如图4－49所示）。如需修改辅助信息，可单击“辅助”按钮再次进入“辅助信息”对话框进行修改。

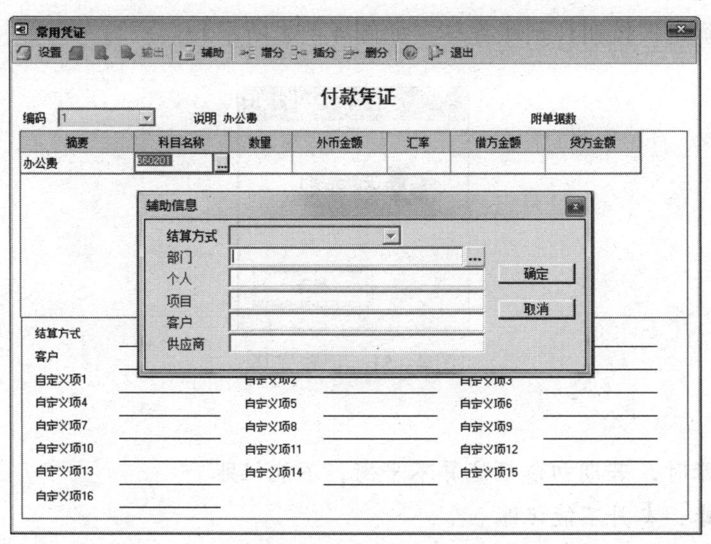

图4－49　常用凭证（二）

4. 记账

1）凭证记账

（1）以“郑主管”的身份登录系统。

（2）执行“凭证”→“记账”命令，进入“记账”对话框（如图4－50所示）。

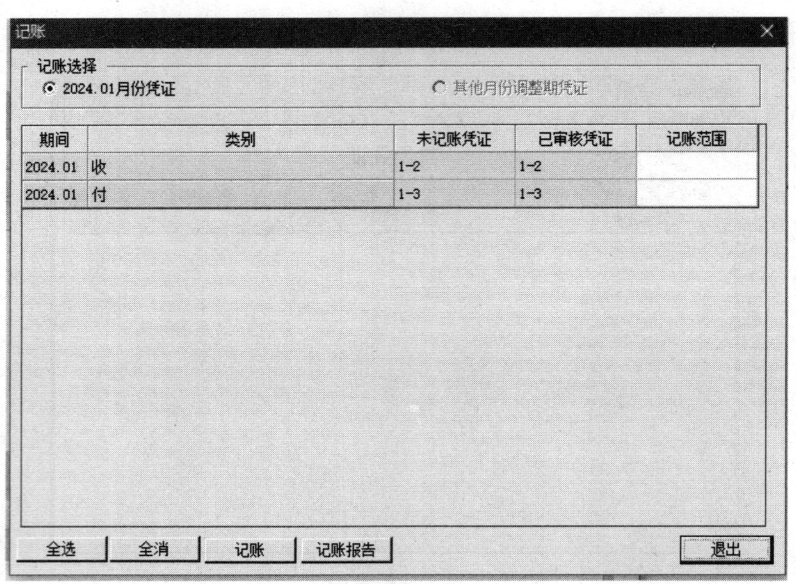

图 4-50　记账

第一步，单击“全选”按钮，选择所有要记账的凭证。单击“记账”按钮，弹出“试算平衡表”对话框，单击“确定”按钮，系统开始登录有关的总账和明细账、辅助账。登记完后，弹出“记账完毕！”对话框。

（3）单击“确定”按钮，记账完毕（如图 4-51 所示）。

图 4-51　记账完毕

注意：

- 第一次记账时，若期初余额试算不平衡，不能记账。
- 上月未记账，本月不能记账。
- 未审核凭证不能记账，记账范围应小于或等于已审核范围。
- 作废凭证不需审核可直接记账。

2）取消记账

（1）在企业应用平台“基础设置”菜单中（如图 4-52 所示），执行“期末”→“对账”命令，进入“对账”对话框（如图 4-53 所示）。

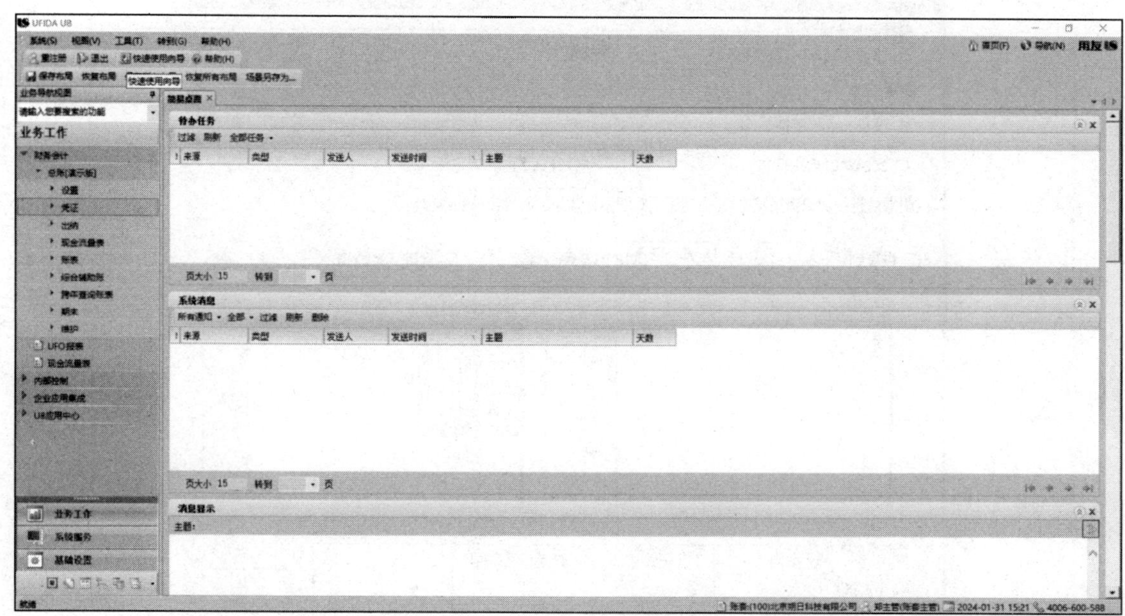

图 4－52 企业应用平台

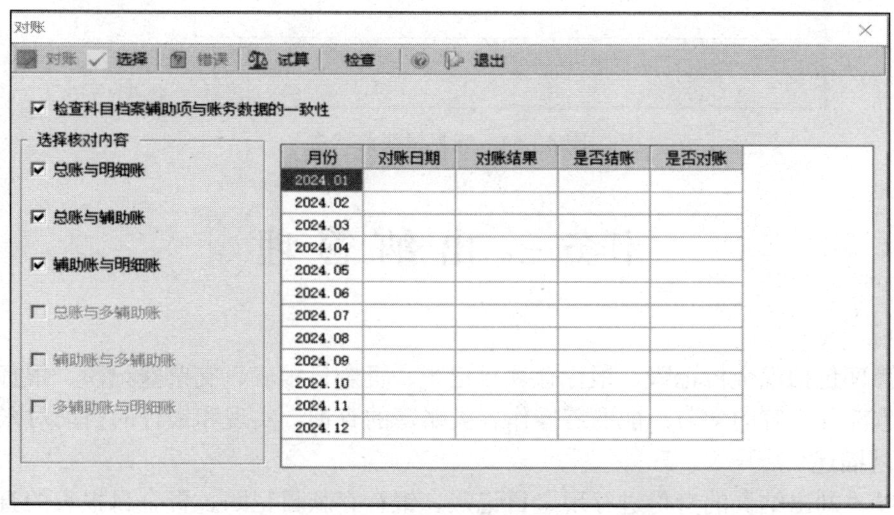

图 4－53 对账

（2）按 Ctrl＋H 键，弹出“恢复记账前状态功能已被激活”信息提示对话框。

（3）单击“确定”按钮，单击“退出”按钮。

（4）执行“凭证”→“恢复记账前状态”命令，打开“恢复记账前状态”对话框（如图 4－54 所示）。

（5）单击“最近一次记账前状态”单选按钮。

（6）单击“确定”按钮，弹出“恢复记账完毕”信息提示对话框，单击“确定”按钮。

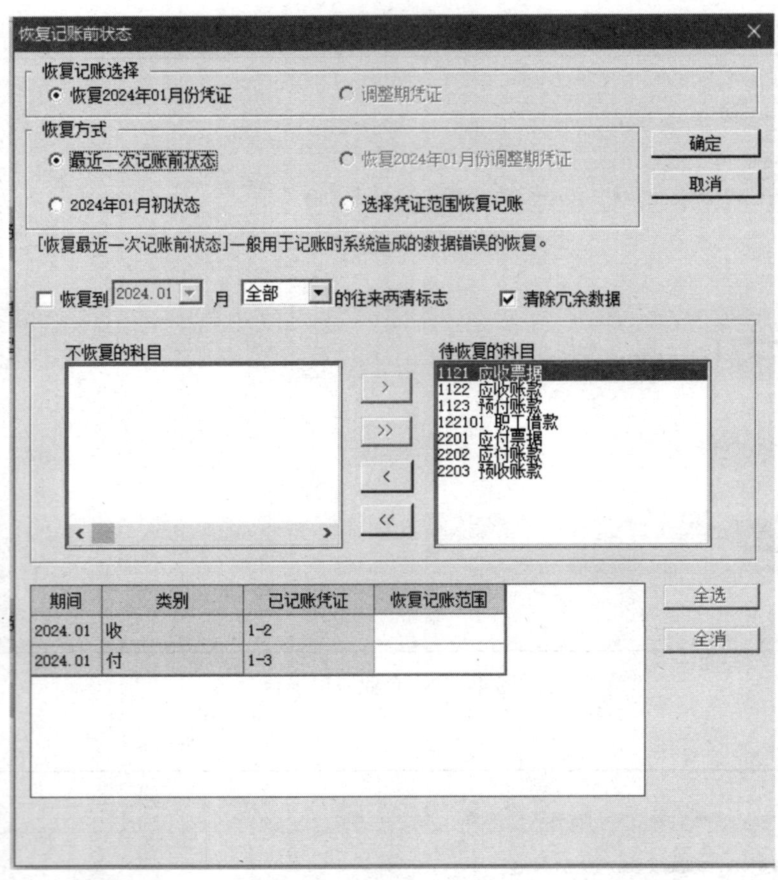

图 4－54　恢复记账前状态

任务三　出 纳 管 理

➘ 目标

出纳管理包括现金日记账、银行存款日记账、资金日报表、支票登记簿、银行对账等功能。通过本部分内容的学习，能熟练操作各类账簿的查询，实现和银行的自动对账。

➘ 项目描述

（1）以“刘出纳”的身份进行现金日记账、银行存款日记账、资金日报表的查询，以及支票登记操作。支票信息：2024 年 1 月 25 日销售一分部孙经理借转账支票一张，票号为 6606，金额为 8 000 元。

（2）以“郑主管”的身份进行账簿管理业务。

（3）以“刘出纳”的身份进行银行对账操作。

朔日公司银行账的启用日期为 2024/01/01，工行人民币企业日记账调整前余额为 177 258.16 元，银行对账单调整前余额为 207 258.16 元，未达账项一笔，系银行已收企业未收款 30 000 元。2024 年 1 月银行对账单见表 4－6。

表 4-6 2024 年 1 月银行对账单

日期	结算方式	票号	借方金额/元	贷方金额/元
2023.12.31			30 000	
2024.01.02	2	6601		8 000
2024.01.03	3	6602		12 000
2024.01.12	3	6604	7 020	

项目要求

（1）完成现金日记账、银行存款日记账、资金日报表的查询，以及支票登记的操作。

（2）完成账簿管理操作。

（3）完成银行自动对账。

知识准备

1. 查询各类账簿

1）查询现金日记账

本功能用于查询现金日记账，现金科目必须在“会计科目”功能下的“指定科目”中预先指定。如果要打印正式存档用的现金日记账，须调用“打印现金日记账”功能打印。

执行“出纳”“现金日记账”命令，系统显示“现金日记账查询条件”对话框。在其中选择科目范围、查询会计月份或会计日期，系统显示现金日记账查询结果。双击某行或单击“凭证”按钮，可查看相应的凭证；单击“总账”按钮，可查看现金科目的三栏式总账；单击“锁定”按钮，则不可调整栏目列宽；单击“还原”按钮，则返回系统默认的列宽。

2）查询银行存款日记账

本功能用于查询银行存款日记账，银行科目必须在“会计科目”功能下的“指定科目”中预先指定，方法同查询现金日记账。

3）查询资金日报表

资金日报表是反映现金、银行存款每日发生额及余额情况的报表，在企业财务管理中占据重要位置。本功能用于查询输出现金、银行存款科目某日的发生额及余额情况。

执行“出纳”“资金日报”命令，系统显示“资金日报表查询条件”对话框。

在“日期”文本框中输入需要查询日报表的日期，并选择科目显示级次，单击“确定”按钮，系统显示资金日报表，包括本日共借、本日共贷及当日余额。在资金日报表界面，单击“日报”按钮，可打印光标所在科目的日报单；单击“昨日”按钮，可查看昨日余额；单击“还原”按钮，返回前一日资金日报。

4）支票登记簿

在手工记账时，出纳人员通常需要建立支票领用登记簿，用来登记支票领用情况。为此本系统特为出纳人员提供了“支票登记簿”功能，以供其详细登记支票领用人、领用日期、支票用途、是否报销等情况。

2. 账簿管理

账簿管理分为主要账簿和辅助账簿两部分。

主要账簿包括总账、明细账、日记账等，记录企业的经济业务和账务情况。主要账簿是企业进行核算和财务管理的基础。

辅助账簿包括现金日记账、银行存款日记账、库存管理账簿等。辅助账簿的作用是记录企业的日常经济活动信息，为主要账簿提供有关数据。辅助账簿是主要账簿的补充和辅助。

3. 银行对账

银行对账是将系统登记的银行存款日记账与银行对账单进行核对，银行对账单由用户根据开户行送来的对账单录入，然后可实现银行自动对账。

1）录入银行对账期初数据

（1）执行“银行对账期初录入”命令，系统显示“银行科目选择”对话框。

（2）选择银行科目后，单击“确定”按钮，系统显示“银行对账期初”窗口。

（3）录入单位日记账及银行对账单的调整前余额。单击“对账单期初未达项”和“日记账期初未达项”按钮，录入银行对账单及单位日记账期初未达项，系统将根据调整前余额及期初未达项自动计算出银行对账单与单位日记账的调整后余额。

2）录入银行对账单

（1）选择“银行对账单”命令，系统显示“查询条件”窗口。输入查询条件后，显示“银行对账单”窗口。

（2）单击“增加”按钮，可录入新增内容。

3）进行银行对账

执行“银行对账”命令，在“选择条件”窗口输入条件。用户选择要进行对账的银行科目（账户）。若选择“显示已达账”选项，则显示已两清的打钩单位日记账和银行对账单。左侧为单位日记账，右侧为银行对账单。

（1）自动对账。通过查看自动对账结果，检查对账是否有错，如果有错误，应进行调整。

（2）手工对账。在单位日记账中选择要进行打钩的记录。单击“对照”按钮后，系统将在银行对账单区显示票号或金额方向与单位日记账中记录相似的银行对账单，用户可参照进行打钩。再单击“对照”按钮，则取消对照。如果对账单中有记录同当前日记账相对应却未打钩，则在当前单位日记账的“两清”区双击，将当前单位日记账标上两清标记——“√”。同样地，双击银行对账单中对应的对账单的“两清”区，标上两清标记。如果在对账单中有两笔以上记录同日记账对应，则所有对应的对账单都应标上两清标记。将当前光标移到单位日记账中下一个未两清日记账上，直到找出所有的已达账项为止。

系统提供两种取消对账标志的方式：自动及手动取消某一笔的对账标志，自动取消指定时间内的所有对账标志。手动取消打钩：双击要取消对账标志业务的“两清”区即可。自动取消打钩：单击“取消”按钮，选择要进行反对账的期间，系统将自动对此期间已两清的银行账取消两清标志。

4）查询余额调节表

在对银行账进行两清打钩后，便可调用此功能查询打印“银行存款余额调节表”，以检查对账是否正确。

如果要查看银行存款 1002 的余额调节表，双击该行，则可查看该银行账户的银行存款余额调节表。

➘ 操作指导

1. 查询各类账簿

以“刘出纳”的身份登录系统。

1）查询现金日记账

（1）执行“出纳”→“现金日记账”命令，打开“现金日记账查询条件”对话框（如图4－55所示）。

（2）选择科目“1001 库存现金”，默认月份“2024.01”，单击“确定”按钮，进入“现金日记账”窗口。

（3）双击某行或将光标定在某行再单击“凭证”按钮，可查看相应的凭证。

（4）单击“总账”按钮，可查看此科目的三栏式总账。

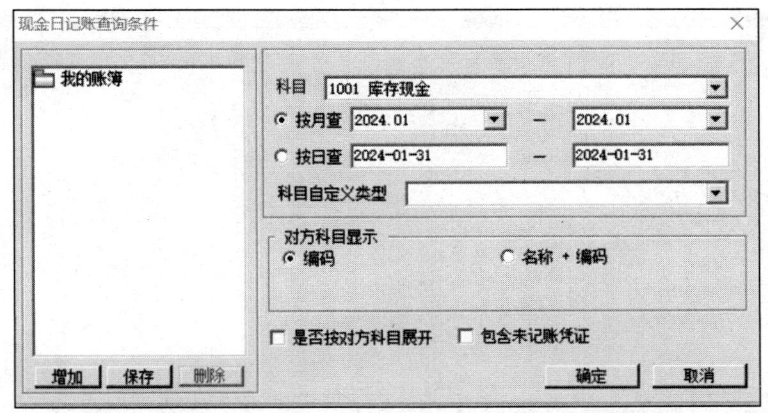

图4－55 现金日记账查询条件

2）查询银行存款日记账

银行存款日记账查询与现金日记账查询操作基本相同，所不同的只是银行存款日记账多了一栏“结算号”，主要是对账时使用。

3）查询资金日报表

（1）执行“出纳”→“资金日报”命令，打开“资金日报表查询条件”对话框（如图4－56所示）。

（2）输入查询日期“2024－01－03”。选择“有余额无发生也显示”复选框。

（3）单击“确定”按钮，进入“资金日报表”窗口。

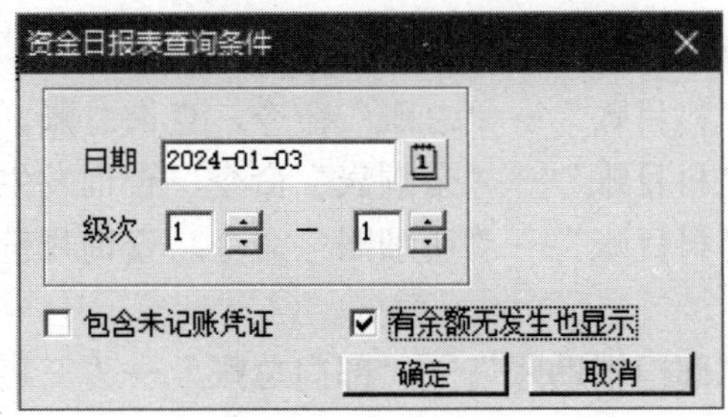

图4－56 资金日报表查询条件

4）支票登记簿

（1）执行“出纳”→“支票登记簿”命令，打开“银行科目选择”对话框。

（2）选择科目：工行存款“100201”，单击“确定”按钮，进入“支票登记簿”窗口（如

图 4－57 所示）。

（3）单击“增加”按钮。

（4）输入领用日期“2024.01.25”，领用部门“销售 1 分部”，领用人“孙经理”，支票号“6606”，预计金额“8000”，单击“保存”按钮，单击“退出”按钮。

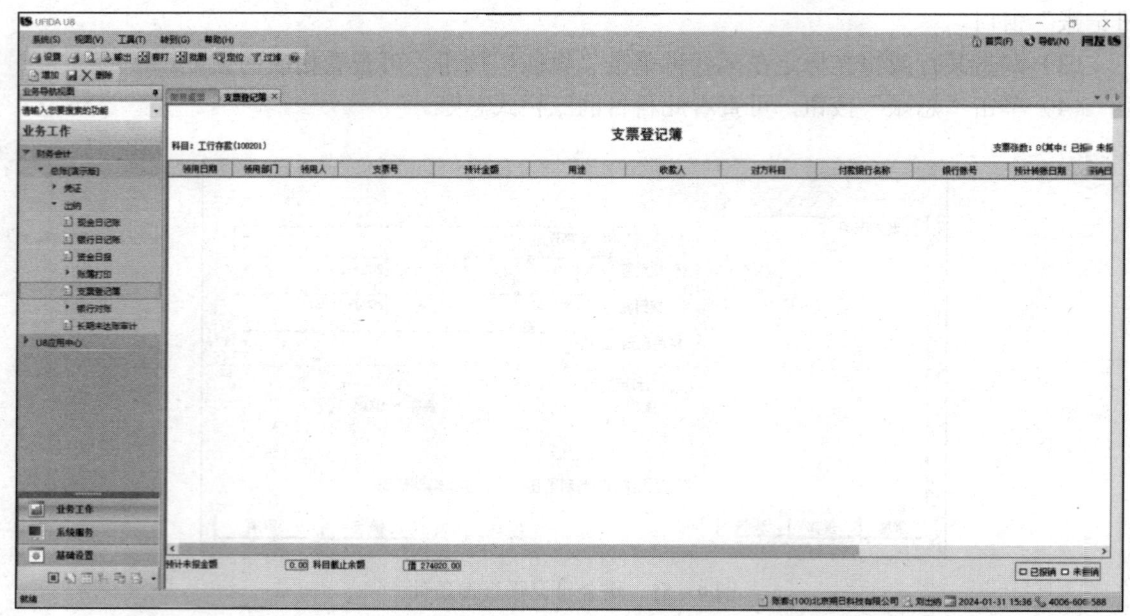

图 4－57　支票登记簿

注意：

- 只有在结算方式设置中选择“票据管理标志”功能时才能在此选择登记。
- 领用日期和支票号必须输入，其他内容可输入也可不输入。
- 报销日期不能在领用日期之前。
- 已报销的支票可成批删除。

2. 账簿管理

以“郑主管”的身份登录系统。辅助账的查询只介绍部门总账及部门明细账，其他账簿查询同理。

1）查询基本会计核算账簿

（1）执行“账表”→“科目账”→“总账”命令，查询总账。

（2）执行“账表”→“科目账”→“余额表”命令，查询发生额及余额表。

（3）执行“账表”→“科目账”→“明细账”命令，查询月份综合明细账。

2）部门总账

（1）执行“账表”→“部门辅助账”→“部门总账”→“三栏式总账”命令，进入“部门三栏总账条件”对话框。

（2）输入查询条件：科目“660206 招待费”，部门“总经理办公室”。

（3）单击“确定”按钮，显示查询结果。

（4）将光标定在总账的某笔业务上（如图 4－58 所示），单击“明细”按钮，可以联查部门明细账。

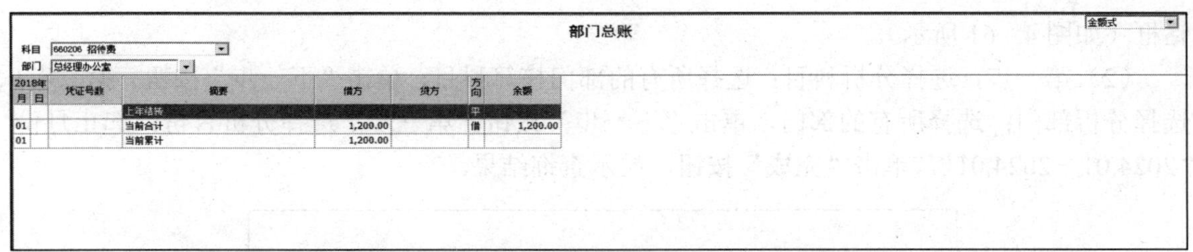

部门总账

金额式

科目 660206 招待费

部门 总经理办公室

2018年 月	日	凭证号数	摘要	借方	贷方	方向	余额
			上年结转			平	
01			当前合计	1,200.00		借	1,200.00
01			当前累计	1,200.00			

图 4-58 部门三栏总账

3）部门明细账

（1）执行“账表”→“部门辅助账”→“部门明细账”命令，进入“部门多栏明细账条件”窗口。

（2）选择科目“6602 管理费用”，部门“总经理办公室”，月份范围“2024.01—2024.01”，分析方式“金额分析”，单击“确定”按钮（如图 4-59 所示），显示查询结果。

（3）将光标定在多栏账的某笔业务上，单击“凭证”按钮，可以联查该笔业务的凭证（如图 4-60 所示）。

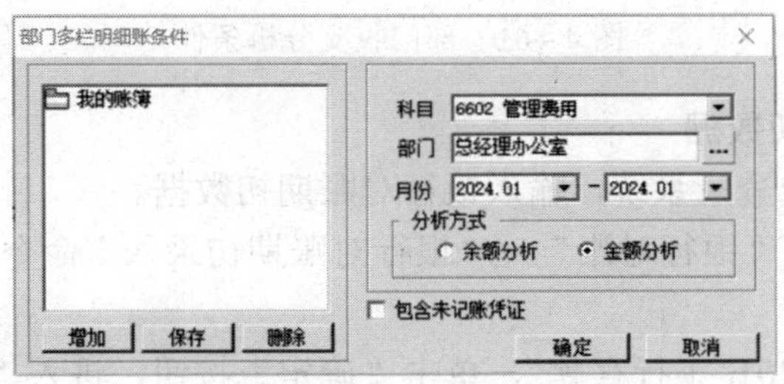

图 4-59 部门多栏明细账条件

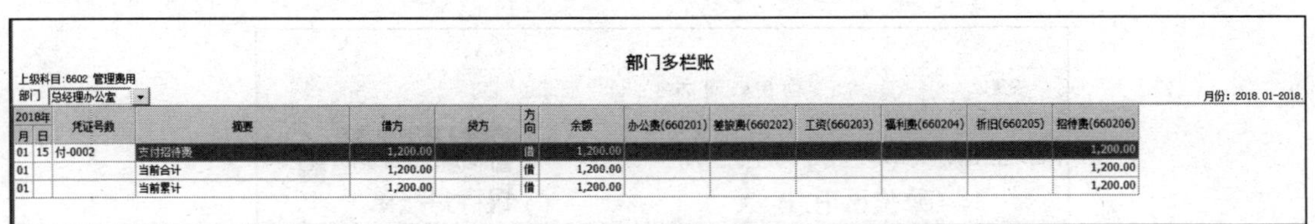

部门多栏账

上级科目:6602 管理费用

部门 总经理办公室

月份: 2018.01-2018.

2018年 月	日	凭证号数	摘要	借方	贷方	方向	余额	办公费(660201)	差旅费(660202)	工资(660203)	福利费(660204)	折旧(660205)	招待费(660206)
01	15	付-0002	支付招待费	1,200.00		借	1,200.00						1,200.00
01			当前合计	1,200.00		借	1,200.00						1,200.00
01			当前累计	1,200.00		借	1,200.00						1,200.00

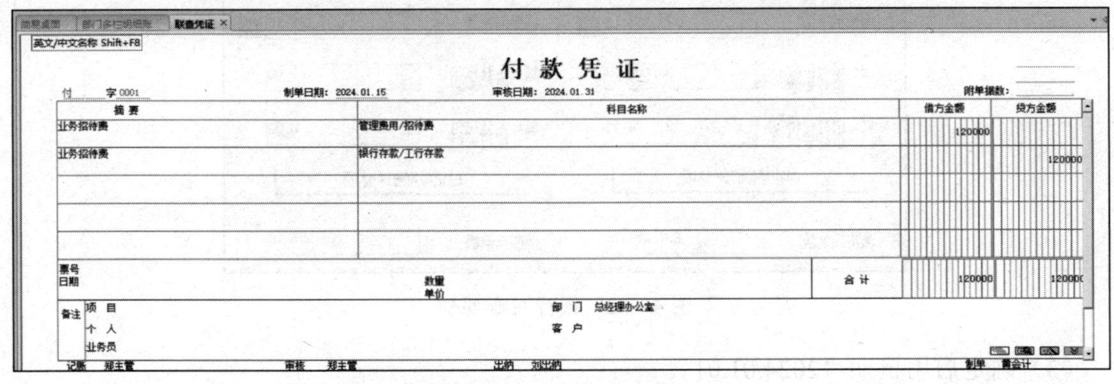

图 4-60 部门多栏账

4）部门收支分析

（1）执行“账表”→“部门辅助账”→“部门收支分析”，进入“部门收支分析条件”对话框（如图 4－61 所示）。

（2）第一步，选择分析科目：选择所有的部门核算科目，单击“下一步”按钮。第二步，选择分析部门：选择所有的部门，单击“下一步”按钮。第三步，选择分析月份：起止月份“2024.01—2024.01”，单击“完成”按钮，显示查询结果。

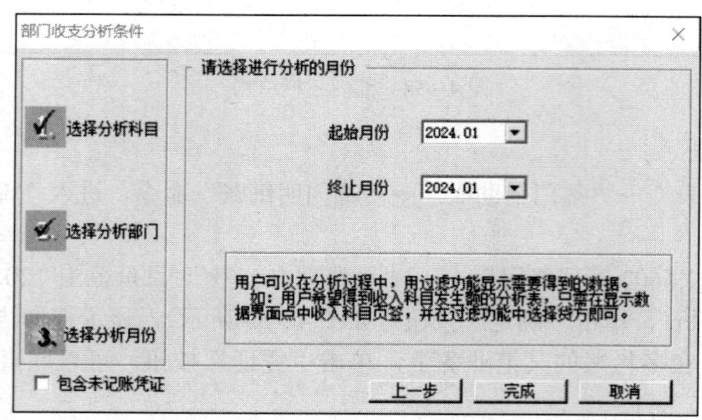

图 4－61　部门收支分析条件

3. 录入银行对账期初数据

以“刘出纳”的身份登录系统，输入银行对账期初数据。

（1）执行“出纳”→“银行对账”→“银行对账期初录入”命令，打开“银行科目选择”对话框。

（2）选择科目“100201 工行存款”，单击“确定”按钮，进入“银行对账期初”对话框（如图 4－62 所示）。

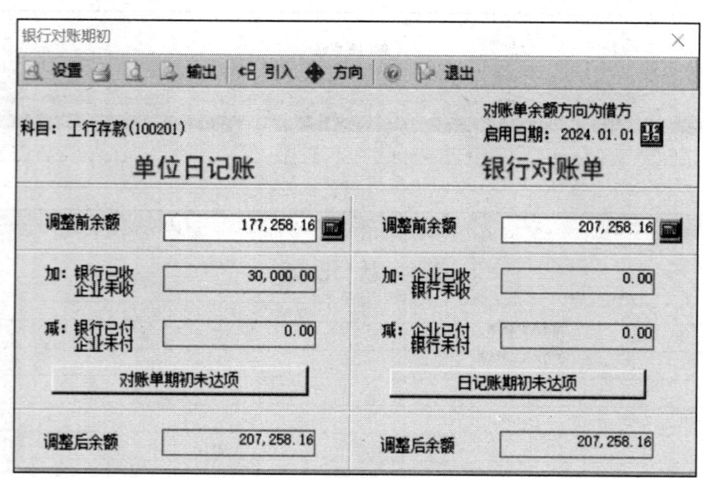

图 4－62　银行对账期初

（3）确定启用日期“2024.01.01”。

（4）输入单位日记账的调整前余额“177258.16”，输入银行对账单的调整前余额“207258.16”。

（5）单击“对账单期初未达项”按钮，进入“银行方期初”对话框（如图 4－63 所示）。

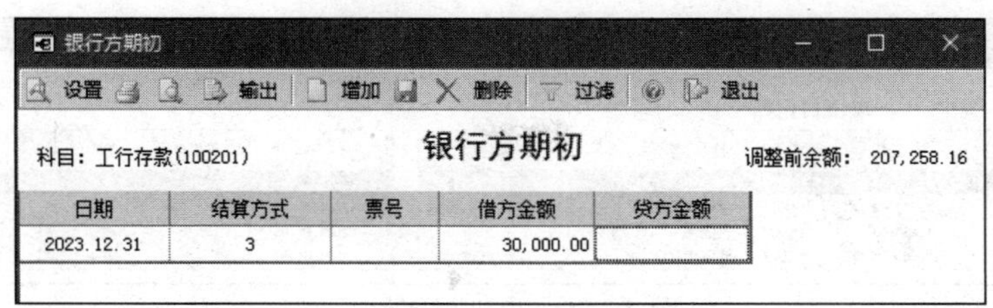

图 4－63　银行方期初

（6）单击“增加”按钮，输入日期“2023.12.31”，结算方式“3”，借方金额“30000”。

（7）单击“保存”按钮，单击“退出”按钮。

注意：

● 在初次启用银行对账功能时，系统将要求输入日记账和对账单中的未达账项，一旦开始使用银行对账功能后，此步骤将不再执行。

● 在录入完单位日记账、银行对账单期初未达账项后，请不要随意调整启用日期，尤其是向前调，这样可能会造成启用日期后的期初数不能再参与对账。

4. 录入银行对账单

（1）执行“出纳”→“银行对账”→“银行对账单”命令，打开“银行科目选择”对话框。

（2）选择科目“100201 工行存款”，单击“确定”按钮，进入“银行对账单”页面（如图 4－64 所示）。

简易桌面　银行对账单

银行对账单

科目：工行存款(100201)　　对账单账面余额:194,278.16

日期	结算方式	票号	借方金额	贷方金额	余额
2023.12.31	3		30,000.00		207,258.16
2024.01.02	2	6601		8,000.00	199,258.16
2024.01.03	3	6602		12,000.00	187,258.16
2024.01.12	3	6604	7,020.00		194,278.16

图 4－64　银行对账单

（3）单击“增加”按钮，输入银行对账单数据，单击“保存”按钮。

5. 银行对账

1）自动对账

（1）执行“出纳”→“银行对账”→“银行对账单”命令，打开“银行科目选择”对话框。

（2）选择科目“100201 工行存款”，单击“确定”按钮，进入“银行对账”窗口。

（3）单击“对账”按钮，打开“自动对账”条件对话框。

（4）输入截止日期“2024.01.31”，默认系统提供的其他对账条件。

（5）单击“确定”按钮，显示自动对账结果（如图 4－65 所示）。

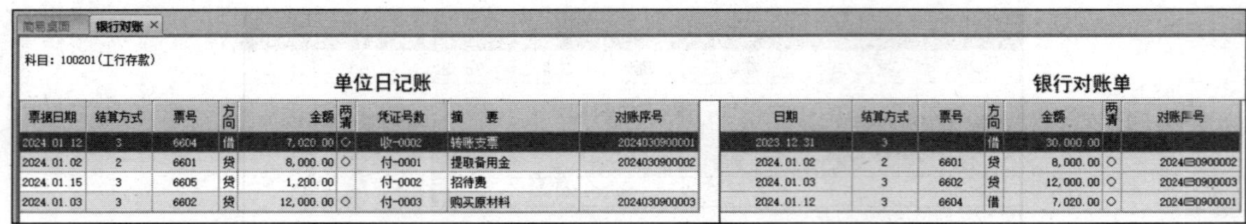

科目：100201（工行存款）

单位日记账

票据日期	结算方式	票号	方向	金额	两清	凭证号数	摘要	对账序号
2024.01.12	3	6604	借	7,020.00	○	收-0002	转账支票	2024030900001
2024.01.02	2	6601	贷	8,000.00	○	付-0001	提取备用金	2024030900002
2024.01.15	3	6605	贷	1,200.00		付-0002	招待费	
2024.01.03	3	6602	贷	12,000.00	○	付-0003	购买原材料	2024030900003

银行对账单

日期	结算方式	票号	方向	金额	两清	对账序号
2023.12.31	3		借	30,000.00		
2024.01.02	2	6601	贷	8,000.00	○	2024[illegible]0900002
2024.01.03	3	6602	贷	12,000.00	○	2024[illegible]0900003
2024.01.12	3	6604	借	7,020.00	○	2024[illegible]0900001

图 4－65　自动对账结果

注意：

- 对账条件中的方向、金额相同是必选条件，对账截止日期可输入也可不输入。
- 对于已达账项，系统自动在单位日记账和银行对账单双方的“两清”栏打上圆圈标志。

2）手工对账

（1）在自动对账窗口，对于一些应打钩而未打钩的账项，可分别双击“两清”栏，直接进行手工调整。

（2）对账完毕，单击“检查”按钮，检查结果平衡，单击“确定”按钮。

注意：

- 在自动对账不能完全对上的情况下，可采用手工对账（如图 4－66 所示）。

科目：100201（工行存款）

单位日记账

票据日期	结算方式	票号	方向	金额	两清	凭证号数	摘要	对账序号
2024.01.12	3	6604	借	7,020.00	√	收-0002	转账支票	2024030900001
2024.01.02	2	6601	贷	8,000.00	√	付-0001	提取备用金	2024030900001
2024.01.15	3	6605	贷	1,200.00		付-0002	招待费	
2024.01.03	3	6602	贷	12,000.00	√	付-0003	购买原材料	2024030900001

银行对账单

日期	结算方式	票号	方向	金额	两清	对账序号
2023.12.31	3		借	30,000.00		
2024.01.02	2	6601	贷	8,000.00	√	20240[illegible]900001
2024.01.03	3	6602	贷	12,000.00	√	20240[illegible]900001
2024.01.12	3	6604	借	7,020.00	√	20240[illegible]900001

图 4－66　手工对账

6. 查询余额调节表

（1）执行“出纳”→“银行对账”→“余额调节表查询”命令，进入“银行存款余额调节表”对话框。

（2）选中科目“100201 工行存款”。

（3）单击“查看”或双击该行，即显示该银行账户的银行存款余额调节表（如图 4－67 所示）。

（4）单击“打印”按钮，打印银行存款余额调节表。

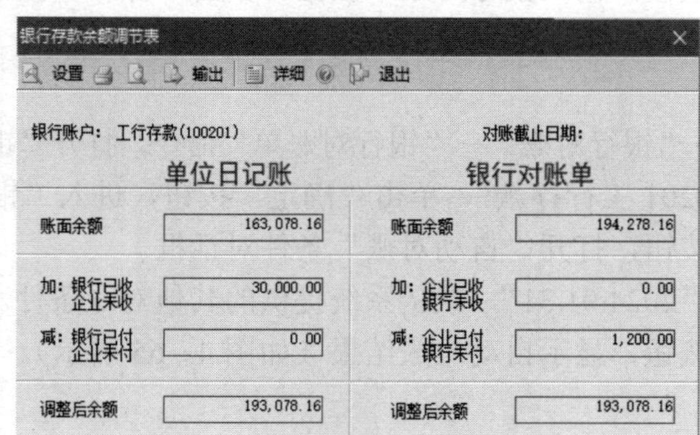

图 4－67　银行存款余额调节表

任务四　期末业务处理

➘ 目标

期末业务处理是指在将本期所发生的经济业务全部登记入账后所要做的工作，主要包括转账设置、对账、结账等操作。通过本部分内容的学习，熟悉总账系统月末处理业务的各种操作，掌握自动转账设置与生成、对账和月末结账的操作方法。

➘ 项目描述

自定义结转。

借：管理费用——其他（660207）

　　贷：待摊费用——报刊费（180201）

期间损益结转。

以“张总管”的身份进行对账、结账操作。

➘ 项目要求

完成转账定义与转账生成；

总账系统对账、结账。

➘ 知识准备

1. 转账定义

转账功能提供 6 种转账功能的定义：自定义转账设置、对应结转设置、销售成本结转设置、售价（计划价）销售成本结转设置、汇兑损益结转设置、期间损益结转设置。

1）自定义转账设置

自定义转账设置可以完成的转账业务主要有“费用分配”的结转、“费用分摊”的结转、“税金计算”的结转、“提取各项费用”的结转、“部门核算”的结转、“项目核算”的结转、“个人核算”的结转、“客户核算”的结转、“供应商核算”的结转等。

（1）执行“期末”→“转账定义”→“自定义转账”命令，系统显示“自定义转账设置”对话框。

（2）单击“增加”按钮，可定义一张转账凭证，系统弹出“转账目录”对话框。

（3）输入转账序号、转账说明，选择凭证类别，单击“确定”按钮开始定义转账凭证分录信息。

（4）定义输入每笔转账凭证分录的摘要、科目。

（5）当输入的科目是部门、项目、个人、客户和供应商核算科目时，可参照输入信息；对于非上述类型的科目，此处可以不输入。

（6）方向：输入转账数据发生的借贷方向。

（7）公式：单击🔍可参照录入计算公式。

2）对应结转设置

对应结转不仅可以进行两个科目一对一结转，还可以进行科目的一对多结转，对应结转的科目可为上级科目，但其下级科目的科目结构必须一致（相同明细科目）。如果有辅助核算，则两个科目的辅助账类也必须一一对应。本功能只结转期末余额。

（1）选择“对应结转”命令，显示“对应结转设置”对话框。

（2）设置编号（该张转账凭证的代号）、凭证类别、转出科目。

（3）输入转入科目编码、名称、辅助项和结转系数。

（4）结转系数：转入科目取值＝转出科目取值×结转系数。若未输入，系统默认为1。

- 对应转账功能只结转期末余额。
- 一张凭证可定义多行，转出科目及辅助项必须一致，转入科目及辅助项可不相同。
- 转出科目与转入科目必须有相同的科目结构，但转出辅助项与转入辅助项可不相同。
- 辅助项可根据科目性质进行参照，若转出科目有复合账类，系统弹出“辅助项”录入窗，如该科目为部门项目辅助账类，要求录入结转的项目和部门，录入完毕后，系统用逗号分隔显示在表格中。
- 同一编号的凭证类别必须相同。
- 自动生成转账凭证时，如果同一凭证转入科目有多个，并且，若同一凭证的结转系数之和为1，则最后一笔结转金额为转出科目余额减当前凭证已转出的余额。

3）销售成本结转设置

销售成本结转设置是将月末商品（或产成品）销售数量乘以库存商品（或产成品）的平均单价计算各类商品销售成本并进行结转。如果同时使用存货核算系统，则销售成本结转在存货核算中进行。

（1）选择“销售成本结转”命令。

（2）用户可输入总账科目或明细科目，但输入要求库存商品科目、商品销售收入科目、商品销售成本科目三个科目具有相同结构的明细科目，即要求这三个科目下的所有明细科目必须都有数量核算，且这三个科目的下级必须一一对应。输入完成后，系统自动计算出所有商品的销售成本。其中：数量＝商品销售收入科目下某商品的贷方数量；单价＝库存商品科目下某商品的月末金额/月末数量；金额＝数量×单价。

4）售价（计划价）销售成本结转设置

售价（计划价）销售成本结转设置提供按售价（计划价）结转销售成本或调整月末成本。如果同时使用存货核算系统，则销售成本结转在存货核算中进行。

5）汇兑损益结转设置

汇兑损益结转设置用于期末自动计算外币账户的汇总损益，并在转账生成中自动生成汇总损益转账凭证。汇兑损益只处理以下外币账户：外汇存款户、外币现金；外币结算的各项债权、债务，不包括所有者权益类账户、成本类账户和损益类账户。

（1）选择“汇兑损益”命令。

（2）设置“凭证类别”和该账套中“汇兑损益入账科目”的科目编码。

（3）选择需要计算汇兑损益的科目，即进行汇兑损益结转。

- 为了保证汇兑损益计算正确，填制某月的汇兑损益凭证时必须先将本月的所有未记账凭证先记账。
- 汇兑损益入账科目不能是辅助账科目或数量核算科目。
- 若“账簿选项”中的“往来控制方式”为“客户往来业务由应收系统核算”或“供应商往来业务由应付系统核算”，则计算汇兑损益的外币科目不能是带客户或供应商的科目。可到应收、应付系统中对这些科目进行汇兑损益的结转。

6）期间损益结转设置

期间损益结转设置用于在一个会计期间终了将损益类科目的余额结转到本年利润科目中，从而及时反映企业利润的盈亏情况，主要是对管理费用、销售费用、财务费用、销售收入、营业外收支等科目的结转。

（1）执行“期末”→“转账定义”→“期间损益”命令，进入“期间损益结转设置”对话框。

（2）表格上方的“本年利润科目”是本年利润的入账科目，可参照输入。如果本年利润科目又分为多个下级科目，则可在下面表格中输入，并与相应的损益科目对应。

（3）在下面的对应结转表中输入明细级的本年利润科目。

- 转账序号是指自定义转账凭证的代号，转账序号不是凭证号，可以任意定义，但只能输入数字和字母并且不能重号。
- 转账凭证号在执行自动转账时由系统生成，一张转账凭证对应一个转账序号。
- 损益科目结转表中将列出所有的损益科目。如果希望某损益科目参与期间损益的结转，则应填写相应的本年利润科目。
- 损益科目结转表的每一行中的损益科目的期末余额将转到该行的本年利润科目中。
- 损益科目结转表中的本年利润科目必须为末级科目，且为本年利润入账科目的下级科目。

2. 转账生成

在定义完转账凭证后，每月月末只需要执行转账生成即可快速生成转账凭证，在此生成的转账凭证将自动追加到未记账凭证中。

（1）执行“期末”→“转账生成”命令。在“转账生成”对话框中，选择要进行的转账工作（如自定义转账、对应结转、销售结转等），双击要结转的凭证（背景显示绿色，“是否结转”栏显示“Y”）。

（2）选择完毕后，单击“确定”按钮，系统显示将要生成的转账凭证。

（3）当确定系统显示的凭证是生成的转账凭证时，单击“保存”按钮将当前凭证追加到未记账凭证中。

- 由于转账是按照已记账凭证的数据进行计算的，所以在进行月末转账工作之前，请先将所有未记账凭证记账，否则，生成的转账凭证数据可能有误。
- 如果使用了应收系统、应付系统（“选项”中的“往来控制方式”为“客户往来业务由应收系统核算”或“供应商往来业务由应付系统核算”），那么总账系统中，不能按客户、供应商进行结转。
- 转账生成之前，注意转账月份为当前会计月份。
- 进行转账生成之前，请将相关经济业务的记账凭证登记入账。否则，必须在录入查询条件时选择“包含未记账凭证”才能查询到完整的数据资料。
- 若凭证类别、制单日期和附单据数与实际情况有出入，可直接在当前凭证上进行修改，然后再保存。
- 转账凭证每月只生成一次。
- 生成的转账凭证，仍须审核才能记账。

在生成凭证时必须提示业务发生的先后次序，否则计算金额时就会发生差错。

3. 对账

对账是对账簿数据进行核对，以检查记账是否正确，以及账簿是否平衡。它主要是通过核对总账与明细账、总账与辅助账数据来完成账账核对。为了保证账证相符、账账相符，应经常使用本功能进行对账，至少一个月一次，一般可在月末结账前进行。

（1）执行“期末”→“对账”命令，系统显示“对账”对话框。

（2）选择核对内容：总账与明细账、总账与辅助账等，选中要进行对账的月份，单击“选择”按钮。

（3）单击“对账”按钮，系统开始自动对账。

（4）若对账结果为账账相符，则对账月份的对账结果处显示“正确”；若对账结果为账账不符，则对账月份的对账结果处显示“错误”。单击“错误”按钮显示“对账错误信息表”对话框，可查看引起账账不符的原因。

（5）单击“试算”按钮，可以对各科目类别余额进行试算平衡。

4. 结账

每月月底都要进行结账处理，在信息化状态下结账就是一种成批数据处理的过程，每月只结账一次，主要是对当月日常处理的限制和对下月账簿的初始化。

（1）执行“期末”→“结账”命令，系统显示“结账”对话框。

（2）单击要结账月份“2024.01”，单击“下一步”按钮。

（3）单击“对账”按钮，系统对要结账的月份进行账账核对。

（4）单击“下一步”按钮，系统显示“1月工作报告”。

（5）查看月度工作报告后，单击“下一步”按钮，单击“结账”按钮，若符合结账要求，系统将进行结账，否则不予结账。

- 上月未结账，则本月不能记账，但可以填制、复核凭证。
- 本月还有未记账凭证时，则本月不能结账。
- 已结账月份不能再填制凭证。
- 若总账与明细账对账不符，则不能结账。
- 要取消某月的结账状态，在“结账”对话框中，选择要取消结账的月份，按 Ctrl + Shift + F6 键即可，只有账套主管才能取消结账。

➘ 操作指导

1. 转账定义

以“黄会计”的身份登录系统。

1）自定义结转设置

（1）执行“期末”→“转账定义”→“自定义转账”命令，进入“自定义转账设置”对话框。

（2）单击“增加”按钮，打开“转账目录”对话框（如图 4-68 所示）。

（3）输入转账序号“0001”，转账说明“摊销报刊费”；选择凭证类别“转　转账凭证”。

（4）单击“确定”按钮，继续定义转账凭证分录信息。

（5）确定分录的借方信息。在图 4-69 所示的窗口中，选择科目编码“660207”，部门“总经理办公室”，方向“借”，输入金额公式“JG()”。

（6）单击“增行”按钮。

（7）确定分录的贷方信息。选择科目编码“180201”，方向“贷”，输入金额公式“6402/12”。

（8）单击“保存”按钮。

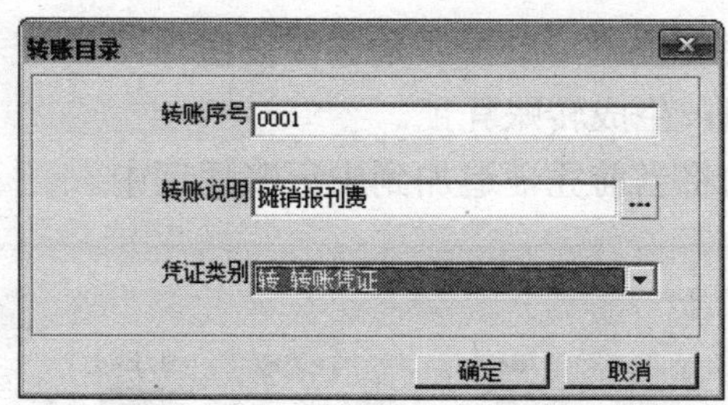

图 4-68 转账目录

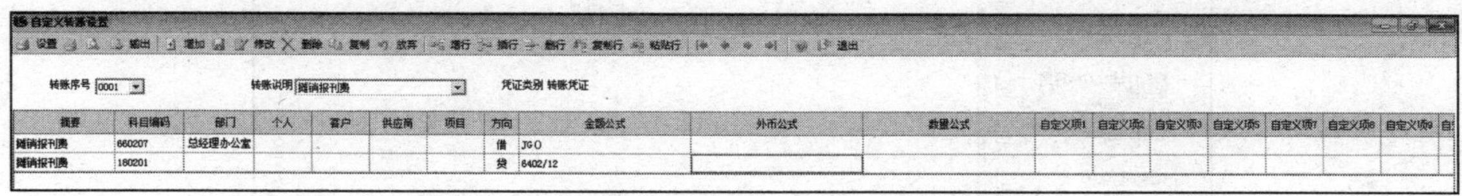

图 4-69 自定义转账设置

注意：

● 转账科目可以为非末级科目，部门可为空，表示所有部门。

● 如果使用应收系统、应付系统，则在总账系统中，不能按客户、供应商辅助项进行结转，只能按科目总数进行结转。

● 输入转账计算公式有两种方法：一是直接选择计算公式；二是引导方式录入公式。

2）期间损益结转设置

（1）执行“期末”→“转账定义”→“期间损益”命令，进入“期间损益结转设置”对话框。

（2）选择凭证类别“转 转账凭证”，选择本年利润科目“4103”，单击“确定”按钮（如图 4-70 所示）。

图 4-70 期间损益结转设置

2. 转账生成

1）自定义转账生成

（1）执行“期末”→“转账生成”命令，进入“转账生成”对话框（如图 4-71 所示）。

（2）单击“自定义转账”按钮，单击“全选”按钮。
（3）单击“确定”按钮，生成转账凭证。
（4）保存后，系统自动将当前凭证追加到未记账凭证中。

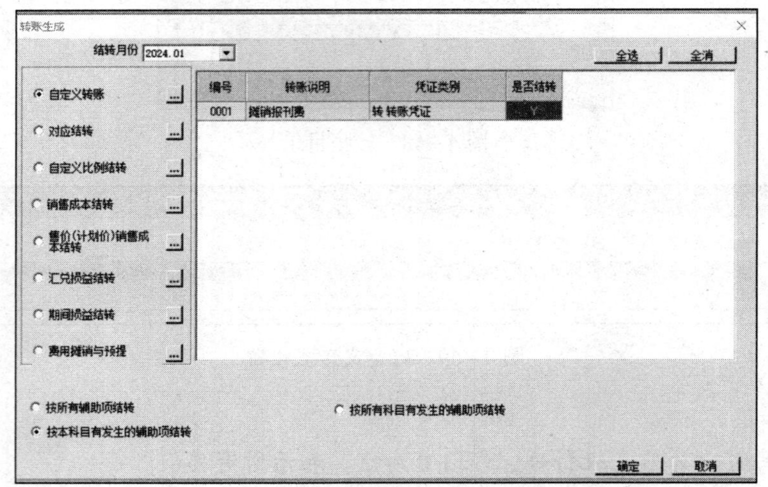

图 4－71　转账生成（一）

注意：

- 若使用应收系统、应付系统，则在总账系统中，不能按客户、供应商进行结转。

（5）以“郑主管”的身份将生成的自动转账凭证进行审核、记账。

2）期间损益结转生成

以“黄会计”的身份进行期间损益的结转。

（1）执行“期末”→“转账生成”命令，进入“转账生成”对话框（如图 4－72 所示）。

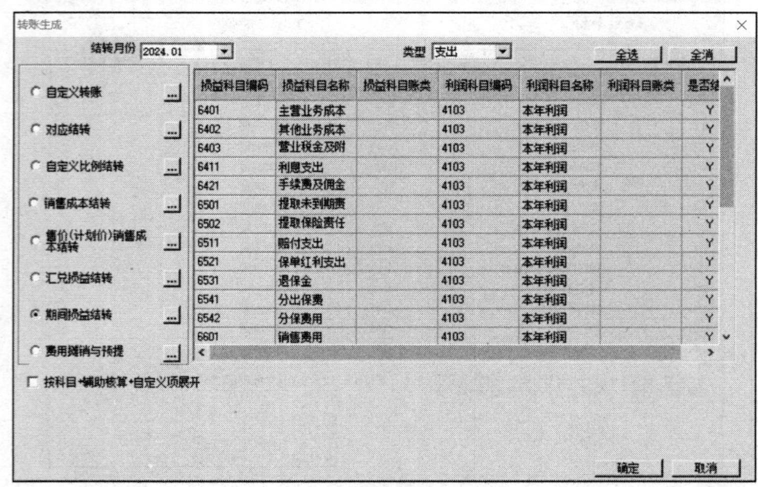

图 4－72　转账生成（二）

（2）单击“期间损益结转”按钮，选择损益类型“支出”。
（3）单击“全选”按钮，单击“确定”按钮，生成转账凭证。
（4）保存后，系统自动将当前凭证追加到未记账凭证中。

（5）以“郑主管”的身份将生成的期间损益凭证进行审核、记账。

3. 对账

（1）以“郑主管”的身份登录系统。

（2）执行“期末”→“对账”命令，进入“对账”对话框（如图4－73所示）。

（3）选择核对内容，选中要进行对账的月份“2024.01”，单击“选择”按钮。

（4）单击“对账”按钮，开始自动对账，并显示对账结果。

（5）单击“试算”按钮，可以对各科目类别余额进行试算平衡（如图4－74所示）。

（6）单击“确定”按钮。

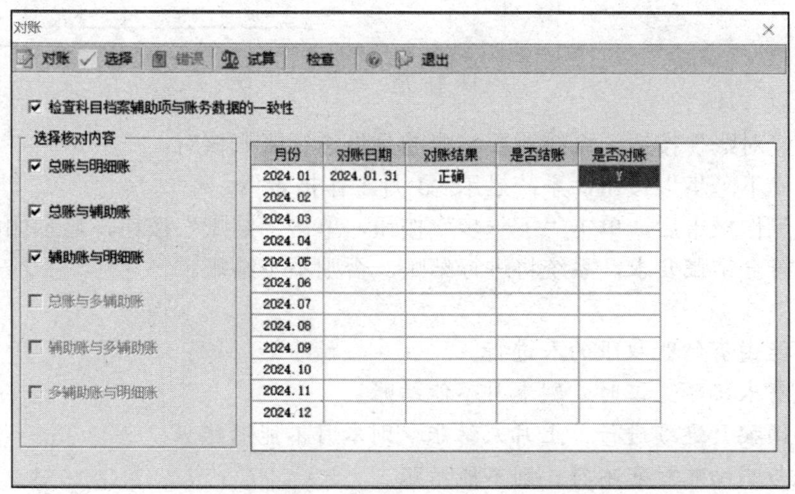

图4－73　对账

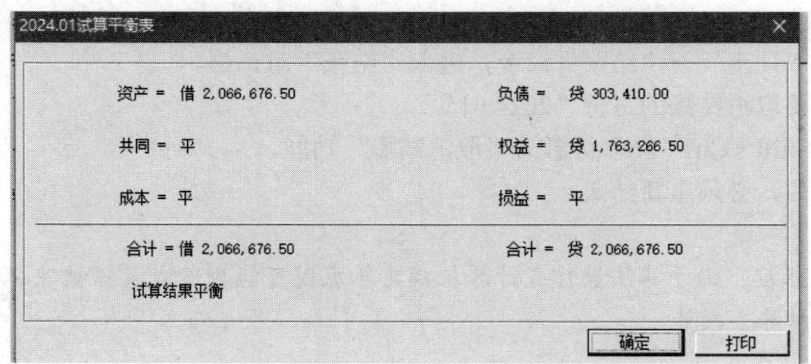

图4－74　2024.01试算平衡表

4. 结账

（1）执行“期末”→“结账”命令，进入“结账”对话框。

（2）单击要结账月份“2024.01”，单击“下一步”按钮。

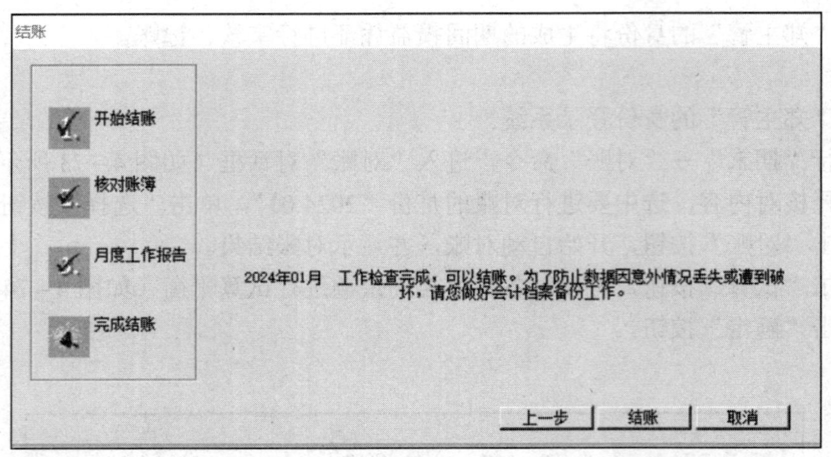

图 4－75 结账

（3）单击“对账”按钮，系统对要结账的月份进行账账核对。

（4）单击“下一步”按钮，系统显示“1 月工作报告”。

（5）查看工作报告后，单击“下一步”按钮，单击“结账”按钮，显示如图 4－75 所示的对话框，若符合结账要求，系统将进行结账，否则不予结账。

注意：

- 结账只能由有结账权限的人进行。
- 本月还有未记账凭证时，则本月不能结账。
- 结账必须按月连续进行，上月未结账，则本月不能结账。
- 若总账与明细账对账不符，则不能结账。
- 如果与其他系统联合使用，其他子系统未全部结账，则本月不能结账。
- 结账前，要进行数据备份。

5. 取消结账

（1）执行“期末”→“结账”命令，进入“结账”对话框。

（2）选择要取消结账的月份“2024.01”。

（3）按“Shift+Ctrl+F6”键激活“取消结账”功能。

取消结账后，必须重新结账。

注意：

- 当结完账后，由于非法操作或计算机病毒等原因可能会造成数据被破坏，这时可以在此使用“取消结账”功能。

巩固练习

项目练习：利用所学的技能，将下列实验资料录入练习账套中。

1. 总账系统初始设置

1）总账系统控制参数

总账系统控制参数见表 4－7。

表 4－7 总账系统控制参数

选项卡	参数设置
凭证	制单序时控制 支票控制 可以使用应收系统、应付系统的受控科目 打印凭证页脚姓名
权限	凭证审核控制到操作员 出纳凭证必须经出纳签字
其他	外币核算采用固定汇率
预算控制	进行预算控制
账簿	账簿打印位数和每页打印行数按软件默认的标准设定 明细账查询权限控制到科目 明细账打印按年排页
会计日历	会计日历为 1 月 1 日—12 月 31 日
其他	数量小数位和单价小数位设为 2 位 部门、个人、项目按编码方式排序

2）基础数据

（1）2024 年 1 月会计科目及期初余额表（见表 4－8）。

表 4－8 2024 年 1 月会计科目及期初余额表

科目名称	辅助核算	方向	币别或计量单位	期初余额/元
现金（1001）	日记	借		6 875.70
银行存款（1002）	银行日记	借		193 829.16
工行存款（100201）	银行日记	借		193 829.16
中行存款（100202）	银行日记	借	美元	
应收账款（1122）	客户往来	借		157 600.00
其他应收款（1221）	个人往来	借		3 800.00
坏账准备（1231）		贷		800.00
预付账款（1123）	供应商往来	借		
材料采购（1401）		借		－294 180.00
生产用物资采购（140101）		借		－101 000.00
其他物资采购（140102）		借		－193 180.00
原材料（1403）		借		2 058 208.00
生产用原材料（140301）	数量核算	借	吨	150 000.00
其他原材料（140302）		借		1 908 208.00
周转材料（1411）		借		
包装物（141101）		借		
材料成本差异（1404）		借		1 000.00
库存商品（1405）		借		544 000.00

续表

科目名称	辅助核算	方向	币别或计量单位	期初余额/元
委托加工物资（1408）		借		
待摊费用（1504）		借		642.00
报刊费（150401）		借		642.00
固定资产（1601）		借		260 860.00
累计折旧（1602）		贷		47 120.91
在建工程（1604）		借		
人工费（160401）	项目核算	借		
材料费（160402）	项目核算	借		
其他（160403）	项目核算	借		
待处理财产损溢（1901）				
待处理流动资产损溢（190101）				
待处理固定资产损溢（190102）				
无形资产（1701）		借		58 500.00
短期借款（2001）		贷		200 000.00
应付账款（2202）	供应商往来	贷		276 850.00
预收账款（2203）	客户往来	贷		
应付职工薪酬（2211）		贷		
应付福利费（221101）		贷		8 200.00
应交税费（2221）		贷		－16 800.00
应交增值税（222101）		贷		－16 800.00
进项税额（22210101）		贷		－33 800.00
销项税额（22210102）		贷		17 000.00
其他应付款（2241）		贷		2 100.00
预提费用（2191）		贷		
借款利息（219103）		贷		
实收资本（4001）		贷		2 609 052.00
本年利润（4103）		贷		0.00
利润分配（4104）		贷		－119 022.31
未分配利润（410401）		贷		－119 022.31
生产成本（5001）	项目核算	借		17 165.74
直接材料（500101）	项目核算	借		10 000.00
直接人工（500102）	项目核算	借		4 000.74
制造费用（500103）	项目核算	借		2 000.00
折旧费（500104）	项目核算	借		1 165.00
其他（500105）	项目核算	借		

续表

科目名称	辅助核算	方向	币别或计量单位	期初余额/元
制造费用（5101）		借		
工资（510101）		借		
折旧费（510102）		借		
主营业务收入（6001）		贷		
其他业务收入（6051）		贷		
主营业务成本（6401）		借		
其他业务成本（6402）		借		
营业税金及附加（6403）		借		
销售费用（6601）		借		
管理费用（6602）		借		
工资（660201）	部门核算	借		
福利费（660202）	部门核算	借		
办公费（660203）	部门核算	借		
差旅费（660204）	部门核算	借		
招待费（660205）	部门核算	借		
折旧费（660206）	部门核算	借		
其他（660207）	部门核算	借		
财务费用（6603）		借		
利息支出（660301）		借		

（2）凭证类别见表 4-9。

表 4-9 凭证类别

凭证类别	限制类型	限制科目
收款凭证	借方必有	1001，100201，100202
付款凭证	贷方必有	1001，100201，100202
转账凭证	凭证必无	1001，100201，100202

（3）项目目录见表 4-10。

表 4-10 项目目录

项目设置步骤	设置内容
项目大类	生产成本
核算科目	生产成本（5001） 直接材料（500101） 直接人工（500102） 制造费用（500103） 折旧费（500104） 其他（500105）

续表

项目设置步骤	设置内容
项目分类	1. 自行开发项目 2. 委托开发项目
项目名称	101 普通打印纸－A4 102 凭证套打纸－8X

3）期初余额

（1）总账期初余额表（见表 4－8）。

（2）辅助账期初余额表（见表 4－11）。

表 4－11　辅助账期初余额表

会计科目：1221　其他应收款　余额：借 3 800 元

日期	凭证号	部门	个人	摘要	方向	期初余额/元
2023－12－26	付－118	总经理办公室	肖剑	出差借款	借	2 000.00
2023－12－27	付－156	销售一部	赵斌	出差借款	借	1 800.00

会计科目：1122　应收账款　余额：借 157 600 元

日期	凭证号	客户	摘要	方向	金额/元	业务员	票号	票据日期
2023－12－25	转－118	海达公司	销售商品	借	99 600	宋佳	P111	2023－12－25
2023－12－10	转－15	万邦证券	销售商品	借	58 000	宋佳	Z111	2023－12－10

会计科目：2202　应付账款　余额：贷 276 850 元

日期	凭证号	供应商	摘要	方向	金额/元	业务员	票号	票据日期
2023－11－20	转－45	万科	购买商品	贷	276 850	宋佳	C000	2023－11－20

会计科目：5001　生产成本　余额：借 17 165.74 元

科目名称	普通打印纸－A4/元	凭证套打纸－8X/元	合计/元
直接材料（500101）	4 000	6 000	10 000
直接人工（500102）	1 500	2 500.74	4 000.74
制造费用（500103）	800	1 200	2 000
折旧费（500104）	500	665	1 165
合计	6 800	10 365.74	17 165.74

2. 总账系统日常业务处理

以“马方”的身份进行凭证填制、凭证查询操作；以“王晶”的身份进行出纳签字操作；以“陈明”的身份进行审核、记账操作。

2024 年 1 月经济业务如下。

（1）2 日，销售一部赵斌购买了 200 元的办公用品，以现金支付（附单据一张）。

借：销售费用（6601）　　200

　　贷：库存现金（1001）　　200

（2）3 日，财务部王晶从工行提取现金 10 000 元，作为备用金（现金支票号 XJ001）。

借：库存现金（1001）　　10 000

　　贷：银行存款——工行存款（100201）　　10 000

（3）5 日，收到泛美集团投资资金 10 000 美元，汇率 1:6.5（转账支票号 ZZW001）。

借：银行存款——中行存款（100202）　　82 750

　　贷：实收资本（4001）　　82 750

（4）8 日，供应部白雪采购原纸 10 吨，每吨 5 000 元，材料直接入库，货款以银行存款支付（转账支票号为 ZZR001）。

借：原材料——生产用原材料（140301）　　50 000

　　贷：银行存款——工行存款（100201）　　50 000

（5）12 日，销售二部宋佳收到世纪学校转来的一张转账支票，金额为 99 600 元，用以偿还前欠货款（转账支票号为 ZZR002）。

借：银行存款——工行存款（100201）　　99 600

　　贷：应收账款（1122）　　99 600

（6）14 日，供应部白雪从南京多媒体研究所购入《管理革命》光盘 100 张，单价 80 元，货税款暂欠，商品已验收入库（适用税率 17%）。

借：库存商品（1405）　　8 000

　　应交税费——应交增值税/进项税额（22210101）　　1 360

　　贷：应付账款（2202）　　9 360

（7）16 日，总经理办公室支付业务招待费 1 200 元（转账支票号 ZZR003）。

借：管理费用——招待费（660205）　　1 200

　　贷：银行存款——工行存款（100201）　　1 200

（8）18 日，总经理办公室肖剑出差归来，报销差旅费 2 000 元，交回现金 200 元。

借：管理费用——差旅费（660204）　　1 800

　　库存现金（1001）　　200

　　贷：其他应收款（1221）　　2 000

（9）20 日，生产部领用原纸 5 吨，单价 5 000 元，用于生产普通打印纸－A4。

借：生产成本——直接材料（500101）　　25 000

　　贷：原材料——生产用原材料（140301）　　25 000

3. 总账系统银行对账

以“王晶”的身份进行银行对账操作。

1）银行对账期初

朔日公司银行账的启用日期为 2024/01/01，工行人民币户企业日记账调整前余额为 193 829.16 元，银行对账单调整前余额为 233 829.16 元，未达账项一笔，系银行已收企业未收款 40 000 元。

2）银行对账单

2024年1月银行对账单见表4－12。

表4－12　2024年1月银行对账单

日期	结算方式	票号	借方金额/元	贷方金额/元
2023.12.31			40 000	
2024.01.03	201	XJ001		10 000
2024.01.06				60 000
2024.01.10	202	ZZR001		50 000
2024.01.14	202	ZZR002	99 600	

4. 出纳管理和账簿管理

（1）以“王晶”的身份进行现金、银行存款日记账和资金日报表的查询，支票登记操作。25日，销售二部宋佳借转账支票一张，票号为155，预计金额为5 000元。

（2）以“陈明”的身份进行账簿查询操作。

5. 期末处理

（1）以“马方”的身份进行自动转账操作。

① 自定义结转。

借：管理费用——其他（660207）

　贷：待摊费用——报刊费（150401）

② 期间损益结转。

（2）以“陈明”的身份进行对账、结账操作。

操作指导（一）

1. 系统登录

（1）单击“开始”按钮，执行“程序”→“用友ERP－U8”→“企业应用平台”。

（2）输入：操作员“001”；密码“1”。选择：账套“100北京朔日科技有限公司”；会计年度“2024”；日期“2024－01－01”。单击“登录”按钮。

2. 设置总账系统控制参数

（1）首次进入总账系统，打开“选项”参数设置对话框。

（2）选择系统默认选项。

（3）单击“确定”按钮。

（4）如果默认账套参数与实际不符，执行“设置”→“选项”命令，打开“选项”对话框。

（5）分别单击“凭证”“账簿”“会计日历”“其他”选项卡，按照实验资料的要求进行相应的设置。

（6）设置完成后，单击“确定”按钮。

3. 设置基础数据

1）建立会计科目——增加明细会计科目

（1）执行“基础设置”→“基础档案”→“财务”→“会计科目”命令，进入“会计科目”窗口，显示所有按2007年新会计制度科目预置的科目。

（2）单击“增加”按钮，进入“会计科目—新增”对话框，输入实验资料中所给的明细科目。

（3）输入明细科目相关内容。输入编码“100201”、科目名称“工行存款”；选择“日记账”“银行账”，单击“确定”按钮。

（4）继续单击“增加”按钮，输入实验资料中其他明细科目的相关内容。

（5）全部输完后，单击“关闭”按钮。

注意：

- 增加的会计科目编码长度及每段位数要符合编码规则。
- 科目一经使用，就不能再增设下级科目，只能增加同级科目。

2）建立会计科目——修改会计科目

（1）在“会计科目”窗口中，单击要修改的会计科目“1001”。

（2）单击“修改”按钮或双击该科目，打开“会计科目_修改”对话框。

（3）单击“修改”按钮，选中“日记账”复选框，单击“确定”按钮。

（4）按实验资料内容修改其他科目的辅助核算属性，修改完成后，单击“返回”按钮。

注意：

- 已有数据的科目不能修改科目性质。
- 被封存的科目在制单时不可以使用。
- 只有处于修改状态才能设置汇总打印和封存。

3）建立会计科目——删除会计科目

（1）在“会计科目”窗口中，选择要删除的会计科目。

（2）单击“删除”按钮，弹出“记录删除后不能修复！真的删除此记录吗？”提示框。

（3）单击“确定”按钮，即可删除该科目。

注意：

- 如果科目已录入期初余额或已制单，则不能删除。
- 非末级会计科目不能删除。
- 被指定为“现金科目”“银行科目”的会计科目不能删除；如想删除，必须先取消指定。

4）建立会计科目——指定会计科目

（1）在“会计科目”窗口中，执行“编辑”→“指定科目”命令，进入“指定科目”对话框。

（2）单击“现金科目”单选按钮，将“1001 现金”由待选科目列表移到已选科目列表。

（3）单击“银行科目”单选按钮，将“1002 银行存款”由待选科目列表移到已选科目列表，单击“确定”按钮。

注意：

- 指定会计科目是指定出纳的专管科目。只有指定科目后，才能执行出纳签字，从而实现现金、银行管理的保密性，才能查看现金、银行存款日记账。
- 在指定“现金科目”“银行科目”之前，应在建立“现金”“银行存款”会计科目时选中“日记账”复选框。

5）设置凭证类别

（1）执行“基础设置”→“基础档案”→“财务”→“凭证类别”命令，打开“凭证类别预制”对话框。

（2）选中“收款凭证 付款凭证 转账凭证”单选按钮。

（3）单击“确定”按钮，进入“凭证类别”窗口。

（4）单击工具栏中的“修改”按钮，再单击收款凭证“限制类型”下的三角按钮，选择“借方必有”；在“限制科目”栏输入“1001，100201，100202”。

（5）设置付款凭证的限制类型“贷方必有”，限制科目“1001，100201，100202”；转账凭证的限制类型“凭证必无”，限制科目“1001，100201，100202”。

（6）设置完后，单击“退出”按钮。

6）设置项目目录——定义项目大类

（1）执行“基础设置”→“基础档案”→“财务”→“项目目录”命令，进入“项目档案”窗口。

（2）单击“增加”按钮，打开“项目大类定义_增加”对话框。

（3）输入新项目大类名称“生产成本”。

（4）单击“下一步”按钮，其他设置均采用系统默认值。最后单击“完成”按钮，返回“项目档案”窗口。

注意：

● 项目大类的名称是该类项目的总称，而不是会计科目名称。例如，在建工程按具体工程项目核算，其项目大类名称应为“工程项目”而不是“在建工程”。

7）设置项目目录——指定核算科目

（1）在“项目档案”窗口中，选择“核算科目”页签。

（2）选择项目大类“生产成本”。

（3）分别选择要参加核算的科目，“500101 直接材料”“500102 直接人工”“500103 制造费用”“500104 折旧费”“500105 其他”，单击“＞”按钮，单击“确定”按钮。

注意：

● 一个项目大类可指定多个科目，一个科目只能指定一个项目大类。

8）设置项目目录——定义项目分类

（1）在“项目档案”窗口中，选择“项目分类定义”页签。

（2）单击右下角的“增加”按钮，输入分类编码“1”，输入分类名称“自行开发项目”，单击“确定”按钮。

（3）同理定义“2 委托开发项目”项目分类。

注意：

● 为了便于统计，可对同一项目大类下的项目进行进一步划分，即定义项目分类。

● 若无分类，也必须定义项目分类为“无分类”。

9）设置项目目录——定义项目目录

（1）在“项目档案”窗口中，选择“项目目录”页签。

（2）单击“维护”按钮，进入“项目目录维护”窗口。

（3）单击“增加”按钮，输入项目编号“101”；输入项目名称“普通打印纸－A4”；选择所属分类码“1”。

（4）同理，继续增加“102 凭证套打纸－8X”项目档案。

注意：

- 标识结算后的项目将不能再使用。

4. 输入期初余额

（1）执行“设置”→“期初余额”命令，进入“期初余额录入”窗口。

（2）直接输入末级科目（底色为白色）的期初余额，上级科目的期初余额自动填列。

（3）设置了辅助核算的科目底色显示为黄色，期初余额的录入要到相应的辅助账中进行。方法是：双击设置了辅助核算属性的科目的期初余额栏，进入相应的辅助账窗口，按明细输入每笔业务的金额，完成后单击“退出”按钮，辅助账余额自动带到总账。

（4）输完所有科目余额后，单击“试算”按钮，打开“期初试算平衡表”对话框。

（5）若期初余额不平衡，则修改期初余额；若期初余额试算平衡，单击“退出”按钮。

注意：

- 期初余额试算不平衡，将不能记账，但可以填制凭证。
- 已经记过账，则不能再输入、修改期初余额，也不能执行“结转上年余额”功能。

5. 数据权限分配

（1）执行“设置”→“数据权限分配”命令，进入“权限浏览”窗口。

（2）选择用户“王晶”，单击“授权”按钮，弹出“记录权限设置”对话框。

（3）选中“查账”复选框，分别选中“1001 现金”“1002 银行存款”科目，单击“＞”按钮，再单击“保存”按钮。这样，用户“王晶”便具有查询现金和银行存款日记账的权限。

➘ 操作指导（二）

以“马方”的身份登录系统。

1. 凭证管理

1）填制凭证

（1）增加凭证——输入一张完整的凭证（业务 1）。

① 执行“凭证”→“填制凭证”命令，进入“填制凭证”窗口。

② 单击“增加”按钮，增加一张空白凭证。

③ 选择凭证类型“付款凭证”，输入制单日期“2024/01/02”，输入附单据数“1”。

④ 输入摘要“购办公用品”，输入科目名称“6601”，借方金额“200”，回车；摘要自动带到下一行，输入科目名称“1001”，贷方金额“200”。

⑤ 单击“保存”按钮，弹出“凭证已成功保存！”信息提示框，单击“确定”按钮。

注意：

- 采用序时控制时，凭证日期应大于或等于启用日期，不能超过业务日期。
- 凭证一旦保存，其凭证类别、凭证编号不能修改。
- 正文中不同行的摘要可以相同也可以不同，但不能为空。每行摘要将随相应的会计科目在明细账、日记账中出现。
- 科目编码必须是末级的科目编码。
- 金额不能为“零”；红字以“－”号表示。
- 可按“＝”键取当前凭证借贷方金额的差额到当前光标位置。

（2）增加凭证——输入凭证的辅助核算信息（业务 2 至业务 9）。

在凭证填制过程中，若某科目为“银行科目”“外币科目”“数量科目”“辅助核算科目”，输完科目名称后，则须继续输入该科目的辅助核算信息。

银行科目（业务 2）的操作如下。

① 在填制凭证过程中，输入银行科目“100201”，弹出“辅助项”对话框。

② 输入结算方式“201”，票号“XJ001”，发生日期“2024.01.03”，单击“确定”按钮。

③ 凭证输完后，单击“保存”按钮，若此张支票未登记，则弹出“此支票尚未登记，是否登记？”对话框。

④ 单击“是”按钮，弹出“票号登记”对话框。

⑤ 输入领用日期“2024.01.03”，领用部门“财务部”，姓名“王晶”，限额“10000”，用途“备用金”，单击“确定”按钮。

注意：

● 选择支票控制，即该结算方式设为支票管理，银行账辅助信息不能为空，而且该方式的票号应在支票登记簿中有记录。

外币科目（业务 3）的操作如下。

① 在填制凭证过程中，输入外币科目“100202”，输入外币金额“10000”，根据自动显示的外币汇率“6.5”，自动算出并显示本币金额“65000”。

② 输入完毕后，单击“保存”按钮，保存凭证。

注意：

● 汇率栏中内容是固定的，不能输入或修改。如使用变动汇率，汇率栏中显示最近一次汇率，可以直接在汇率栏中修改。

数量科目（业务 4）的操作如下。

① 在填制凭证过程中，输入数量科目“140301”，弹出“辅助项”对话框。

② 输入数量“10”，单价“5000”，单击“确定”按钮。

辅助核算科目——客户往来（业务 5）的操作如下。

① 在填制凭证过程中，输入客户往来科目“1122”，弹出“辅助项”对话框。

② 选择输入客户“世纪学校”，业务员“宋佳”，发生日期“2024.01.12”。

③ 单击“确定”按钮。

注意：

● 如果往来单位不属于已定义的往来单位，则要正确输入新往来单位的辅助信息，系统会自动追加到往来单位目录中。

辅助核算科目——供应商往来（业务 6）的操作如下。

① 在填制凭证过程中，输入供应商往来科目“2202”，弹出“辅助项”对话框。

② 选择输入供应商“多媒体研究所”，业务员“白雪”，发生日期“2024.01.14”。

③ 单击“确定”按钮。

辅助核算科目——部门核算（业务 7）的操作如下。

① 在填制凭证过程中，输入部门核算科目“660205”，弹出“辅助项”对话框。

② 选择输入部门“总经理办公室”，单击“确定”按钮。

辅助核算科目——个人往来（业务 8）的操作如下。

① 在填制凭证过程中，输入个人往来科目“1221”，弹出“辅助项”对话框。

② 选择输入部门“总经理办公室”，个人“肖剑”，发生日期“2024.01.18”。

③ 单击“确定”按钮。

注意：

● 在输入个人信息时，若不输入“部门名称”只输入“个人名称”时，系统将根据所输个人名称自动输入其所属的部门。

辅助核算科目——项目核算（业务 9）的操作如下。

① 在填制凭证过程中，输入项目核算科目“500101”，弹出“辅助项”对话框。

② 选择输入项目名称“普通打印纸 – A4”，单击“确定”按钮。

2）查询凭证

（1）执行“凭证”→“查询凭证”命令，打开“查询凭证”对话框。

（2）选择输入查询条件，单击“辅助条件”按钮，可输入更多查询条件。

（3）单击“确认”按钮，系统显示凭证一览表。

（4）双击某一凭证行，则可显示出此张凭证。

3）修改凭证（可选做）

（1）执行“凭证”→“填制凭证”命令，进入“填制凭证”窗口。

（2）单击“查询”按钮，输入查询条件，找到要修改的凭证。

（3）对于凭证的一般信息，将光标放在要修改的地方，直接修改；如果要修改凭证的辅助项信息，首先选中辅助核算科目行，然后将光标置于备注栏辅助项，待鼠标变形时双击，弹出“辅助项”对话框，在对话框中修改相关信息。

（4）单击“保存”按钮，保存相关信息。

注意：

● 未经审核的错误凭证可通过“填制凭证”功能直接修改；已审核的凭证应先取消审核后，再进行修改。

● 若已采用制单序时控制，则在修改制单日期时，不能选择在上一张凭证的制单日期之前。

● 若选择“不允许修改或作废他人填制的凭证”权限控制，则不能修改或作废他人填制的凭证。

● 如果涉及银行科目的分录已录入支票信息，并对该支票作报销处理，修改操作将不能影响“支票登记簿”中的内容。而且修改只能在生成该凭证的系统中进行。

● 外部系统传过来的凭证不能在总账系统中进行修改，只能在生成该凭证的系统中进行修改。

4）冲销凭证（可选做）

（1）在“填制凭证”窗口，执行“冲销凭证”命令，打开“冲销凭证”对话框。

（2）输入条件：选择“月份”“凭证类别”，输入“凭证号”等信息。

（3）单击“确定”按钮，系统自动生成一张红字冲销凭证。

注意：

● 通过红字冲销法增加的凭证，应视同正常凭证进行保存和管理。

● 制作红字冲销凭证将错误凭证冲销后，需要再编制正确的蓝字凭证进行补充。

5）删除凭证（可选做）

（1）作废凭证。

在“填制凭证”窗口中，首先查找要作废的凭证，然后执行“制单”→“作废/恢复”命令。凭证的左上角显示“作废”，表示该凭证已作废。

（2）整理凭证。

① 在“填制凭证”窗口中，执行“整理凭证”命令，删除作废凭证，并对剩下的凭证重新排号。

6）更换操作员

（1）在“企业应用平台”窗口，执行“系统”→“重注册”命令，进入“系统登录”窗口。

（2）以“王晶”的身份重新登录系统，单击“登录”按钮。

注意：

- 凭证填制人和出纳签字人可以为不同的人，也可以为同一个人。
- 按照会计制度规定，凭证的填制与审核不能是同一个人。
- 在进行出纳签字和审核之前，通常须先更换操作员。

7）出纳签字

（1）执行“凭证”→“出纳签字”命令，打开“出纳签字”对话框。

（2）输入查询条件：单击“全部”单选按钮，输入月份“2024.01”。

（3）单击“确定”按钮，进入凭证列表窗口。

（4）双击某一要签字的凭证或者单击“确定”按钮，进入“出纳签字”窗口。

（5）单击“签字”按钮，凭证底部的“出纳”处自动签上出纳人姓名。

（6）单击“下张”按钮，对其他凭证进行“出纳签字”操作，最后单击“退出”按钮。

注意：

- 涉及指定为现金科目和银行科目的凭证才需要出纳签字。
- 凭证一经签字，就不能被修改、删除，只有取消签字后才可以修改或删除，取消签字只能由出纳人操作。
- 凭证签字并非审核凭证的必要步骤。若在设置总账参数时，不选择“出纳凭证必须经由出纳签字”，则可以不执行“出纳签字”功能。
- 可以执行“签字”→“成批出纳签字”功能对所有凭证进行出纳签字。

8）审核凭证

（1）以“陈明”的身份登录系统。

（2）执行“凭证”→“审核凭证”命令，打开“凭证审核”对话框。

（3）输入查询条件，单击“确定”按钮，进入“凭证审核列表”对话框。

（4）双击要审核的凭证或单击“确定”按钮，进入“审核凭证”对话框。

（5）检查要审核的凭证，无误后，单击“审核”按钮，凭证底部的“审核”处自动签上审核人姓名。

（6）单击“下张”按钮，对其他凭证签字，最后单击“退出”按钮。

9）凭证记账

以“陈明”的身份登录系统。

（1）记账。

① 执行“凭证”→“记账”命令，进入“记账”对话框。

② 单击“全选”按钮，选择所有要记账的凭证。单击“记账”按钮，弹出“试算平衡表”对话框，单击“确定”按钮，系统开始登记有关的总账和明细账、辅助账。登记完后，弹出“记账完毕”信息提示对话框。

③ 单击“确定”按钮，记账完毕。

注意：

- 记账过程一旦断电或其他原因造成中断后，系统将自动调用“恢复记账前状态”恢复数据，然后再重新记账。

（2）取消记账。

激活“恢复记账前状态”菜单。

① 在企业应用平台的“基础设置”菜单中，执行“期末”→“对账”命令，进入“对账”对话框。

② 按“Ctrl+H”键，弹出“恢复记账前状态功能已被激活”信息提示对话框。

③ 单击“确定”按钮，单击“退出”按钮。

注意：

- 如果退出系统后又重新进入系统或在进入“对账”对话框时按“Ctrl+H”键将重新隐藏“恢复记账前状态”功能。

④ 执行“凭证”→“恢复记账前状态”命令，打开“恢复记账前状态”对话框。

⑤ 单击“最近一次记账前状态”单选按钮。

⑥ 单击“确定”按钮，弹出“恢复记账完毕”信息提示对话框，单击“确定”按钮。

注意：

- 已结账月份的数据不能取消记账。
- 取消记账后，一定要重新记账。

➘ 操作指导（三）

1. 登录系统

以“王晶”的身份登录系统。

2. 输入银行对账期初数据

（1）执行“出纳”→“银行对账”→“银行对账期初录入”命令，打开“银行科目选择”对话框。

（2）选择科目“100201 工行存款”，单击“确定”按钮，进入“银行对账期初”对话框。

（3）确定启用日期“2024.01.01”。

（4）输入单位日记账的调整前余额“193829.16”，输入银行对账单的调整前余额“233829.16”。

（5）单击“对账单期初未达项”按钮，进入“银行方期初”对话框。

（6）单击“增加”按钮，输入日期“2023.12.31”，结算方式“202”，借方余额“40000”。

（7）单击“保存”按钮，单击“退出”按钮。

3. 录入银行对账单

（1）执行“出纳”→“银行对账”→“银行对账单”命令，打开“银行科目选择”对话框。

（2）选择科目“100201 工行存款”，单击“确定”按钮，进入“银行对账单”窗口。

（3）单击“增加”按钮，输入银行对账单数据，单击“保存”按钮。

4. 银行对账

1）自动对账

（1）执行“出纳”→“银行对账”→“银行对账单”命令，打开“银行科目选择”对话框。

（2）选择科目“100201 工行存款”，单击“确定”按钮，进入“银行对账单”窗口。

（3）单击“对账”按钮，打开“自动对账”条件对话框。

（4）输入截止日期“2024.01.31”，默认系统提供的其他对账条件。

（5）单击“确定”按钮，显示自动对账结果。

2）手工对账

（1）在自动对账窗口，对于一些应打钩而未打钩的账项，可分别双击“两清”栏，直接进行手工调整。

（2）对账完毕，单击“检查”按钮，检查结果平衡，单击“确定”按钮。

注意：

- 在自动对账不能完全对上的情况下，可采用手工对账。

5. 查询余额调节表

（1）执行“出纳”→“银行对账”→“余额调节表查询”命令，进入“银行存款余额调节表”对话框。

（2）选中科目“100201 工行存款”。

（3）单击“查看”或双击该行，即显示该银行账户的银行存款余额调节表。

（4）单击“打印”按钮，打印银行存款余额调节表。

操作指导（四）

1. 出纳管理

以“王晶”的身份登录系统。

1）现金日记账

（1）执行“出纳”→“现金日记账”命令，打开“现金日记账查询条件”对话框。

（2）选择科目“1001 现金”，默认月份“2024.01”，单击“确认”按钮，进入“现金日记账”窗口。

（3）双击某行或将光标定在某行再单击“凭证”按钮，可查看相应的凭证。

（4）单击“总账”按钮，可查看此科目的三栏式总账。

2）银行存款日记账

银行存款日记账查询与现金日记账查询操作基本相同，所不同的只是银行存款日记账多了“结算号”一栏，主要是对账时使用。

3）资金日报表

（1）执行“出纳”→“资金日报”命令，打开“资金日报表查询条件”对话框。

（2）输入查询日期“2024–01–03”，选择“有余额无发生也显示”复选框。

（3）单击“确定”按钮，进入“资金日报表”窗口。

4）支票登记簿

（1）执行“出纳”→“支票登记簿”命令，打开“银行科目选择”对话框。

（2）选择科目：工行存款“100201”，单击“确定”按钮，进入“支票登记”窗口。

（3）单击“增加”按钮。

（4）输入领用日期“2024.01.25”，领用部门“销售二部”，领用人“宋佳”，支票号“155”，预计金额“5000”，单击“保存”按钮，单击“退出”按钮。

注意：

- 只有在结算方式设置中选择“票据管理标志”功能才能在此选择登记。
- 领用日期和支票号必须输入，其他内容可输入也可不输入。
- 报销日期不能在领用日期之前。
- 已报销的支票可成批删除。

2. 账簿管理

以“陈明”的身份登录系统。辅助账的查询只介绍部门账，其他账簿查询同理。

1）查询基本会计核算账簿

（1）执行“账表”→“科目账”→“总账”命令，查询总账。

（2）执行“账表”→“科目账”→“余额表”命令，查询发生额及余额表。

（3）执行“账表”→“科目账”→“明细账”命令，查询月份综合明细账。

2）部门账

（1）部门总账。

① 执行“账表”→部门辅助账”→“部门总账”→“部门三栏总账”命令，进入“部门三栏总账条件”窗口。

② 输入查询条件：科目“660205 招待费”，部门“总经理办公室”。

③ 单击“确定”按钮，显示查询结果。

④ 将光标定在总账的某笔业务上，单击“明细”按钮，可以联查部门明细账。

（2）部门明细账。

① 执行“账表”→“部门辅助账”→“部门明细账”命令，进入“部门多栏明细账条件”窗口。

② 选择科目“6602”，部门“总经理办公室”，月份范围“2024.01—2024.01”，分析方式“金额分析”，单击“确认”按钮，显示查询结果。

③ 将光标定在多栏账的某笔业务上，单击“凭证”按钮，可以联查该笔业务的凭证。

（3）部门收支分析。

① 执行“账表”→“部门辅助账”→“部门收支分析”，进入“部门收支分析条件”窗口。

② 第一步，选择分析科目：选择所有的部门核算科目，单击“下一步”按钮。第二步，选择分析部门：选择所有的部门，单击“下一步”按钮。第三步，选择分析月份：起止月份“2024.01—2024.01”，单击“完成”按钮，显示查询结果。

操作指导（五）

1. 自动转账

以“马方”的身份登录系统。

1）转账定义

（1）自定义结转设置。

① 执行“期末”→“转账定义”→“自定义转账”命令，进入“自定义转账设置”对话框。

② 单击“增加”按钮，打开“转账目录”对话框。

③ 输入转账序号“0001”，转账说明“摊销报刊费”；选择凭证类别“转 转账凭证”。

④ 单击“确定”按钮，继续定义转账凭证分录信息。

⑤ 确定分录的借方信息。选择科目编码“660207”，部门“总经理办公室”，方向“借”，输入金额公式“JG()”。

⑥ 单击“增行”按钮。

⑦ 确定分录的贷方信息。选择科目编码“150401”，方向“贷”，输入金额公式“6402/12”。

⑧ 单击“保存”按钮。

注意：

- 转账科目可以为非末级科目；部门可为空，表示所有部门。
- 如果使用应收系统、应付系统，则在总账系统中，不能按客户、供应商辅助项进行结转，只能按科目总数进行结转。
- 输入转账计算公式有两种方法：一是直接选择计算公式；二是引导方式录入公式。

（2）期间损益结转设置。

① 执行“期末”→“转账定义”→“期间损益”命令，进入“期间损益结转设置”对话框。

② 选择凭证类别“转 转账凭证”，选择本年利润科目“4103”，单击“确定”按钮。

2）转账生成

（1）自定义转账生成。

① 执行“期末”→“转账生成”命令，进入“转账生成”对话框。

② 单击“自定义转账”按钮，单击“全选”按钮。

③ 单击“确定”按钮，生成转账凭证。

④ 单击“保存”按钮，系统自动将当前凭证追加到未记账凭证中。

⑤ 以“陈明”的身份将生成的自动转账凭证审核、记账。

（2）期间损益结转生成。

以“马方”的身份进行期间损益的结转。

① 执行“期末”→“转账生成”命令，进入“转账生成”对话框。

② 单击“期间损益结转”按钮，选择损益类型“支出”。

③ 单击“全选”按钮，单击“确定”按钮，生成转账凭证。

④ 单击“保存”按钮，系统自动将当前凭证追加到未记账凭证中。

⑤ 以“陈明”的身份将生成的期间损益凭证审核、记账。

2. 对账

（1）以“陈明”的身份登录系统。

（2）执行“期末”→“对账”命令，进入“对账”对话框。

（3）选择核对内容，选中要进行对账的月份“2024.01”，单击“选择”按钮。

（4）单击“对账”按钮，开始自动对账，并显示对账结果。

（5）单击“试算”按钮，可以对各科目类别余额进行试算平衡。

（6）单击“确定”按钮。

3. 结账

1）结账

（1）执行“期末”→“结账”命令，进入“结账”对话框。

（2）单击要结账月份“2024.01”，单击“下一步”按钮。

（3）单击“对账”按钮，系统对要结账的月份进行账账核对。

（4）单击“下一步”按钮，系统显示“1月工作报告”。

（5）查看工作报告后，单击“下一步”按钮，单击“结账”按钮，若符合结账要求，系统将进行结账，否则不予结账。

注意：

- 结账只能由有结账权限的人进行。
- 本月还有未记账凭证时，则本月不能结账。
- 结账必须按月连续进行，上月未结账，则本月不能结账。
- 若总账与明细账对账不符，则不能结账。
- 如果与其他系统联合使用，其他子系统未全部结账，则本月不能结账。
- 结账前，要进行数据备份。

2）取消结账

取消结账后，必须重新结账。

（1）执行“期末”→“结账”命令，进入“结账”对话框。

（2）选择要取消结账的月份“2024.01”。

（3）按“Shift+Ctrl+F6”键激活“取消结账”功能。

（4）输入口令“1”，单击“确定”按钮，取消结账标记。

注意：

- 当在结完账后，由于非法操作或计算机病毒或其他原因可能会造成数据被破坏，这时可以在此使用“取消结账”功能。

项目五

会计报表系统业务

项目导学

会计报表系统是用友财务软件中最基本、最常用的模块系统之一，主要功能是生成财务报表、自定义报表。财务报表包括资产负债表、利润表等。自定义报表是指企业根据需要自行设置并生成的与财务有关的报表。会计报表系统的数据来源于总账模块，不能单独使用，至少与总账系统模块联合使用，才能生成相关报表数据。

会计报表系统主要包括自定义报表、调用报表模板及报表数据生成等内容。

学习目标

了解会计报表系统的数据来源，掌握自定义报表设置操作过程，了解报表公式含义，掌握调用报表模板操作，掌握报表关键字设置原理与操作，熟练运用会计报表系统生成自定义报表。

任务一 自定义报表

↘ 目标

掌握自定义报表设置操作过程，了解报表公式含义，掌握报表关键字设置原理与操作，熟练运用会计报表系统生成自定义报表。

↘ 项目描述

2024 年 1 月 31 日，北京朔日科技有限公司在完成 1 月份全部凭证记账后，需要编制一张应收账款情况表。这张报表是自定义报表，也就是说企业要自行设计表格与公式等内容。具体要求如下。

1. 设计应收账款情况表

根据企业实际需要，设计一张自定义报表，应收账款情况表见表 5-1。

表 5-1 应收账款情况表

编制单位：北京朔日科技有限公司　　日期　年　月　日　　单位：元

序号	客户名称	本期期初	本期增加额	本期回款额	期末余额
1	沈阳万兴				
2	抚顺天际				
3	沈阳中兴				
4	长春科宏				
合计					

编制人：郑主管

2. 设置行高和列宽

每行行高：第一行 10，其他行默认。

每列列宽：第一列 15，其他列默认。

3. 设置字体、字号

进一步设置报表各项目的字体、字号，让报表更规范。字体、字号设置内容见表 5-2。

表 5-2 字体、字号设置内容

项目名称	字体	字号	单元格对齐方式
应收账款情况表	黑体	20	垂直对齐、左右对齐
编制单位：北京朔日科技有限公司	黑体	12	垂直对齐、左右对齐
日期	黑体	12	垂直对齐、左右对齐
单位：元	黑体	12	垂直对齐、左右对齐
所有表体文字	宋体	12	垂直对齐、左右对齐
编制人：郑主管	宋体	12	垂直对齐、左右对齐

4. 设置关键字

将“年”“月”“日”三个字，设置为关键字。

5. 设置报表单元格公式

报表单元格公式见表 5-3。

表 5-3 报表单元格公式

序号	客户名称	本期期初	本期增加额	本期回款额	期末余额
1	沈阳万兴	QC("1122",月,,"999",,"01")	FS("1122",月,"借",,,"01",,)	FS("1122",月,"贷",,,"01",,)	QM("1122",月,,"999",,"01")
2	抚顺天际	QC("1122",月,,"999",,"02")	FS("1122",月,"借",,,"02",,)	FS("1122",月,"贷",,,"02",,)	QM("1122",月,,"999",,"02")
3	沈阳中兴	QC("1122",月,,"999",,"03")	FS("1122",月,"借",,,"03",,)	FS("1122",月,"贷",,,"03",,)	QM("1122",月,,"999",,"03")
4	长春科宏	QC("1122",月,,"999",,"04")	FS("1122",月,"借",,,"04",,)	FS("1122",月,"贷",,,"04",,)	QM("1122",月,,"999",,"04")
合计		C4+C5+C6+C7	D4+D5+D6+D7	E4+E5+E6+E7	F4+F5+F6+F7

6. 生成报表数据

录入关键字的值，关键字“年”的值为2024，关键字“月”的值为1，关键字“日”的值为31。

➘ 项目要求

设计应收账款情况表

设置行高和列宽

设置字体、字号

设置报表单元格公式

设置关键字

生成报表数据

➘ 材料准备

1. 报表状态

用友软件财务报表也被称为UFO报表，UFO报表有两种状态，格式状态和数据状态，这两种状态拥有不同的功能。当报表处于格式状态下，可以对报表进行与格式有关的编辑，包括设置行高与列宽，录入报表文字，设置字体、字号，设置单元格公式，设置关键字等操作。当报表处于数据状态下，可以对报表进行与数据有关的编辑，包括录入关键字的值 生成报表数据，查询报表数据等操作。

2. 报表格式定义

报表的格式设计在格式状态下进行，格式对整个报表都有效，具体包括以下内容。

（1）设置表尺寸，就是设置报表的大小，即设定报表的行数和列数。

（2）设置组合单元，即把几个单元格组合成一个单元，作为一个单元格使用。

（3）绘制表格线，可以根据需要进行加粗、双划线等操作。

（4）输入报表中的项目，包括表头、表体和表尾。定义单元内容的自动默认为表样型，定义为表样型单元只能在格式状态下修改或删除。

（5）设置行高和列宽。

（6）设置单元格风格，就是设置每个单元格文字的字体、字号、颜色、图案等显示效果。

3. 设置关键字

关键字是报表特有的标识，确定某个关键字就可以确定一个报表，可在大量表页中快速选择要找的报表。关键字的显示位置在格式状态下设置，关键字的值则在数据状态下录入，每个报表可以定义多个关键字。

UFO报表管理系统最常见的关键字有以下三种：

年：关键字类型是数字型，表示报表数据所在的年度。

月：关键字类型是数字型，表示报表数据所在的月份。

日：关键字类型是数字型，表示报表数据所在的日期。

4. 设置报表单元格公式

单元格公式的设置在格式状态下进行，设置后的报表数据就是根据设置的单元格公式来自动生成的。

UFO报表的公式设置，一般通过函数来设置。常用的报表数据一般是来源于总账管理系统或报表系统本身，其中取自报表本身的数据又可以分为从本报表取数和从其他报表的表页取数。从总账管理系统取数的过程是从总账中的会计账簿中取数。

常见的取数函数见表 5-4。

表 5-4 常见的取数函数

函数名称	金额式函数公式
期初额函数	QC()
期末额函数	QM()
发生额函数	FS()
累计发生额函数	LFS()
对方科目发生额函数	DFS()

5. 保存报表

将设置好的报表保存，保存时需要录入报表文件名称和存放路径，方便以后调用及查询。

6. 录入关键字的值

仅设置关键字，并不能生成报表数据。如果要生成报表数据，必须录入关键字的值，例如，关键字“年”，需要录入的值是哪一年。关键字的值在数据状态下才能录入。只有录入关键字的值，才能生成报表数据。

➘ 操作指导

1. 登录报表管理系统

以账套主管“郑主管”的身份登录企业应用平台，登录日期为 2024 年 1 月 31 日。登录后，点击“财务会计”，双击“UFO 报表”图标，打开 UFO 报表管理系统（如图 5-1 所示），单击“日积月累”提示对话框中的“关闭”按钮，关闭“日积月累”提示。执行“文件”菜单—“新建”命令（如图 5-2 所示），进入空白报表页面，在页面左下角，可以看到显示的是“格式”（如图 5-3 所示），说明该报表处于格式状态。如果需要将表格“格式”状态切换到“数据”状态，单击左下角“格式”就可以切换成“数据”状态。

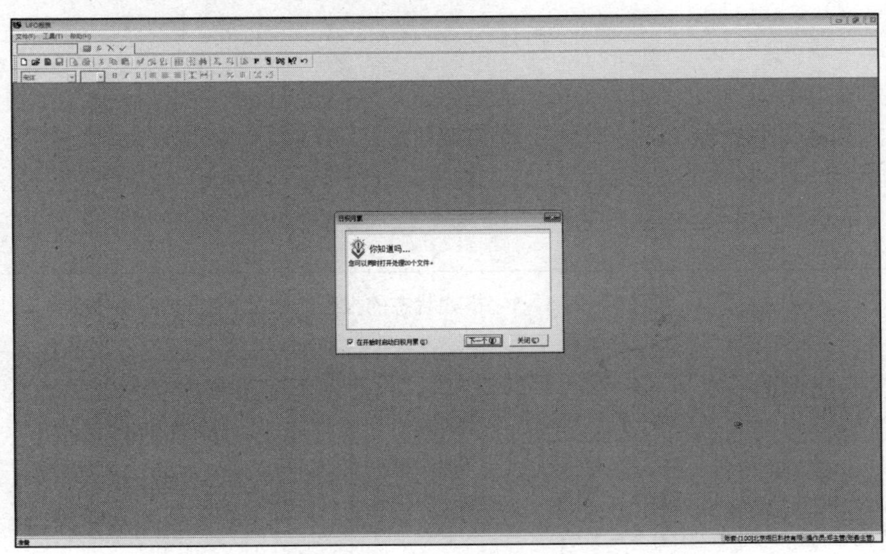

图 5-1 UFO 报表管理系统

图 5－2　新建报表

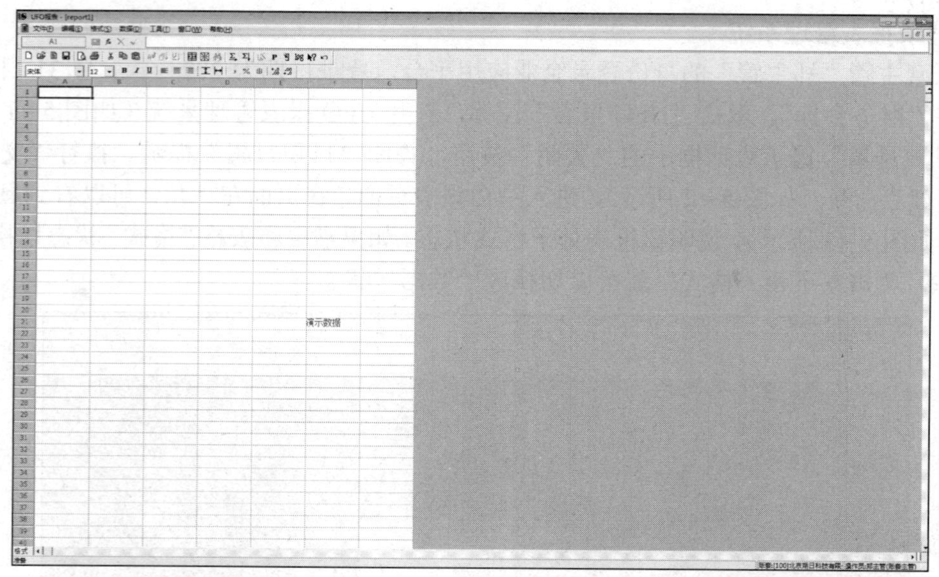

图 5－3　格式状态的报表

2. 建立应收账款情况表

（1）设置报表大小。单击“格式”菜单下的“表尺寸”，打开“表尺寸”对话框，设置行数为 9，列数为 6（如图 5－4 所示）。单击“确定”按钮，可以看到表格变为 9 行 6 列（如图 5－5 所示）。

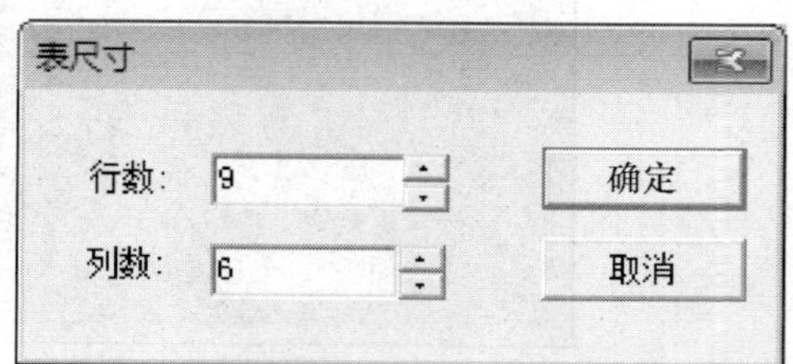

图 5－4　表尺寸

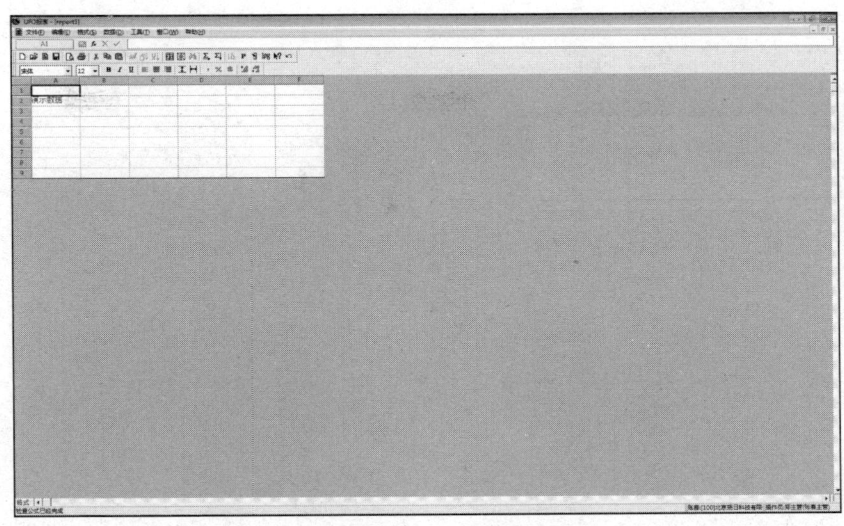

图 5－5　9 行 6 列报表

（2）设置组合单元。选中 A1:F1 单元格，单击“格式”菜单下的“组合单元”（如图 5－6 所示），打开“组合单元”对话框，单击“整体组合”按钮，可以看到报表 A1:F1 单元格组合成一个单元格（如图 5－7 所示）。同样，设置 A2:F2 组合单元以及 A9:F9 组合单元。设置完毕后的组合单元表格如图 5－8 所示。

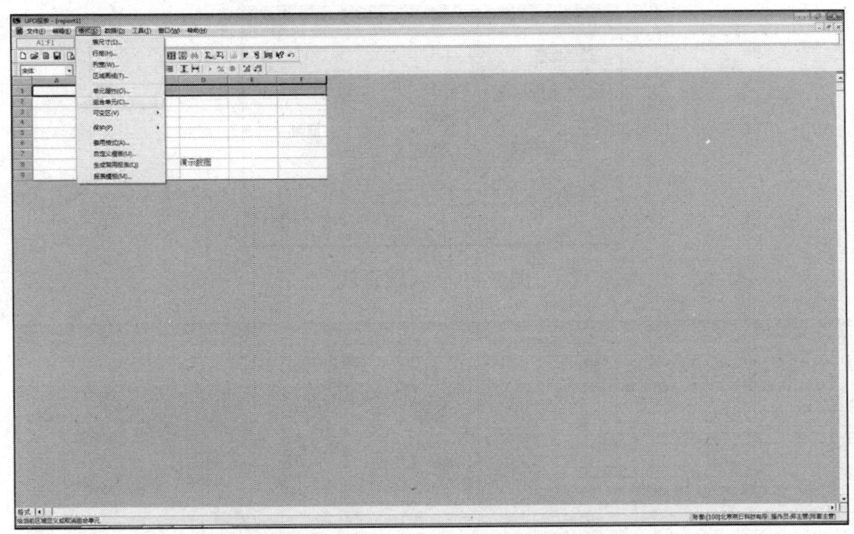

图 5－6　组合单元操作

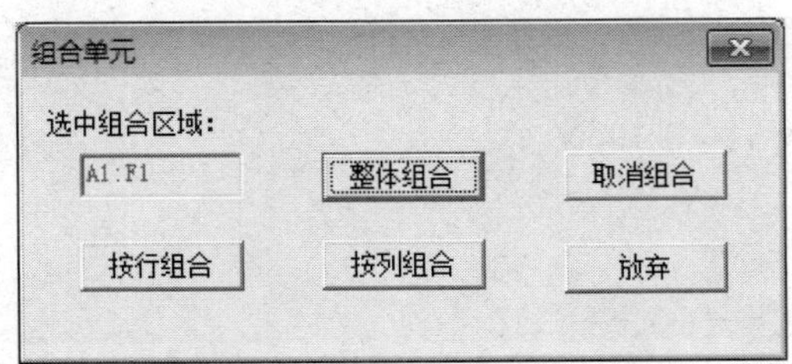

图 5－7　组合单元

图 5－8　组合单元表格

（3）表格画线。选中 A3:F8 单元格，单击“格式”菜单下的“区域画线”，打开“区域画线”对话框（如图 5－9 所示），选中画线类型“网线”，单击“确定”按钮，区域画线表格如图 5－10 所示。

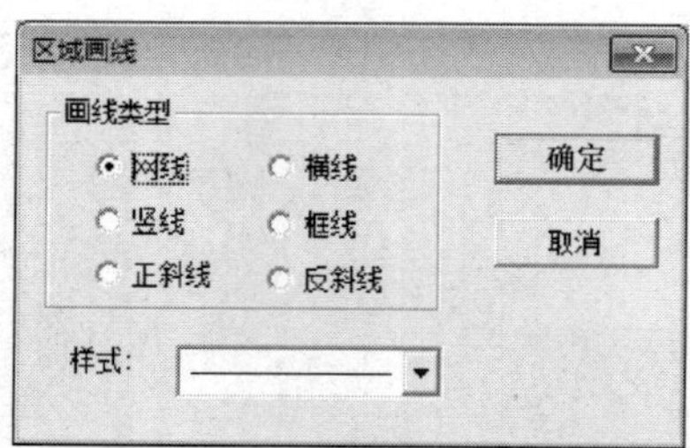

图 5－9　区域画线

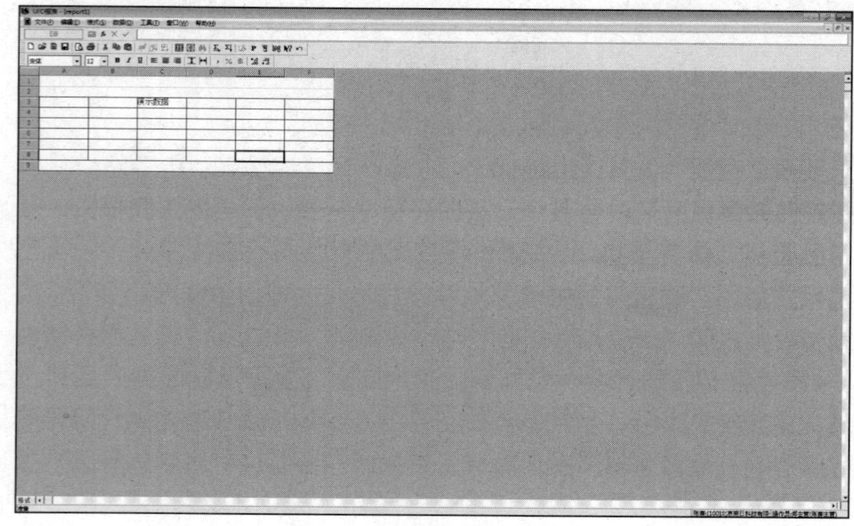

图 5－10　区域画线表格

（4）输入报表项目。在 A1 单元格输入“应收账款情况表”，在 A2 单元格输入“编制单位：北京朔日科技有限公司”“日期”“单位：元”，输入后用空格键将文字移动到适当位置。同理，输入其他文字项目。将第 1 行至第 8 行的文字设置为居中（如图 5-11 所示）。

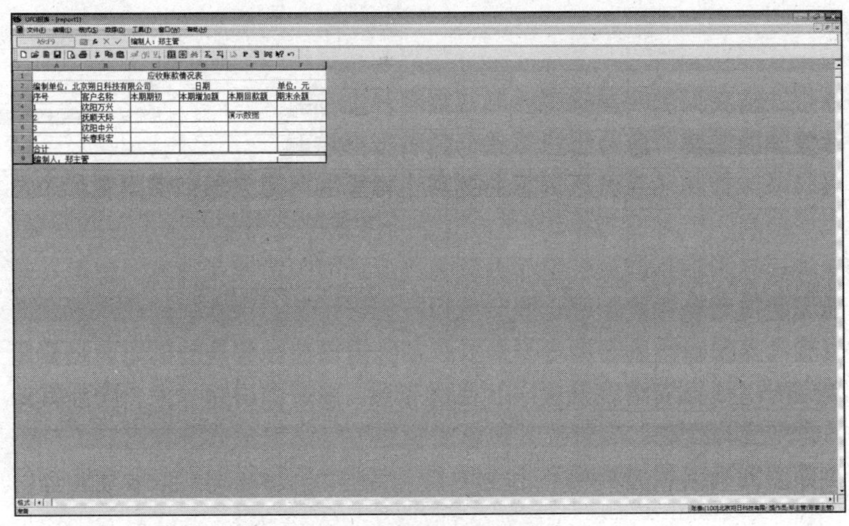

图 5-11　应用账款情况表

（5）设置行高和列宽。选中第 1 行，单击“格式”菜单下的“行高”，打开“行高”对话框，录入行高“10”（如图 5-12 所示），单击“确定”按钮。同理，设置 A 列的列宽为“15”（如图 5-13 所示）。

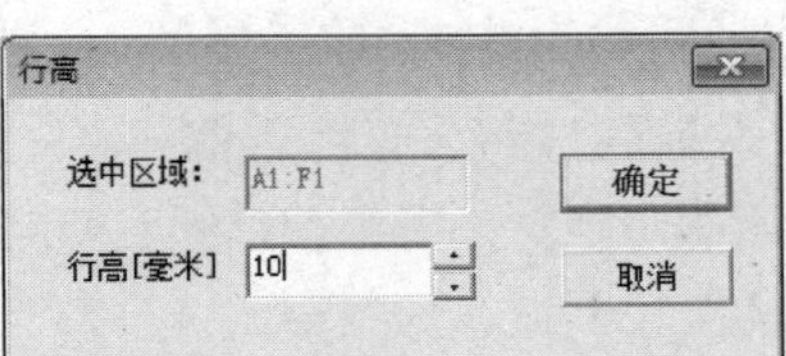

图 5-12　行高

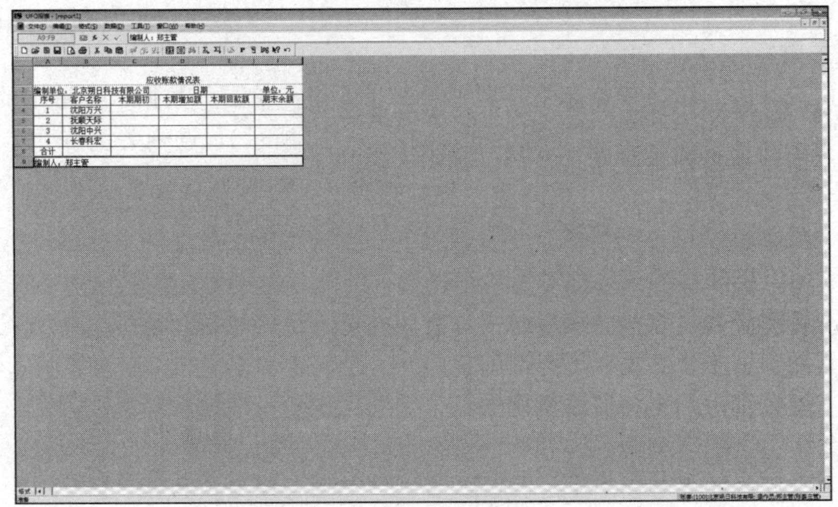

图 5-13　设置行高与列宽

（6）设置字体、字号。单击A1单元格，单击“格式”菜单下的“单元格属性”，打开“单元格属性”对话框（如图5－14所示），单击“字体图案”选项卡，设置字体为“黑体”，字号为“20”（如图5－15所示）。同理，设置其他文字的字体和字号（如图5－16所示）。

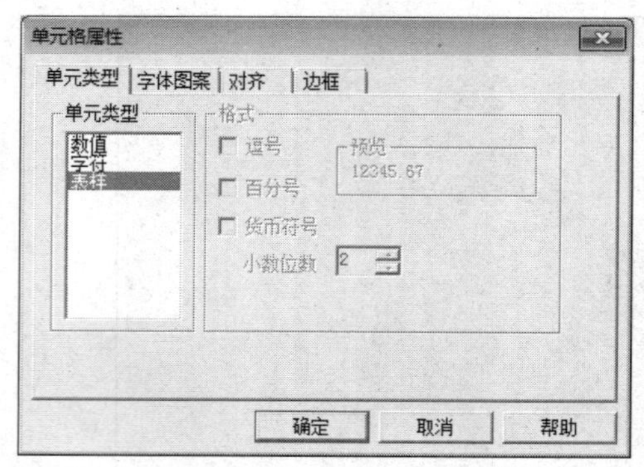

图5－14　单元格属性

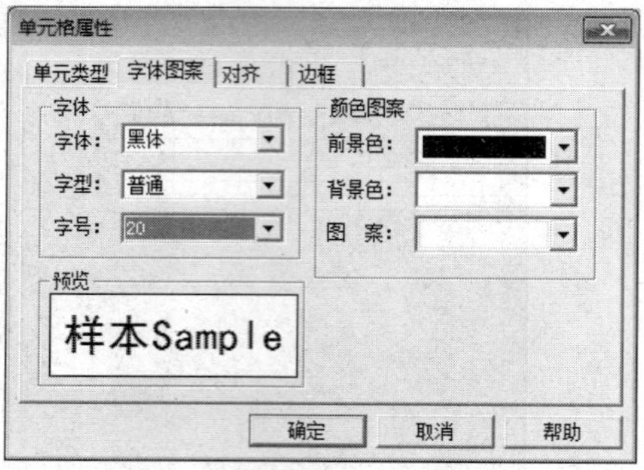

图5－15　设置字体和字号

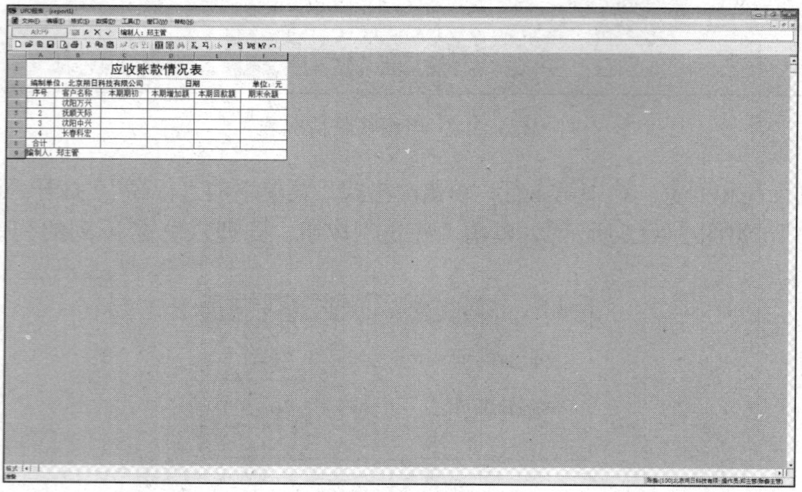

图5－16　表格字体和字号效果

3. 设置关键字

（1）设置关键字。在格式状态下，选中A2单元格，单击“数据”菜单中的“关键字”下的“设置”，打开“设置关键字”对话框（如图5－17所示），选中关键字“年”，单击“确定”按钮。同理，设置关键字“月”和“日”（如图5－18所示）。

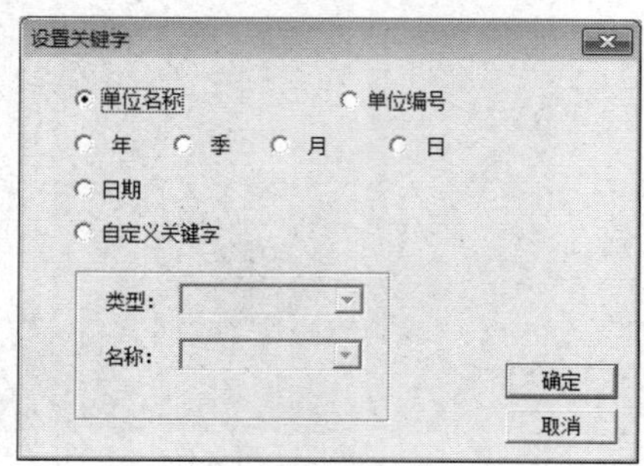

图5－17　设置关键字（一）

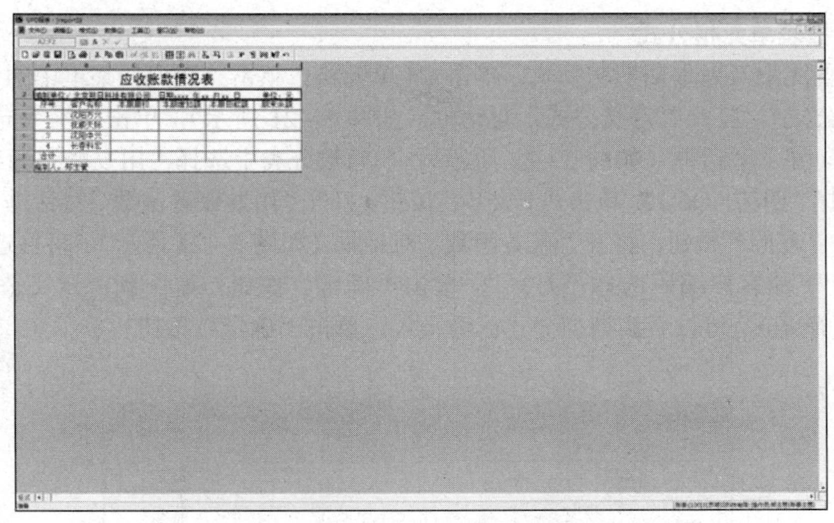

图 5－18　设置关键字（二）

（2）关键字偏移。在格式状态下，选中 A2 单元格，单击“数据”菜单中的“关键字”下的“偏移”，打开“定义关键字偏移”对话框（如图 5－19 所示），录入关键字“年”偏移量“－150”，“月”偏移量“－120”，“日”偏移量“－90”，单击“确定”按钮，出现图 5－20 所示窗口。

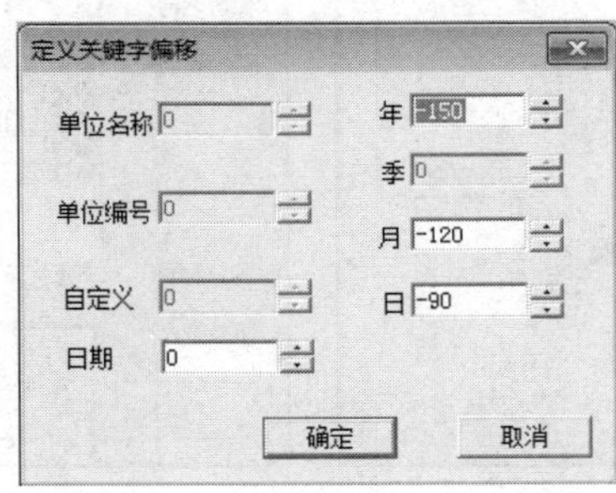

图 5－19　定义关键字偏移

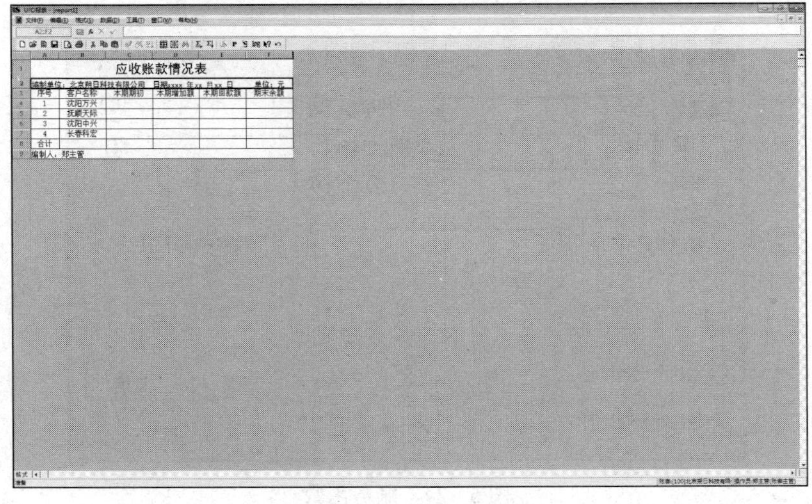

图 5－20　关键字偏移效果

4. 设置报表单元格公式

（1）设置沈阳万兴本期期初公式。单击C4单元格，单击“数据”菜单中的“编辑公式”下的“单元公式”，打开“定义公式”对话框（如图5－21所示），单击“函数向导”按钮，打开“函数向导”对话框（如图5－22所示），在函数分类中选择“用友账务函数”，在函数名列表中选择“期初（QC）”，单击“下一步”按钮，打开“用友账务函数”对话框（如图5－23所示），单击“参照”按钮，打开“账务函数”对话框（如图5－24所示），科目选择“1122”，“辅助核算”下的客户编码选择“万兴”，单击“确定”按钮，返回到“定义公式”对话框（如图5－25所示），可以看到期初公式已经录入，单击“确定”按钮。

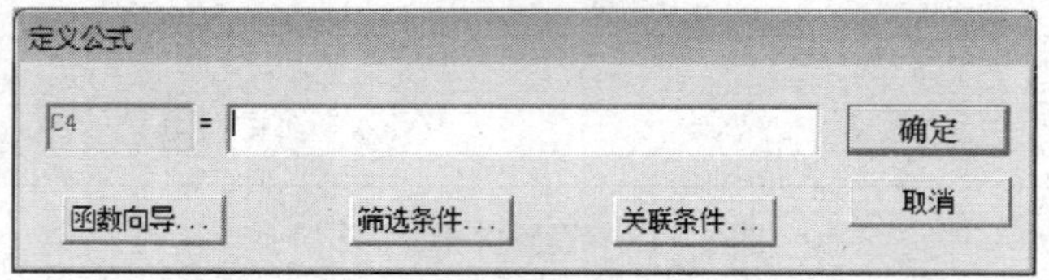

图5－21 “定义公式”对话框（一）

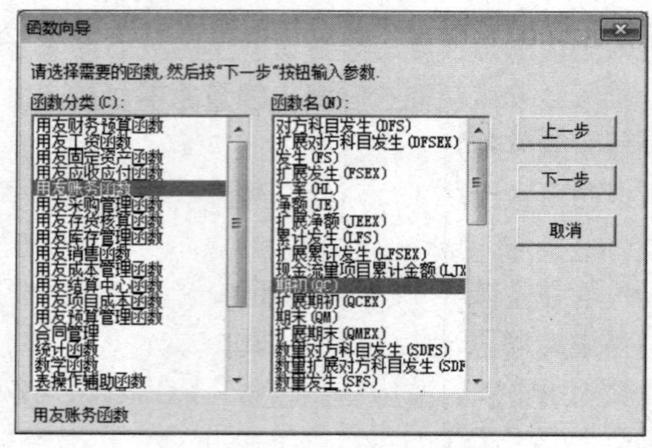

图5－22 函数向导

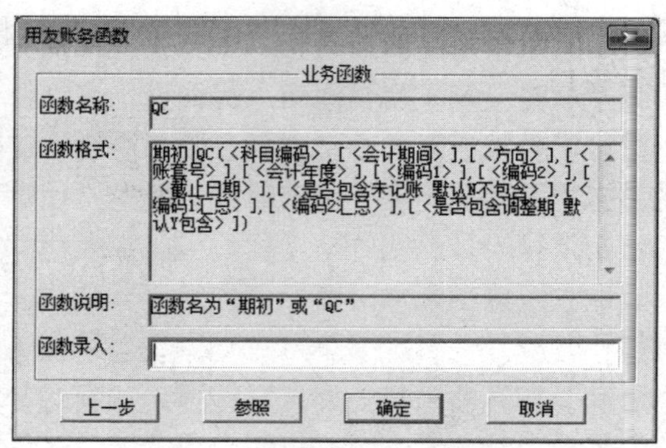

图5－23 “用友账务函数”对话框

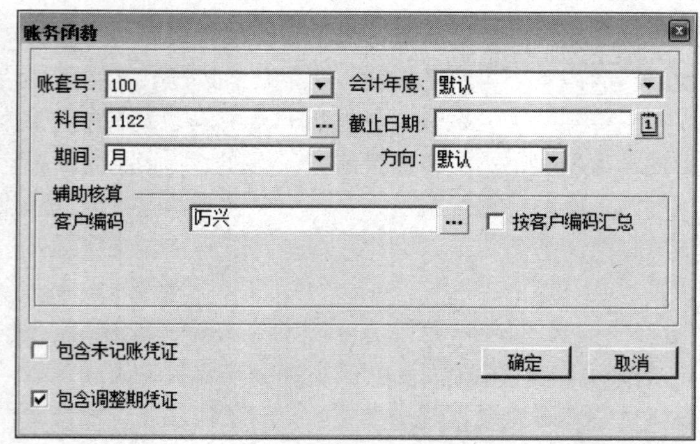

图5－24 账务函数

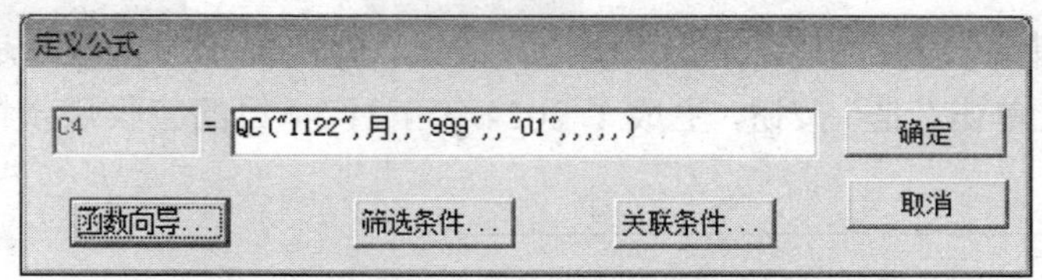

图 5-25 “定义公式”对话框（二）

（2）同理，设置 C4 至 F7 其他单元格公式。

（3）设置 C8 单元格公式。单击 C8 单元格，单击“数据”菜单中的“编辑公式”下的“单元公式”，打开“定义公式”对话框，在公式栏里输入“C4+C5+C6+C7”（如图 5-26 所示），单击“确定”按钮。

图 5-26 “定义公式”对话框（三）

（4）同理，设置 C8 至 F8 其他单元格公式。

5. 保存报表

单击工具栏的“保存”按钮，打开“另存为”对话框（如图 5-27 所示），选择适当的路径，在文件名一栏输入“应收账款情况表”，保存类型默认为“*.rep”，单击“另存为”按钮保存。

图 5-27 报表保存

6. 查询报表

如要查询某张报表，进入 UFO 报表系统后，单击“文件”菜单中的“打开”按钮，选择路径，选择要查询的报表，单击“打开”按钮即可。

7. 输入关键字的值

打开“应收账款情况表”，将报表状态切换至数据状态，单击“数据”菜单中的“关键字”下的“录入”，打开“录入关键字”对话框（如图 5-28 所示），录入关键字年为“2024”、关键字月为“1”、关键字日为“31”，单击“确定”按钮。弹出提示对话框“是否重算第1页？”（如图5－29所示），单击“是”按钮，生成了2024年1月31日的应收账款情况表（如图5－30所示）。

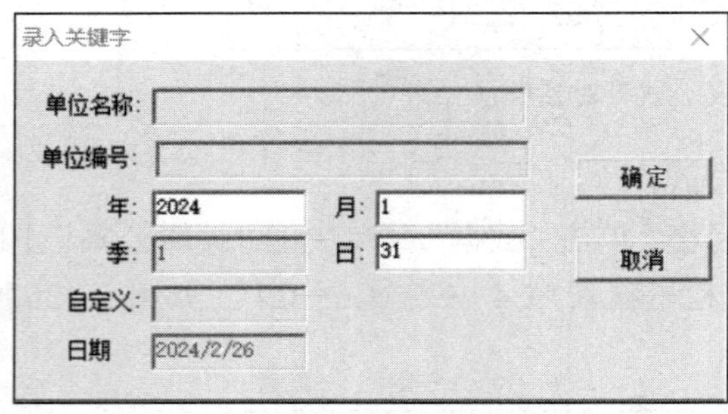

图5－28　录入关键字

图5－29　提示窗口

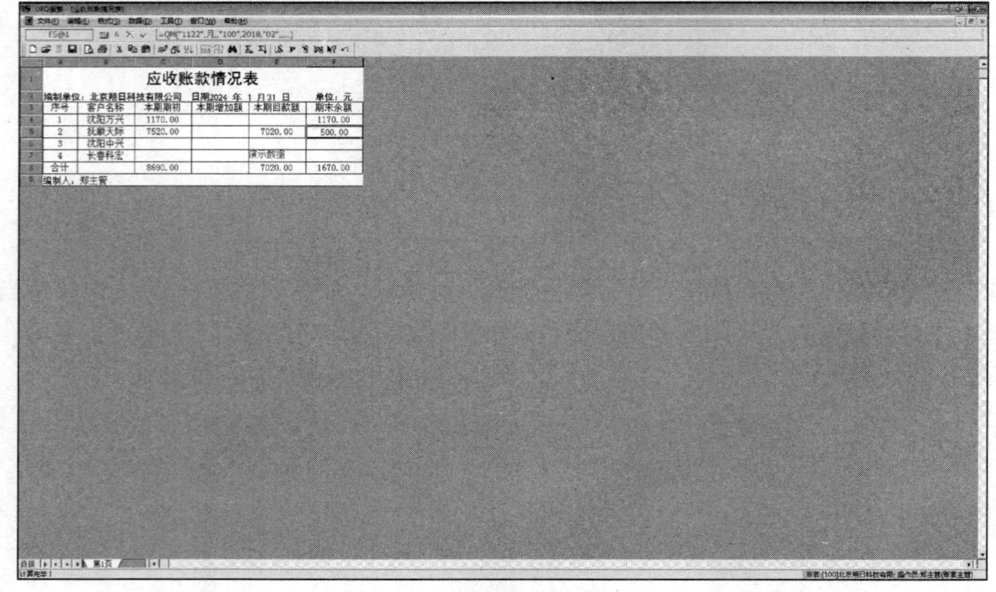

序号	客户名称	本期期初	本期增加额	本期回款额	期末余额
1	沈阳万兴	1170.00			1170.00
2	抚顺天际	7520.00		7020.00	500.00
3	沈阳中兴				
4	长春科宏			演示数据	
合计		8690.00		7020.00	1670.00

图5－30　应收账款情况表

任务二　调用报表模板

目标

掌握利用报表模板生成报表操作，了解报表模板的原理，掌握报表关键字录入原理与操作，熟练运用报表模板生成资产负债表、利润表等会计报表。

项目描述

2024年1月31日，北京朔日科技有限公司在完成1月份全部凭证记账后，还需要编制资产负债表和利润表。这两张报表因为经常用到，所以只需要调用报表模板就可以方便快速地生成资产负债表和利润表。

项目要求

调用报表模板；

生成2024年1月31日的资产负债表；

生成2024年1月的利润表；

将两张报表保存在指定文件夹。

知识准备

1. 报表模板

常见的会计报表一般包括利润表、资产负债表、现金流量表等报表。一般来说，利润表、资产负债表每个月都要编制。

用友财务软件预先将这些报表格式内容编制好，待企业需要生成报表数据时，只需要在报表模板中选择某张报表的模板，即可将该报表格式调入，再输入关键字的值就能生成报表数据。

2. 所在行业

用友财务软件预先编制报表模板时，将企业按行业类别或企业适用的会计准则分类，不同分类的会计报表在格式内容上会有所不同，如科目名称等。

操作指导

1. 打开报表模板

（1）进入UFO报表系统，单击“文件”菜单下的“新建”，打开一张空白的报表。

（2）单击“格式”菜单下的“报表模板”，打开“报表模板”对话框（如图5－31所示）。

2. 调用资产负债表报表模板

在“报表模板”对话框中，“你所在的行业”选择“2007年新会计制度科目”，财务报表选择“资产负债表”（如图5－32所示），单击“确定”按钮，弹出“模板格式将覆盖本表格式！是否继续？”提示对话框（如图5－33所示），单击“确定”按钮，系统调出资产负债表模板（如图5－34所示）。

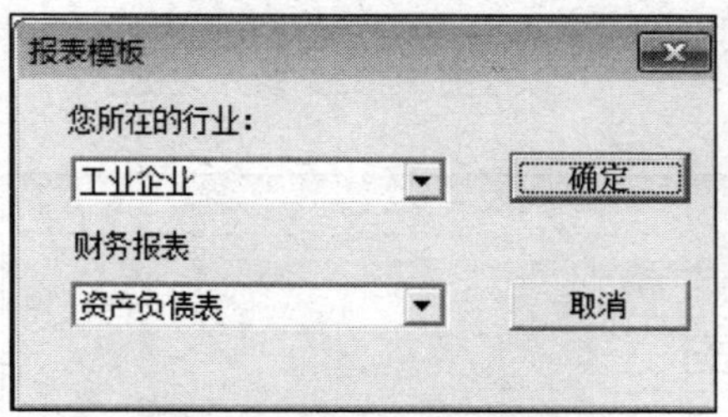

图5－31　报表模板

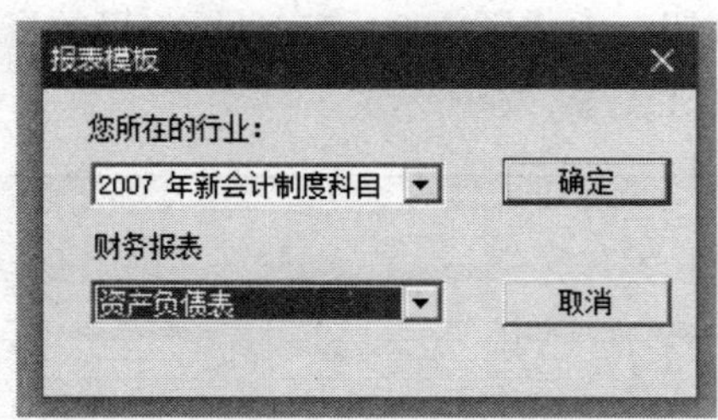

图5－32　选择选项

图5－33　提示对话框

图 5－34 资产负债表模板

3. 录入关键字的值

单击左下角“格式”按钮，将报表切换至数据状态，单击“数据”菜单中“关键字”下的“录入”，打开“录入关键字”对话框（如图 5－35 所示），录入关键字年“2024”，关键字月“1”，关键字日“31”，单击“确定”按钮。弹出提示对话框“是否重算第 1 页”，单击“是”按钮，生成了 2024 年 1 月 31 日的资产负债表（如图 5－36 所示）。

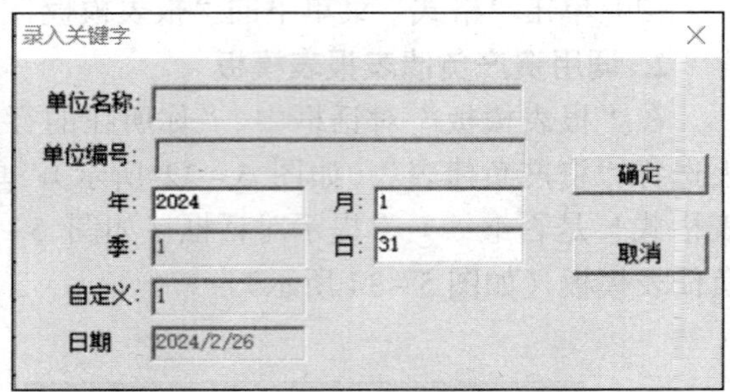

图 5－35 录入关键字

图 5－36 2024 年 1 月 31 日的资产负债表

4. 生成利润表

利用报表模板，生成 2024 年 1 月的利润表。操作过程同资产负债表。

巩固练习

项目练习：利用任务一所学的技能，按要求设置报表并生成数据，保存在指定文件夹里。

（1）设置自定义报表。

货币资金表见表 5－5。

表 5－5　货币资金表

编制单位：　　　　　　　　　　　　　年　月　日　　　　　　　　　　　　　单位：元

项目	行次	期初数	期末数
现金	1		
银行存款	2		
合计	3		

制表人：

说明：编制单位和年、月、日应设为关键字。

（2）将表 5－5 的货币资金表生成 2024 年 1 月 31 日的数据。

（3）将报表模板中的资产负债表生成 2024 年 1 月 31 日的数据。

操作指导（一）

1. 启动 UFO 报表管理系统

（1）单击“开始”按钮，执行“程序”→“用友 ERP－U8”→“财务会计”→“UFO 报表”命令，进入 UFO 报表管理系统。

（2）执行“文件”→“新建”命令，建立一张空白报表，报表名默认为“report1”。

2. 自定义一张货币资金表

1）报表状态设置

单击报表底部左下角的“格式/数据”按钮，使当前状态为格式状态。

2）报表格式定义

（1）设置报表尺寸。

① 执行“格式”→“表尺寸”命令，打开“表尺寸”对话框。

② 输入行数“7”，列数“4”，单击“确定”按钮。

（2）定义组合单元。

① 选择需要合并的区域“A1:D1”。

② 执行“格式”→“组合单元”命令，打开“组合单元”对话框。

③ 选择组合方式“整体组合”或“按行组合”，该单元即合并成一个单元格。

④ 同理，定义“A2:D2”单元为组合单元。

（3）画表格线。

① 选中报表需要画线的区域“A3:D6”。

② 执行“格式”→“区域画线”命令，打开“区域画线”对话框。

③ 选择“网线”，单击“确定”按钮，将所选区域画上表格线。

3）输入报表项目

（1）选中需要输入内容的单元或组合单元。

（2）在该单元或组合单元中输入相关文字内容，如在 A1 组合单元输入“货币资金表”。

注意：

- 报表项目指报表的文字内容，主要包括表头内容、表体项目、表尾项目等，不包括关键字。
- 编制单位、日期一般不作为文字内容输入，而是需要设置为关键字。

4）定义报表行高和列宽

（1）选中需要调整的单元所在行“A1”。

（2）执行“格式”→“行高”命令，打开“行高”对话框。

（3）输入行高“7”，单击“确定”按钮。

（4）选中需要调整的列，执行“格式”→“列宽”命令，打开“列宽”对话框，可设置该列的宽度。

注意：

- 行高、列宽的单位为毫米。

5）设置字体、字号

（1）选中标题所在组合单元“A1”。

（2）执行“格式”→“单元属性”命令，打开“单元格属性”对话框。

（3）单击“字体图案”选项卡，设置字体“黑体”，字号“14”。

（4）单击“对齐”选项卡，设置对齐方式“居中”，单击“确定”按钮。

6）定义单元格属性

（1）选定单元格“D7”。

（2）执行“格式”→“单元格属性”命令，打开“单元格属性”对话框。

（3）单击“单元类型”选项卡，单击“字符”选项，单击“确定”按钮。

注意：

- 格式状态下输入内容的单元均默认为表样单元，未输入数据的单元均默认为数值单元，在数据状态下可输入数值。若希望在数据状态下输入字符，应将其定义为字符单元。
- 字符单元和数值单元输入后只对本表页有效，表样单元输入后对所有表页有效。

7）设置关键字

（1）选中需要输入关键字的组合单元“A2”。

（2）执行“数据”→“关键字”→“设置”命令，打开“设置关键字”对话框。

（3）单击“单位名称”按钮，单击“确定”按钮。

（4）同理，设置“年”“月”“日”关键字。

注意：

- 每个报表可以同时定义多个关键字。
- 如果要取消关键字，须执行“数据”→“关键字”→“取消”命令。

8）关键字偏移

（1）执行“数据”→“关键字”→“偏移”命令，打开“定义关键字偏移”对话框。

（2）在需要调整位置的关键字后面输入偏移量。年“－120”，月“－90”，日“－60”。

（3）单击“确定”按钮。

注意：

● 关键字的位置可以用偏移量来表示，负数值表示向左移，正数值表示向右移。在调整时，可以通过输入正或负的数值来调整。

● 关键字偏移量单位为像素。

9）报表公式定义

（1）定义单元公式_直接输入公式。

① 选定需要定义公式的单元“C4”，即“现金”的期初数。

② 执行“数据”→“编辑公式”→“单元公式”命令，打开“定义公式”对话框。

③ 在“定义公式”对话框内直接输入总账期初函数公式：QC(“1001”,月,“借”,“100”)，单击“确定”按钮。

注意：

● 单元公式中涉及的符号均为英文半角字符。

● 单击“fx”按钮，双击某公式单元或按“=”键，都可打开“定义公式”对话框。

（2）定义单元公式_引导输入公式。

① 选定被定义单元“D5”，即“银行存款”期末数。

② 单击“fx”按钮，打开“定义公式”对话框。

③ 单击“函数向导”按钮，打开“函数向导”对话框。

④ 在函数分类列表框中选择“用友账务函数”，在右边的函数名列表中选中“期末（QM）”，单击“下一步”按钮，打开“用友账务函数”对话框。

⑤ 单击“参照”按钮，打开“账务函数”对话框。

⑥ 各项均采用系统默认值，单击“确定”按钮，返回“用友账务函数”对话框。

⑦ 单击“确定”按钮，返回“定义公式”对话框，单击“确定”按钮。

（3）定义舍位平衡公式。

① 执行“数据”→“编辑公式”→“舍位公式”命令，打开“舍位平衡公式”对话框。

② 确定如下信息：舍位表名“SW1”，舍位范围“C4:D6”，舍位位数“3”，平衡公式“C6＝C4＋C5，D6＝D4＋D5”。

③ 单击“完成”按钮。

注意：

● 舍位平衡公式是指用来重新调整报表数据进位后的小数位平衡关系的公式。

● 每个公式一行，各公式之间用逗号“,”（半角）隔开，最后一条公式不用写逗号，否则公式无法执行。

● 等号左边只能为一个单元（不带页号和表名）。

● 舍位公式中只能使用“＋”“－”符号，不能使用其他运算符及函数。

10）保存报表格式

（1）执行“文件”→“保存”命令。如果是第一次保存，则打开“另存为”对话框。

（2）选择要保存的文件夹，输入报表文件名“货币资金表”；选择保存类型“*.REP”，单击“保存”按钮。

注意：

● 报表格式设置完以后切记要及时将这张报表格式保存下来，以便以后随时调用。

- 如果没有保存就退出，系统会出现提示对话框“是否保存报表？”，以防止误操作。
- “*.REP”为用友报表文件专用扩展名。

➘ 操作指导（二）

1. 打开定义好的货币资金表

（1）启动 UFO 报表系统，执行“文件”→“打开”命令。

（2）选择需要打开的报表文件“货币资金表.REP”，单击“打开”按钮。

（3）单击空白报表底部左下角的“格式/数据”按钮，使当前状态为“数据”状态。

注意：

- 报表数据处理必须在数据状态下进行。

2. 报表数据处理

1）增加表页

① 执行“编辑”→“追加”→“表页”命令，打开“追加表页”对话框。

② 输入需要增加的表页数“2”，单击“确定”按钮。

注意：

- 追加表页是在最后一张表页后追加若干张空表页，插入表页是在当前表页后面插入一张空表页。
- 一张报表最多只能管理 99 999 张表页，演示版最多为 4 页。

2）输入关键字的值

（1）执行“数据”→“关键字”→“录入”命令，打开“录入关键字”对话框。

（2）输入单位名称“朔日公司”，年“2024”，月“1”，日“31”。

（3）单击“确定”按钮，弹出“是否重算第 1 页？”提示对话框。

（4）单击“是”按钮，系统会自动根据单元公式计算 1 月的数据；单击“否”按钮，系统不计算 12 月的数据，以后可利用“表页重算”功能生成 1 月的数据。

注意：

- 每一张表页均对应不同关键字值，输出时随同单元一起显示。
- 日期关键字可以确认报表数据取数的时间范围，即确定数据生成的具体日期。

3）生成报表

（1）执行“数据”→“表页重算”命令，弹出“是否重算第 1 页？”提示对话框。

（2）单击“是”按钮，系统会自动在初始的账套和会计年度范围内根据单元公式计算生成数据。

4）报表舍位操作

① 执行“数据”→“舍位平衡”命令。

② 系统会自动根据前面定义的舍位公式进行舍位操作，并将舍位后的报表保存在“SW1.REP”文件中。

注意：

- 舍位操作以后，可以将 SW1.REP 打开查阅一下。
- 如果舍位公式有误，系统状态栏会提示“无效命令或错误参数!”。

3. 表页管理

1）表页排序

① 执行“数据”→“排序”→“表页”命令，打开“表页排序”对话框。

② 确定如下信息：选择第一关键字“年”，排序方向“递增”；第二关键字“月”，排序方向“递增”。

③ 单击“确定”按钮。系统将自动把表页按年份递增顺序重新排列，如果年份相同则按月份递增顺序排序。

2）表页查找

① 执行“编辑”→“查找”命令，打开“查找”对话框。

② 确定查找内容“表页”，确定查找条件“月＝1”。

③ 单击“查找”按钮，查找到符合条件的表页作为当前表页。

4. 图表功能

1）追加图表显示区域

（1）在格式状态下，执行“编辑”→“追加”→“行”命令，打开“追加行”对话框。

（2）输入追加行数“10”，单击“确定”按钮。

注意：

● 追加行或列须在格式状态下进行。

2）插入图表对象

（1）在数据状态下，选取数据区域“A3:D6”。

（2）执行“工具”→“插入图表对象”命令，打开“区域作图”对话框。

（3）选择确定如下信息：数据组“行”，数据范围“当前表页”。

（4）输入图表名称“资金分析图”，图表标题“资金对比”，X 轴标题“期间”，Y 轴标题“金额”。

（5）选择图表格式“成组直方图”，单击“确定”按钮。

注意：

● 插入的图表对象实际上也属于报表的数据，因此有关图表对象的操作必须在数据状态下进行。

● 选择图表对象显示区域时，区域不能少于 2 行×2 列，否则会提示出现错误。

5. 编辑图表对象

1）编辑图表主标题

① 双击图表对象的任意位置，选中图表。

② 执行“编辑”→“主标题”命令，打开“编辑标题”对话框。

③ 输入主标题“资金对比分析”，单击“确定”按钮。

2）编辑图表主标题字样

① 单击选中“主标题”。

② 执行“编辑”→“标题字体”命令，打开“标题字体”对话框。

③ 选择字体“隶书”，字形“粗体”，字号“12”，效果“加下画线”，单击“确定”按钮。

操作指导（三）

1. 调用资产负债表模板

（1）执行“格式”→“报表模板”命令，打开“报表模板”对话框。

（2）选择所在行业“2007年新会计制度科目”，财务报表“资产负债表”。

（3）单击“确定”按钮，弹出“模板格式将覆盖本表格式！是否继续？”提示对话框。

（4）单击“确定”按钮，即可打开资产负债表模板。

2. 调整报表模板

（1）单击“数据/格式”按钮，将“资产负债表”处于格式状态。

（2）根据本单位的实际情况，调整报表格式，修改报表公式。

（3）保存调整后报表模板。

3. 生成资产负债表数据

（1）在数据状态下，执行“数据”→“关键字”→“录入”命令，打开“录入关键字”对话框。

（2）输入关键字：年“2024”，月“1”，日“31”。

（3）单击“确定”按钮，弹出“是否重算第1页？”提示对话框。

（4）单击“是”按钮，系统会自动根据单元公式计算1月的数据；单击“否”按钮，系统不计算1月的数据，以后可利用“表页重算”功能生成1月的数据。

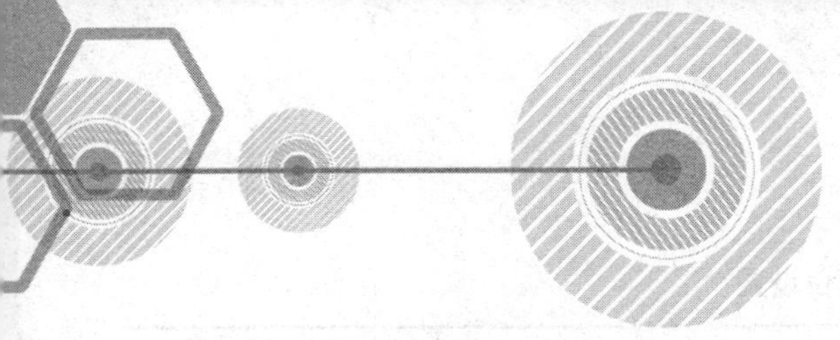

项目六

薪资管理系统业务

项目导学

任何一个企业、行政事业单位都要进行工资核算、工资发放、工资费用分摊、工资统计分析和个人所得税核算等与工资相关的财务核算工作。薪资管理系统不仅可以完成上述的核算工作，还可以与总账系统集成使用，将工资凭证传递到总账中，也可以与成本管理系统集成使用，为成本管理系统提供人员的费用信息，同时提供多种工资核算类型的解决方案。

薪资管理系统主要包括工资账套的建立，日常薪资管理，月末处理等内容。

学习目标

了解薪资管理系统的启用，掌握薪资管理系统基础数据的设置，熟悉薪资管理系统日常管理的各项操作，掌握薪资管理系统期末的操作。熟练运用薪资管理系统来完成实验资料的操作。

任务一　初 始 设 置

➘ 目标

建立工资账套是整个薪资管理系统正确运行的基础，将影响工资项目的设置和工资业务的具体处理方式。工资账套建立后，进行薪资管理系统的初始化设置。进入薪资管理系统后，进行基础设置工作，为后续的工资核算做准备，并进行工资类别的管理。

➘ 项目描述

1. 建立工资账套

工资类别个数设置为“多个”，核算币种设置为“人民币 RMB”，要求代扣个人所得税，不进行扣零处理。

2. 薪资管理系统的初始化设置

（1）人员附加信息设置：增加“性别”“身份证号”作为人员附加信息。

（2）人员类别设置：管理人员、车间管理人员、生产工人。

（3）工资项目设置见表 6－1。

表 6-1　工资项目设置

项目名称	类　型	长　度	小数位数	增减项
基本工资	数字	8	2	增项
奖励工资	数字	8	2	增项
交补	数字	8	2	增项
应发合计	数字	10	2	增项
请假扣款	数字	8	2	减项
养老保险金	数字	8	2	减项
扣款合计	数字	10	2	减项
实发合计	数字	10	2	增项
代扣税	数字	10	2	减项
请假天数	数字	8	2	其他

（4）银行名称。工商银行中关村分理处，账号定长为 11。

3. 工资类别及相关信息

（1）工资类别一：正式人员。

正式人员档案见表 6-2。

部门选择：所有部门。

工资项目：基本工资、奖励工资、交补、应发合计、请假扣款、养老保险金、扣款合计、实发合计、代扣税、请假天数。请假扣款，养老保险金，交补由系统自动计算，计算公式见表 6-3。

表 6-2　正式人员档案

人员编号	人员姓名	部门名称	人员类别	账　号	是否中方人员	是否计税
101	陈伟清	总经办	管理人员	20180010001	是	是
102	郑主管	财务部	管理人员	20180010002	是	是
103	黄会计	财务部	管理人员	20180010003	是	是
104	刘出纳	财务部	管理人员	20180010004	是	是
201	罗　颂	销售一部	管理人员	20180010005	是	是
301	周　月	生产部	车间管理人员	20180010010	是	是
302	李　彤	生产部	车间管理人员	20180010011	是	是
303	吴　强	生产部	生产工人	20180010012	是	是

注：以上所有人员的代发银行均为工商银行中关村分理处。

表 6–3 计算公式

工资项目	定义公式
请假扣款	请假天数×30
养老保险金	基本工资×0.08
交补	Iff(人员类别 = "管理人员"OR 人员类别 = "车间管理人员",300,150)

（2）工资类别二：临时人员。

临时人员档案见表 6–4。

部门选择：生产部。

工资项目：基本工资、请假扣款、请假天数。

表 6–4 临时人员档案

人员编号	人员姓名	部门名称	人员类别	是否中方人员	是否计税
304	罗江	生产部	生产工人	是	是
305	刘青	生产部	生产工人	是	是

➘ 知识准备

登录"企业应用平台"，当第一次使用薪资管理系统时，系统将自动进入建账向导。系统提供的建账向导分为四个步骤：参数设置、扣税设置、扣零设置、人员编码。进入工资系统后，先进行基础设置工作，为后续的工资核算做准备，具体包括如下内容。

1. 人员类别设置

人员类别是指按某种特定分类方式将人员分成若干类型。不同类型的人员工资水平可能不同，有助于实现工资的多级化管理。人员类别设置将与工资费用的分配、分摊有关，并能为企业提供不同人员类别的工资信息。

2. 银行名称设置

当企业发放工资采用银行代发形式时，需要确定银行的名称及账号的长度。银行名称设置可设置多个发放工资的银行，以适应不同的需要。例如，同一工资类别中的人员由于在不同的工作地点，需要在不同的银行代发工资，或者不同的工资类别由不同的银行代发工资等。

3. 人员档案设置

人员档案设置用于登记工资发放人员的姓名、职工编号、所在部门、人员类别等信息，员工的增减变动都必须先在本功能中处理。

4. 工资项目设置

设置工资项目，即定义工资项目的名称、类型、长度，可根据企业实际需要自由设置工资项目，如基本工资、岗位工资、副食补贴、扣款合计等。

5. 选项

系统在建立新的工资账套后，或者由于业务的变更，发现一些工资参数与核算内容不符，可以在此进行工资账套参数的调整，包括对以下参数的修改：扣零设置、扣税设置、参数设置、汇率调整。

操作指导

1. 建立工资账套

1）参数设置

（1）选择本账套处理的工资类别个数“多个”，如图 6－1 所示。

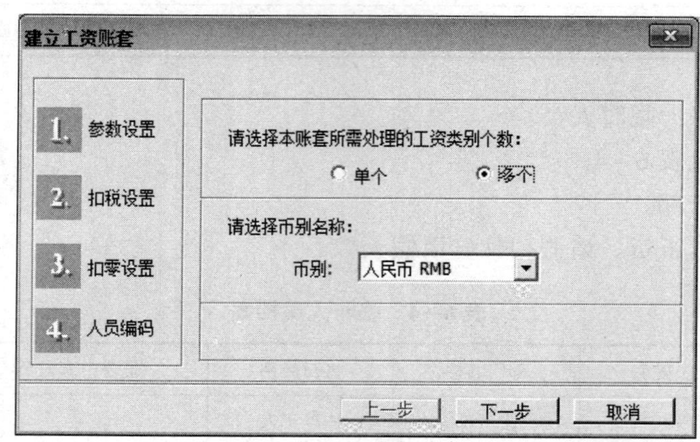

图 6－1　参数设置

（2）选择币种名称。

（3）确定“是否核算计件工资”，系统将根据此参数判断是否显示计件工资核算的相关信息。

2）扣税设置

确定是否从工资中代扣个人所得税。若选择此项，进行工资核算时系统就会根据输入的税率自动计算个人所得税，如图 6－2 所示。

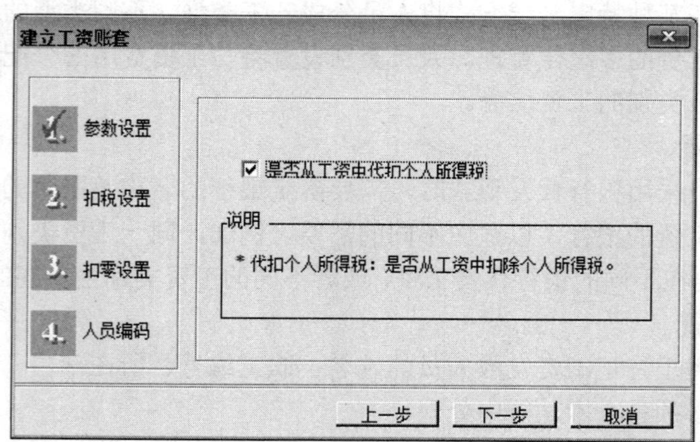

图 6－2　扣税设置

3）扣零设置

确定是否进行扣零处理。若选择进行扣零处理，系统在计算工资时将依据所选择的扣零类型将零头扣下，并在积累成整数时补上。扣零的计算公式将由系统自动定义，无须设置，如图 6－3 所示。

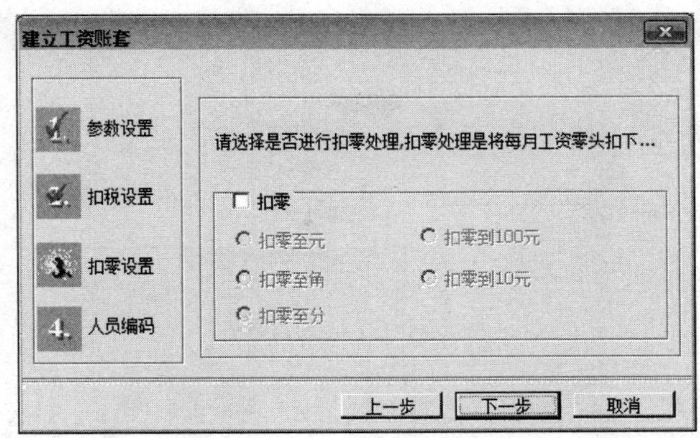

图 6-3 扣零设置

4）人员编码

设置人员编码的长度。人员编码长度中不含所属部门编码。人员编码长度的确定应结合企业员工人数而定。人员档案中的人员编码的设置必须符合人员编码规定，如图 6-4 所示。

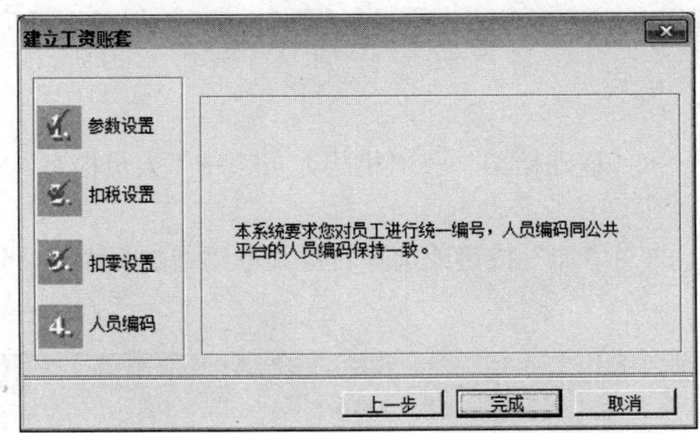

图 6-4 人员编码

注意：

● 工资账套与企业账套概念不同，企业账套是在系统管理中建立的，是针对整个用友财务系统而言的；而工资账套只针对用友系统中的工资系统，即工资账套是企业核算账套的一个组成部分。

● 单工资类别情况下，工资账套建立完成后不需要建立工资类别；多工资类别情况下，工资账套建立完成后需要在“工资类别”功能中建立工资类别。

2. 薪资管理系统的初始化设置

1）人员类别设置

执行“基础设置”→“基础档案”→“机构人员”→“人员类别”，打开“人员类别”窗口，依次增加管理人员、车间管理人员，生产工人。

2）银行名称设置

执行“基础设置”→“基础档案”→“财务”→“收付结算”→“银行档案”，进入“修改银行档案”对话框，如图 6-5 所示。

输入银行名称为“工商银行中关村分理处”，账号长度为 11。

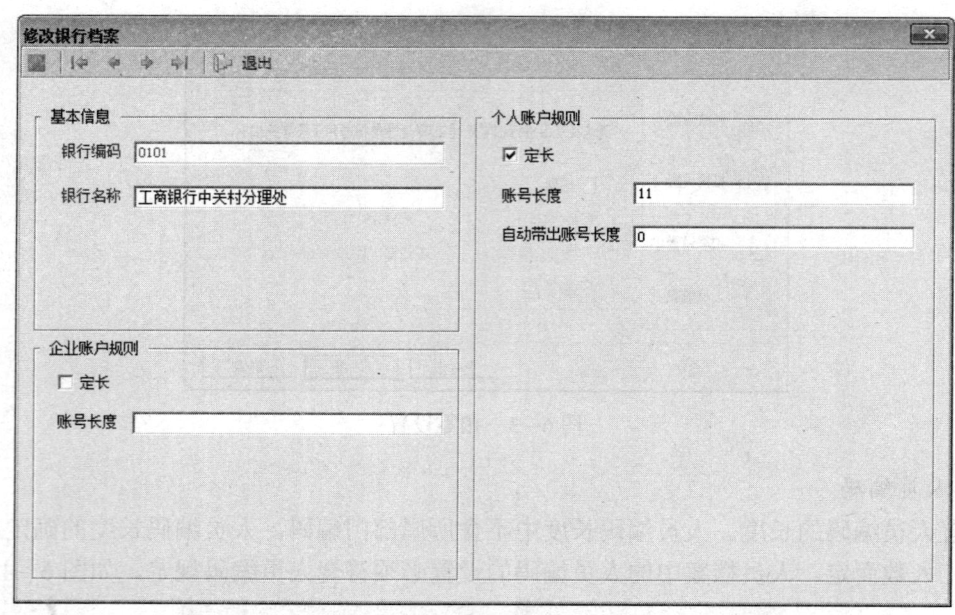

图 6-5　修改银行档案

3）人员档案设置

执行“基础设置”→“基础档案”→“机构人员”→“人员档案”命令，显示“人员档案”窗口。

（1）单击工具栏上的“增加”按钮或选择右键菜单“增加”命令，进入“人员档案”窗口，如图 6-6 所示。

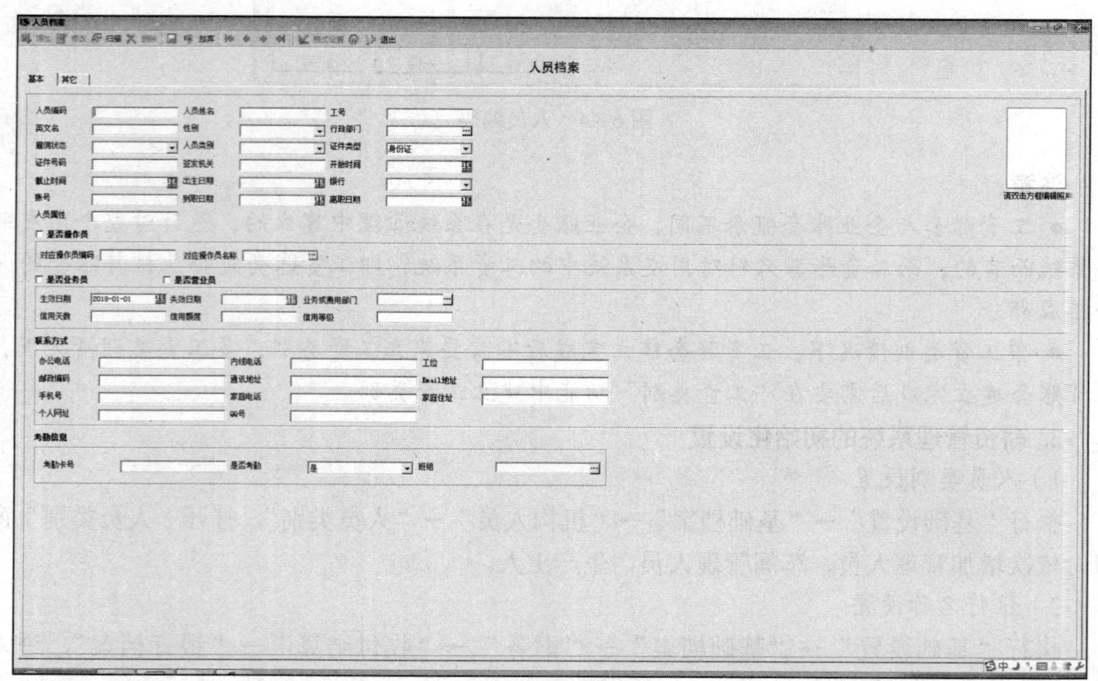

图 6-6　人员档案

（2）在“基本”选项卡中输入新增人员的编码和姓名，并选择其所属部门的编码、名称和人员类别。其中，人员编码必须唯一，且与人员姓名一一对应，只有末级部门才可设置人员，人员类别必须选择。

（3）选择或输入该人员到职日期，人员的到职日期不应大于当前的系统注册日期。

（4）若用户单位工资为银行代发工资，请选择代发银行的名称，并输入银行账号。

（5）选择“计税”复选框，系统自动对该人员进行个人所得税扣缴、申报。

（6）当单位有外籍员工时，由于中外员工的个人所得税计税规定不同，需要选择该员工是否为中方人员。

（7）选择“核算计件工资”复选框，表示该员工进行计件工资核算管理，则在“计件工资统计表”中才能输入该人员的计件数量及单价。

（8）在“附加信息”选项卡中输入人员附加信息。该选项卡显示的项目在“人员附加信息”中设置。

（9）单击“确定”按钮，系统将保存当前设置并新增一个人员记录。

4）工资项目设置

执行“设置”→“工资项目设置”命令，进入“工资项目设置”对话框，如图6－7所示。

（1）单击“增加”按钮，在“工资项目”列表末尾增加一空行。

（2）直接输入工资项目或在“名称参照”下拉列表中选择工资项目名称，并设置新建工资项目的类型、长度、小数位数和工资增减项。其中，“增项”直接计入应发合计，“减项”直接计入扣款合计。若工资项目“类型”为字符型，则“小数”不可用，“增减项”为其他。

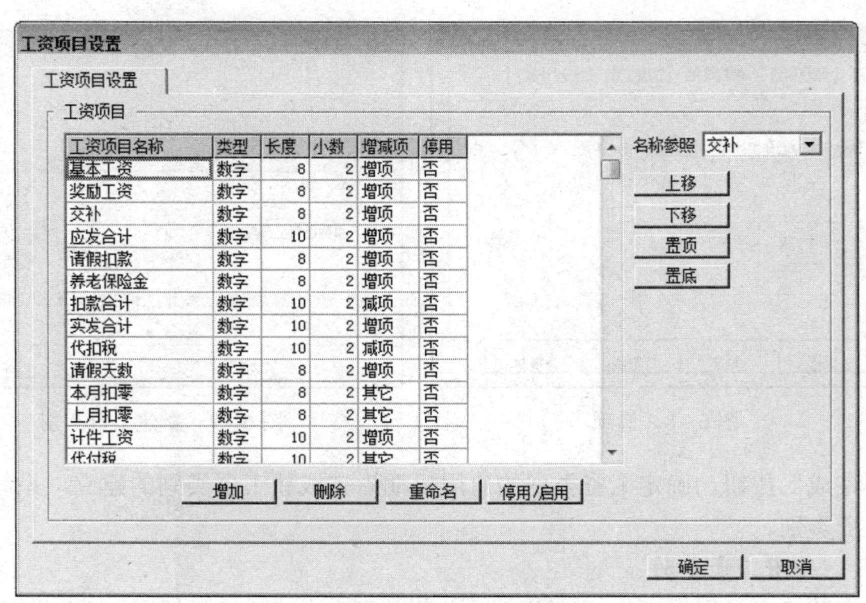

工资项目名称	类型	长度	小数	增减项	停用
基本工资	数字	8	2	增项	否
奖励工资	数字	8	2	增项	否
交补	数字	8	2	增项	否
应发合计	数字	10	2	增项	否
请假扣款	数字	8	2	增项	否
养老保险金	数字	8	2	增项	否
扣款合计	数字	10	2	减项	否
实发合计	数字	10	2	增项	否
代扣税	数字	10	2	减项	否
请假天数	数字	8	2	增项	否
本月扣零	数字	8	2	其它	否
上月扣零	数字	8	2	其它	否
计件工资	数字	10	2	增项	否
代付税	数字	10	2	其它	否

图6－7　工资项目设置

注意：

- 与选择的工资账套参数无关，系统均提供应发合计、扣款合计、实发合计几项固定的工资项目。
- 如果建账时选择了“代扣个人所得税”选项，则系统提供代扣税项目。

- 如果建账时选择了“扣零”处理，则系统提供“本月扣零”和“上月扣零”两个工资项目。
- 工资项目名称必须唯一。
- 已使用的工资项目不可删除，也不能修改其数据类型。
- 函数公式向导只支持系统提供的函数。
- 系统提供的工资固定项目不可修改、删除。
- 定义公式时须注意先后顺序，先得到的数应先设公式。
- 定义的工资项目计算公式要符合逻辑，系统将对公式进行合法性检验。
- 应发合计、扣款合计和实发合计公式由系统根据定义的增减项自动设置。

5）选项

执行“设置”→“选项”命令，进入“选项”对话框，如图6－8所示。

单击“编辑”按钮，即可对各种参数进行修改。

3. 工资类别管理

1）建立工资类别

建立工资账套后，系统弹出提示“未建立工资类别！”，如单击“确定”按钮直接进入“新建工资类别”向导；如单击“取消”按钮，没有进行新建工资类别设置，就采用下列的步骤建立工资类别。执行“工资类别”→“新建工资类别”命令，弹出“新建工资类别”对话框，如图6－9所示。

输入工资类别的名称（长度为最长15个汉字或30个字符）后单击“下一步”按钮。选择新建的工资类别包括的部门。

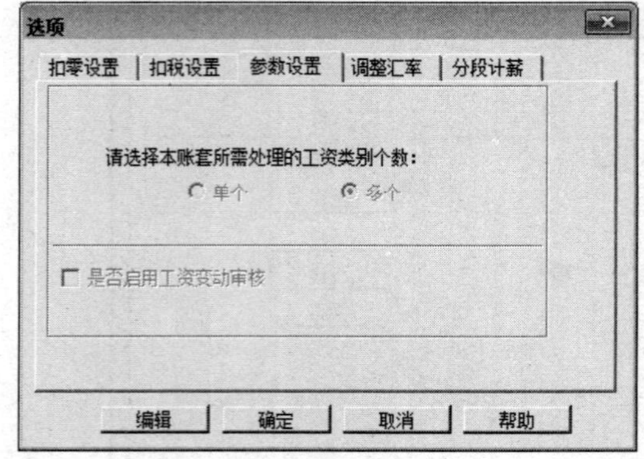

图6－8　选项

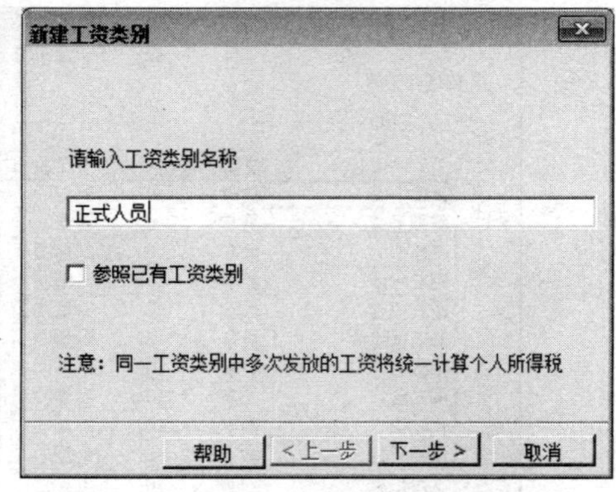

图6－9　新建工资类别

单击“完成”按钮，确定工资类别的启用日期后完成新工资类别的建立，系统会自动打开新建的工资类别。

2）打开、关闭工资类别

当系统打开工资类别的时候，“工资类别”菜单下有“打开工资类别”和“关闭工资类别”两个选项。单击“关闭工资类别”后，菜单下就变成了有“新建工资类别”“打开工资类别”“删除工资类别”三个选项。

3）删除工资类别

在关闭工资类别的情况下，打开“工资类别”菜单，单击“删除工资类别”，弹出“删除工资类别”对话框，如图6－10所示。

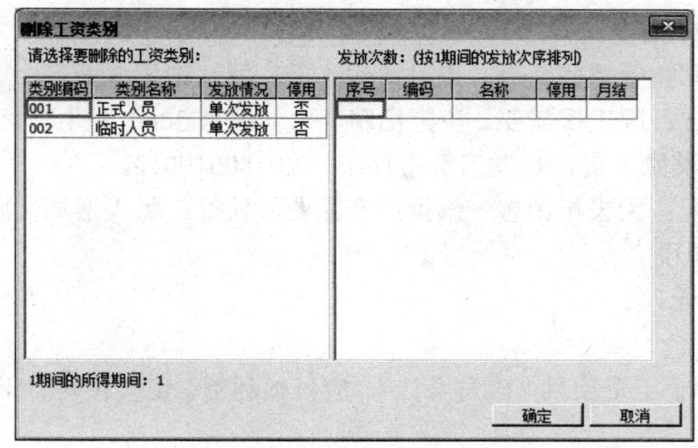

图 6-10 删除工资类别

在工资类别名称列表中选择要删除的工资类别后单击“确定”按钮，完成删除操作。

任务二 日常业务处理与月末处理

➘ 目标

在日常业务处理中，可以管理所有企业人员的工资数据，对人员的变动、工资的变动进行处理；自动扣缴个人所得税，并根据工资的发放形式扣零或向工资代发银行传输工资的数据；自动汇总计算工资数据；可设置计件工资核算模式；自动进行工资分摊计提相关费用直接生成凭证传递到总账系统；可实现对不同类别的工资数据汇总，统一核算工资。在统计分析中，不仅提供了工资表、汇总表、明细表、分析表、统计表等，还提供了凭证查询、自定义报表查询等功能，工资核算的结果通过报表和凭证来体现。最后进行月末处理。

➘ 项目描述

1. 工资数据

（1）1 月初正式人员和临时人员工资情况分别见表 6-5 和表 6-6。

表 6-5 正式人员工资情况

姓 名	基本工资/元	奖励工资/元
陈伟清	8 000	800
郑主管	7 000	700
黄会计	5 000	500
刘出纳	6 500	650
罗 颂	6 000	400
周 月	7 000	500
李 彤	6 500	450
吴 强	5 500	350

表 6-6 临时人员工资情况

姓 名	基本工资/元
罗江	5 800
刘青	4 200

（2）1 月工资变动情况。

① 考勤情况：郑主管请假 2 天，周月请假 1 天，罗江请假 3 天。

② 人员调动情况：因工作需要，决定招聘李力（编号 306）到生产部担任生产人员，基本工资 4 500 元，无奖励工资，代发工资银行账号 20180010013。

③ 发放资金情况：因去年销售一部推广产品业绩较好，每人增加奖励工资 800 元。

2. 代扣个人所得税

计税基数 5 000 元。

3. 工资分摊

应付工资总额等于工资项目“应发合计”，应付福利费、工会经费、职工教育经费也以此为计提基数。

工资费用分配的转账情况见表 6－7。

表 6－7　工资费用分配的转账情况　　单位：元

<table>
<tr><th colspan="2" rowspan="2">工资分摊
部　门</th><th colspan="2">应付工资</th><th colspan="2">应付福利费（14%）</th><th colspan="2">工会经费（2%），职工教育经费（8%）</th></tr>
<tr><th>借　方</th><th>贷　方</th><th>借　方</th><th>贷　方</th><th>借　方</th><th>贷　方</th></tr>
<tr><td>总经办，财务部</td><td>管理人员</td><td>6602</td><td>2211</td><td>6602</td><td>2211</td><td rowspan="4">6602</td><td rowspan="4">2211</td></tr>
<tr><td>销售一部</td><td>管理人员</td><td>6601</td><td>2211</td><td>6601</td><td>2211</td></tr>
<tr><td rowspan="2">生产部</td><td>车间人员</td><td>5101</td><td>2211</td><td>5101</td><td>2211</td></tr>
<tr><td>生产工人</td><td>5001</td><td>2211</td><td>5001</td><td>2211</td></tr>
</table>

➘ 知识准备

（1）工资数据变动是指薪资管理系统可以进行工资数据的变动、汇总处理，支持多套工资数据的汇总。

（2）工资分钱清单是指薪资管理系统提供了部门分钱清单、人员分钱清单和工资发放取款单。

（3）工资分摊是指薪资管理系统在月末自动完成工资分摊、计提、转账业务，将生成的凭证传递到总账系统，并实现全系统的资源共享。

（4）银行代发是指薪资管理系统提供的银行代发功能，预置了银行代发模板，并可实现在同一工资账中的人员由不同的银行代发工资。

（5）扣缴所得税是指薪资管理系统提供个人所得税自动计算与申报功能。

（6）计件工资统计是指薪资管理系统支持的计件工资核算模式，输入计件工资计件数量和计件单价，自动计算出人员计件工资，并完成计件工资汇总统计。

➘ 操作指导

1. 工资变动管理

进入工资变动后，系统显示所有人员的所有工资项目，可直接在列表中修改数据。

执行“业务处理”→“工资变动”命令，进入“工资变动”窗口，如图 6－11 所示。

（1）在工资变动列表中选中需要编辑的人员所在行。

（2）单击工具栏上的“编辑”按钮，或者右击，在弹出的菜单中选择“页编辑”命令，进入“页编辑”对话框。此时，“状态”一栏中显示为“变动状态”，如图 6－12 所示。

（3）双击需要编辑的项目所对应的内容栏，录入或修改当前人员的工资数据。

（4）输入没有进行公式定义的项目，其余各项由系统根据公式计算。

（5）单击“保存”按钮保存数据。

（6）若需要变更其他人员的工资数据，可单击“上一个”或“下一个”按钮找到须变更人员，然后重复步骤（3）至（5）。

（7）如果要对同一工资项目做统一变动，可采用数据替换功能。单击工具栏上的“替换”按钮，进入“工资项数据替换”对话框，如图 6－13 所示，设置替换条件后单击“确定”按钮。

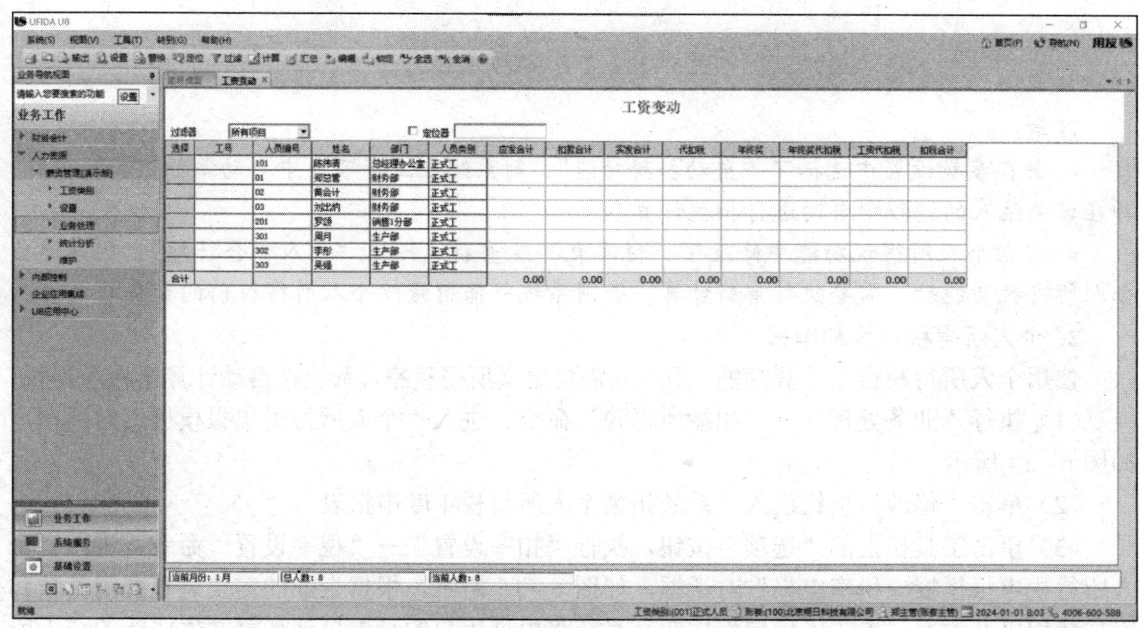

图 6－11 工资变动

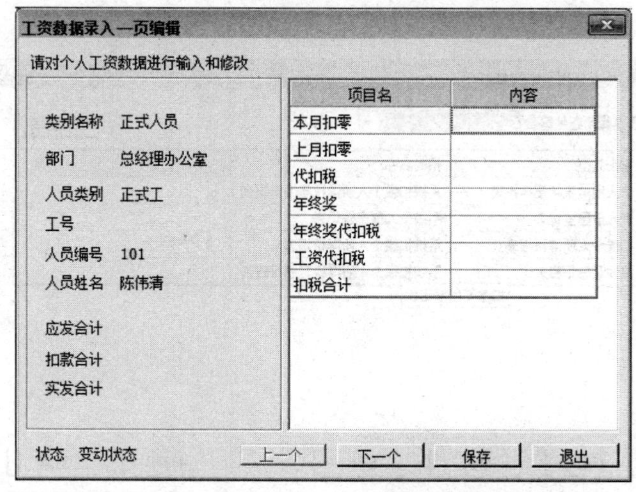

图 6－12 “工资数据录入—页编辑”对话框

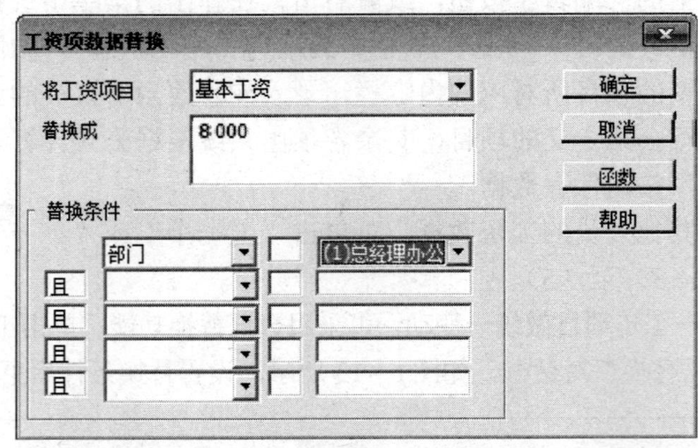

图 6－13　工资项数据替换

注意：

● 若在参数设置中选择了“自动扣税功能”，则系统在工资项目中自动添加代扣税项目，并在数据录入的过程中自动进行扣税计算。

● 若在个人所得税功能中修改了“税率表”或重新选择了“收入额合计项”，则在退出个人所得税功能后，需要执行重新计算，否则系统将保留修改个人所得税前的数据状态。

2. 个人所得税计算和申报

使用个人所得税自动计算功能，用户只需自定义所得税率，系统将自动计算个人所得税。

（1）执行“业务处理”→“扣缴所得税”命令，进入“个人所得税申报模板”对话框，如图 6－14 所示。

（2）单击“修改”按钮进入“系统扣缴个人所得税年度申报表”。

（3）单击工具栏上的“选项”按钮，执行“扣率设置”→“税率设置”命令，进入“个人所得税申报模板—税率申报”对话框，如图 6－15 所示，根据企业的需要调整费用基数和附加费用以及税率，单击“确定”按钮，系统将根据用户的设置自动计算并生成新的个人所得税申报表。

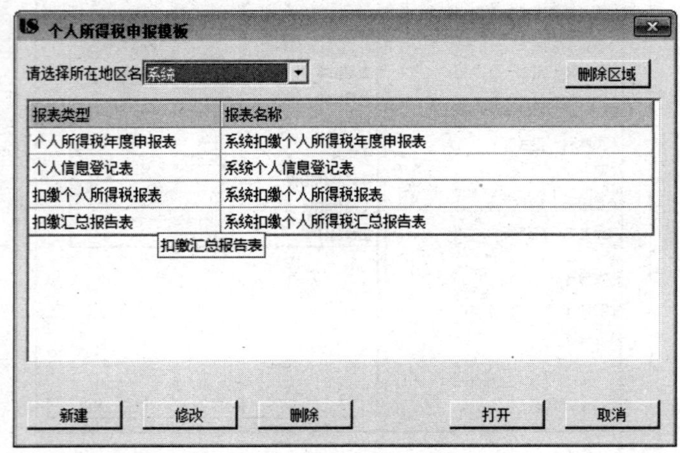

图 6－14　个人所得税申报模板

级次	应纳税所得额下限	应纳税所得额上限	税率(%)	速算扣除数
1	0.00	1500.00	3.00	0.00
2	1500.00	4500.00	10.00	105.00
3	4500.00	9000.00	20.00	555.00
4	9000.00	35000.00	25.00	1005.00
5	35000.00	55000.00	30.00	2755.00
6	55000.00	80000.00	35.00	5505.00
7	80000.00		45.00	13505.00

图 6－15　个人所得税申报表——税率表

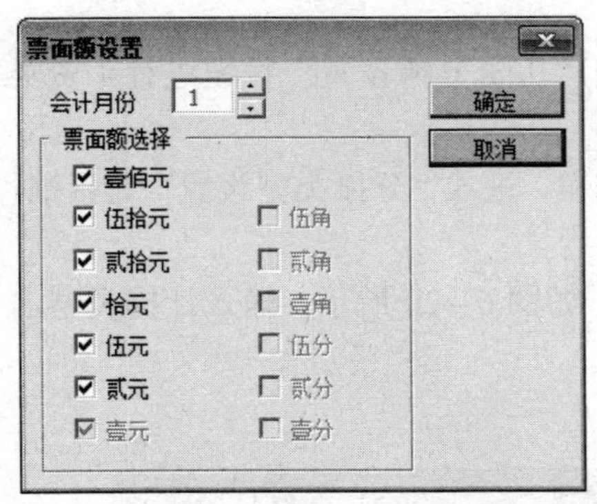

图 6－16　票面额设置

3. 工资分钱清单

工资分钱清单是按单位计算的工资发放分钱票面额清单，会计人员根据此表从银行取款并发给各部门。执行此功能必须在个人数据输入调整完之后，如果个人数据在计算后又进行了修改，须重新执行本功能，以保证数据正确。

执行“业务处理”→“工资分钱清单”命令，进入“票面额设置”对话框，如图 6－16 所示。设置会计月份及票面额选择（用户可根据单位需要自由设置）。系统默认用户要进行分钱的工资数据项目为实发工资项目，单击“确定”按钮保存设置，如图 6－17 所示。

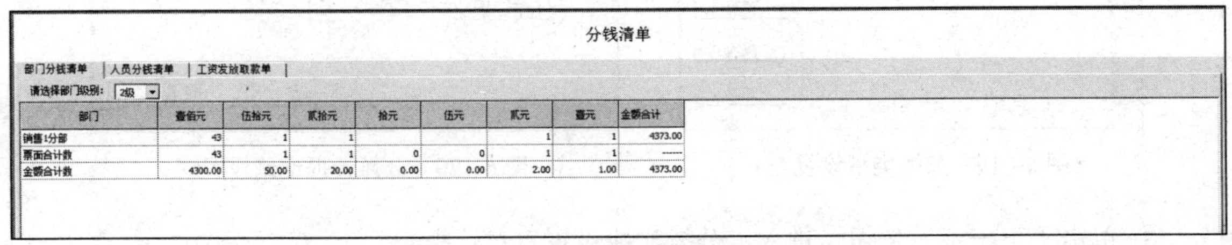

部门	壹佰元	伍拾元	贰拾元	拾元	伍元	贰元	壹元	金额合计
销售1分部	43	1	1			1	1	4373.00
票面合计数	43	1	1	0	0	1	1	------
金额合计数	4300.00	50.00	20.00	0.00	0.00	2.00	1.00	4373.00

图 6－17　分钱清单

4. 银行代发工资

银行代发工资即由银行发放企业职工个人工资，目前，许多单位都采用这种方式。这种做法既减轻了财务部门发放工资工作的业务量，有效地避免了财务部门到银行提取大笔款项所承担的风险，又提高了对员工个人工资的保密程度。企业一般应根据开户银行的要求进行相应的设置，自动生成银行代发工资汇总表文件，由银行工作人员将工资划入企业员工的工资卡。

5. 工资费用分摊

月末，财会部门根据工资费用分配表，将工资费用根据用途进行分配，并编制转账会计凭证，供总账系统记账处理。

（1）执行“业务处理”→“工资分摊”命令，进入“工资分摊”对话框，如图 6－18 所示。

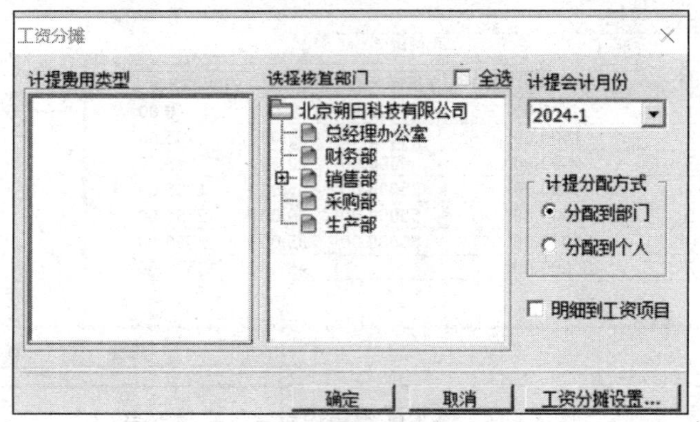

图 6－18　工资分摊

（2）若现有“计提费用类型”不能满足需求，可单击“工资分摊设置”按钮进行工资类型、分摊计提比例和分类构成的设置，具体操作如下。

① 在“工资分摊”对话框中单击“工资分摊设置”按钮，进入“分摊类型设置”对话框，如图 6－19 所示。

② 单击“增加”按钮，新增一个工资分配计提类型，如图 6－20 所示，输入计提类型名称和分摊计提比例。

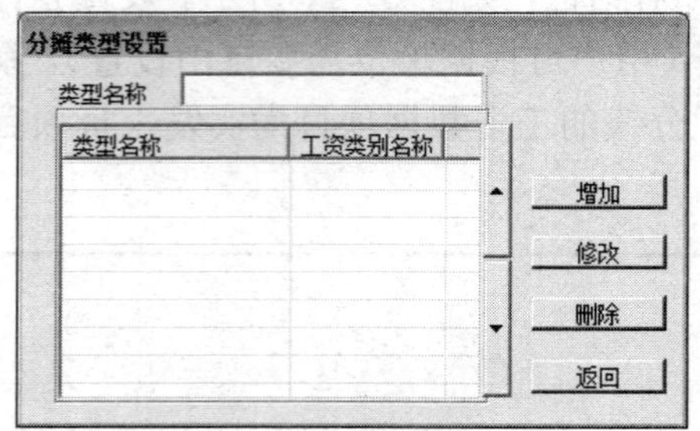

图 6－19　分摊类型设置

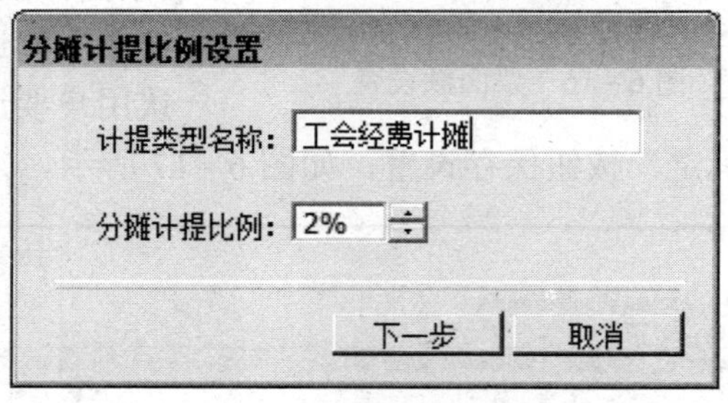

图 6－20　分摊计提比例设置

③ 单击“下一步”按钮，进入“分摊构成设置”对话框。

a）部门名称：选择部门，一次可选择多个部门。不同部门、相同人员类别可设置不同分摊科目。

b）人员类别：选择费用分配人员类别。

c）工资项目：对应选中的部门、人员类别，选择计提分配的工资项目。每个人员类别可选择多个计提分配的工资项目。工资项目包括本工资类别所有的增项、减项和其他项目。

d）借方科目：对应选中部门、人员类别的每个工资项目的借方科目。

e）贷方科目：对应选中部门、人员类别的每个工资项目的贷方科目。

（3）单击“完成”按钮，便可增加一个新的分摊类型。

① 选择参与本次费用分摊的计提费用类型、参与核算部门以及计提会计月份、计提分配方式。

② 确定是否明细到工资项目。若选中此选项，则按工资项目明细列示分摊表格。

（4）单击“确定”按钮显示工资分摊一览表，在“类型”下拉列表中选择需要生成凭证的分摊类型，设置完成对应科目。

（5）单击“制单”按钮，或者选择右键菜单中“制单”命令，进入“凭证填制”对话框。选择凭证类别（转账）后，单击“保存”按钮，保存的转账凭证如图 6–21 所示。如果单击“批制”按钮，即可一次生成所有参与本次分摊的分摊类型所对应的转账凭证。

注意：

- 所有与工资相关的费用均须建立相应的分摊类型名称及分摊计提比例。
- 不同部门、相同人员类别可以设置不同的分摊科目。
- 不同部门、相同人员类别在设置时，可以一次选择多个部门。

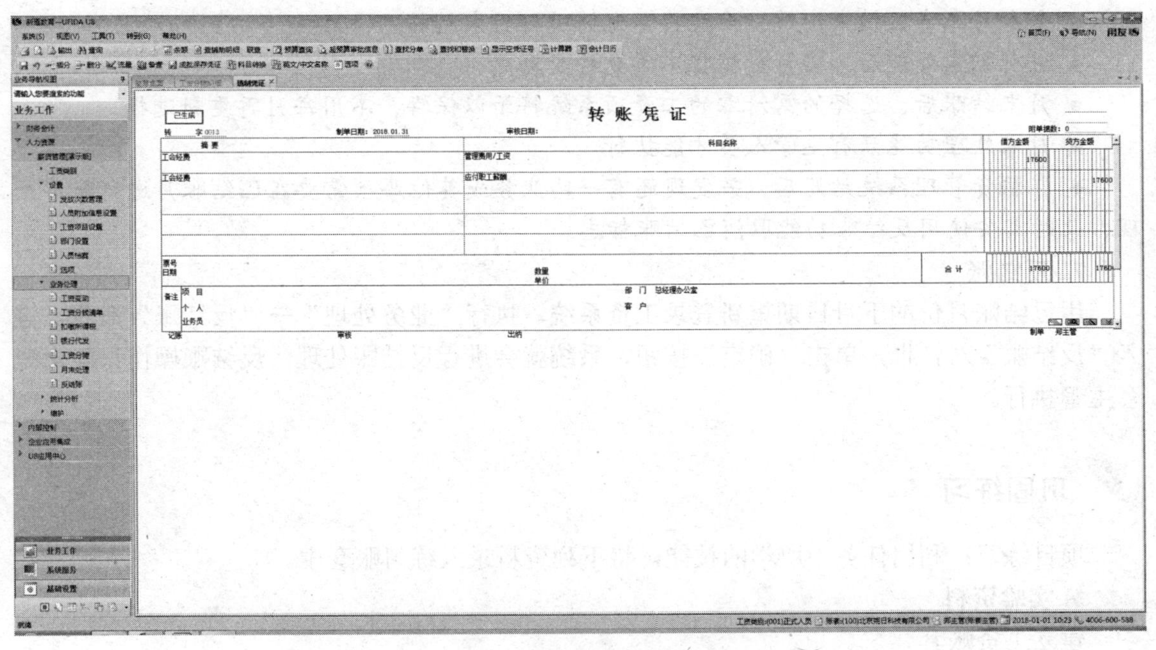

图 6–21 保存的转账凭证

6. 月末处理

月末处理是将当月数据经过处理后结转至下月。每月工资数据处理完毕后均可进行月末结转。

由于在工资项目中，有的项目是变动的，即每月的数据均不相同，因此在每月工资处理时，均须将其数据清为 0，然后输入当月的数据，此类项目即为清零项目。若不进行清零操作，则下月项目将完全继承当前月数据。

执行“业务处理”→“月末处理”命令，进入“月末处理”对话框，如图 6–22 所示。单击“确定”按钮即可进行月末结转。

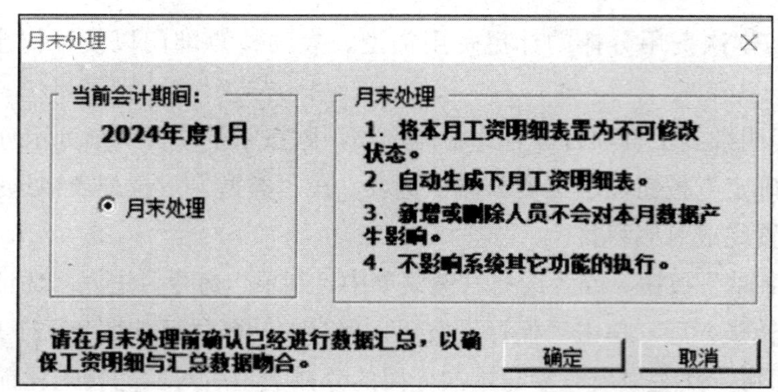

图 6－22　月末处理

注意：

- 月末处理只有在会计年度的 1 月至 11 月进行，12 月的结转应在系统管理中的年度账结转中进行。
- 若本月工资数据未汇总，系统将不允许进行月末结转。
- 进行期末处理后，当月数据将不再允许变动。
- 月末结账后，选择的需清零的工资项系统将予以保存，不用每月再重新选择。
- 月末处理功能只有主管人员才能执行。
- 在薪资管理系统结账后，若发现还有一些业务或其他事项需要在已结账月进行账务处理，此时需要使用反结账功能取消已结账标志。

7. 反结账

用已结账月份的下月日期重新登录工资系统，执行“业务处理”→“反结账”命令，进入“反结账”对话框，单击“确定”按钮，系统就会进行反结账处理，反结账操作只能由账套主管执行。

项目练习：利用任务中所学的技能，将下列资料录入练习账套中。

➘ 实验资料

建立工资账套

工资类别个数：多个；核算计件工资；核算币种：人民币 RMB；要求代扣个人所得税，不进行扣零处理；人员编码长度：3 位；启用日期：2024 年 1 月。

1. 基础信息设置

1）工资项目设置

工资项目明细表见表 6－8。

表 6－8　工资项目明细表

项目名称	类型	长度	小数	增减项
基本工资	数字	8	2	增项
奖励工资	数字	8	2	增项

续表

项目名称	类型	长度	小数	增减项
交补	数字	8	2	增项
应发合计	数字	10	2	增项
请假扣款	数字	8	2	减项
养老保险金	数字	8	2	减项
扣款合计	数字	10	2	减项
实发合计	数字	10	2	增项
代扣税	数字	10	2	减项
请假天数	数字	8	2	其他

2）人员档案设置

工资类别 1：正式人员

部门选择：所有部门

工资项目：基本工资、奖励工资、交补、应发合计、请假扣款、养老保险金、扣款合计、实发合计、代扣税、请假天数。

计算公式见表 6–9。

表 6–9　计算公式

工资项目	定义公式
请假扣款	请假天数*20
养老保险金	（基本工资＋奖励工资）*0.05
交补	iff(人员类别＝“企业管理人员”OR 人员类别＝“车间管理人员”,100,50)

人员档案见表 6–10。

表 6–10　人员档案

人员编号	人员姓名	部门名称	人员类别	账号	中方人员	是否计税	核算计件工资
101	肖剑	总经理办公室	企业管理人员	20180080001	是	是	否
102	陈明	财务部	企业管理人员	20180080002	是	是	否
103	王晶	财务部	企业管理人员	20180080003	是	是	否
104	马方	财务部	企业管理人员	20180080004	是	是	否
201	白雪	供应部	经营人员	20180080005	是	是	否
202	李平	供应部	经营人员	20180080006	是	是	否
203	王丽	销售一部	经营人员	20180080007	是	是	否
204	孙健	销售一部	经营人员	20180080008	是	是	否
301	周月	制造车间	车间管理人员	20180080009	是	是	否
301	孟强	制造车间	生产工人	20180080010	是	是	否

注：以上所有人员的代发银行均为工商银行中关村分理处。

工资类别 2：临时人员

部门选择：制造车间

工资项目：计件工资明细表见表 6－11。

表 6－11　计件工资明细表

人员编号	人员姓名	部门名称	人员类别	账号	中方人员	是否计税	计件二资
311	罗江	制造车间	生产工人	20180080031	是	是	是
321	刘青	制造车间	生产工人	20180080032	是	是	是

3）银行名称

银行名称为工商银行中关村分理处，账号定长为 11。

4）工资标准

计件工资标准：工时

工时档案包括两项：01 组装；02 检验

5）计件工资方案设置

计件工资方案见表 6－12。

表 6－12　计件工资方案

部门	方案编号	方案名称	工时	计件单位
车间	01	组装工时	组装	12.00 元
车间	02	检验工时	检验	8.00 元

2. 工资数据

1）1 月初人员工资情况

正式人员工资情况见表 6－13。

表 6－13　正式人员工资情况

姓名	基本工资/元	奖励工资/元
肖剑	7 000.00	500.00
陈明	5 000.00	300.00
王晶	4 000.00	200.00
马方	4 500.00	200.00
白雪	5 000.00	300.00
李平	5 000.00	200.00
王丽	6 500.00	450.00
孙健	5 000.00	300.00
周月	6 500.00	450.00
孟强	5 500.00	350.00

临时人员工资情况见表 6－14。

表 6－14　临时人员工资情况

姓名	日期	组装工时	检验工时
罗江	2024－01－31	180	
刘青	2024－01－31		200

2）1 月工资变动情况

（1）考勤情况：王丽请假 2 天，白雪请假 1 天。

（2）人员调动情况：因工作需要，决定招聘李力（编号 213）到供应部担任经营人员，以补充力量，其基本工资为每月 5 000 元，无奖励工资，代发工资银行账号为 20182280011。

（3）发放奖金情况：因去年销售一部推广业绩较好，每人增加奖励工资 200 元。

3. 代扣个人所得税

代扣个人所得税的计税基础为 5 000 元。

4. 工资分摊

应付工资总额等于工资项目“应发合计”，应付福利费、工会经费、职工教育经费、养老保险金也以此为计提基数。

工资费用分配的转账情况见表 6－15。

表 6－15　工资费用分配的转账情况　　单位：元

部门		应付工资		应付福利费（14%）		工会经费（2%），职工教育经费（8%）	
		借方科目	贷方科目	借方科目	贷方科目	借方科目	贷方科目
总经理办公室、财务部	企业管理人员	660201	2211	660202	2211	660207	2211
销售一部、供应部	经营人员	6601	2211	6601	2211	660207	2211
制造车间	车间管理人员	510101	2211	510101	2211	660207	2211
	生产工人	500102	2211	500102	2211	660207	2211

➘ 操作指导

1. 在企业应用平台中启用薪资管理系统

（1）执行“开始”→“程序”→“用友 ERP－U8”→“企业应用平台”命令，打开“登录”对话框。

（2）输入操作员“001 陈明”，输入密码“1”，在“账套”下拉列表框中选择“100 北京朔日科技有限公司”，更改操作日期“2024－01－01”，单击“确定”按钮，进入企业应用平台。

（3）执行“设置”→“基本信息”→“系统启用”命令，打开“系统启用”对话框，选中“WA 薪资管理”复选框。弹出“日历”对话框，选择薪资管理系统启用日期“2024 年 1 月 1 日”，单击“确定”按钮，系统弹出“确实要启用当前系统吗？”信息提示对话框，单击“是”按钮返回。

（4）进入企业应用平台，打开“业务”选项卡，选择“人力资源”中的“薪资管理”选项，打开“建立工资套”对话框。

2. 建立工资账套

（1）在“参数设置”中，选择本账套所需处理的工资类别个数“多个”，默认货币名称为“人民币 RMB”，选中“是否核算计件工资”复选框，单击“下一步”按钮。

注意：

● 本例中对正式人员和临时人员分别进行核算，所以工资类别应选择“多个”。

● 计件工资是按计件单价支付劳动报酬的一种形式。由于对计时工资和计件工资的核算方法不同，因此，在薪资管理系统中对于企业是否存在计件工资特别设立了选项，选中该项，系统自动在“设置”菜单中显示“计件工资标准设置”和“计件工资方案设置”命令；在“业务处理”菜单中显示“计件工资统计”命令。

（2）在“扣税设置”中选中“是否从工资中代扣个人所得税”复选框，单击“下一步”按钮。

注意：

● 选择代扣个人所得税后，系统将自动生成工资项目“代扣税”，并自动进行代扣税金的计算。

（3）在“扣零设置”中，不做选择，直接单击“下一步”按钮。

注意：

● 扣零处理是指每次发放工资时零头扣下，积累取整，于下次工资发放时补上，系统在计算工时时将依据扣零类型（扣零至元、扣零至角、扣零至分）进行扣零计算。

● 用户一旦选择了“扣零”，系统自动在固定工资项目中增加“本月扣零”和“上月扣零”两个项目，扣零的计算公式将由系统自动定义，无须设置。

（4）在“人员编码”中，要求系统和公共平台中的人员编码保持一致。

（5）单击“完成”按钮，系统弹出“未建立工资类别！”信息提示对话框，单击“确定”按钮，打开“新建工资类别”对话框，单击“取消”按钮。

注意：

● 建账完毕后，部分建账参数可以在“设置”→“选项”中进行修改。

3. 基础信息设置

1）工资项目设置

（1）在薪资管理系统中，执行“设置”→“工资项目设置”命令，打开“工资项目设置”对话框。

（2）单击“增加”按钮，在工资项目列表中增加一空行。

（3）单击“名称参照”下拉列表框，从下拉列表中选择“基本工资”选项。

（4）双击“类型”栏，单击下拉列表框，从下拉列表中选择“数字”选项。

（5）“长度”采用系统默认值 8，双击“小数”栏，单击微调框上的三角按钮，将小数设置为 2。

（6）双击“增减项”栏，单击下拉列表框，从下拉列表中选择“增项”选项。

（7）单击“增加”按钮，增加其他工资项目。

（8）单击“确定”按钮，系统弹出“工资项目已经改变，请确认各工资类别的公式是否正确？”信息提示对话框，单击“确定”按钮。

注意：

● 系统提供若干常用工资项目供参考，可选择输入。对于参照中未提供的工资项目，可以双击“工资项目名称”一栏直接输入，先从“名称参照”中选择一个项目，然后单击“重命名”按钮修改需要的项目。

2）银行设置

（1）在企业应用平台“设置”中，执行“基础档案”→“收付结算”→“银行档案”命令，打开“银行档案”对话框。

（2）单击“增加”按钮，增加“工商银行中关村分处理（01001）”，默认个人账号规则“定长”，账号长度 11，自动带出账号长度 7。

（3）单击“退出”按钮。

4. 建立工资类别

1）建立正式人员工资类别

（1）在薪资管理系统中，执行“工资类别”→“新建工资类别”命令，打开“新建工资类别”对话框。

（2）在文本框中输入第一工资类别“正式人员”，单击“下一步”按钮。

（3）选中“全部部门”复选框。

（4）单击“完成”按钮，系统弹出“是否以 2024－01－01 为当前工资类别的启用日期？”信息，单击“是”按钮，返回薪资管理系统。

（5）执行“工资类别”→“关闭工资类别”命令，关闭“正式人员”工资类别。

2）建立临时人员工资类别

（1）执行“工资类别”→“新建工资类别”命令，打开“新建工资类别”对话框。

（2）在文本框中输入第二个工资类别“临时人员”，单击“下一步”按钮。

（3）选取制造车间及其下属部门。

（4）单击“完成”按钮，系统弹出“是否以 2024－01－01 为当前工资类别的启用日期？”信息，单击“是”按钮，返回薪资管理系统。

（5）执行“工资类别”→“关闭工资类别”命令，关闭“临时人员”工资类别。

5. 正式人员工资类别初始设置

1）打开工资类别对话框

（1）执行“工资类别”→“打开工资类别”命令，打开“打开工资类别”对话框。

（2）选择“正式人员”工资类别，单击“确定”按钮。

2）设置人员档案

薪资管理各工资类别中的人员档案一定是来自在企业应用平台基础档案设置中设置的人员档案；企业应用平台中设置的人员档案是企业全部职工信息；薪资管理系统中的人员档案是需要进行工资发放和管理的人员，它们之间是包含关系。

（1）在企业应用平台“设置”中，执行“基础档案”→“机构人员”→“人员档案”中，增加“周月”“孟强”两位职工。

（2）在薪资管理系统中，执行“设置”→“人员档案”命令，进入“人员档案”窗口。

（3）单击工具栏上的“批增”按钮，打开“人员批量增加”对话框。

（4）在左侧的“人员类别”列表中，单击“企业管理人员”“经营人员”“车间管理人员”“生产工人”前面的选择栏，出现“是”，所选人员类别下的人员档案出现在右侧列表框中。

单击“确定”按钮返回。

（5）修改人员档案信息，补充输入银行账号信息。最后单击工具栏上的“退出”按钮。

3）选择工资项目

（1）执行“设置”→“工资项目设置”命令，打开“工资项目设置”对话框。打开“工资项目设置”选项卡，单击“增加”按钮，在工资项目列表中增加一空行。

（2）单击“名称参照”下拉列表框，从下拉列表框中选择“基本工资”选项，工资项目名称、参照、长度、小数、增减项都自动带出，不能修改。

（3）单击“增加”按钮，增加其他工资增加。

（4）所有项目增加完成后，单击“工资项目设置”窗口上的“上移”和“下移”按钮，参照实验资料所给顺序调整工资项目的排列位置。

注意：

● 工资项目不能重复选择；没有选择的工资项目不允许在计算公式中出现；不能删除已输入数据的工资项目和已设置计算公式的工资项目。

4）设置计算公式

设置请假扣款公式为：

请假扣款＝请假天数*20

（1）在“工资项目设置”对话框中，打开“公式设置”选项卡。

（2）单击“增加”按钮，在工资项目列表中增加一空行，单击该行，在下拉列表中选择“请假扣款”选项。

（3）单击“公式定义”文本框，单击工资项目列表中的“请假天数”。

（4）单击运算符“*”，在“*”后单击，输入数字“20”，单击“公式确认”按钮。

设置交补公式为：

交补＝iff(人员类别＝“企业管理人员”OR 人员类别＝“车间管理人员”，100，50)

（1）单击“增加”按钮，在工资项目列表中增加一空行，单击该行，在下拉列表框中选择“交补”选项。

（2）单击“公式定义”文本框，再单击“函数公式向导输入”按钮，打开“函数向导–步骤之 1”对话框。

（3）从“函数名”列表中选择 iff，单击“下一步”按钮，打开“函数向导–步骤之 2”对话框。

（4）单击“逻辑表达式”参照按钮，打开“参照”对话框，从“参数”下拉列表中选择“人员类别”选项，从下面的列表中选择“企业管理人员”，单击“确定”按钮。

（5）在逻辑表达式文本框中的公式后单击鼠标，输入 OR 后，再次单击“逻辑表达式参照”按钮，出现“参照”对话框，从“参照”下拉列表中选择“人员类别”选项 从下面的列表中选择“车间管理人员”，单击“确定”按钮，返回“函数向导–步骤之 2’对话框。

注意：

● 在 OR 前后应有空格。

（6）在“数学表达式 1”后的文本框中输入 100，在“教学表达式 2”后输入 50，单击“完成”，返回“公式设置”窗口，单击“公式确认”按钮。

（7）单击“确定”按钮，退出公式设置。

5）设置所得税纳税基数

（1）执行“设置”→“选项”命令，单击“扣税设置”“编辑”按钮。

（2）默认各项设置，单击“税率确认”按钮。

（3）进入“个人所得税申报表——税率表”，修改所得税的计税基础为5 000，单击“确定”按钮返回。

（4）单击“确定”按钮退出。

6. 正式人员工资类别日常业务

1）人员变动

（1）在企业应用平台中，执行“基础设置”→“基础档案”→“机构人员”→“人员档案”命令，进入“人员档案”窗口。

（2）单击“增加”按钮，输入新增人员李力的详细档案资料。

（3）单击“确定”按钮，返回人员档案窗口，单击工具栏上的“退出”按钮。

（4）在薪资管理系统正式人员工资类别中，执行“设置”→“人员档案”命令，增加李力的档案资料。

2）保留正式人员基本工资数据

（1）执行“业务处理”→“工资变动”命令，进入“工资变动”窗口。

（2）单击“过滤器”，在下拉列表框中选择“过滤设置”选项，打开“项目过滤”对话框。

（3）选择“工资项目”列表框中的“基本工资”和“奖励工资”选项，单击“>”按钮，将这两项选入“已选项目”列表框中。

（4）单击“确定”按钮，返回“工资变动”窗口，此时每个人的工资项目只显示两项。

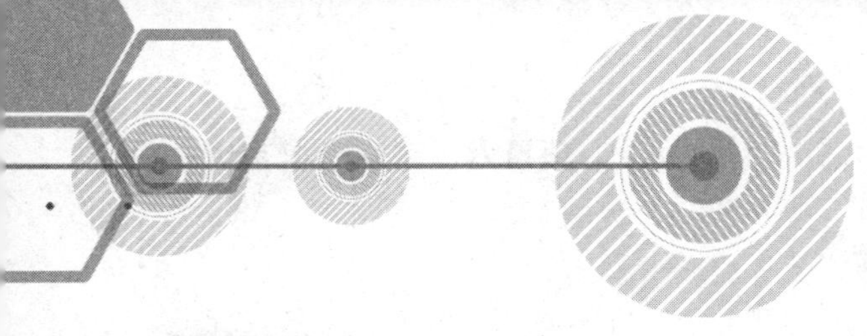

项目七

固定资产管理系统业务

项目导学

固定资产管理系统是企事业单位对固定资产管理进行核算的系统，帮助企业对固定资产总值和累计折旧进行动态管理，向总账提供相关凭证，协助企业进行部分成本核算工作。还为设备管理部门提供固定资产的各项指标管理工作。

固定资产管理系统的主要功能是完成企业固定资产日常业务的管理，生成固定资产十片，按月反映固定资产的增加、减少、原值变化及其他变动，并输出相应的增减变动明细账。按月自动计提折旧，生成折旧分配凭证，同时输出一些相关的报表和账簿。本系统主要功能体现在以下几个方面：初始设置、日常业务处理、账表管理和月末处理。

学习目标

了解固定资产管理系统的启用，掌握固定资产管理系统账套参数与基础数据的设置，熟悉固定资产管理系统日常管理的各项操作，掌握固定资产管理系统期末的操作，熟练运用固定资产管理系统来完成实验资料。

任务一　初始设置

↘ 目标

运行固定资产管理系统账套，必须进行系统的初始设置。初始设置主要包括初始化设置、部门设置、类别设置、使用状况定义、折旧方法定义、增减方式定义、卡片项目定义和卡片样式定义等，这是固定资产管理系统有效运转的基础。

↘ 项目描述

1. 初始设置

固定资产初始设置见表 7－1。

表 7－1　固定资产初始设置

控制参数	参数设置
约定及说明	我同意
启用月份	2024.1.1

续表

控制参数	参数设置
折旧信息	本账套计提折旧 折旧方法：平均年限法(一) 折旧汇总分配周期：1 个月 当（月初已计提月份＝可使用月份–1）时将剩余折旧全部提足
编码方式	资产类别编码方式：2 1 1 2； 固定资产编码方式：按“类别编号＋部门编号＋序号”自动编码，卡片序号长度为“3”
账务接口	与账务系统进行对账 对账科目： 固定资产对账科目：1601，固定资产 累计折旧对账科目：1602，累计折旧

- 业务发生后立即制单。
- 月末结账前一定要完成制单登账业务。
- 固定资产默认入账科目：1601，累计折旧默认入账科目：1602。

2. 基础设置

（1）部门对应折旧科目见表 7–2。

表 7–2 部门对应折旧科目

部　门	对应折旧科目
总经办、财务部	管理费用——折旧费
销售一部	销售费用——折旧费
生产部	制造费用——折旧费

（2）资产类别见表 7–3。

表 7–3 资产类别

编　码	类别名称	净残值率/%	单位/台	计提属性
01	经营用设备	5		正常计提
02	非经营用设备	5		正常计提

（3）增减方式的对应入账科目见表 7–4。

表 7–4 增减方式的对应入账科目

增减方式目录表	对应入账科目
增加方式：直接购入	100201，工行存款
减少方式：毁损	1606，固定资产清理

（4）增减方式设置见表 7–5。

表 7–5 增减方式设置

增加方式	对应入账科目	减少方式	对应入账科目
直接购入	银行存款	出售	固定资产清理
投资者投入	实收资本	盘亏	待处理资产损溢
捐赠	资本公积	投资转出	长期股权投资
盘盈	待处理资产损溢	捐赠转出	固定资产清理
在建工程转入	在建工程	报废	固定资产清理
融资租入	长期应付款	毁损	固定资产清理

（5）使用状况：在用、季节性停用、经营性出租、大修理停用、不需用及未使用。

（6）原始卡片见表 7–6。

表 7–6 原始卡片

固定资产名称	类别编号	所在部门	增加方式	可使用年限	开始使用日期	原值/元	累计折旧/元	对应折旧科目名称
厂房 1	01	生产部	直接购入	20 年	2018－03－01	1 000 000	以系统计算为准	制造费用—折旧费
货车	02	生产部	直接购入	5 年	2023－10－01	240 000	以系统计算为准	制造费用—折旧费
小汽车	01	总经办	直接购入	5 年	2020－03－01	120 000	以系统计算为准	管理费用—折旧费
办公楼	02	总经办	直接购入	20 年	2018－03－01	800 000	以系统计算为准	管理费用—折旧费
合计						2 160 000	以系统计算为准	

注：净残值率均为 5%，使用状况均为“在用”，折旧方法均采用平均年限法（一）。

知识准备

1. 建立固定资产账套

在正式使用固定资产管理系统以前，需要结合企业的实际情况将通用的固定资产管理系统改造为适合本企业核算要求的专用系统。

在初次使用固定资产管理系统时，系统会提示：“这是第一次打开此账套，还未进行过初始化，是否进行初始化？”系统初始化是使用固定资产系统管理资产的首要操作，根据单位的具体情况，建立一个适合本单位需要的固定资产子账套。

2. 固定资产基础设置

1）选项设置

选项中包括在账套初始化中设置的参数和其他一些在账套运行中使用的参数或判断。

2）部门对应折旧科目

资产计提折旧后必须把折旧数据归入成本或费用项目，根据不同用户的具体情况，可按部门归集，也可按类别归集。

3）资产类别

固定资产的种类繁多，规格不一，要强化固定资产管理，做好固定资产核算，必须科学地设置固定资产分类，为核算和统计管理提供依据。企业可根据自身的特点和管理要求，确定一个较为合理的资产分类方法。

注意：

- 只有在最新的会计期间才可以增加资产类别，月末结账后则不能增加。
- 资产类别编码不能重复，同级的类别名称不能相同。
- 类别编码、名称、计提属性及卡片样式不能为空。
- 非明细类别编码不能被修改和删除，明细类别编码修改时只能修改本级的编码。
- 使用过的类别计提属性不允许删除或增加下级类别。

4）增减方式

增减方式包括增加方式和减少方式两类。此处设置的对应入账科目是为了在生成凭证时使用。

5）使用状况

从固定资产核算和管理的角度，需要明确资产的使用状况，一方面可以正确地计算和计提折旧，另一方面便于统计固定资产的使用情况，提高资产的利用效率，另外使用状况也影响折旧的计提。

6）折旧方法

折旧方法设置是系统自动计算折旧的基础。系统给出了常用的五种方法，并列出了它们的折旧计算公式。

3. 原始卡片的录入

原始卡片所记录的资产的开始使用日期的月份小于其录入系统的月份。在使用固定资产系统进行核算前，必须将原始卡片资料录入系统，保持历史资料的连续性。原始卡片的录入时间不限制，任何时候都可以录入，但必须在第一个期间结账前。

➘ 操作指导

1. 建立固定资产账套

固定资产初始化分为6个步骤。

1）约定及说明

在进行初始化之前，应认真阅读固定资产管理的约定及说明，如图7－1所示。

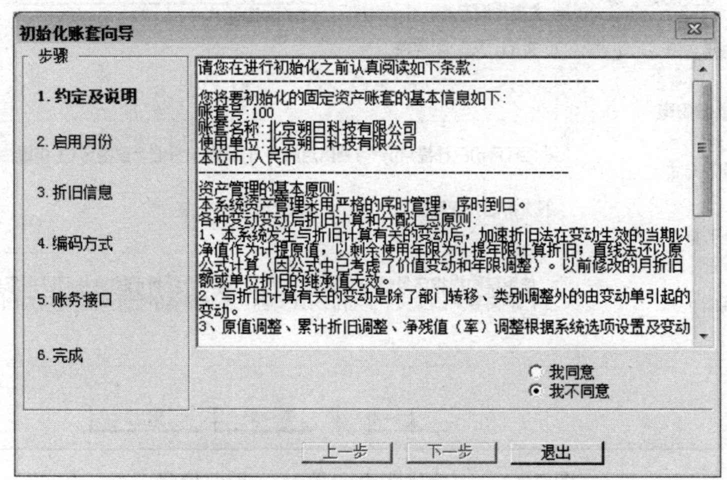

图7－1 初始化账套向导—1. 约定及说明

2）查看启用月份

查看本账套固定资产开始使用的年份和会计期间，启用日期只能查看不可修改。要录入系统的期初资料，一般指截止该期间期初的资料。固定资产账套的开始使用期间不得大于系统管理中建该套账的期间，如图 7－2 所示。

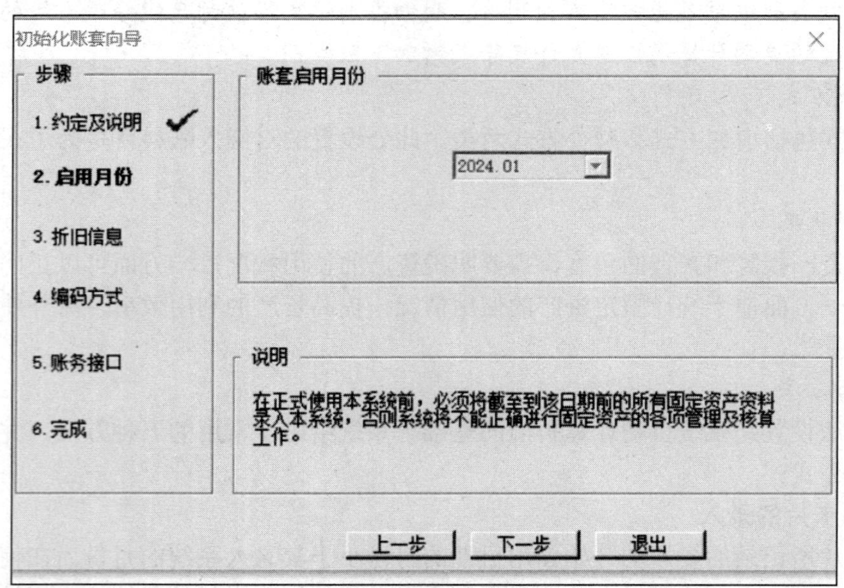

图 7－2　初始化账套向导—2. 启用月份

3）折旧信息

折旧信息如图 7－3 所示。

（1）本账套计提折旧：这个参数设置是判断本单位选择何种应用方案。

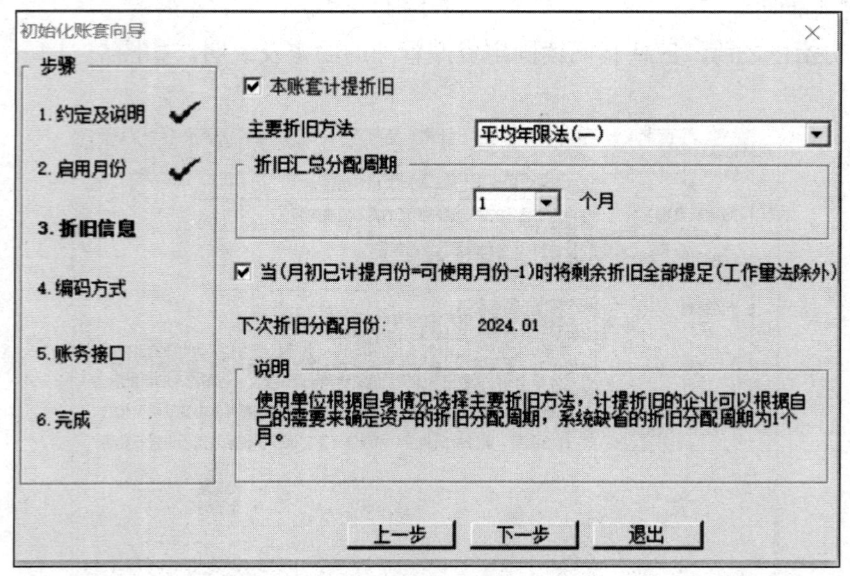

图 7－3　初始化账套向导—3. 折旧信息

（2）主要折旧方法：选择本系统常用的折旧方法即可。如果不选择“本账套计提折旧”，则选择的折旧方法为“不提折旧”。

（3）折旧汇总分配周期：根据企业实际选择折旧汇总分配周期，一般选择 1 个月。

4）编码方式设置

编码方式设置如图 7－4 所示。

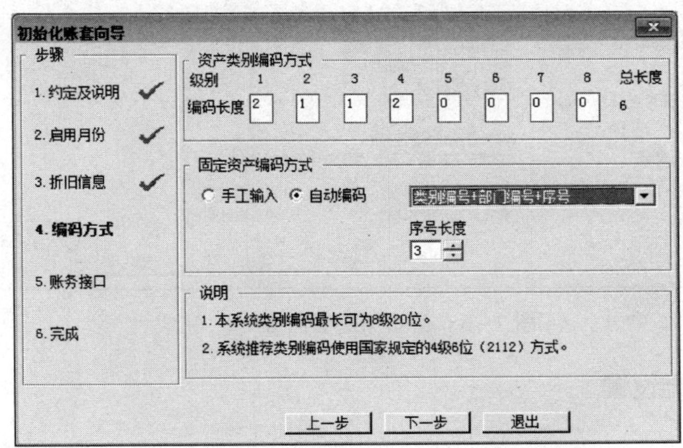

图 7－4 初始化账套向导—4. 编码方式

5）账务接口

账务接口如图 7－5 所示。

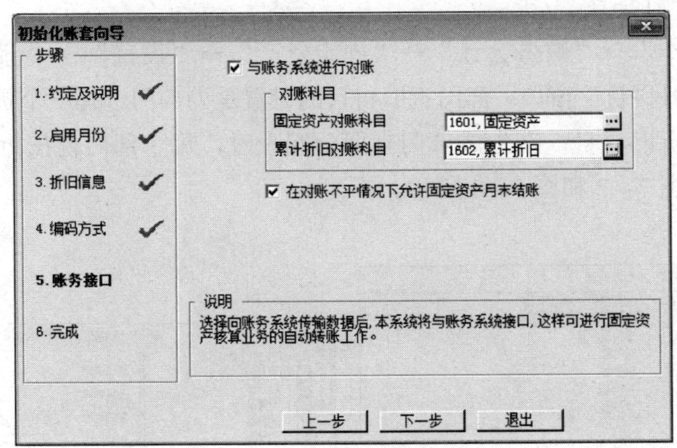

图 7－5 初始化账套向导—5. 账务接口

6）初始化检查

上述初始化设置已经完成，图 7－6 显示相关已定义内容，如果无误，可单击“完成”按钮保存，但请注意系统初始化中有些参数一旦设置完成，退出初始化向导后是不能修改的，如果要改，只能通过“重新初始化”功能实现，重新初始化将清空该账套所做的一切工作。所以，如果觉得有些参数设置不能确定，单击“上一步”按钮重新设置。确实无误后，再单击“完成”按钮保存退出。

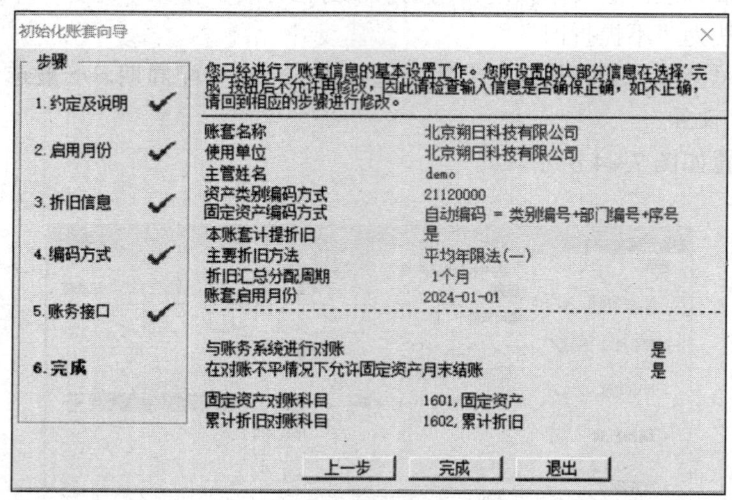

图 7-6　初始化账套向导—6. 完成

2. 固定资产基础设置

1）选项设置

执行“业务工作”→“财务会计”→“固定资产”→“设置”→“选项”，打开“选项”窗口。选项中包括五个标签，单击“编辑”按钮修改可修改项。单击“与账务系统接口”标签，在固定资产缺省入账科目栏录入“固定资产”科目，在累计折旧缺省入账科目栏录入“累计折旧”。

2）部门对应折旧科目

执行“业务工作”→“财务会计”→“固定资产”→“设置”→“部门对应折旧科目”，打开“部门对应折旧科目”窗口。部门折旧科目的设置是为部门选择一个折旧科目，以便在录入卡片时自动显示折旧科目。在生成部门折旧分配表时，每个部门内按折旧科目汇总，从而生成记账凭证，如图 7-7 和图 7-8 所示。

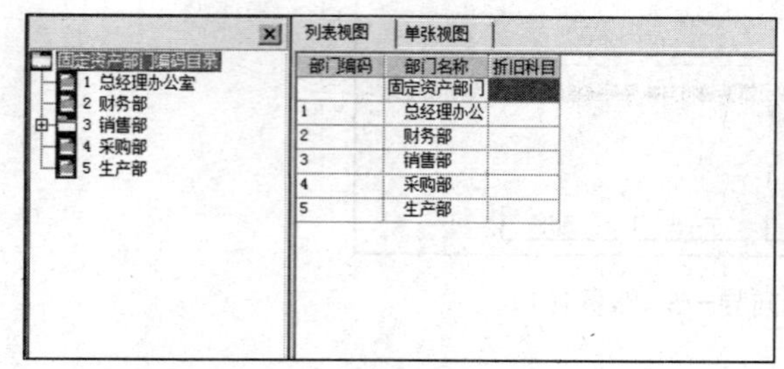

图 7-7　部门编码目录

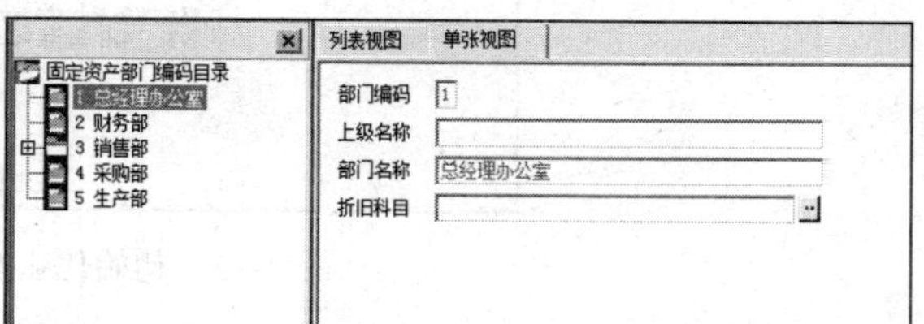

图 7-8　部门对应折旧科目

3）资产类别

执行“业务工作”→“财务会计”→“固定资产”→“设置”→“资产类别”，打开“资产类别”窗口（如图 7-9 和图 7-10 所示），按照资料录入固定资产类别。

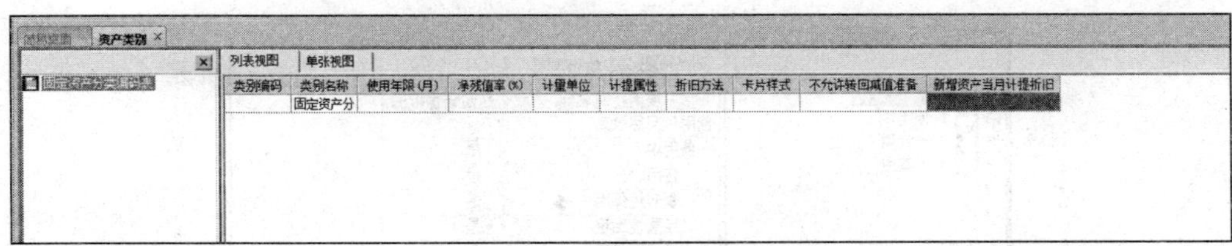

图 7－9　类别编码

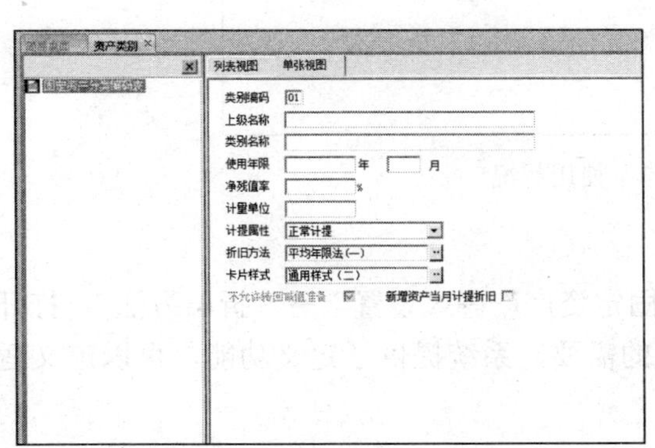

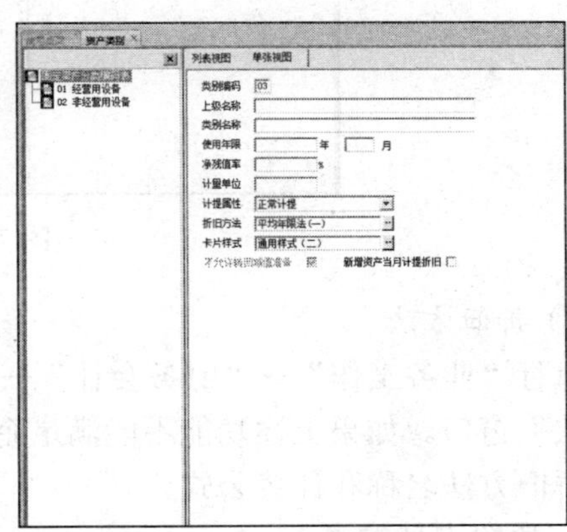

图 7－10　增加类别编码

4）增减方式

执行“业务工作”→“财务会计”→“固定资产”→“设置”→“增减方式”，打开“增减方式”窗口（如图 7－11 和图 7－12 所示），按照资料录入给定部门的对应折旧科目。

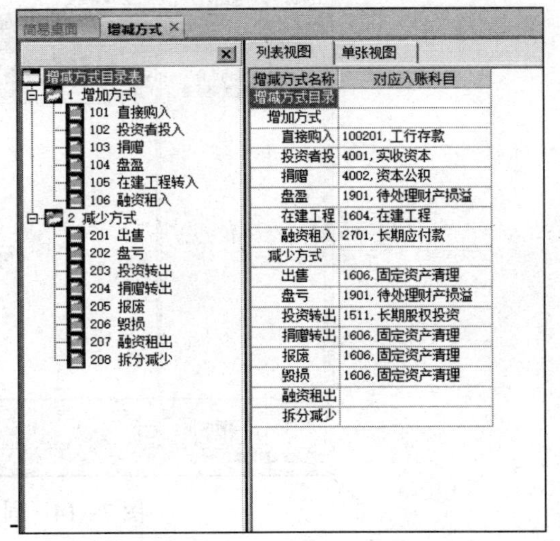

图 7－11　增减方式　　　　图 7－12　增减方式对应科目

5）使用状况

执行“业务工作”→“财务会计”→“固定资产”→“设置”→“使用状况”，打开“使用状况”窗口（如图 7－13 所示），如果要添加使用状况，则添加即可。

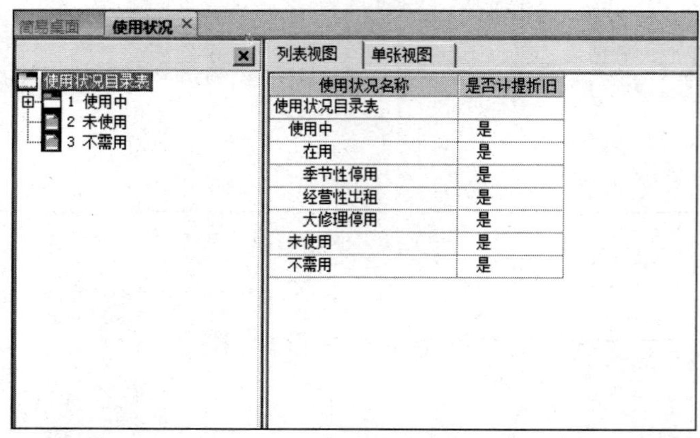

图 7－13　使用状况

6）折旧方法

执行“业务工作”→“财务会计”→“固定资产”→“设置”→“折旧方法”，打开“折旧方法”窗口。如果上述功能不能满足企业的需要，系统提供了定义功能，可以定义适合企业的折旧方法名称和计算公式。

3. 原始卡片的录入

（1）执行“卡片”→“录入原始卡片”命令，显示“固定资产类别档案”窗口，如图 7－14 所示。

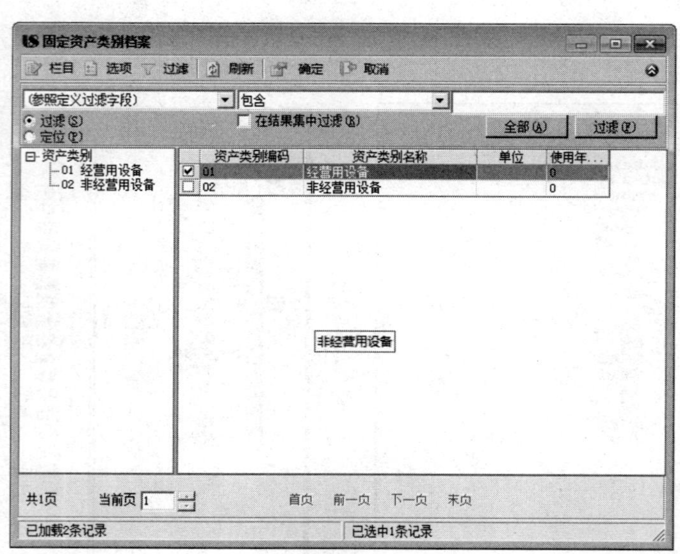

图 7－14　固定资产类别档案

（2）选择要录入的卡片所属的资产类别。如果资产类别较多，可以使用系统提供的查询方式查找。

（3）双击选中的资产类别或单击“确定”按钮，固定资产卡片窗口，如图 7－15 所示，用户可在此录入或参照选择各项目的内容。

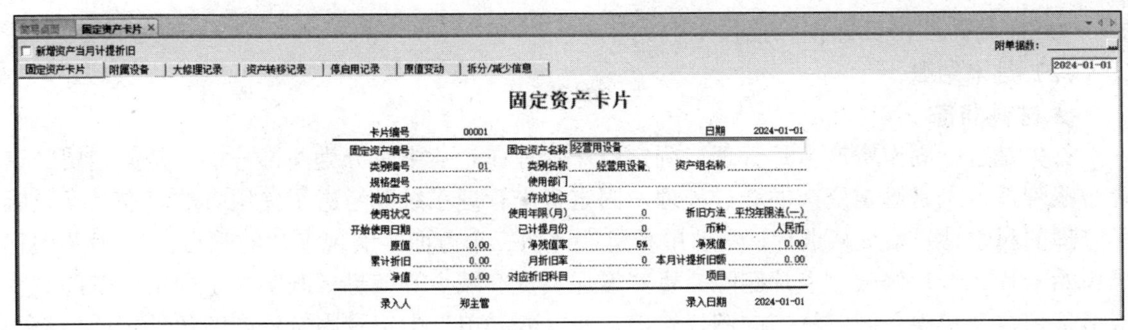

图 7-15　固定资产卡片（一）

（4）资产卡片录入后，单击其他标签，录入“附属设备”和以前卡片发生的各种变动。“附属设备”选项卡上的信息只供参考，不参与计算。

（5）单击“保存”按钮，录入的卡片保存入系统。

注意：

- 卡片中的固定资产编号根据初始化或选项设置中的编码方式，自动编码或需要用户手工录入。
- 录入人自动显示为当前操作员，录入日期为当前登录日期。
- 录入与计算折旧有关的项目后，系统会按照输入的内容将本月应提的折旧额显示在“本月计提折旧额”项目内，可将该值与手工计算的值进行比较，看是否有录入错误。
- 原值、累计折旧以及累计工作量的录入一定要是卡片录入月月初的价值，否则将会出现计算错误。
- 已计提月份必须严格按照该资产已经计提的月份数，不包括使用期间停用等不计提折旧的月份，否则不能正确计算折旧。
- 开始使用日期，必须采用 YYYY-MM-DD 形式录入。其中的年和月对折旧计提有影响，日不会影响折旧的计提，但是也必须录入。
- 如果输入原值和净值，可自动计算累计折旧。
- 对应折旧科目，可根据所选择的使用部门自动带出。

任务二　日常业务处理与月末处理

➘ 目标

固定资产管理系统通过日常业务处理与月末处理，进行企事业单位固定资产的管理，协助企业进行固定资产总值、累计折旧资产的动态管理，帮助企业进行成本管理，同时为设备管理部门提供关于固定资产实体的各项指标。

➘ 项目描述

（1）本月业务。

① 16 日，财务部购买扫描仪 1 台，价值 1 500 元，净残值率 4%，预计使用年限 5 年。

② 23 日，对小汽车进行资产评估，评估结果为原值“200000”，累计折旧“45000”。

③ 31 日，计提本月折旧费用。

④ 31 日，生产部毁损扫描仪 1 台。

（2）月末结账。

➘ 材料准备

首先是进行固定资产卡片管理。固定资产管理在企业中常分为两部分：一是固定资产卡片台账管理，二是固定资产的会计处理。固定资产管理系统既考虑了使用者的习惯，又兼顾了管理的科学性，系统从卡片、变动单和资产评估三个方面来实现卡片的管理。“卡片”中记录原始卡片、卡片修改、卡片删除、资产增加及资产减少等信息，既实现了固定资产的文字资料管理，又实现了固定资产的图片管理。在“变动单”中记录固定资产的各种变动信息。此外，单独列示的“资产评估”可完成评估数据和成果的管理。

其次是固定资产的折旧管理。系统自动计提折旧形成折旧费用清单和折旧费用分配表，并按分配表自动制作记账凭证，再传送到财务系统中。在本系统中可以对此凭证进行修改、删除和查询。折旧费用可在单部门和多部门之间进行分配。

再次是月末结账、对账。月末按系统初始设置的账务系统接口，自动与账务系统进行对账，并根据对账结果和初始设置决定是否结账。

最后是固定资产的账表查询。通过“我的账表”可以对系统提供的全部账表进行管理。固定资产的管理部门也可以随时查询各种账表，如分析表、统计表、账簿和折旧表等，以便提高管理效率。

➘ 操作指导

1. 固定资产增加

固定资产增加操作也称“新卡片录入”，与“原始卡片录入”相对应。在日常使用过程中，可能会购进或通过其他方式增加企业资产，该部分资产通过“资产增加”操作录入系统。资产通过哪种方式录入，在于资产的开始使用日期，只有当开始使用日期的期间与录入的期间相等时，才能通过资产增加录入。

（1）执行“卡片”→“资产增加”命令，进入“固定资产类别档案”对话框。

（2）选择要录入的卡片所属的资产类别，单击“确定”按钮，进入“固定资产卡片”对话框，如图 7－16 所示。

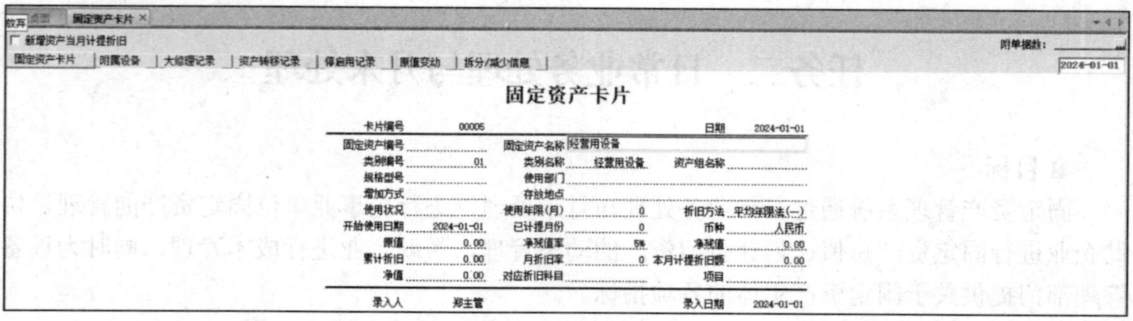

图 7－16　固定资产卡片（二）

（3）录入或参照选择各项目的内容。资产增加录入日期不能修改。

（4）资产卡片录入后，单击其他标签，输入“附属设备”及其他信息。“附属设备”选项卡上的信息只供参考，不参与计算。

（5）单击“保存”按钮，保存录入的卡片。

（6）由于资产增加，该资产需要入账，因此可执行制单功能。单击按钮，生成该资产的记账凭证。

注意：

- 新卡片第一个月不提折旧，折旧额为空或零。
- 原值录入一定是卡片录入月月初的价值，否则将会出现计算错误。
- 如果录入的累计折旧、累计工作量不是零，说明是旧资产，该累计折旧或累计工作量是在进入本企业前的值。
- 已计提月份必须严格按照该资产在其他单位已经计提或估计已计提的月份数，不包括使用期间停用等不计提折旧的月份，否则不能正确计算折旧。

2. 固定资产减少

资产在使用过程中，总会由于各种原因，如毁损、出售、盘亏等，退出企业，该部分操作称为“资产减少”。本系统提供资产减少的批量操作，为同时清理一批资产提供方便。

（1）执行“卡片”→“资产减少”命令。

（2）选择要减少的资产。

如果要减少的资产较少或没有共同点，则通过输入资产编号或卡片号，然后单击“增加”按钮，将资产添加到资产减少列表中。

如果要减少的资产较多且有共同点，则通过“条件”功能，将符合该条件集合的资产挑选出来进行批量减少操作。

（3）在表内输入资产减少的信息：减少日期、减少方式、清理收入、清理费用、清理原因。若清理收入和费用尚不清楚，可以以后在该卡片附表的“清理信息”中输入。

（4）单击“确定”按钮，完成该（批）资产的减少。

（5）查看已减少资产。

根据会计档案管理规定，原始单据要保留一定时间以供查阅，只有过了该期间的才可以销毁。本系统对已减少的资产卡片提供查阅，并且在选项中可以定义从系统将这些资料完全删除的时限。

在“卡片管理”对话框中，从卡片列表上的下拉列表中选择“已减少资产”选项，则列示的即是已减少的资产集合。双击任一行，可查看该资产的卡片。

3. 恢复已减少资产

资产减少的恢复是一个纠错的功能，当月减少的资产可以通过本功能恢复使用。通过资产减少的资产只有在减少的当月可以恢复。

执行“卡片”→“撤销减少”命令，从“卡片管理”对话框中，选择“已减少的资产”，选中要恢复的资产，单击“恢复减少”按钮即可。

4. 固定资产变动处理

1）原值增加

资产在使用过程中，除发生下列情况外，价值不得任意变动：

（1）根据国家规定对固定资产重新估价；

（2）增加补充设备或改良设备；

（3）将固定资产的一部分拆除；

（4）根据实际价值调整原来的暂估价值；

（5）发现原记录固定资产价值有误的。

本系统原值发生变动通过“原值变动”功能实现。原值变动包括原值增加和原值减少两部分。

（1）执行“卡片”→“变动单”→“原值增加”命令，显示“固定资产变动单—原值增加”窗口，如图 7－17 所示。

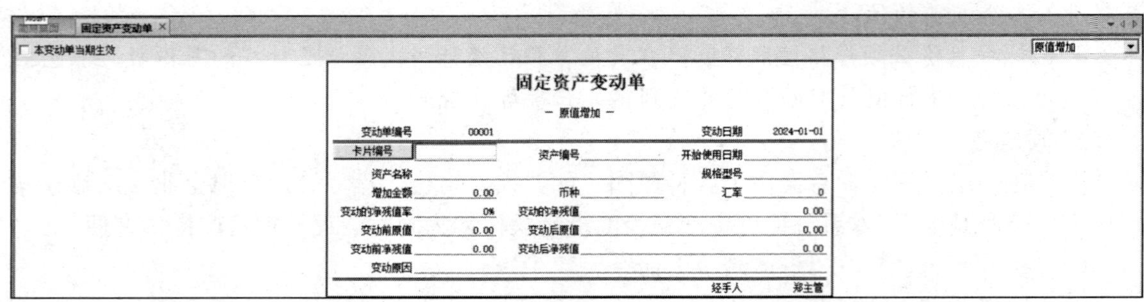

图 7－17　固定资产变动单

（2）输入卡片编号或资产编号，系统将自动显示资产名称、开始使用日期、规格型号、变动的净残值率、变动前净残值、变动前原值。

（3）输入增加金额，参照选择币种。系统将自动显示汇率，并自动计算变动的净残值、变动后原值、变动后净残值。

注意：

- 如果默认的变动的净残值率或变动的净残值不正确，可手工修改其中一个。

（4）输入变动原因。

（5）单击“保存”按钮，完成变动单操作。卡片上相应的项目（原值、净残值、净残值率）根据变动单而改变。

（6）选择“处理”→“凭证”命令，以制作记账凭证。

2）原值减少

（1）执行“卡片”→“变动单”→“原值减少”命令，或者在“固定资产变动单”窗口上面的变动单下拉列表中选择“原值减少”，进入“固定资产变动单—原值减少”窗口。其操作界面与原值增加相似。

（2）输入卡片编号或资产编号，系统将自动显示资产名称、开始使用日期、规格型号、变动的净残值率、变动前净残值、变动前原值。

（3）输入减少金额，参照选择币种。系统将自动显示汇率，并自动计算变动的净残值、变动后原值、变动后净残值。

注意：

- 如果默认的变动的净残值率或变动的净残值不正确，可手工修改其中的一个。

（4）输入变动原因。

（5）单击“保存”按钮，完成变动单操作。卡片上相应的项目（原值、净残值、净残值率）根据变动单而改变。

（6）执行“处理”→“批量制单”命令，以生成记账凭证。

3）部门转移

资产在使用过程中，因内部调配而发生的部门变动，通过部门转移功能实现。

（1）执行“卡片”→“变动单”→“部门转移”命令，或者在当前变动单下拉列表中选择“部门转移”，显示“固定资产变动单—部门转移”窗口。

（2）输入卡片编号或资产编号，系统自动显示资产名称、开始使用日期、规格型号、变动前部门、存放地点。

（3）参照选择或输入变动后的使用部门和新的存放地点。

（4）输入变动原因。

（5）单击“保存”按钮完成变动单操作。卡片上相应的项目（使用部门、存放地点）根据变动单而改变。

4）使用状况变动

资产在使用过程中，使用状况发生的变化，通过使用状况变动功能实现。

（1）执行“卡片”→“变动单”→“使用状况调整”命令，或者在当前变动单的下拉列表中选择“使用状况变动”，进入“固定资产变动单—使用状况调整”窗口。

（2）输入卡片编号或资产编号，系统自动显示资产名称、开始使用日期、规格型号、变动前使用状况。

（3）参照选择变动后使用状况，并输入变动原因。

（4）单击“保存”按钮完成变动单操作。卡片上的使用状况根据变动单而改变。

注意：

● 变动单不能修改，只有当月的变动单可删除重做，所以请仔细检查后再保存。

5）其他内容的调整

其他内容的调整包括折旧方法调整、累计折旧调整、使用年限调整、工作总量调整、净残值（率）调整、类别调整等，如图 7－18 所示。

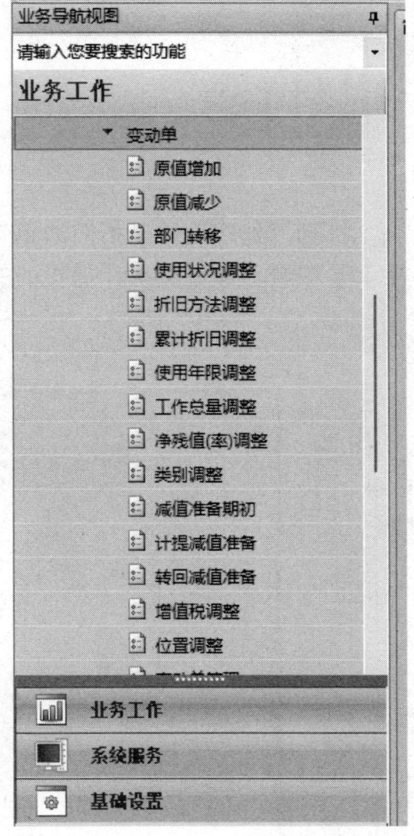

图 7－18 其他内容的调整

5. 期末处理

1）折旧处理

（1）计提本月折旧。

自动计提折旧是固定资产系统的主要功能之一。系统每月计提折旧一次，根据录入系统的资料自动计算每项资产的折旧，并自动生成折旧分配表，然后生成记账凭证，将本期的折旧费用自动登账。执行此功能后，系统将自动计提各个资产当期的折旧额，并将当期的折旧额自动累加到累计折旧项目。

执行“处理”→“计提本月折旧”命令，在系统给出的提示中单击“是”按钮（如图 7－19 所示），系统就会开始计提本月折旧。计提折旧工作完成后，可直接查看折旧清单。

（2）折旧清单。

折旧清单显示所有应计提折旧的资产所计提折旧数额的列表，折旧清单中列示了资产名称、计提原值、折旧率、单位折旧、本月工作量、本月计提折旧额等信息。全年的折旧渲单中同时列出了各资产在 12 个计提期间中月折旧额、本年累计折旧等信息。

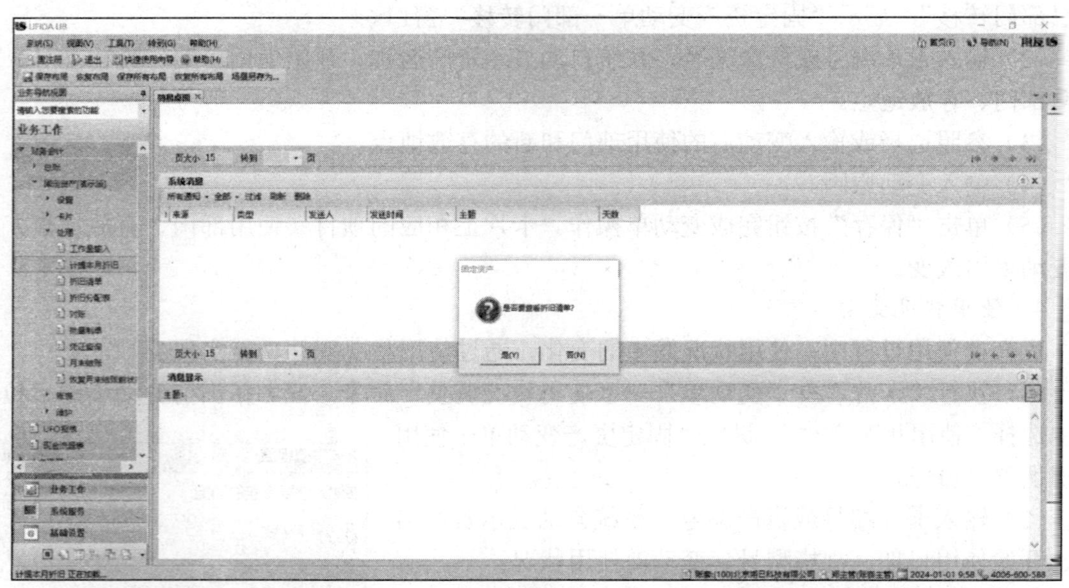

图 7－19　折旧处理

执行“处理”→“折旧清单”命令，弹出“折旧清单”对话框，如图 7－20 所示。其中显示了该账套最近一次计提折旧的情况。

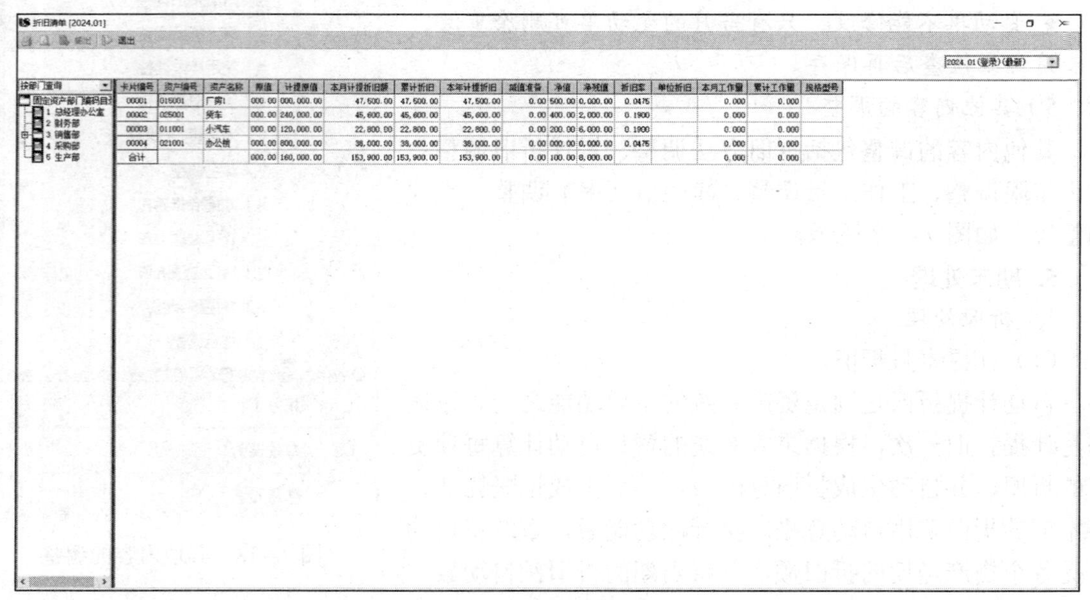

图 7－20　折旧清单

如果对系统计算的折旧不满意，并且不想自定义折旧方法，可使用折旧修改功能把系统计算的折旧额手工改为希望的值。

① 在期间选择列表中选择附有“最新”字样的期间。

② 按“Ctrl+Alt+G”键，工具栏上显示“修改”图标。

③ 双击要修改的单元格，把系统自动计算的月折旧额改为要计提的月折旧额。

④ 确定是否以后每次计提折旧继承该值。单击“是”按钮，则以后该资产每次计提折旧不按公式计提，按修改后的值计提折旧；单击“否”按钮，则以后每次计提还按折旧方法公式计算月折旧额。

（3）折旧分配表。

折旧分配表是编制记账凭证，把计提折旧额分配到成本和费用的依据。何时生成折旧分配凭证根据在初始化或选项中选择的折旧分配汇总周期确定，如果选定的是 1 个月，则每期计提折旧后自动生成折旧分配表；如果选定的是 3 个月，则只有到 3 的倍数的期间，即第 3、6、9、12 期间计提折旧后才自动生成折旧分配凭证。折旧分配表有两种类型：部门折旧分配表和类别折旧分配表，只能选择一个制作记账凭证。

执行“处理”→“折旧分配表”命令，显示“折旧分配表”对话框，如图 7–21 所示。

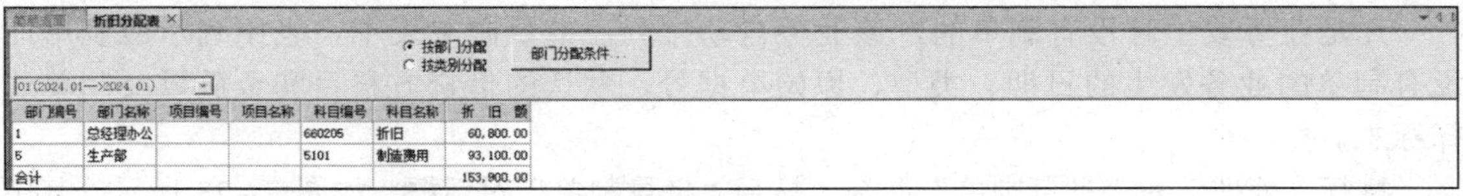

折旧分配表

按部门分配 按类别分配 部门分配条件...

01(2024.01—>2024.01)

部门编号	部门名称	项目编号	项目名称	科目编号	科目名称	折 旧 额
1	总经理办公			660205	折旧	60,800.00
5	生产部			5101	制造费用	93,100.00
合计						153,900.00

图 7–21 折旧分配表

注意：

● 本系统在一个期间内可以多次计提折旧。每次计提折旧后，都只是将计提的折旧累加到月初的累计折旧，不会重复累计。

● 如果上次计提折旧已制单并把数据传递到账务系统中，则必须删除该凭证才能重新计提折旧。

● 计提折旧后又对账套进行了影响折旧计算或分配的操作，必须重新计提折旧，否则系统不允许结账。

● 如果自定义的折旧方法使月折旧率或月折旧额出现负数，则自动中止计提。

（4）制单处理。

固定资产管理系统向总账系统传递记账凭证，需要制作记账凭证的情况包括资产增加（录入新卡片）、资产减少、卡片修改（涉及原值或累计折旧时）、资产评估（涉及原值或累计折旧变化时）、原值变动、累计折旧调整、折旧分配。

如果在“选项”中设置了“立即制单”，则在资产增加、卡片修改、资产评估、原值变动、累计折旧调整、折旧分配表、资产减少完成后，自动调出有一部分默认内容的不完整凭证由用户完成；如果在“选项”中取消选择“立即制单”，在业务界面单击“凭证”按钮，进入“填制凭证”对话框，如图 7–22 所示。系统显示的凭证是根据不同的制单业务类型和在“选项”中设置的默认资产科目、折旧科目等生成的不完整的凭证，需要完善。

2）批量制单

在完成任何一笔需制单的业务时，可以通过单击“凭证”按钮生成记账凭证传输到账务系统，也可以在当时不制单（“选项”中制单时间的设置必须为“不立即制单”），而在某一时间（如月底）利用本系统提供的另一功能（批量制单）完成制单工作。批量功能可同时将一批需制单业务连续制作凭证传输到账务系统，避免了多次制单的烦琐。

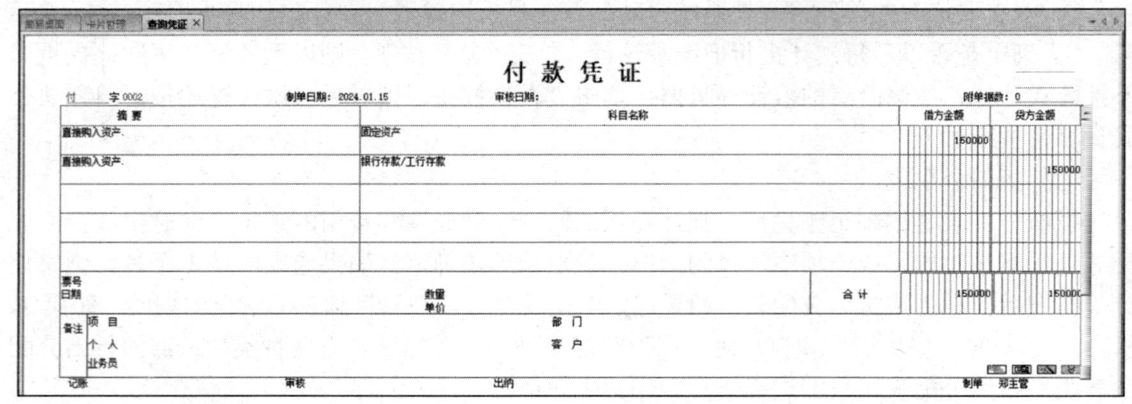

图 7-22　填制凭证

凡是业务发生时没有制单的，该业务自动排列在批量制单表中，表中列示应制单而没有制单的业务发生的日期、类型、原始单据号，默认的借贷方科目和金额以及制单选择标志。

执行“处理”→“批量制单”命令，显示“批量制单”对话框，如图 7-23 所示。其中显示了直至本次制单，所有系统应制单而没有制单的业务。选择单据行，单击“制单设置”按钮，补充对应信息，单击“凭证”完成制单。

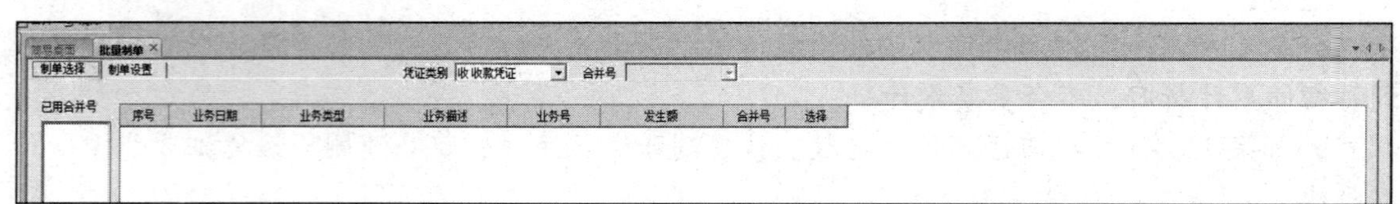

图 7-23　批量制单

注意：

● *若该单据在其他系统已制单或发生其他情况不应制单，可选中该行后单击“删除”按钮，将该应制单业务从表中删除。如果在选项中选择了“应制单业务没有制单不允许结账”，则只要本表中有记录，该月不能结账。*

3）对账

系统在运行过程中，应保证本系统管理的固定资产的价值和账务系统中固定资产科目的数值相等。而两个系统的资产价值是否相等，通过执行本系统提供的对账功能即可实现。对账操作不限制执行的时间，任何时候均可进行对账。系统在执行月末结账时自动对账一次，给出对账结果，并根据初始化或选项中的判断确定不平情况下是否允许结账。只有系统初始化或在选项中选择了与账务对账，本功能才可操作。

4）*月末结账和恢复月末结账前状态*

（1）月末结账。

月末结账每月进行一次，结账后当期的数据不能修改。12 月底结账时系统要求完成本年应制单业务，也就是说，必须保证批量制单表是空的才能结账。

执行“处理”→“月末结账”命令，系统自动进行一系列处理，直至结账完成。结账完成后，系统会提示可操作日期已转成下一期间的日期，只有以下一期间的日期登录，才可对账套进行操作。

（2）恢复月末结账前状态。

恢复月末结账前状态，又称“反结账”，是本系统提供的一个纠错功能。如果由于某种原因，在结账后发现结账前的操作有误，而结账后不能修改结账前的数据，则可使用此功能恢复到结账前状态去修改错误。

① 以要恢复的月份登录。若要恢复到 6 月底，则以 6 月登录。

② 执行“处理”→“恢复月末结账前状态”命令，系统显示提示信息，提醒要恢复到的日期。单击“是”按钮，系统即执行本操作，完成后自动以原登录日期打开，并提示该日期是否是可操作日期。

- 不能跨年度恢复数据，即本系统年末结转后，不能利用本功能恢复年末结转前状况。
- 恢复到某个月月末结账前状态后，本账套内对该结账后所做的所有工作都无痕迹删除。

巩固练习

项目练习：利用任务中所学的技能，将下列资料录入练习账套中。

➘ 实验资料

1. 初始设置

（1）控制参数见表 7－7。

表 7－7　控制参数

控制参数	参数设置
约定及说明	我同意
启用月份	2024.01
折旧信息	本账套计提折旧 折旧方法：平均年限法（一） 折旧汇总分配周期：1 个月 当（月初已计提月份＝可使用月份－1）时将剩余折旧金额提足
编码方式	资产类别编码方式：2112 固定资产编码方式：按“类别编号＋部门编号＋序号”自动编码 卡片序号长度为 3
账务接口	与账务系统进行对账 对账科目 固定资产对账科目：固定资产（1601） 累计折旧对账科目：累计折旧（1602）

- 业务发生后立即制单。
- 月末结账前一定要完成制单登账业务。
- 固定资产默认入账科目：1601。
- 累计折旧默认入账科目：1602。

（2）资产类别见表 7－8。

表 7－8　资产类别

编码	类别名称	净残值率	单位	计提属性
01	交通运输设备	4%		正常计提
011	经营用设备	4%		正常计提
012	非经营用设备	4%		正常计提
02	电子设备及其他通信设备	4%		正常计提
021	经营用设备	4%	台	正常计提
022	非经营用设备	4%	台	正常计提

（3）部门及对应折旧科目见表 7－9。

表 7－9　部门及对应折旧科目

部　门	对应折旧科目
综合部、供应部	管理费用/折旧费
销售一部	销售费用/折旧费
制造车间	制造费用/折旧费

（4）增减方式的对应科目见表 7－10。

表 7－10　增减方式的对应科目

增减方式目录	对应入账科目
增加方式：直接购入	工行存款（100201）
减少方式：毁损	固定资产清理（1606）

（5）原始卡片见表 7－11。

表 7－11　原始卡片　　单位：元

固定资产名称	类别编码	所在部门	增加方式	可使用年限	开始使用日期	原值	累计折旧	对应折旧科目名称
轿车	012	总经理办公室	直接购入	6	2022－12－01	215 470	37 254.75	管理费用/折旧费
笔记本电脑	022	总经理办公室	直接购入	5	2022－12－01	28 900	5 548.80	管理费用/折旧费
传真机	022	总经理办公室	直接购入	5	2020－06－01	3 510	1 825.20	管理费用/折旧费
微机	021	制造车间	直接购入	5	2022－12－01	6 490	1 246.08	制造费用/折旧费
微机	021	制造车间	直接购入	5	2022－12－01	6 490	1 246.08	制造费用/折旧费
合计						260 860	47 120.91	

注：净残值率均为 4%，使用状况均为“在用”，折旧方法均采用平均年限法（一）。

2. 日常及期末业务

2024 年 1 月发生的业务如下。

（1）1 月 21 日，财务部购买扫描仪 1 台，价值 1 500 元，净残值率 4%，预计使用年限 5 年。

（2）1 月 23 日，对轿车进行资产评估，评估结果为原值 200 000 元，累计折旧 45 000 元。

（3）1 月 31 日，计提本月折旧费用。

（4）1 月 31 日，一车间毁损微机 1 台。

3. 下月业务

2024 年 2 月发生的业务如下。

（1）2 月 16 日，总经理办公室的轿车添置新配件 10 000 元。

（2）2 月 27 日，总经理办公室的传真机转移到供应部。

（3）2 月 28 日，经核查对 2022 年购入的笔记本电脑计提 1 000 元的减值准备。

（4）2 月 28 日，对总经理办公室的资产进行盘点。盘点情况：只有一辆编号为 1021011001 的轿车。

➘ 操作指导

1. 启用并注册固定资产管理系统

（1）执行“开始”→“程序”→“用友 ERP－U8”→“企业应用平台”命令，打开“登录”对话框。

（2）输入操作员“001 陈明”，密码“1”，在“账套”下拉列表板中选择“001 北京阳光信息技术有限公司”，更改操作日期“2024－01－01”，单击“确定”按钮。

（3）执行“基础设置”→“基本信息”→“系统启用”命令，打开“系统启用”对话框，选中“FA 固定资产”复选框，弹出“日历”对话框，选择固定资产系统启用日期“2024－01－01”，单击“确定”按钮，系统弹出“确实要启用当前系统吗？”信息提示对话框，单击“是”按钮返回。

（4）在“业务”选项卡中，单击“财务会计”→“固定资产”选项，系统弹出“这是第一次打开此账套，还未进行过初始化，是否进行初始化？”信息提示对话框，单击“是”按钮，打开固定资产“初始化账套向导”对话框。

2. 初始设置

设置控制参数，初次启用固定资产管理系统的参数设置的操作如下。

（1）在“固定资产初始化向导—约定及说明”对话框中，选择“我同意”。

（2）单击“下一步”按钮，打开“固定资产初始化向导— 启用月份”对话框，选择启用月份“2024.01”。

（3）单击“下一步”按钮，打开“固定资产初始化向导—折旧信息”对话框。

（4）选中“本账套计提折旧”复选框；选择折旧办法“平均年限法（一）”，折旧分配周期“1 个月”；选中“当（月初已计提月份＝可使用月份－1）时将剩余折旧全部提足”对话框。

（5）单击“下一步”按钮，打开“固定资产初始化向导—编码方式”对话框。

（6）确定资产编码长度 2112：选择“自动编码”单选按钮，选择固定资产编码方式“类别编码号＋部门编号＋序号”，选择序号长度“3”。

（7）单击“下一步”按钮，打开“固定资产初始化向导—账务接口”对话框。

（8）选中“与财务系统进行对账”复选框；选择固定资产的对账科目“1601，固定资产”，累计折旧的对账科目“1602，累计折旧”。

（9）单击“下一步”按钮，打开“固定资产初始化向导一完成”对话框。

（10）单击“完成”按钮，完成本账套的初始化，系统弹出“是否确定所设置的信息完全正确，保存对新账套的所有设置”信息提示对话框。

（11）单击“是”按钮，系统弹出“已经成功初始化本固定资产账务”信息提示对话框，单击“确定”按钮。

注意：

- 初始化设置完成后，有些参数不能修改，所以要慎重。
- 如果发现参数有错，必须改正，只能通过固定资产管理系统“维护”→“重新初始化账套”命令实现，该操作将清空对该子账套所做的一切工作。

3. 补充参数设置

（1）执行“设置”→“选项”命令，进入“选项”窗口。

（2）单击“编辑”按钮，打开“与账务系统接口”选项卡。

（3）选中“业务发生后立即制单”“月末结账前一定要完成制单登账业务”复选框；选择缺省入账科目“固定资产（1601）”“累计折旧（1602）”，单击“确定”按钮。

4. 设置资产类别

（1）执行“设置”→“资产类别”命令，弹出“类别编码表”对话框。

（2）单击“增加”按钮，输入类别名称“交通运输设备”，净残值率“4%”；选择计提属性“正常计提”，折旧办法“平均年限法（一）”，卡片样式“通用样式”，单击“保存”按钮。

（3）同理，完成其他资产类别的设置。

注意：

- 资产类别编码不能重复，同一级的类别名称不能相同。
- 类别编码、类别名称、计提属性、卡片样式不能为空。
- 已使用过的类别不能设置新的下级。

5. 设置部门对应折旧科目

（1）执行“设置”→“部门对应折旧科目”命令。

（2）选择部门“综合部”，单击“修改”按钮。

（3）选择折旧科目“管理费用/折旧费（660205）”，单击“保存”按钮，系统弹出“是否将综合部的所有下级部门的折旧科目替换为折旧费？”信息提示对话框，单击“是”按钮。替换之后，即可看到综合部下的总经理办公室、财务部对应折旧科目均修改为“管理费用/折旧费”。

（4）同理，完成其他部门折旧科目的设置。

6. 设置增减方式的对应科目

（1）执行“设置”→“增减方式”命令，弹出“增减方式”窗口。

（2）在左侧列表框中，单击“直接购入”增加方式，单击“修改”按钮。

（3）输入对应入账项目“工行存款（100201）”，单击“保存”按钮。

（4）同理，输入减少方式“损毁”的对应入账项目“固定资产清理（1606）”。

注意：

- 当固定资产发生增减变动，系统生成凭证时，会默认采用这些科目。

7. 录入原始卡片

（1）执行“卡片”→“录入原始卡片”命令，进入“固定资产类别档案”窗口。

（2）选择资产类别“非经营用设备（012）”，单击“确定”按钮，进入“固定资产卡片”窗口。

（3）输入固定资产名称“轿车”；双击“部门名称”选择“总经理办公室”，双击“增加方式”选择“直接购入”，双击“使用状况”选择“在用”；输入开始使用日期“2022–12–01”；输入原值“215470”，累计折旧“37254.75”；输入可使用年限“6年”；其他信息自动算出。

（4）单击“保存”按钮，系统弹出“数据成功保存！”信息提示对话框，单击“确定”按钮。

（5）同理，完成其他固定资产卡片的输入。

（6）执行“处理”→“对账”命令，系统将固定资产系统录入的明细资料数据汇总并与账务核对，显示与账务对账结果，单击“确定”按钮返回。

注意：

- 卡片编号：系统根据初始化时定义的编码方案自动设定，不能修改，如果删除一张卡片，又不是最后一张时，系统将保留空号。
- 已计提月份：系统将根据开始使用日期自动算出，但可以修改，请将使用期间停用等不计提折旧的月份扣除。
- 月折旧率、本月计提折旧额：与计算折旧有关的项目输入之后，系统会按照输入的内容自动算出显示在相应项目内，可与手工计算的值比较，核对是否有错误。

8. 日常及期末处理

1）业务1：资产增加

（1）执行“卡片”→“资产增加”命令，进入“固定资产类别档案”窗口。

（2）选择资产类别：“非经营用设备（022）”，单击“确定”按钮，进入“固定资产卡片”窗口。

（3）输入固定资产名称“扫描仪”；双击部门名称弹出“本资产部门使用方式”信息提示对话框，选择“单部门使用”选项，单击“确定”按钮，打开“部门参照”对话框，选择“综合部/财务部”选项，双击“增加方式”选择“直接购入”，双击“使用状况”选择“在用”：输入原值“1500”，可使用年限“5年”，开始使用日期“2024–01–21”。

（4）单击“保存”按钮，弹出“填制凭证”窗口。

（5）选择凭证类别“付款凭证”，修改制单日期、单据数，单击“保存”按钮。

注意：

- 固定资产原值一定要输入卡片录入月月初的价值，否则会出现计算错误。
- 新卡片第一个月不提折旧，累计折旧为空或零。
- 卡片输入完后，也可以不立即制单，月末可以批量制单。

2）业务2：资产评估

（1）执行“卡片”→“资产评估”命令，弹出“资产评估”对话框。

（2）单击“增加”按钮，打开“评估资产选择”对话框。

（3）选择要评估的项目“原值”和“累计折旧”，单击“确定”按钮。

（4）在“资产评估”窗口中选择要评估资产“轿车”的卡片编号，输入评估后数据。

（5）单击“保存”按钮，系统弹出“是否要进行资产评估？”信息提示对话框，单击“是”按钮，弹出填制凭证窗口。

（6）在凭证窗口中，空白科目选择“管理费用/其他（660207）”，部门核算选择“总经理办公室”。

（7）选择凭证类别“转账凭证”，单击“保存”按钮。

3）业务3：折旧处理

① 执行“处理”→“计提本月折旧”命令，系统弹出“是否要查看折旧清单？”信息提示对话框，单击“否”按钮。

② 系统继续弹出“本操作将计提本月折旧，并花费一定时间，是否要继续？”信息提示对话框，单击“是”按钮。

③ 系统计提折旧完成后，弹出“折旧分配表”对话框，单击“退出”按钮，进入“填制凭证”对话框，选择“转账凭证”类别，修改其他项目，单击“保存”按钮。

注意：

● 如果上次计提折旧已通过记账把数据传递到账务系统，则必须删除该凭证才能重新计提折旧。

● 计提折旧后又对账套进行了影响折旧计算分配的操作，必须重新计提折旧，否则系统不允许结账。

4）业务4：资产减少

① 执行“卡片”→“资产减少”命令，弹出“资产减少”对话框。

② 选择卡片编号“00004”，单击“增加”按钮。

③ 选择减少方式“毁损”，单击“确定”按钮，弹出“填制凭证”对话框。

④ 选择“转账凭证”类别，修改其他项目，单击“保存”按钮。

注意：

● 账套需要进行计提折旧后，才能减少资产。

● 如果要减少的资产较少或没有共同点，则通过输入资产编号或卡片号，单击“增加”按钮，将资产添加到资产减少表中。

● 如果要减少的资产较多并且有共同点，则通过单击“条件”按钮，输入一些查询条件，将符合条件的资产挑选出来进行批量减少操作。

9. 总账系统处理

固定资产管理系统生成的凭证自动传递到总账管理系统，在总账管理系统中，对传递过来的凭证进行审核和记账。

（1）以出纳“王晶”的身份登录总账管理系统，进行出纳签字。

（2）以会计“马方”的身份登录总账管理系统，进行审核记账。

注意：

● 只有总账管理系统记账完毕，固定资产管理系统期末才能和总账进行对账工作。

10. 账表管理

（1）执行“账表”→“我的账表”命令，弹出“账表”对话框。

（2）单击“折旧表”，选择“（部门）折旧计提汇总表”。

（3）单击“打开”按钮，打开“条件”对话框。

（4）选择期间“2024－01”，汇总部门“1－3”，单击“确定”按钮。

11. 对账

（1）执行“处理”→“对账”命令，系统弹出“与账务对账结果”信息提示对话框。

（2）单击“确定”按钮。

注意：

● 当总账记账完毕，固定资产系统才可以进行对账，对账平衡，开始月末结账。

● 如果在初始设置时，选择了“与账务系统对账”功能，对账的操作不限制执行时间，任何时候都可以进行结账。

● 如果在账务接口中选中“在对账不平情况下允许固定资产月末结除”复制框，则可以直接进行月末结账。

12. 结账

（1）执行“处理”→“月末结账”命令，打开“月末结账”对话框。

（2）单击“开始结账”按钮，系统弹出“月末结账成功完成！”信息提示对话框。

（3）单击“确定”按钮。

注意：

● 本会计期间做完月末结账工作后，所有数据资料将不能再进行修改。

● 本会计期间不做完月末结账工作，系统将不允许处理下一个会计期间的数据。

● 月末结账一定要进行数据备份，否则数据一旦丢失，将造成无法挽回的后果。

13. 取消结账

（1）执行“处理”→“恢复月末结账前状态”命令，系统弹出“是否继续？”信息提示对话框。

（2）单击“是”按钮，系统弹出“成功恢复月末结账前状态！”信息提示对话框。

（3）单击“确定”按钮。

注意：

● 如果在结账后发现结账前操作有误，必须修改结账前的数据，则可以使用“恢复结账前状态”功能，又称“反结账”，即将数据恢复到月末结账前的状态，结账时所做的所有工作都被无痕迹删除。

● 在总账管理系统未进行月末结账时，才可以使用恢复结账前状态功能。

● 一旦成本系统提取了某期的数据，则该期不能反结账。如果当前的账套已经做了年末处理，那么就不允许再执行恢复月初状态功能。

14. 下月业务

1）业务5：资产原值变动

（1）修改系统日期为2024年2月。

（2）以“001 陈明”身份，在2024年2月1日登录固定资产管理系统。

（3）执行“卡片”→“变动单”→“原值增加”命令，弹出“固定资产变动单”对话框。

（4）输入卡片编号“00001”，输入增加金额“10000”，输入变动原因“增加配件”。

（5）单击“保存”按钮，弹出“填制凭证”对话框。

（6）选择凭证类型“付款凭证”，填写修改其他项目，单击“保存”按钮。

注意：

- 资产变动主要包括原值变动、部门转移、使用状况变动、使用年限调整、折旧方法调整、净残值（率）调整、工作总量调整、累计折旧调整、资产类别调整等。系统对已做出变动的资产，要求输入相应的变动单来记录资产调整结果。
- 变动单不能修改，只有当月可删除重做，所以请仔细检查后保存。
- 必须保证变动后的净值大于变动后的净残值。

2）业务6：资产部门转移

① 执行“卡片”→“变动单”→“部门转移”命令，弹出“固定资产变动单”对话框。

② 输入卡片编号“00005”，双击“变动后部门”选择“供应部”，输入变动原因“调拨”。

③ 单击“保存”按钮。

3）业务7：计提减值准备

① 执行“卡片”→“变动单”→“计提减值准备”命令，进入“固定资产变动单”窗口。

② 输入卡片编号“00002”，输入减值准备金额“1000”，输入减值原因“技术进步”。

③ 单击“保存”按钮，进入“填制凭证”窗口。

④ 选择凭证类别“转账凭证”，填写修改其他项目，单击“保存”按钮，计提减值准备生成凭证。

4）业务8：资产盘点

① 执行“卡片”→“卡片管理”命令，弹出“卡片管理”对话框。

② 选择“总经理办公室”，执行“编辑”→“列头编辑”命令，补充选择其他列头显示项目。单击“打印”按钮，将总经理办公室资产清单打印出来。执行“卡片”→“资产盘点”命令，弹出“盘点单”对话框。

③ 单击“增加”按钮，打开“新增盘点单－范围”对话框。选择盘点日期“2024－02－28”，盘点方式“按使用部门盘点”，使用部门“总经理办公室”；单击“确定”按钮。

④ 按盘点实际情况录入盘点记录，固定资产编号“012101001”，固定资产名称“轿车”，单击“保存”按钮。

⑤ 单击“核对”按钮，系统自动与总经理办公室的固定资产账面记录进行核对，生成盘点结果清单。

项目八

应收款管理系统业务

项目导学

对于不太复杂的企业业务，总账、报表、工资、固定资产等系统，完全可以满足企业的要求。但是对于稍微复杂一点的业务，企业可能还需要通过管理信息系统来实现对某些业务的管理。例如，要对销售业务和应收业务进行详细管理，企业就需要用到应收款管理系统。

应收款管理系统主要针对企业与客户之间的业务往来进行管理与核算。它可以对每个客户的每笔销售业务登记、收回货款情况登记、是否核销、是否坏账等提供详细的管理，还具有计提坏账准备、生成应收凭证、收款凭证等凭证制单功能。应收款管理系统生成的凭证，直接传递到总账系统。

本项目主要包括系统初始化、应收款单据业务处理、票据管理处理、转账处理、制单处理、期末处理等内容。

学习目标

了解应收款管理系统初始化的含义，掌握初始化操作，掌握应收款单据业务处理内容与操作，掌握票据管理处理内容与操作、了解转账处理的含义与操作，掌握制单处理操作，了解期末处理的含义，熟练运用应收款管理系统来完成应收款管理有关业务。

任务一　系统初始化

目标

了解应收款管理系统初始化的含义，掌握参数设置方法，掌握计量单位设置方法，掌握科目设置方法，掌握坏账准备设置方法，了解账龄区间的含义，掌握存货分类设置方法，掌握存货档案设置方法，掌握录入期初余额操作方法，了解期初对账的含义。

项目描述

企业决定对销售业务和应收业务进行详细管理，现在启用应收款管理系统，并对应收款管理系统进行初始设置。具体要求如下。

（1）启用应收款管理系统，启用日期为 2024 年 1 月 31 日。

（2）应收款管理系统参数见表 8－1。

表 8－1　应收款管理系统参数

参　数	内　容
坏账处理方式	应收余额百分比法
是否自动计算现金折扣	是
月末结账前是否全部制单	是

（3）科目设置见表 8－2。

表 8－2　科目设置

科目类别	设置方式
基本科目设置	应收科目（本币）：1122 预收科目（本币）：2203 销售收入科目：6001 税金科目：22210102 银行承兑科目：1121
控制科目设置	所有客户的控制科目： 应收科目：1122 预收科目：2203
结算方式科目设置	结算方式：现金；币种：人民币　科目：1001 结算方式：现金支票；币种：人民币　科目：100201 结算方式：转账支票；币种：人民币　科目：100201 结算方式：电汇；币种：人民币　科目：100201

（4）坏账准备设置见表 8－3。

表 8－3　坏账准备设置

控制参数	参数控制
提取比例	0.500
坏账准备期初余额	0
坏账准备科目	1231
对方科目	6702

（5）账龄区间设置见表 8－4。

表 8－4　账期内账龄区间设置

序号	起止天数	总天数
01	0—30	30
02	31—60	60
03	61—90	90
04	91 以上	

（6）银行编码是“01”，开户银行名称是“盛京银行望花支行”，银行账号是“622488128990”。

（7）存货分类见表 8–5。

表 8–5　存货分类

存货类别编码	存货类别名称
03	木材
0301	实木
0302	实木颗粒
04	钢材
0401	白钢
0402	黑钢
05	办公桌
06	办公椅
07	书柜

（8）计量单位组设置见表 8–6，计量单位设置见表 8–7。

表 8–6　计量单位组设置

计量单位组编码	计量单位组名称	计量单位组类别
01	无换算关系	无换算率

表 8–7　计量单位设置

计量单位编码	计量单位名称	所属计量单位组名称
01	盒	无换算关系
02	台	无换算关系
03	张	无换算关系
04	把	无换算关系
05	个	无换算关系
06	吨	无换算关系

（9）存货档案见表 8–8。

表 8–8　存货档案

存货编码	存货名称	所属类别	主计量单位	税率	存货属性
001	A 型办公桌	05	张	13%	内销、外销、外购、自制
002	A 型办公椅	06	把	13%	内销、外销、自制、外购
003	A 型书柜	07	个	13%	内销、外销、自制、外购
004	A 型实木	0301	吨	13%	外购、内销、外销、生产耗用
005	A 型实木颗粒	0302	吨	13%	外购、内销、外销、生产耗用
006	A 型白钢	0401	吨	13%	外购、内销、外销、生产耗用
007	A 型黑钢	0402	吨	13%	外购、内销、外销、生产耗用

（10）期初余额。

① 应收票据期初余额为 2 340 元，由一笔业务组成：

2023－11－26，销售给沈阳万兴公司 A 型书柜 1 个，价税合计 2 340 元，收到银行承兑汇票票据一张，票号为 79892，到期日 2024 年 1 月 25 日。

② 应收账款期初余额为 8 690 元，由三笔业务组成：

2023－12－16，沈阳万兴公司购买 A 型办公椅 5 个，价税合计 1 170 元，货款未付，开具增值税专用发票，发票号为 79896。

2023－12－31，抚顺天际公司购买 A 型书柜 3 个，价税合计 7 020 元，货款未付，开具增值税普通发票，发票号为 79897。

2023－12－31，为抚顺天际公司代垫运费 500 元。

③ 预收账款期初余额为 40 000 元，由一笔业务组成：

2023－12－31，预收沈阳中兴公司货款 40 000 元，收到转账支票。

➘ 项目要求

设置系统参数；

设置计量单位；

设置科目；

设置坏账准备；

设置存货分类与存货档案；

录入期初余额。

➘ 知识准备

1. 应收账款的核销方式

应收款管理系统提供两种应收账款的核销方式：按产品、按单据。不同的核销方式 将影响到账龄分析的结果。选择按单据核销时，账龄分析的结果更准确。

2. 坏账处理方式

系统提供四种坏账处理的方式：应收账款余额百分比法、销售收入百分比法、账龄分析法、直接转销法。

3. 现金折扣

为了鼓励客户在信用期间提前付款而采用现金折扣政策，选择显示现金折扣，系统会在“单据结算”中显示“可享受折扣”和“本次折扣”，并计算可享受的折扣。

4. 存货分类和存货档案

先设置存货分类然后设置存货档案。设置好以后输入销售发票时，存货一栏可以参照选择输入，无须再手工录入，可以提高单据录入效率。

5. 设置单据类型

应收款管理系统提供了发票和应收单两大种类的单据。发票类的单据具体包括销售专用发票、销售普通发票两种类型。发票的类型是预先设置好的，不能修改或删除。应收单类的单据指其他应收单。其他应收单是指除发票以外的其他应该收款而未收的单据，如代垫费用等，可以在应收单摘要栏里标出产生应收单的具体原因。

6. 输入期初余额

初次使用应收款管理系统时，要先将该系统会计期间的应收资料的期初余额（具体包括所有客户的应收账款、预收账款、应收票据等数据）录入应收款管理系统期初余额，以便于和总账中应收账款科目、预收账款科目的期初余额一致，便于应收款管理系统与总账管理系统对账。

输入应收款管理系统期初数据时应注意以下问题。

（1）选择单据类型。录入单据之前，要选择单据类型，是销售发票还是应收单，若是销售发票还需要选择是销售专用发票还是销售普通发票。

（2）发票和应收单的方向包括正向和负向，类型包括系统预置的各种类型以及用户定义的类型。如果是预收款和应收票据，则不用选择方向，系统默认预收款方向为贷方，应收票据方向为借方。

操作指导

1. 启用应收款管理系统

引入总账期初余额账套，以“郑主管”的身份登录企业应用平台，单击“基础设置”功能按钮，单击“基本信息”图标，打开基本信息（如图 8–1 所示）。双击“系统启用”，打开“系统启用”对话框（如图 8–2 所示），单击系统名称“应收款管理”前边的方框，弹出日历，录入日期 2024 年 1 月 1 日（如图 8–3 所示），单击“确定”按钮，弹出“确实要启用当前系统吗？”信息提示对话框（如图 8–4 所示），单击“是”按钮，启用应收系统（如图 8–5 所示）。

图 8–1　基本信息

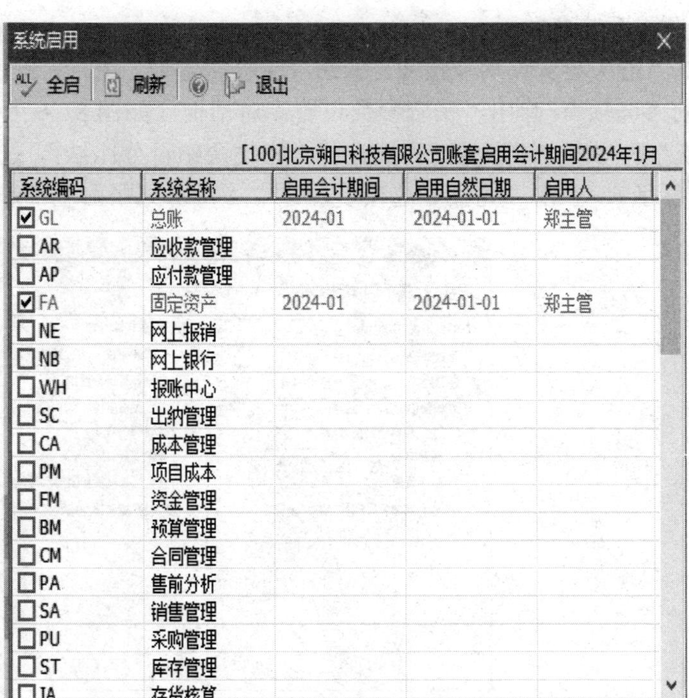

系统编码	系统名称	启用会计期间	启用自然日期	启用人
☑ GL	总账	2024-01	2024-01-01	郑主管
☐ AR	应收款管理			
☐ AP	应付款管理			
☑ FA	固定资产	2024-01	2024-01-01	郑主管
☐ NE	网上报销			
☐ NB	网上银行			
☐ WH	报账中心			
☐ SC	出纳管理			
☐ CA	成本管理			
☐ PM	项目成本			
☐ FM	资金管理			
☐ BM	预算管理			
☐ CM	合同管理			
☐ PA	售前分析			
☐ SA	销售管理			
☐ PU	采购管理			
☐ ST	库存管理			
☐ IA	存货核算			

图 8–2　系统启用

图 8－3　录入日期

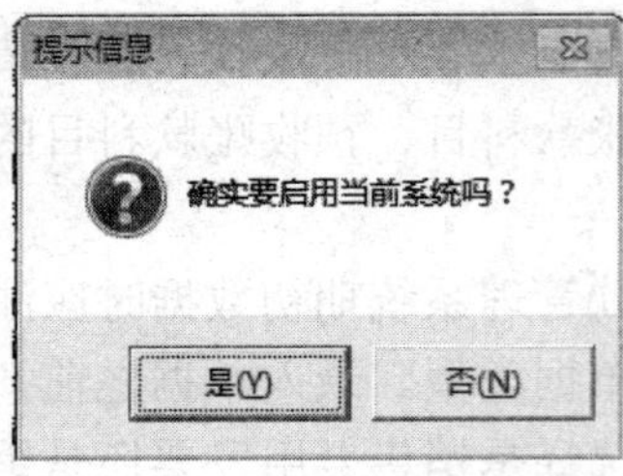

图 8－4　信息提示对话框

系统启用

全启　刷新　退出

[100]北京朔日科技有限公司账套启用会计期间2024年1月

系统编码	系统名称	启用会计期间	启用自然日期	启用人
☑GL	总账	2024-01	2024-01-01	郑主管
☑AR	应收款管理	2024-01	2024-01-01	郑主管
☐AP	应付款管理			
☑FA	固定资产	2024-01	2024-01-01	郑主管
☐NE	网上报销			
☐NB	网上银行			
☐WH	报账中心			
☐SC	出纳管理			
☐CA	成本管理			
☐PM	项目成本			
☐FM	资金管理			
☐BM	预算管理			
☐CM	合同管理			
☐PA	售前分析			
☐SA	销售管理			
☐PU	采购管理			
☐ST	库存管理			
☐IA	存货核算			

图 8－5　启用应收系统

2. 设置系统参数

单击“财务会计”功能按钮，双击“应收款管理”图标，进入应收款管理系统，单击“设置”下的“选项”，弹出“账套参数设置”对话框（如图 8－6 所示），单击“编辑”按钮，单击“常规”选项卡，坏账处理方式选择“应收余额百分比法”，选中“自动计算现金折扣”（如图 8－7 所示），单击“凭证”选项卡，选中“月末结账前全部制单”，单击“确定”按钮。

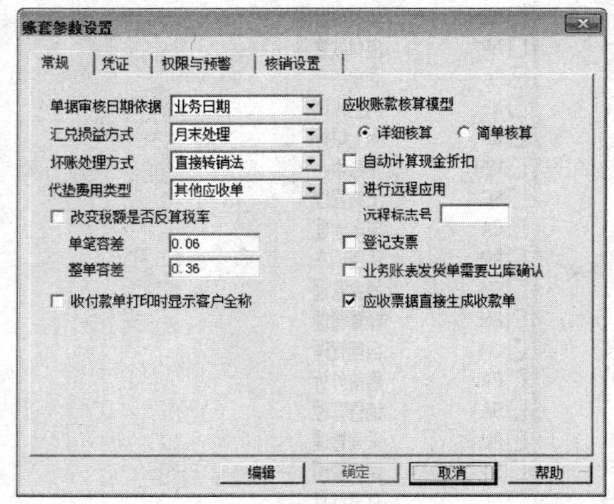

图 8－6　账套参数设置

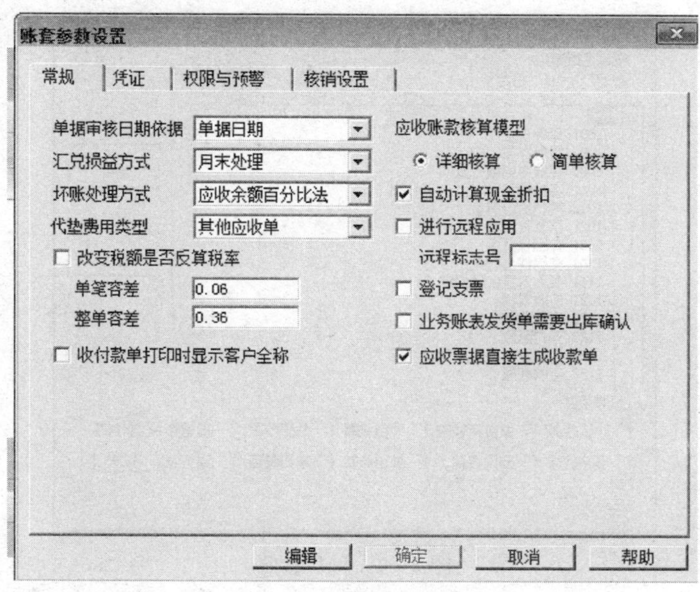

图 8－7　常规选项卡

3. 初始设置

（1）基本科目设置。单击“设置”菜单中的“初始设置”，弹出“初始设置”窗口（如图 8－8 所示）。单击“基本科目设置”，单击“科目”录入栏右侧按钮，打开“科目参照”对话框（如图 8－9 所示），选择科目“1122 应收账款”，单击“确定”按钮。同理录入其他科目（如图 8－10 所示）。

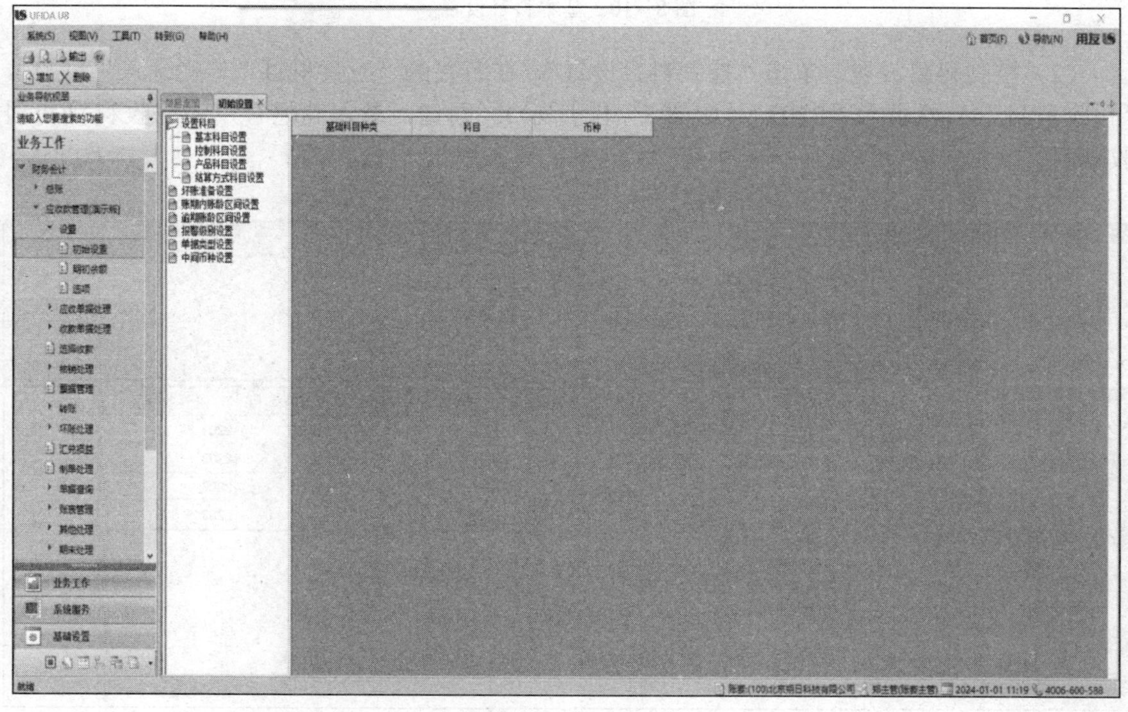

图 8－8　初始设置

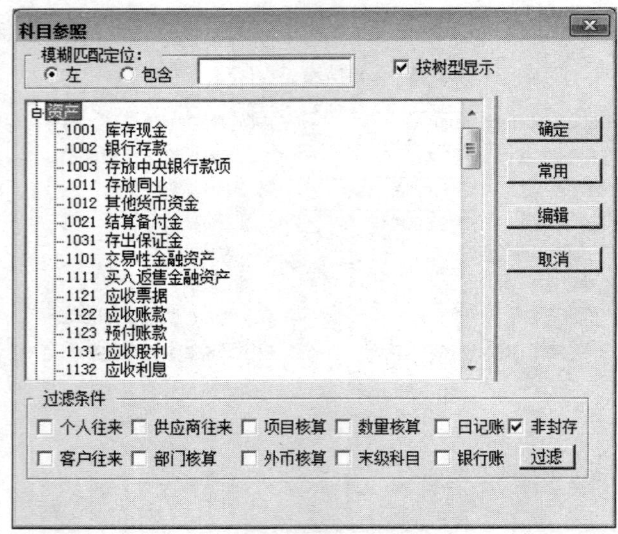

图 8-9　科目参照

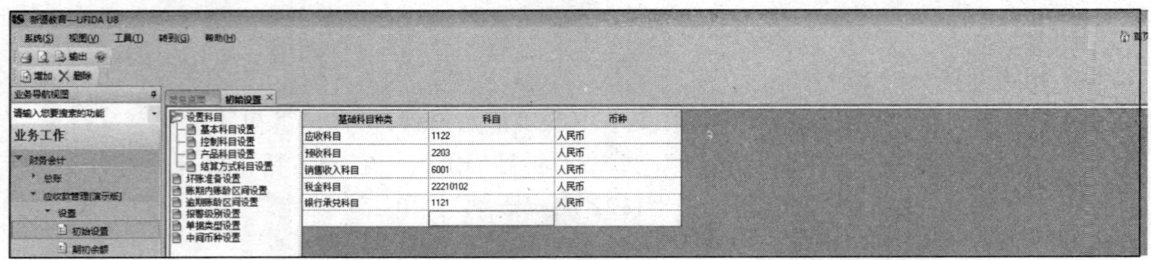

图 8-10　基本科目设置

（2）控制科目设置。单击“控制科目设置”，在万兴的“应收科目”一栏录入“1122”，“预收科目”一栏录入“2203”（如图 8-11 所示）。同理，录入其他客户的应收科目和预收科目。

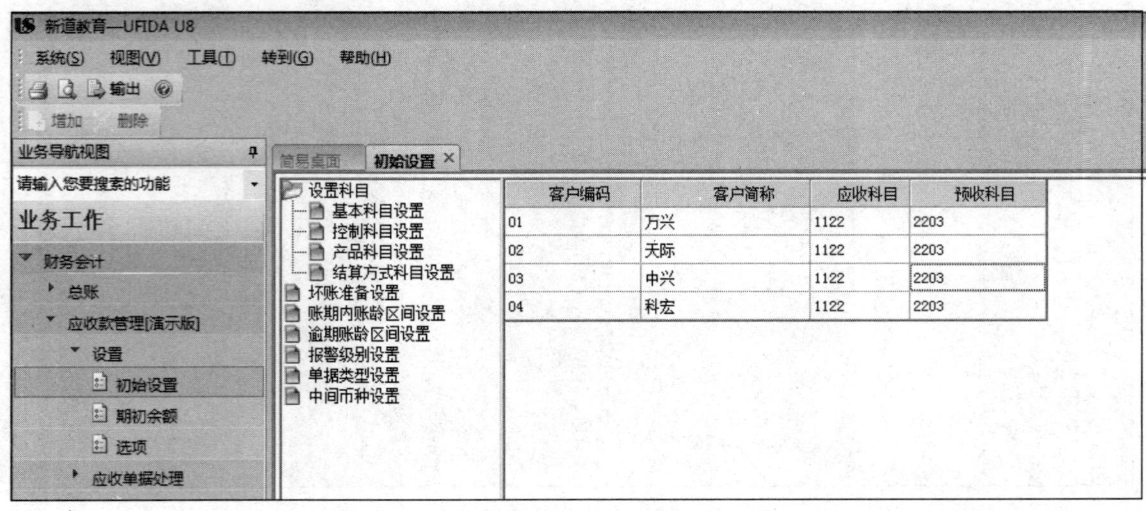

图 8-11　控制科目设置

（3）结算方式科目设置。单击“结算方式科目设置”，双击“结算方式”空白栏（如图 8－12 所示），单击下拉列表框，选择“现金”，币种选择“人民币”，科目选择现金科目“1001”。同理，录入其他结算方式对应的科目（如图 8－13 所示）。如系统没有某些结算方式，可以先在企业应用平台的基础档案中设置结算方式。

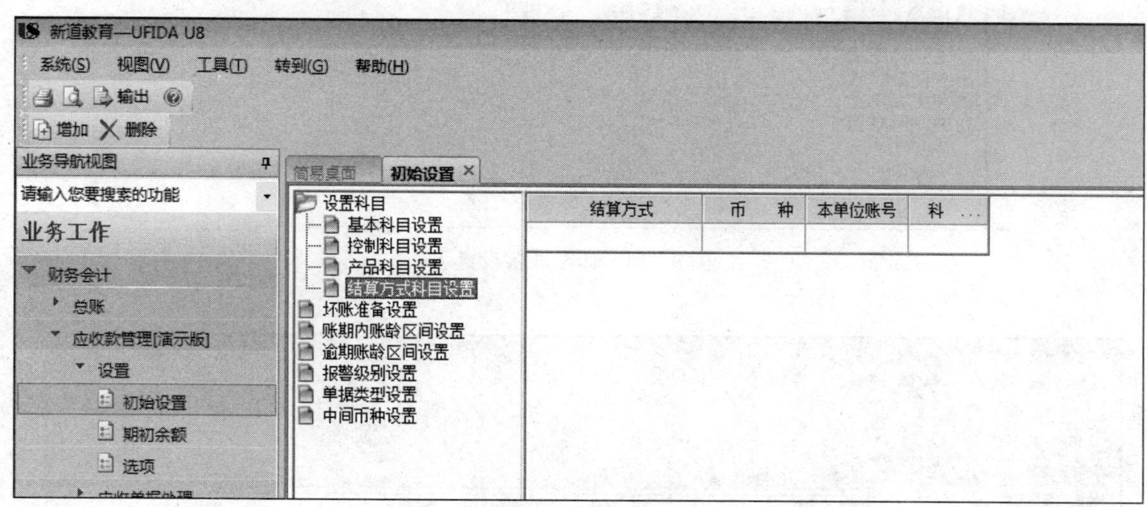

图 8－12　结算方式科目设置

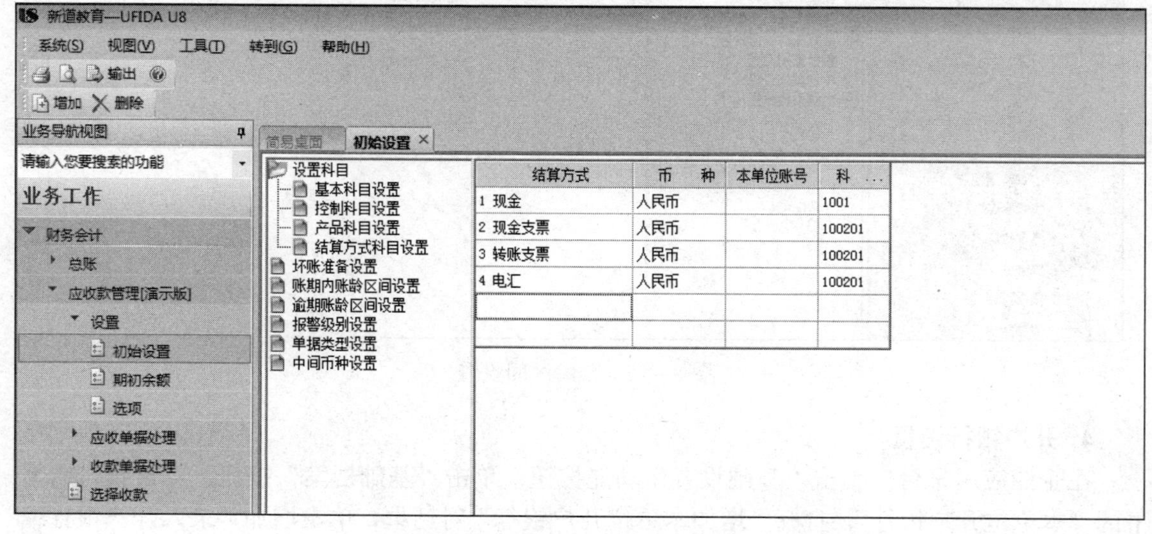

图 8－13　结算方式设置

（4）坏账准备设置。单击“坏账准备设置”，提取比率输入“0.500”，坏账准备期初余额录入“0.00”，坏账准备科目录入“1231”，对方科目录入“6702”（如图 8－14 所示）。单击“确定”按钮，弹出“储存完毕”对话框，单击“确定”按钮。

（5）账期内账龄区间设置。单击“账期内账龄区间设置”，在第一行总天数栏录入“30”回车确定，自动弹出第 2 行，录入总天数“60”（如图 8－15 所示），同理录入其他行，设置完毕后退出。

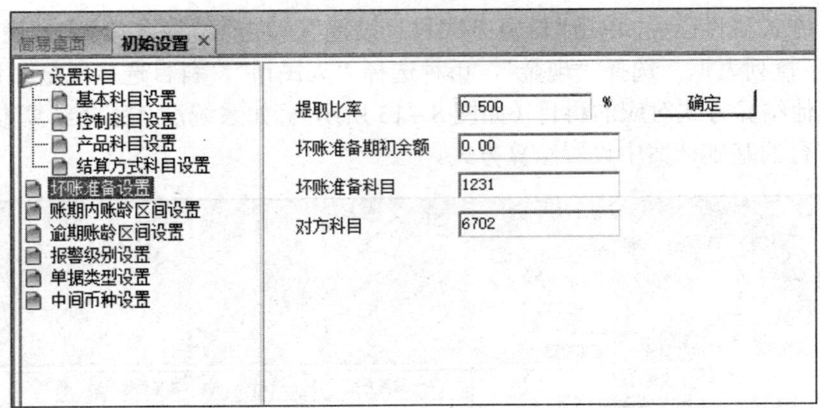

图 8－14　坏账准备设置

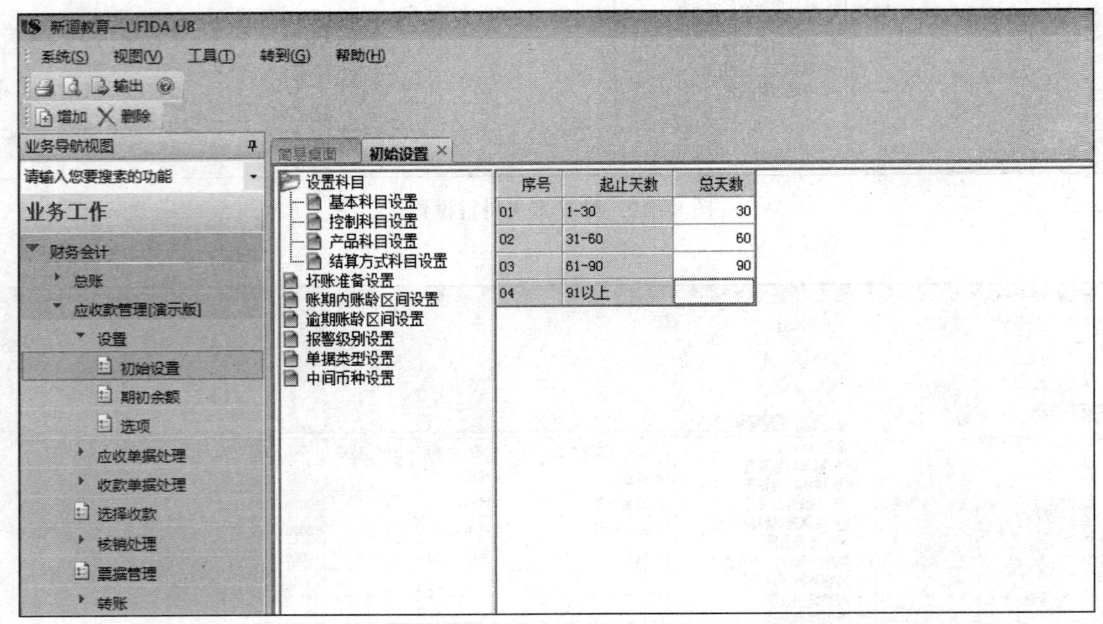

图 8－15　账龄区间设置

4. 开户银行设置

在企业应用平台，单击“基础设置”功能按钮，单击“基础档案”按钮，双击收付结算下的“本单位开户银行”，打开“增加本单位开户银行”对话框，单击增加，录入开户银行编码“01”，录入开户银行名称“盛京银行望花支行”，录入银行账号“622488128990”（如图 8－16 所示），然后保存。

5. 存货分类

在企业应用平台，单击“基础设置”功能按钮，单击“基础档案”图标，双击存货下的“存货分类”，打开“存货分类”对话框，单击增加，分类编码录入“03”，分类名称录入“木材”（如图 8－17 所示），然后保存。同理，继续录入其他存货分类。录入完毕后如图 8－18 所示。

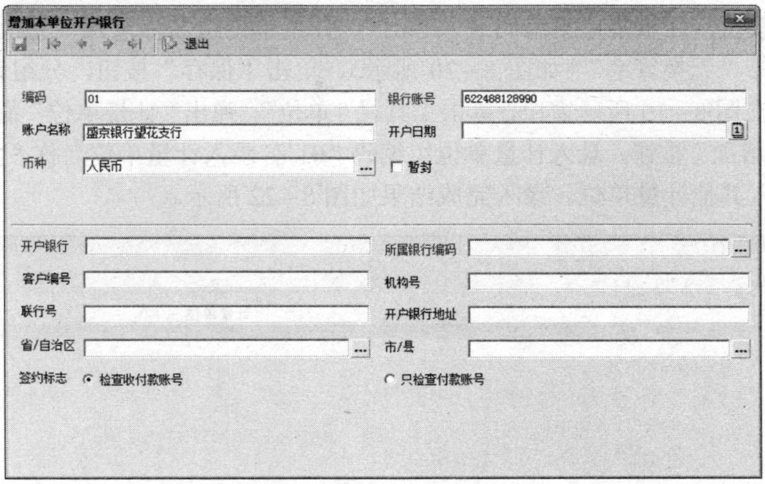

图 8-16 开户银行设置

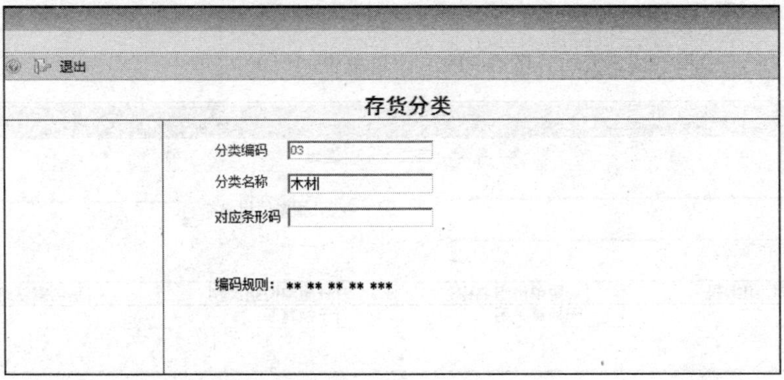

图 8-17 存货分类（一）

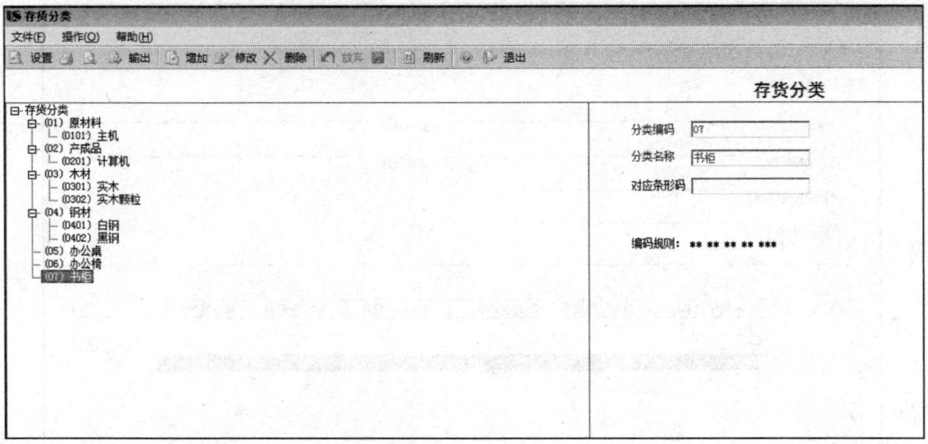

图 8-18 存货分类（二）

6. 设置计量单位组和计量单位

在企业应用平台，单击“基础设置”功能按钮，单击“基础档案”图标，双击存货下的“计量单位”，打开“计量单位”窗口（如图 8-19 所示），先单击工具栏“分组”按钮，然后单击“增加”按钮，计量单位组编码录入“01”，计量单位组名称录入“无换算关系”，计量单位组类别选择“无换算率”（如图 8－20 所示），单击“保存”按钮，分组设置完毕。单击“退出”按钮。在图 8－19 所示窗口，单击工具栏“单位”，弹出“计量单位”窗口（如图 8－21 所示），单击“增加”按钮，录入计量单位组编码“01”，录入计量单位名称“盒”，单击保孛。同理，继续录入其他计量单位。录入完成结果如图 8－22 所示。

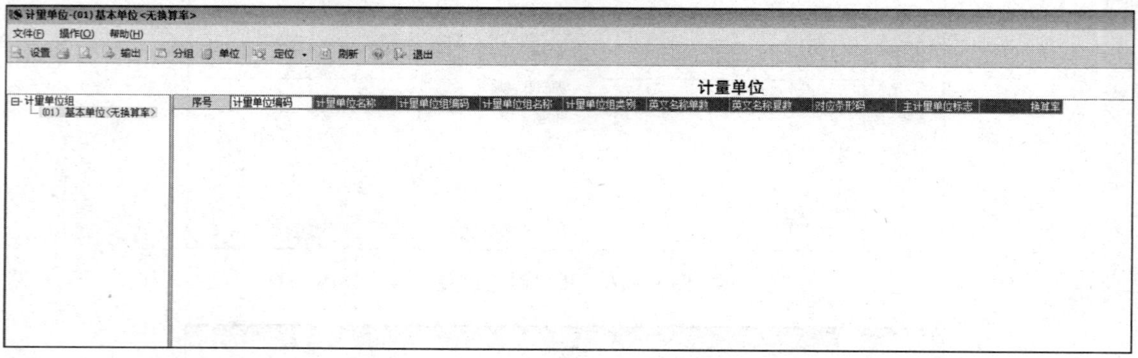

图 8－19　计量单位（一）

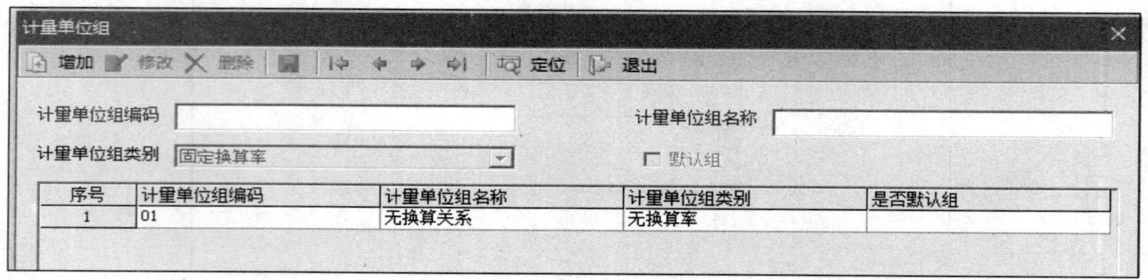

序号	计量单位组编码	计量单位组名称	计量单位组类别	是否默认组
1	01	无换算关系	无换算率	

图 8－20　计量单位组

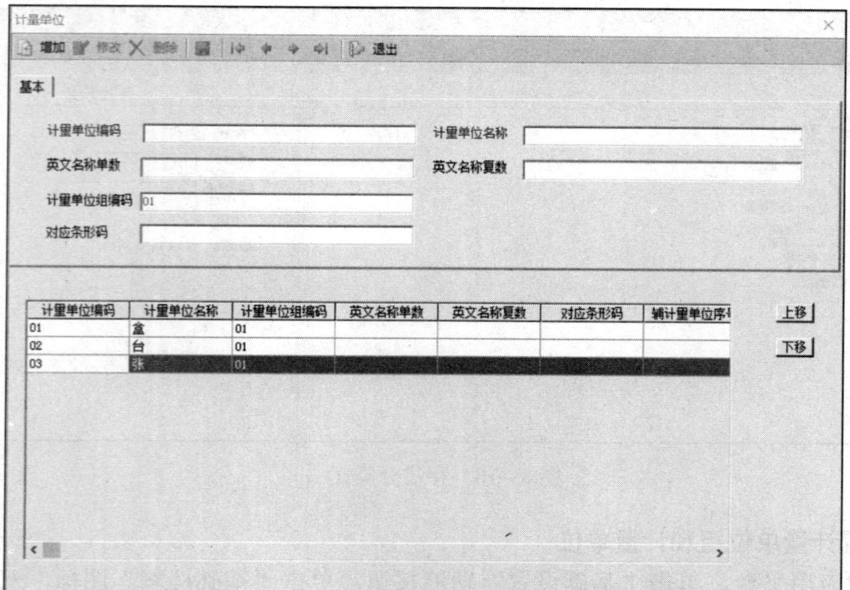

图 8－21　计量单位（二）

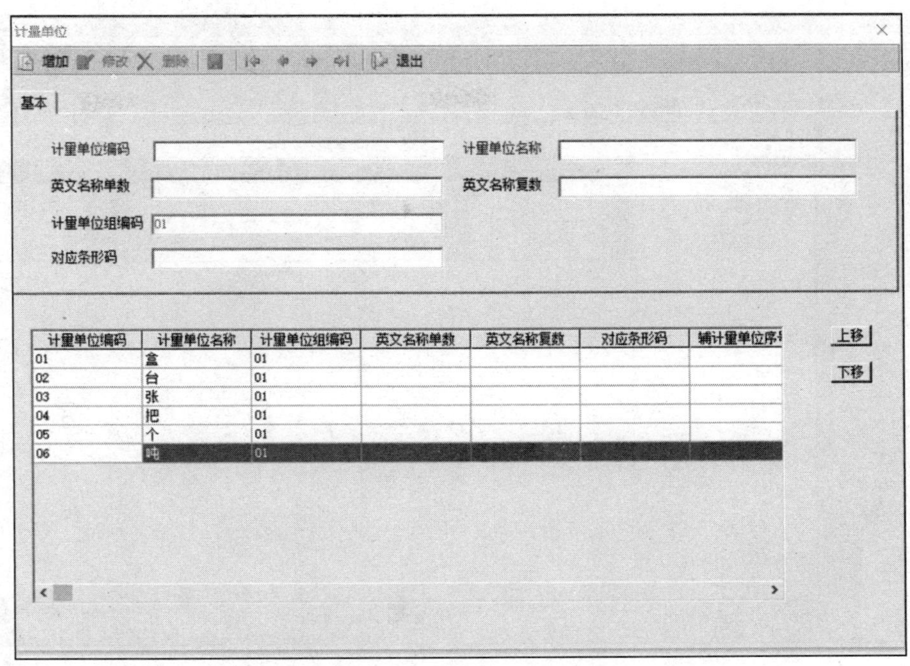

图 8－22　计量单位（三）

7. 设置存货档案

在企业应用平台，单击“基础信息”功能按钮，双击“基础档案”图标，双击存货下的“存货档案”，打开“存货档案”窗口，单击工具栏“增加”按钮，打开“增加存货档案”窗口（如图 8－23 所示），存货编码录入“001”，存货名称录入“A 型办公桌”，存货分类选择“05－办公桌”，存货属性选择“内销、外销、外购、自制”，最后保存。同理，录入其他存货档案（如图 8－24 所示）。

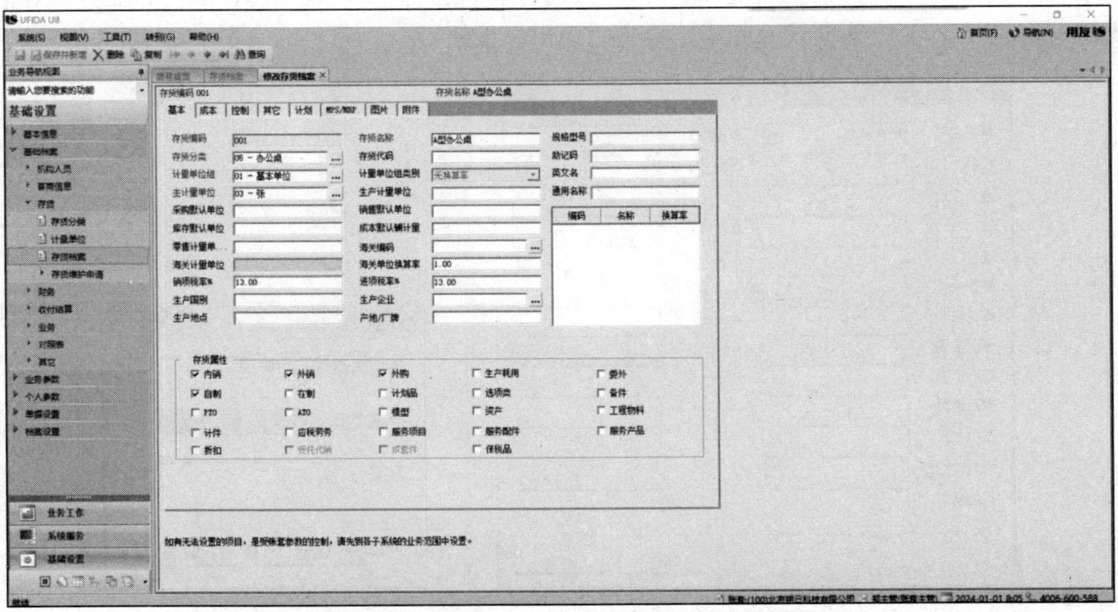

图 8－23　存货档案（一）

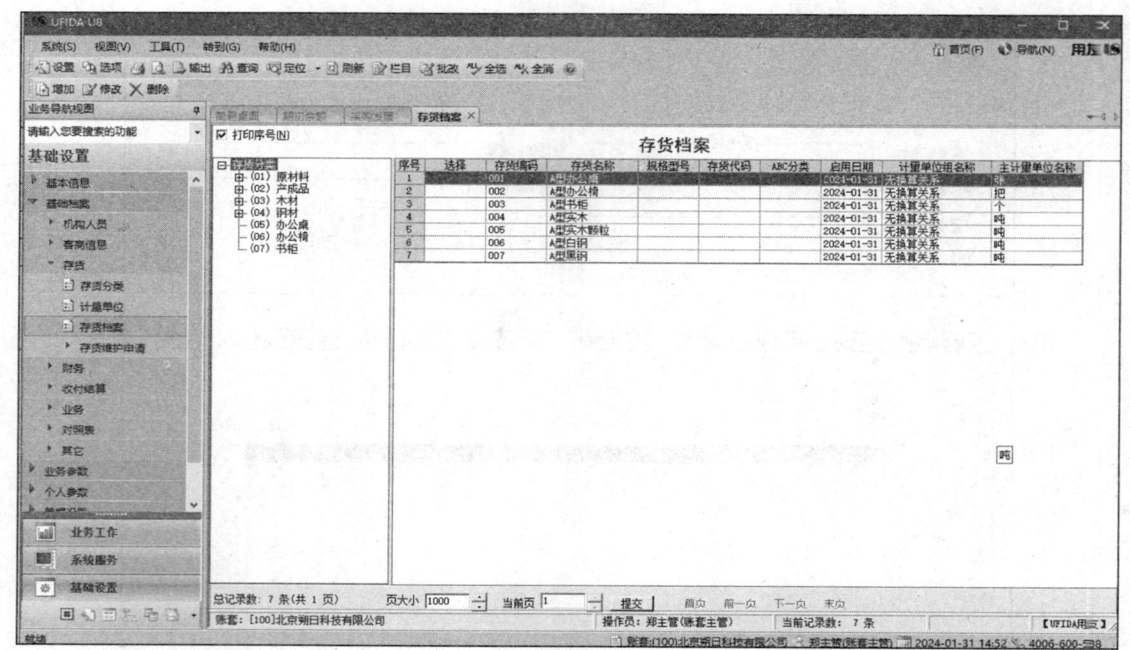

序号	选择	存货编码	存货名称	规格型号	存货代码	ABC分类	启用日期	计量单位组名称	主计量单位名称
1		001	A型办公桌				2024-01-31	无换算关系	张
2		002	A型办公椅				2024-01-31	无换算关系	把
3		003	A型书柜				2024-01-31	无换算关系	个
4		004	A型实木				2024-01-31	无换算关系	吨
5		005	A型实木颗粒				2024-01-31	无换算关系	吨
6		006	A型白钢				2024-01-31	无换算关系	吨
7		007	A型黑钢				2024-01-31	无换算关系	吨

图 8－24　存货档案（二）

8. 录入期初余额

（1）录入应收票据。在企业应用平台，单击“财务会计”按钮，双击“应收款管理’图标，进入应收款管理系统，单击设置下的“期初余额”，打开“期初余额—查询”对话框（如图 8－25 所示），单击“确定”按钮，进入“期初余额明细表”窗口，单击工具栏“增加”按钮，弹出“单据类别”对话框（如图 8－26 所示），单据名称选择“应收票据”，单据类型选择“银行承兑汇票”，单击“确定”按钮，进入“期初票据”窗口（如图 8－27 所示），录入票据编号、开票单位、票据面值、科目、签发日期、收到日期、到期日、部门、业务员等信息，单击保存，应收票据录入完毕，单击“退出”按钮。

期初余额—查询
单据名称 所有种类　单据类型 所有类型
科目　币种
客户
部门　业务员
项目　方向
单据编号
单据日期
原币金额
本币金额
原币余额
本币余额
合同类型
合同号
确定　取消

图 8－25　期初余额—查询

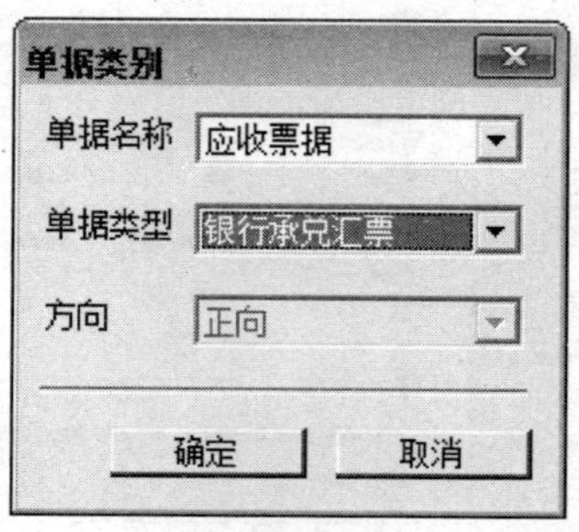

图 8－26　单据类别

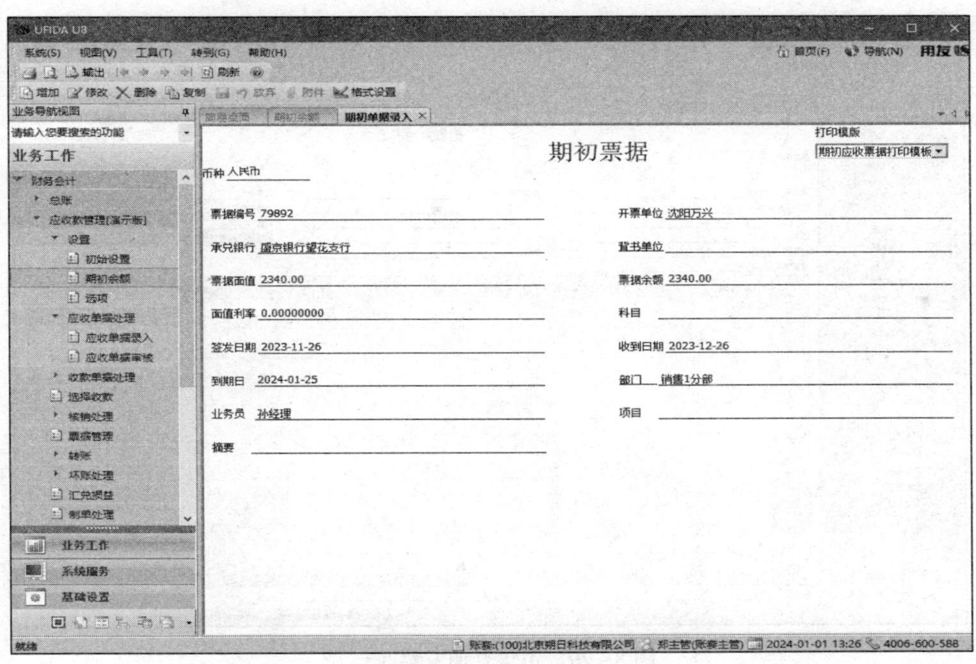

图 8－27　期初票据

（2）录入发票。单击工具栏“增加”按钮，弹出“单据类别”窗口，单据名称选择“销售发票”，单据类型选择“销售专用发票”，单击“确定”按钮，进入“销售专用发票”窗口（如图 8－28 所示），录入开票日期、客户名称、科目、税率、货物编号、数量、无税单价等信息，单击保存，该张发票录入完毕。同理，录入销售普通发票（如图 8－29 所示），单击“退出”按钮。返回到期初余额明细表窗口。

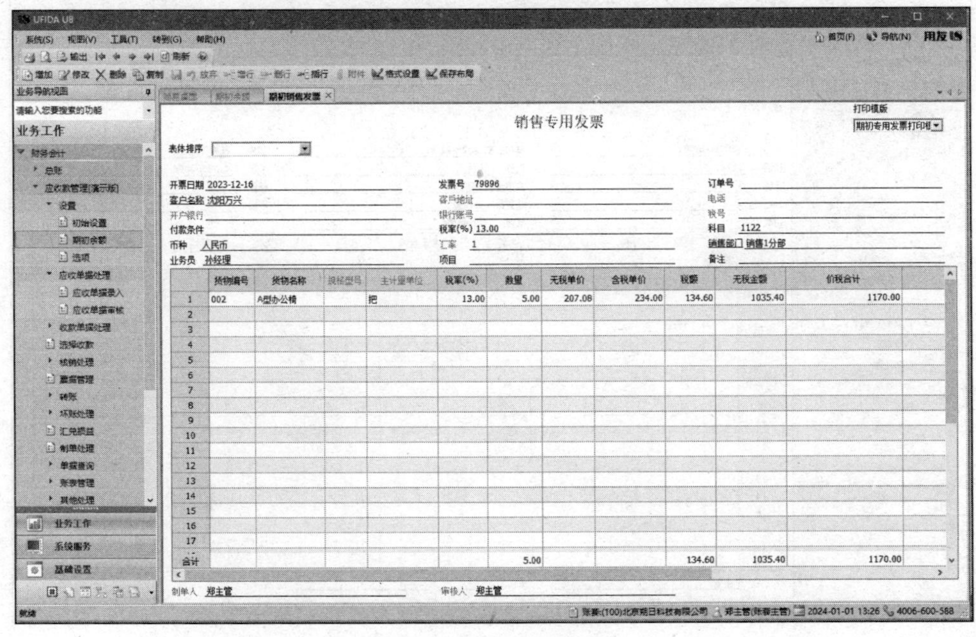

图 8－28　销售专用发票（一）

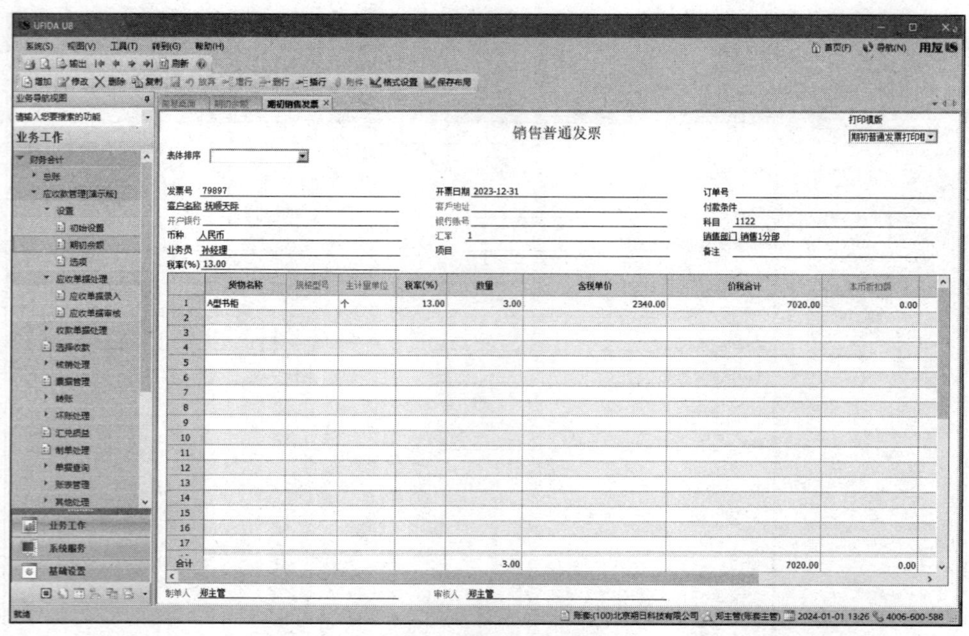

图 8－29　销售普通发票（一）

（3）录入其他应收单。单击工具栏“增加”按钮，弹出“单据类别”窗口，单据名称选择“应收单”，单据类型选择“其他应收单”，单击“确定”按钮，进入“应收单”窗口（如图 8－30 所示），录入单据日期、科目、客户、本币金额、摘要等信息，保存，退出，返回到期初余额明细表窗口。

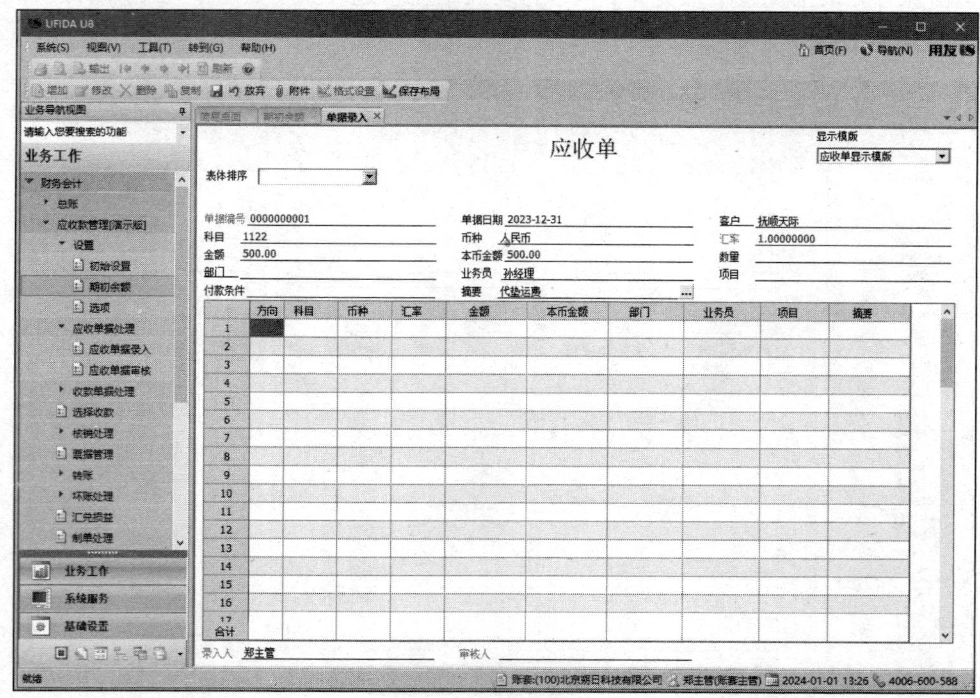

图 8－30　应收单

（4）录入预收款。单击工具栏“增加”按钮，弹出“单据类别”窗口，单据名称选择“预收单”，单据类型选择“收款单”，单击“确定”按钮，进入“收款单”窗口（如图 8－31 所示），录入日期、结算方式、本币金额等信息，保存，退出，返回到期初余额明细表窗口。

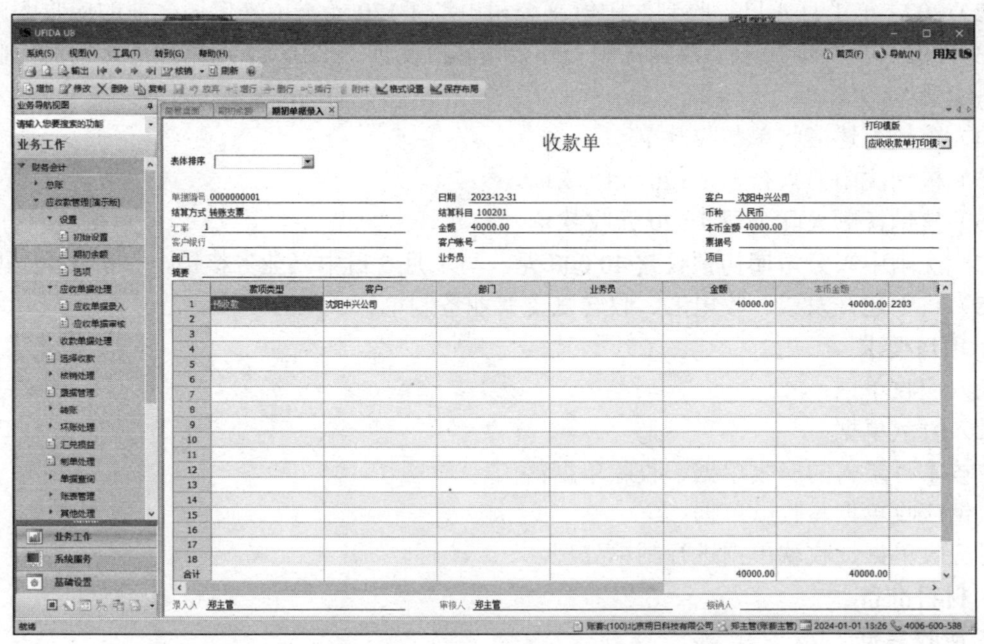

图 8－31　收款单

（5）期初对账。在期初余额明细表窗口，单击工具栏“对账”按钮，打开“期初对账”窗口（如图 8－32 所示），与总账进行对账。

科目		应收期初		总账期初		差额	
编号	名称	原币	本币	原币	本币	原币	本币
1121	应收票据	2,340.00	2,340.00	2,340.00	2,340.00	0.00	0.00
1122	应收账款	8,690.00	8,690.00	8,690.00	8,690.00	0.00	0.00
2203	预收账款	-40,000.00	-40,000.00	-40,000.00	-40,000.00	0.00	0.00
	合计		-28,970.00		-28,970.00		0.00

图 8－32　“期初对账”窗口

任务二　单 据 处 理

目标

了解应收单据与收款单据的区别，掌握应收单据录入操作，掌握收款单据录入操作，了解应收单据与收款单据核销原理，掌握核销应收单据与收款单据操作，掌握应收单据、收款单据的审核操作，掌握应收单据、收款单据制单操作。

项目描述

2024 年 1 月，朔日公司发生了一些销售开票业务和收款业务，并对收回货款进行核销，对所有单据制单。具体资料如下。

（1）2024 年 1 月 5 日，向沈阳中兴公司销售 A 型办公桌 20 张，无税单价为 900 元，增值税税率为 13%，开出增值税专用发票，款项暂未收到。

（2）2024 年 1 月 6 日，收到沈阳万兴公司电汇 1 170 元，用来偿还之前的应收账款。

（3）2024 年 1 月 10 日，收到抚顺天际公司转账支票 7 520 元，用来偿还之前的应收账款和代垫运费。

（4）审核上述应收单与收款单。

（5）核销沈阳万兴公司 1 170 元收款单。

（6）核销抚顺天际公司 7 520 元收款单。

（7）沈阳中兴公司期初预收款 40 000 元，与 1 月 5 日中兴业务核销，余额仍为预收款。

（8）将上述开发票、收电汇、收转账支票业务制单。

➘ 项目要求

录入应收单据；

录入收款单据；

审核本月录入的应收单据、收款单据；

核销应收单据与收款单据；

对应收单据、收款单据进行制单处理。

➘ 材料准备

1. 应收单据

应收单据包括销售发票与应收单。销售发票是指销售业务中的各类普通发票和专用发票。应收单是指销售业务之外的应收单据，如代垫运费等。

如果同时使用应收款管理系统和销售管理系统，则销售发票和代垫费用产生的单据由销售管理系统录入、审核，自动传递到应收款管理系统，在本系统可以对这些单据进行查询、核销、制单，在本系统需要录入的单据仅限于应收单。如果没有使用销售管理系统，则各类发票的应收单据均应在应收款管理系统中录入并审核。

2. 收款单据

收款单据用来记录企业收到的款项，如收到支票、电汇等。企业收到每一笔款项时，需要知道该款项是客户结算所欠货款，是提前支付的货款，还是支付的其他费用等。录入收款单据时需要录入具体用途。

3. 核销

核销指由用户确定收款单据核销与它们对应的应收单据，即将应收单据上记载的应该收回的款项真正收回的环节。可以根据核销查询条件选择需要核销的单据，然后手工核销，加强对应收往来款项的管理。

4. 制单

制单即生成凭证，并将凭证传递至总账记账。系统在各个业务处理的过程中都提供了实时制单的功能。制单时，需选择要制单单据的类型。制单类型包括发票制单、收款单制单等。

➘ 操作指导

1. 录入应收单据

以“郑主管”的身份登录企业应用平台，日期为 2024 年 1 月 31 日，进入应收款管理系统。

录入1月5日的销售发票。单击“日常业务”，单击“应收单据处理”下的“应收单据录入”，弹出单据类型窗口，单据类型选择“销售专用发票”，单击确定，进入“销售专用发票”界面（如图8-33所示），录入开票日期“2024-01-05”、客户简称“沈阳中兴公司”、销售部门“销售1分部”、存货编码“001”、数量“20”、无税单价“900”，其他金额自动计算出来，单击保存。

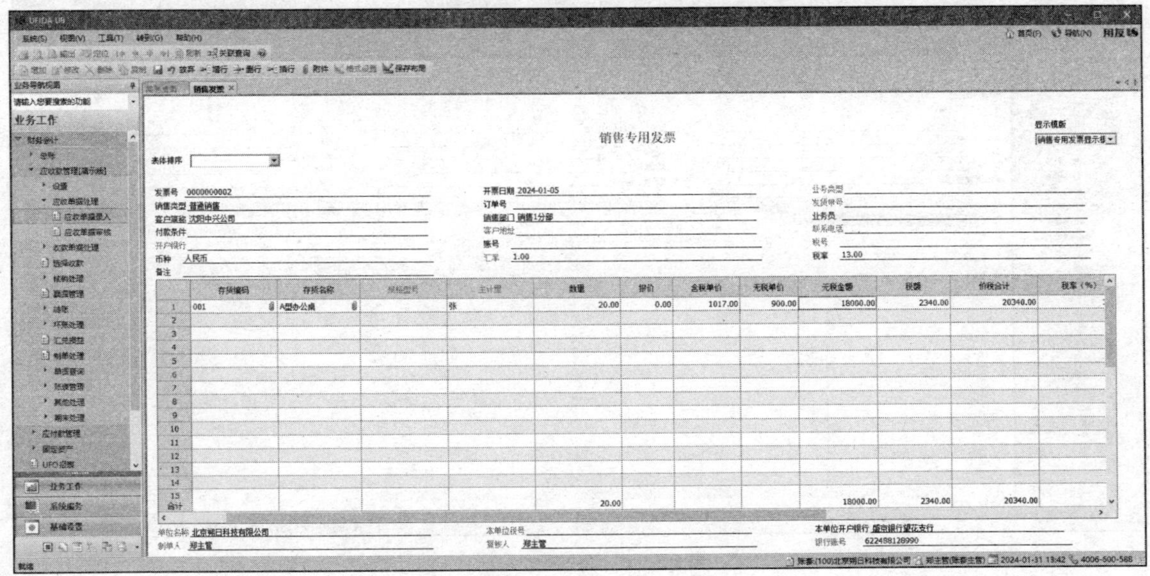

图8-33 销售专用发票（二）

2. 录入收款单据

（1）录入1月6日收款单。单击“收款单据处理”下的“收款单据录入”，进入“收款单”界面（如图8-34所示），单击增加，录入开票日期“2024-01-06”、客户“沈阳万兴”、结算方式“电汇”、本币金额“1170”，部门“销售1分部”，其他信息系统自动带出。单击保存。

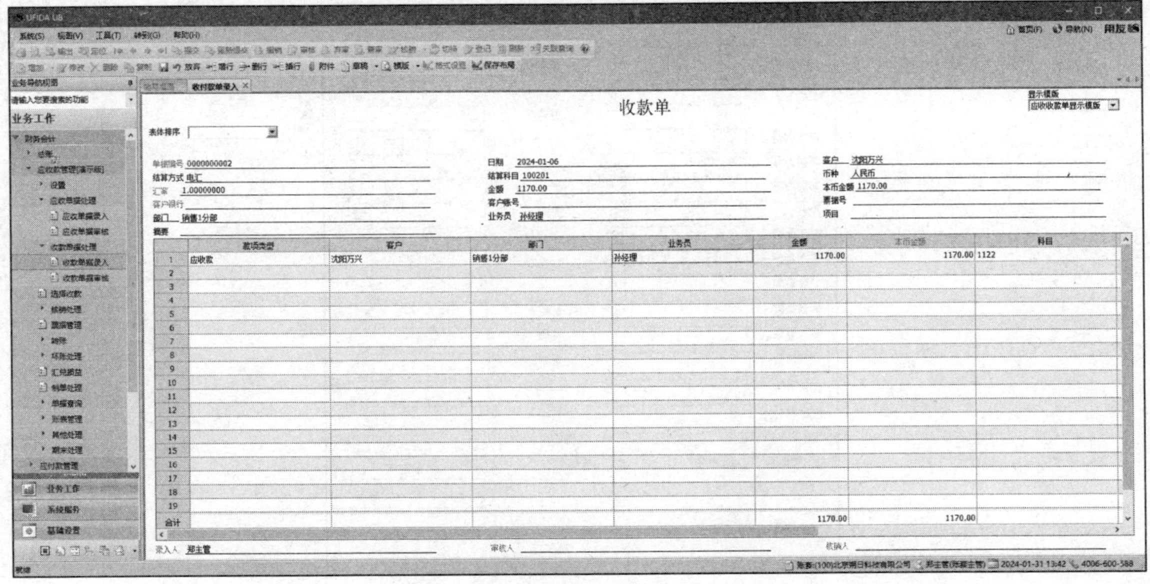

图8-34 收款单（一）

（2）录入1月10日收款单（如图8－35所示）。录入开票日期“2024－01－10”、客户“抚顺天际”、结算方式“转账支票”、本币金额“7520”，部门“销售1分部”，其他信息系统自动带出。单击保存。

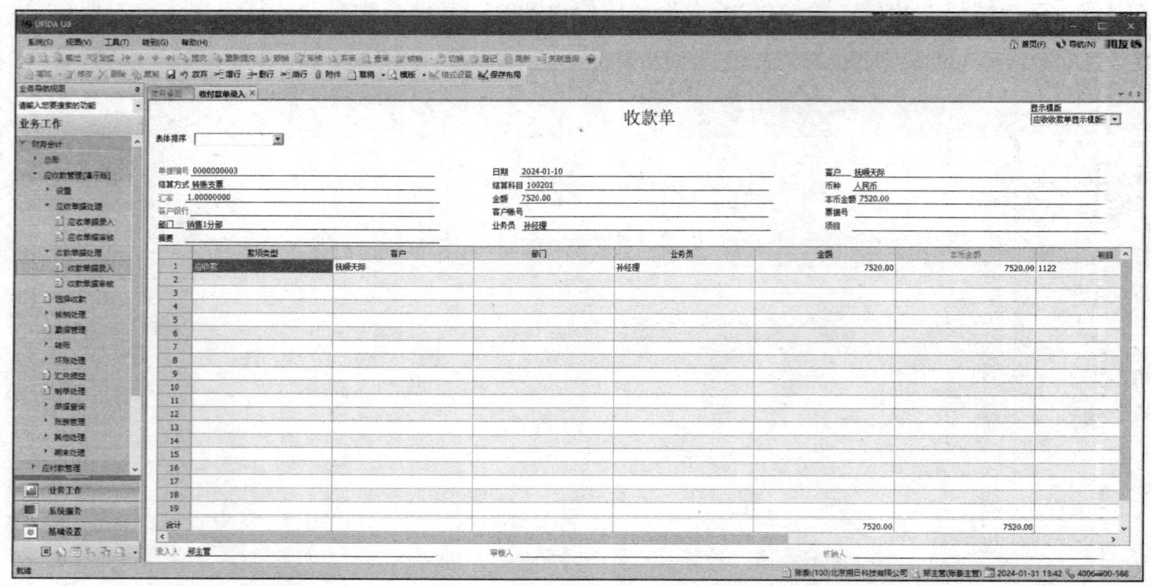

图8－35　收款单（二）

3. 审核本月录入应收单据和收款单据

（1）审核应收单。在应收款管理系统，单击“应收单据处理”下的“应收单据审核”，弹出“应收单查询条件”对话框（如图8－36所示），取消单据日期，选中“已审核”，单击“确定”，进入“应收单据列表”界面（如图8－37所示），双击第一条记录的“选择”栏，选择该条记录，单击工具栏“审核”，弹出提示，审核成功。可以看到审核人一栏显示“郑主管”。

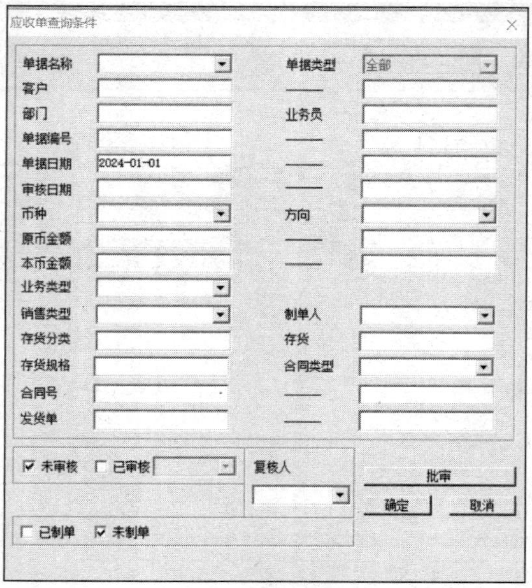

图8－36　应收单查询条件

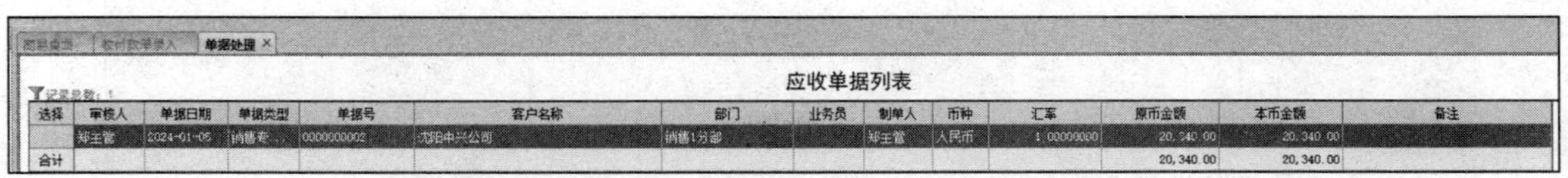

应收单据列表

选择	审核人	单据日期	单据类型	单据号	客户名称	部门	业务员	制单人	币种	汇率	原币金额	本币金额	备注
	郑主管	2024-01-05	销售专...	0000000002	沈阳中兴公司	销售1分部		郑主管	人民币	1.00000000	20,340.00	20,340.00	
合计											20,340.00	20,340.00	

图 8－37 应收单据列表

（2）审核收款单。在应收款管理系统，单击“收款单据处理”下的“收款单据审核”，弹出“单据过滤条件”窗口，取消单据日期，选中“已审核”，单击“确定”按钮，进入“收付款单列表”界面，双击第一条、第二条记录的“选择”栏，选择这两条记录，单击工具栏“审核”，弹出提示，审核成功。可以看到两条记录的审核人一栏显示“郑主管”（如图 8－38 所示）。

收付款单列表

选择	审核人	单据日期	单据类型	单据编号	客户名称	部门	业务员	结算方式	票据号	币种	汇率	原币金额	本币金额	备注
	郑主管	2024-01-06	收款单	0000000002	沈阳万兴	销售1分部	孙经理	电汇		人民币	1.00000000	1,170.00	1,170.00	
	郑主管	2024-01-10	收款单	0000000003	抚顺天际	销售1分部	孙经理	转账支票		人民币	1.00000000	7,520.00	7,520.00	
合计												8,690.00	8,690.00	

图 8－38 收付款单列表（一）

4. 核销应收单据与收款单据

（1）核销沈阳万兴公司应收单与收款单。在应收款管理系统，单击“核销处理”下的“手工核销”，弹出“核销条件”对话框（如图 8－39 所示），选择客户“01－沈阳万兴”，取消计算日期，单击确定，进入“单据核销”界面（如图 8－40 所示），上面显示的是收款单，下面显示的是应收单，2024 年 1 月 6 日收款单上的 1 170 元，是偿还 2023 年 12 月 16 日应收单的欠款，在应收单本次结算栏里录入“1170”，单击保存，完成核销。核销后，应收单与收款单不再显示。

核销条件

通用 | 收付款单 | 单据

客户 01 - 沈阳万兴

部门 ——

业务员 ——

币种 人民币 计算日期 2024-01-31

现款结算 否

自定义项 确定 取消

图 8－39 核销条件

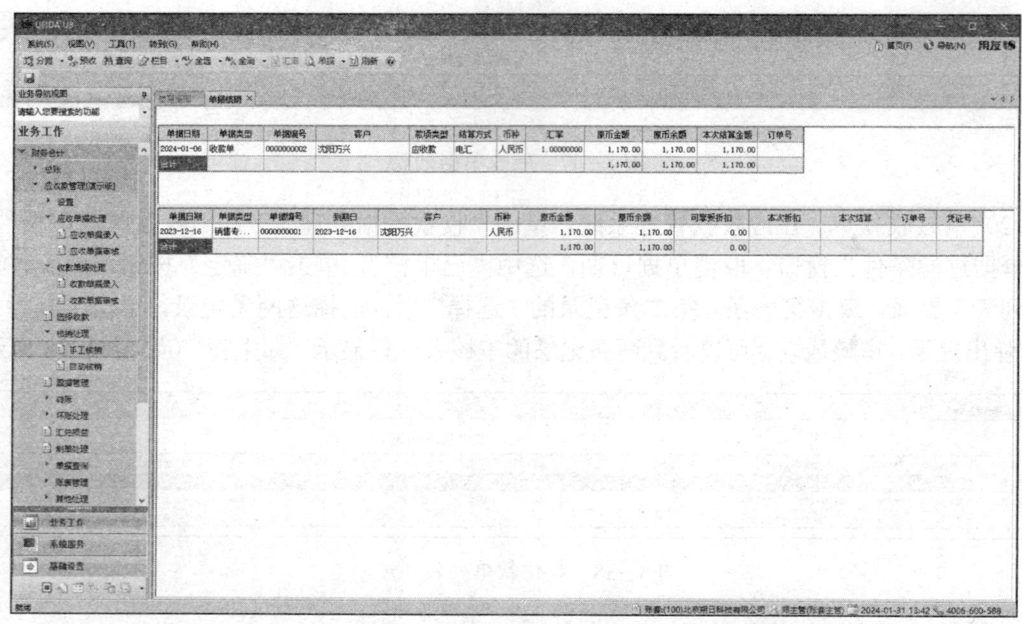

图 8-40　沈阳万兴单据核销

（2）核销抚顺天际公司应收单与收款单。在应收款管理系统，单击“核销处理”下的“手工核销”，弹出“核销条件”对话框，选择客户“02-抚顺天际”，取消计算日期，单击确定，进入“单据核销”界面（如图 8-41 所示），上面显示的是收款单，下面显示的是应收单。应收单两张分别是 500 元和 7 020 元，2024 年 1 月 10 日收款单上的 7 520 元，是偿还这两张应收单的，在第一张应收单本次结算栏里录入“500”，在第二张应收单本次结算栏里录入“7020”，单击保存，完成核销。核销后，应收单与收款单不再显示。

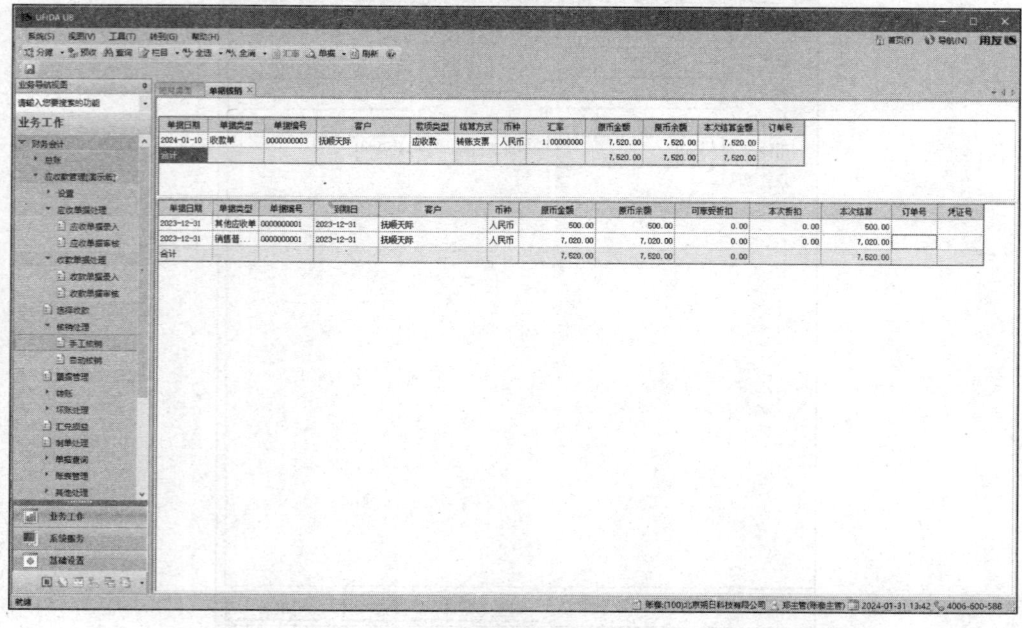

图 8-41　抚顺天际单据核销

（3）核销沈阳中兴公司期初预收款。在应收款管理系统，单击“核销处理”下的“手工核销”，弹出“核销条件”对话框，选择客户“03－沈阳中兴”，取消计算日期，单击确定，进入“单据核销”界面（如图 8－42 所示），上面显示的是收款单，下面显示的是应收单。在收款单本次结算金额栏里录入“20340”，在应收单本次结算栏里也录入“20340”，单击保存完成核销。核销后，应收单不再显示，而收款单余额为 19 660 元（如图 8－43 所示），表示预收款还剩 19 660 元。

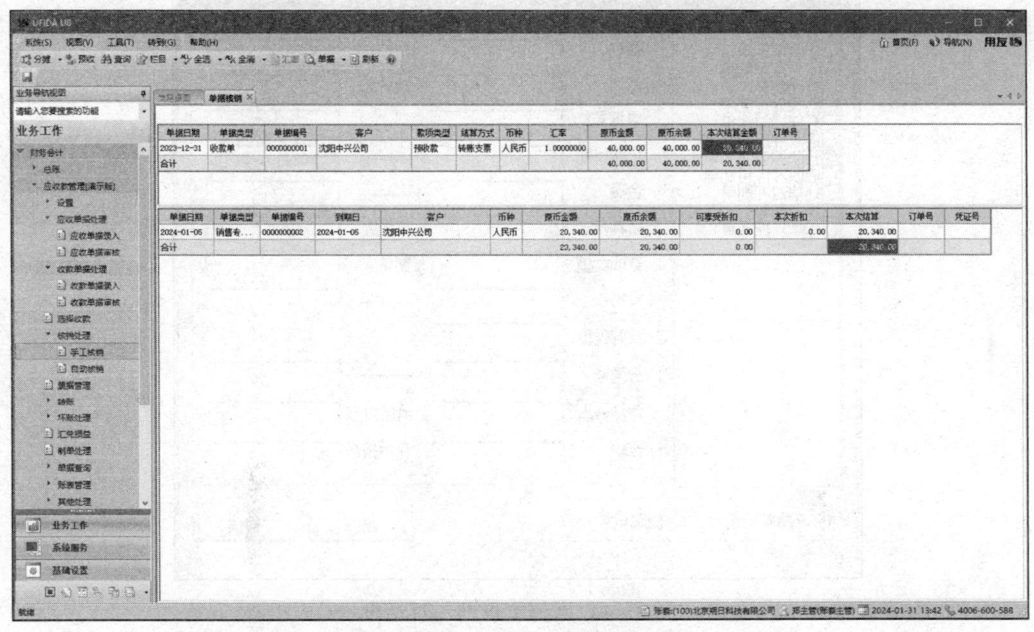

图 8－42　沈阳中兴单据核销

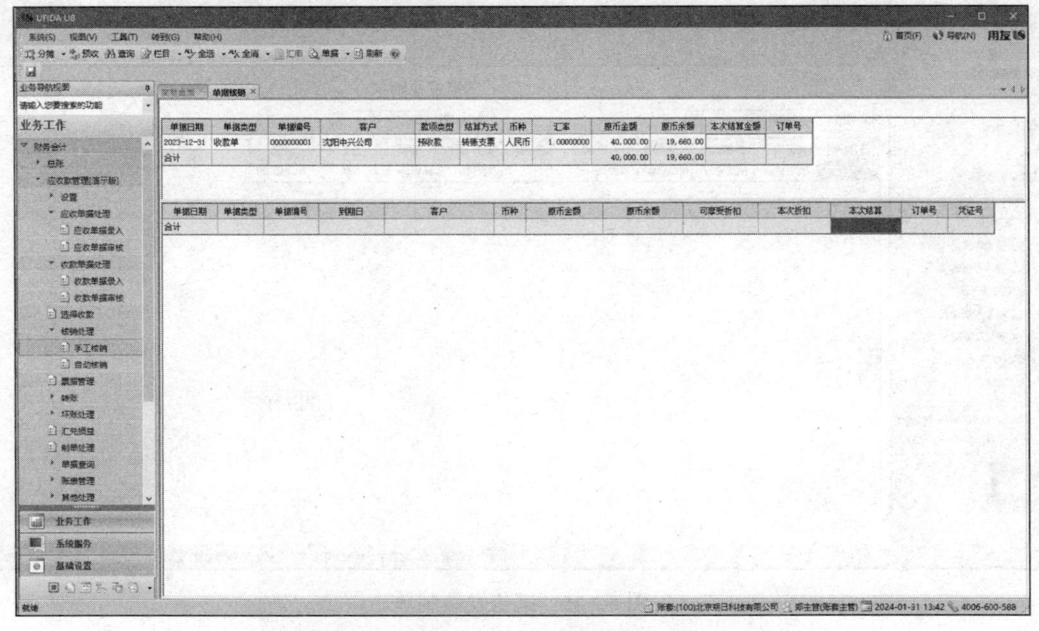

图 8－43　沈阳中兴核销后余额

5. 单据制单处理

（1）销售发票制单。在应收款管理系统，单击“制单处理”，弹出“制单查询”对话框（如图 8－44 所示），选中发票制单，单击确定，进入“销售发票制单”界面（如图 8－45 所示），单击工具栏“全选”，第一条记录“选择标志”出现“1”，凭证类别选择“转账凭证”，制单日期默认，单击工具栏“制单”，弹出凭证，单击保存，显示“已生成”（如图 8－46 所示）。

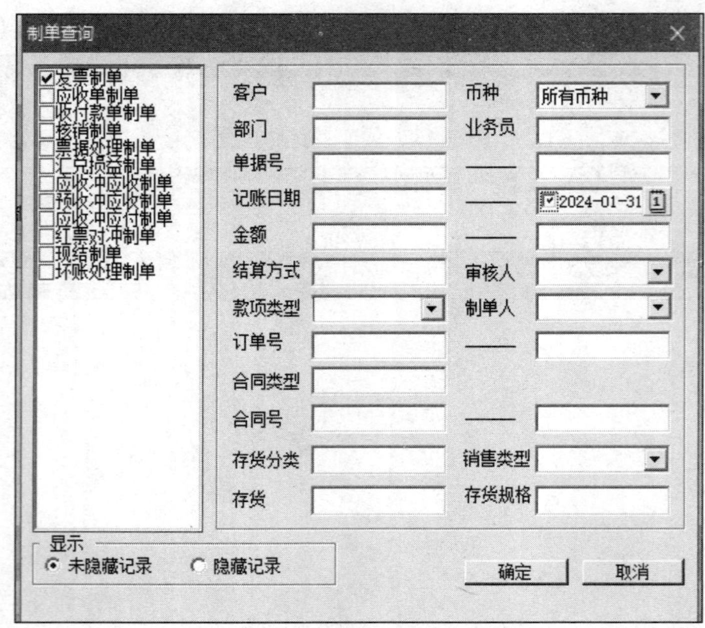

图 8－44 “制单查询”对话框

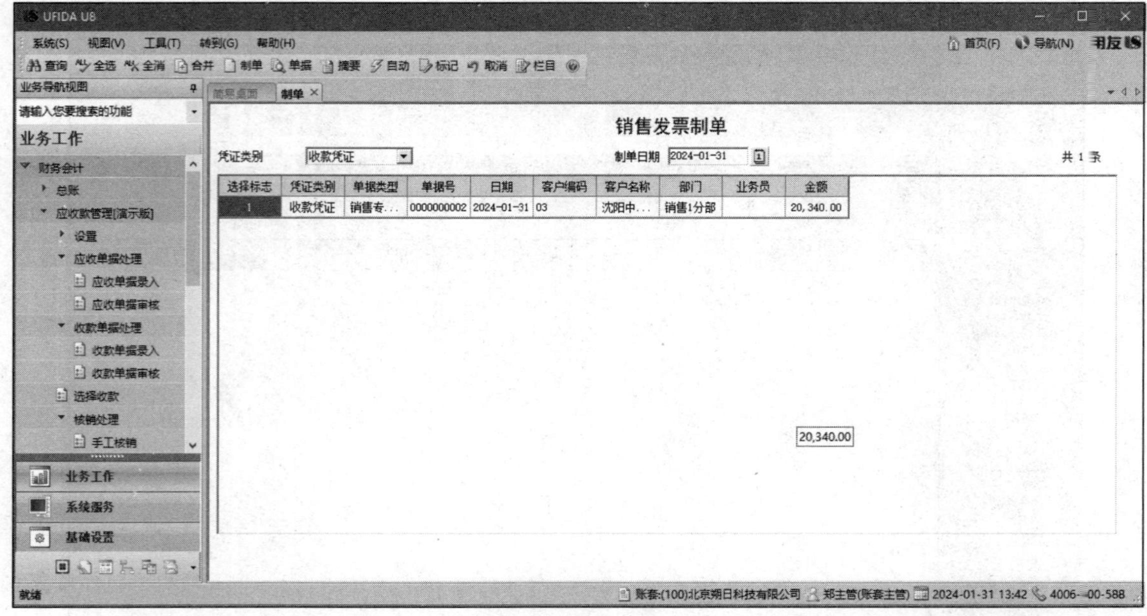

图 8－45 销售发票制单

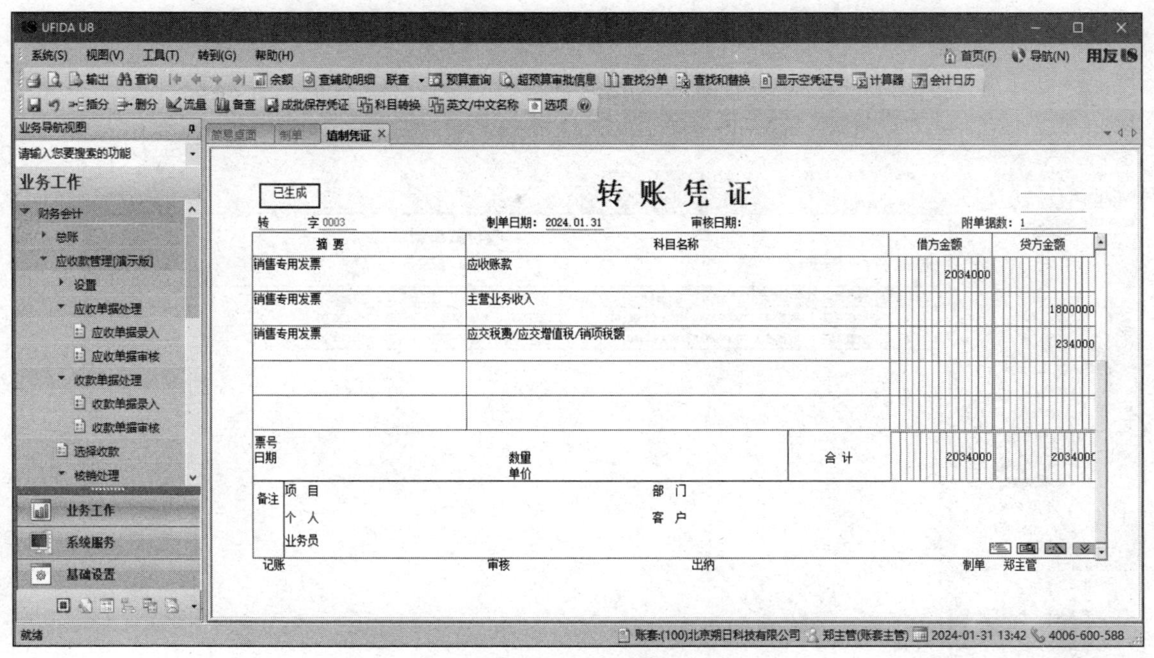

图 8－46　生成转账凭证

（2）收付款单制单。在应收款管理系统，单击“制单处理”，弹出“制单查询”对话框（如图 8－47 所示），取消发票制单，选中收付款单制单，单击确定，进入“收付款单制单”界面，单击全选，选择标志显示“1”“2”（如图 8－48 所示），单击制单，弹出第一张收款凭证（如图 8－49 所示），单击保存。单击“下张”，跳转到下一张收款凭证，单击保存（如图 8－50 所示），生成第二张收款凭证。单击退出。

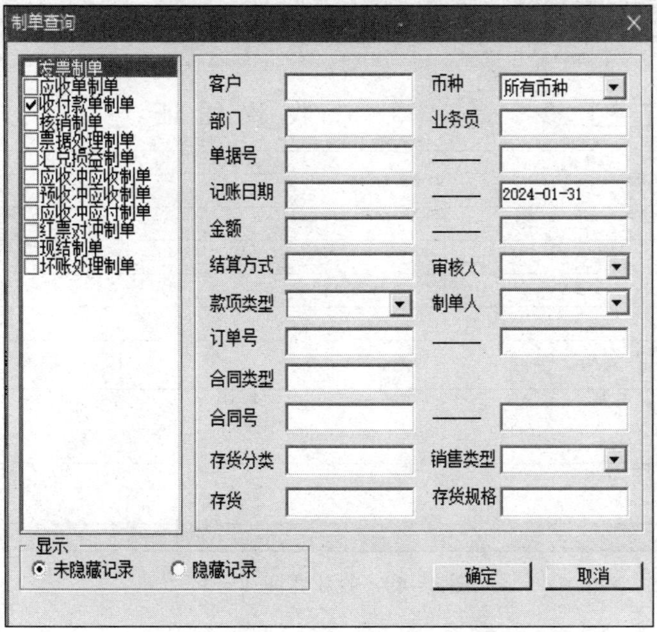

图 8－47　制单查询

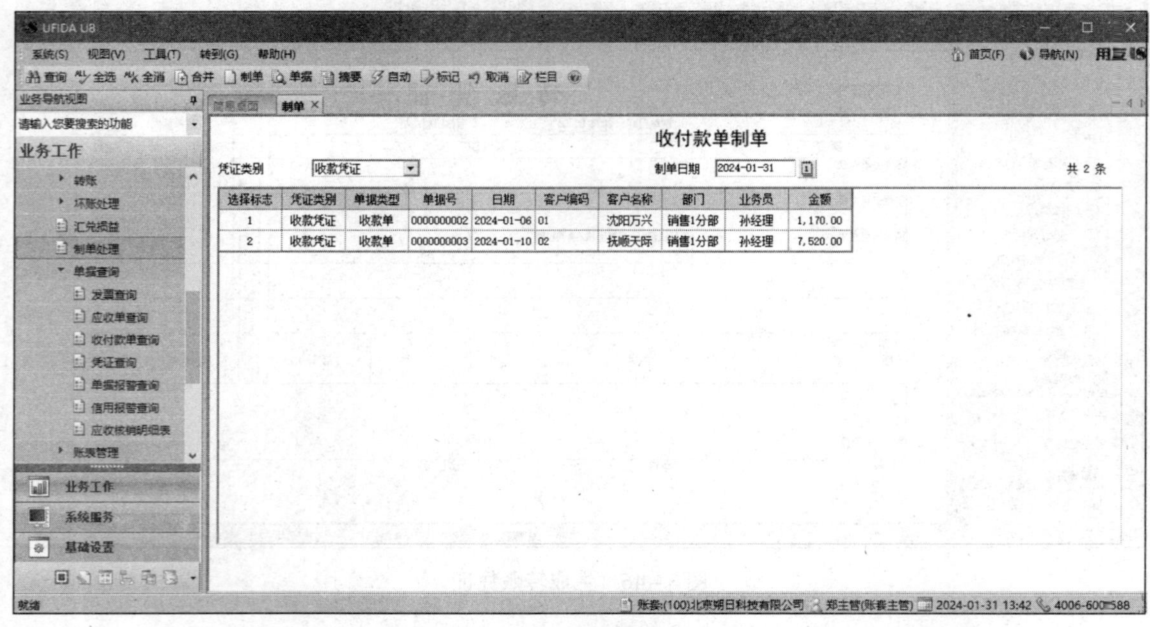

图 8-48　收付款单制单（一）

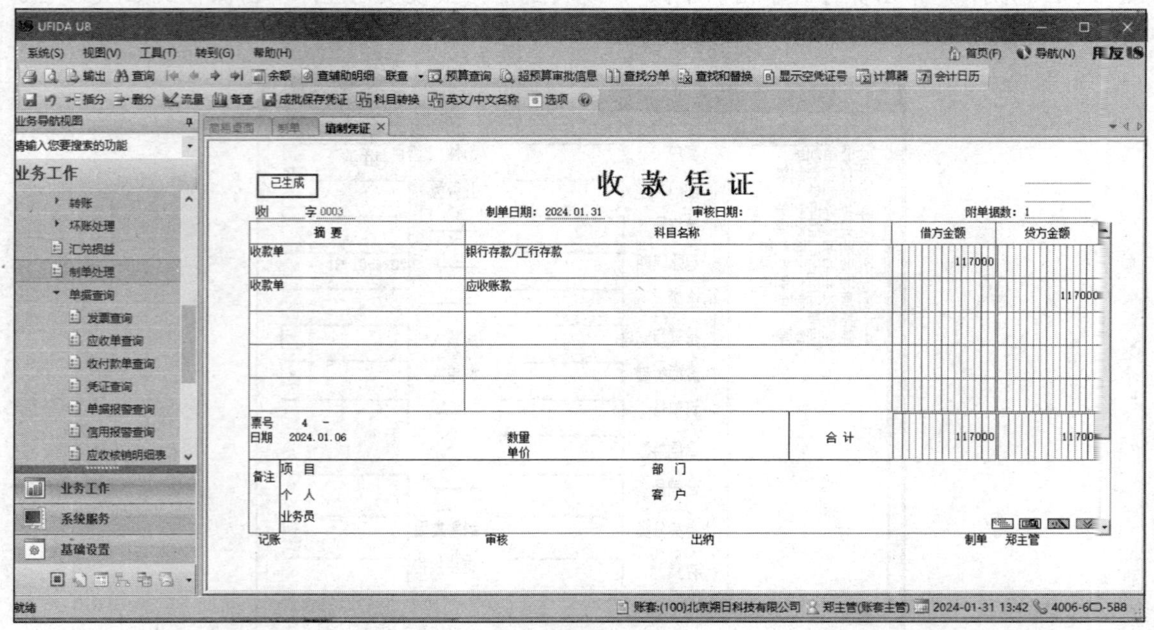

图 8-49　收款凭证（一）

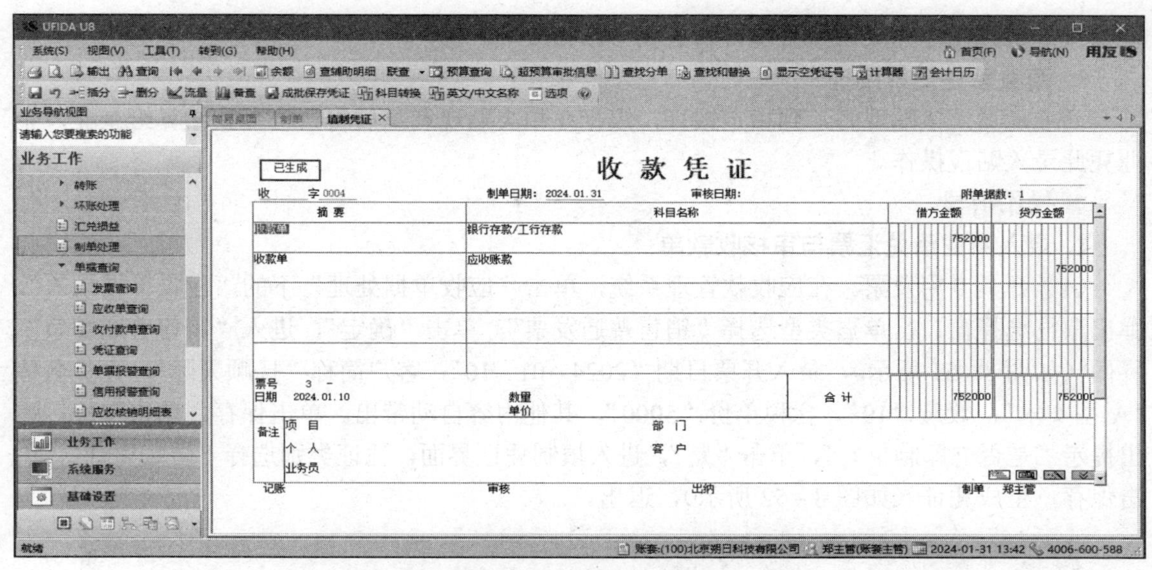

图 8－50　收款凭证（二）

任务三　票 据 管 理

➘ 目标

掌握应收票据的录入操作，掌握应收票据的到期结算操作，掌握应收票据的贴现操作，掌握应收票据的录入制单、结算制单、贴现制单操作。

➘ 项目描述

2024 年 1 月，企业发生了一些有关商业汇票的业务，并对这些业务进行制单处理。具体资料如下：

（1）2024 年 1 月 10 日，向抚顺天际公司销售 A 型实木 10 吨，含税单价 5 000 元，开具普通发票。1 月 11 日，收到商业承兑汇票 50 000 元，到期日为 7 月 11 日，票据编号为 222，承兑银行是盛京银行望花支行。

（2）2024 年 1 月 21 日，将抚顺天际公司 1 月 11 日的商业承兑汇票贴现，贴现率 10%。

（3）2024 年 1 月 25 日，沈阳万兴公司 2023 年 11 月 26 日开具的银行承兑汇票到期，进行收款结算。

（4）将上述应收票据进行录入制单、结算制单、贴现制单。

➘ 项目要求

录入商业承兑汇票与审核收款单；

银行承兑汇票结算；

商业承兑汇票贴现；

收款单制单、应收票据结算、贴现业务制单。

➘ 知识准备

1. 商业承兑汇票结算

商业承兑汇票到期时，凭票到指定银行，进行收款结算，同时在应收款管理系统录入结算操作。结算操作完成后，系统自动生成一张收款单。

2. 商业承兑汇票贴现

商业承兑汇票贴现时，到指定银行，银行在扣去贴现利息后将票据余款结算给企业，企业凭此录入贴现操作。

➘ 操作指导

1. 录入商业承兑汇票与审核收款单

（1）开具专用发票。在应收款管理系统，单击“应收单据处理”下的“应收单据录入”，弹出票据选择窗口，单据类型选择“销售普通发票”，单击“确定”，进入“销售普通发票”界面（如图 8－51 所示），录入开票日期“2024－01－10”，客户简称“抚顺天际”，存货名称“A 型实木”，数量“10”，含税单价“5000”，其他内容自动带出。单击保存，单击审核，弹出提示“是否立即制单？”，单击“是”，进入填制凭证界面，凭证类别选择“转账凭证”，单击保存，生成凭证（如图 8－52 所示），退出。

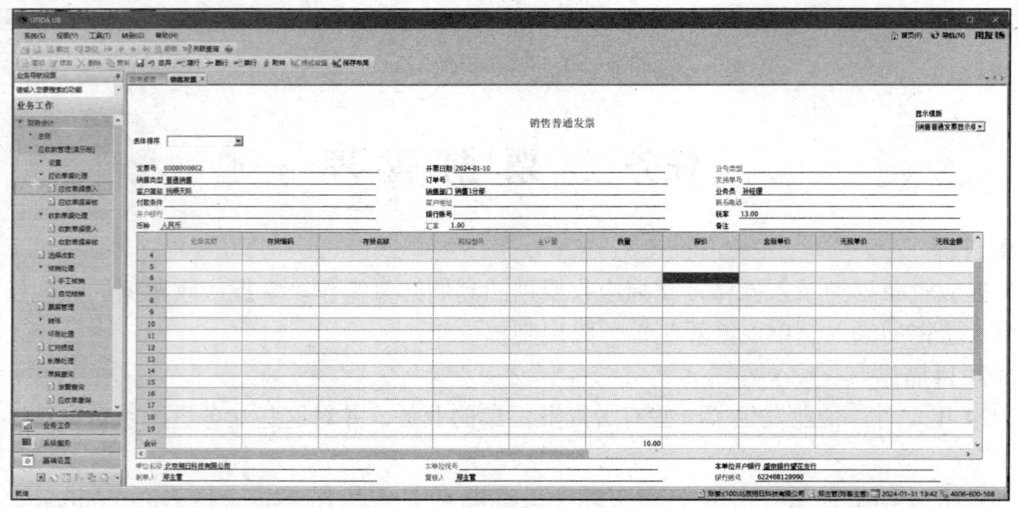

图 8－51　销售普通发票（二）

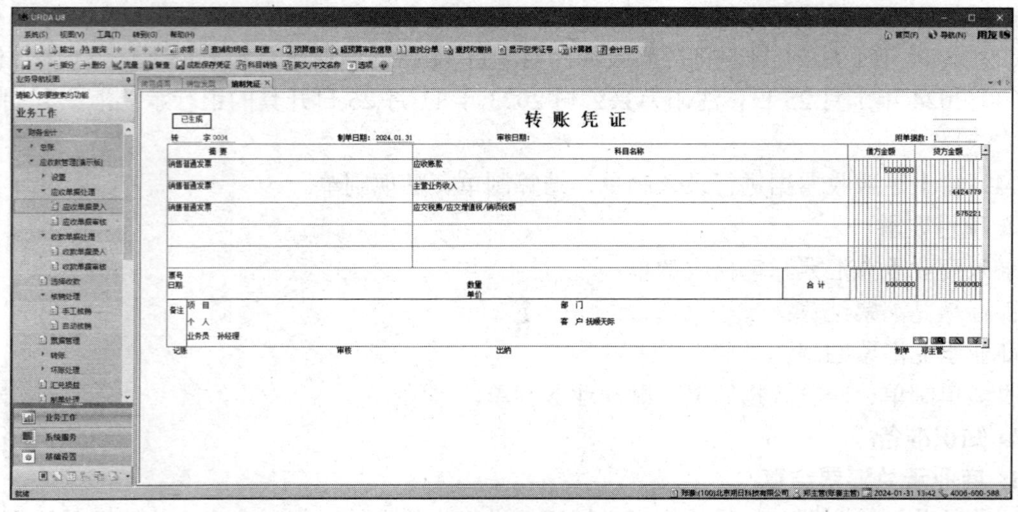

图 8－52　转账凭证

（2）录入2024年1月11日收到的抚顺天际公司的商业承兑汇票。在应收款管理系统，单击“票据管理”，弹出“票据查询”窗口，单击确定，进入“票据管理”界面（如图8－53所示），单击工具栏“增加”按钮，弹出“商业汇票”界面（如图8－54所示），录入收到日期“2024－01－11”，结算方式“转账支票”，票据类型“商业承兑汇票”，金额“50000”，出票日期“2024－01－11”，到期日“2024－07－11”，票据编号“222”，出票人“抚顺天际”，收款人开户银行“盛京银行望花支行”，单击确定，返回“票据管理”界面（如图8－55所示），录入完毕。

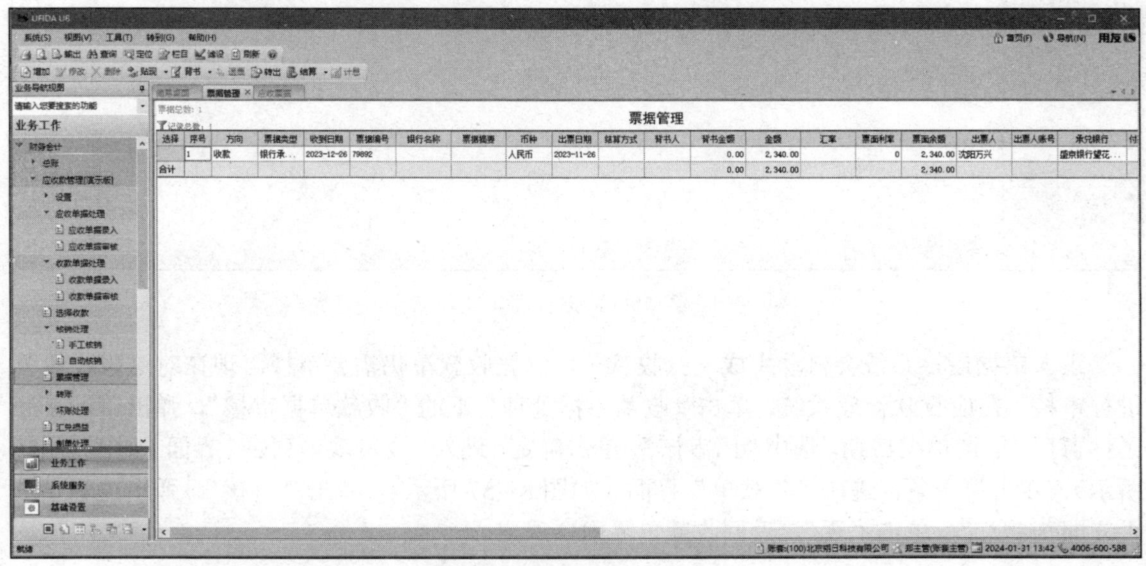

图8－53　票据管理（一）

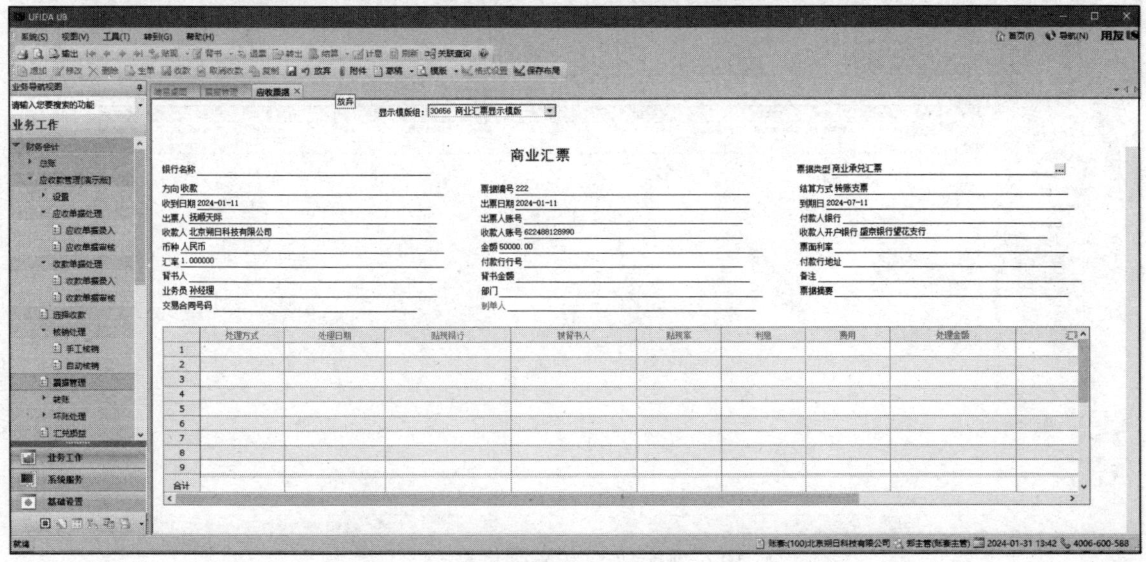

图8－54　商业汇票

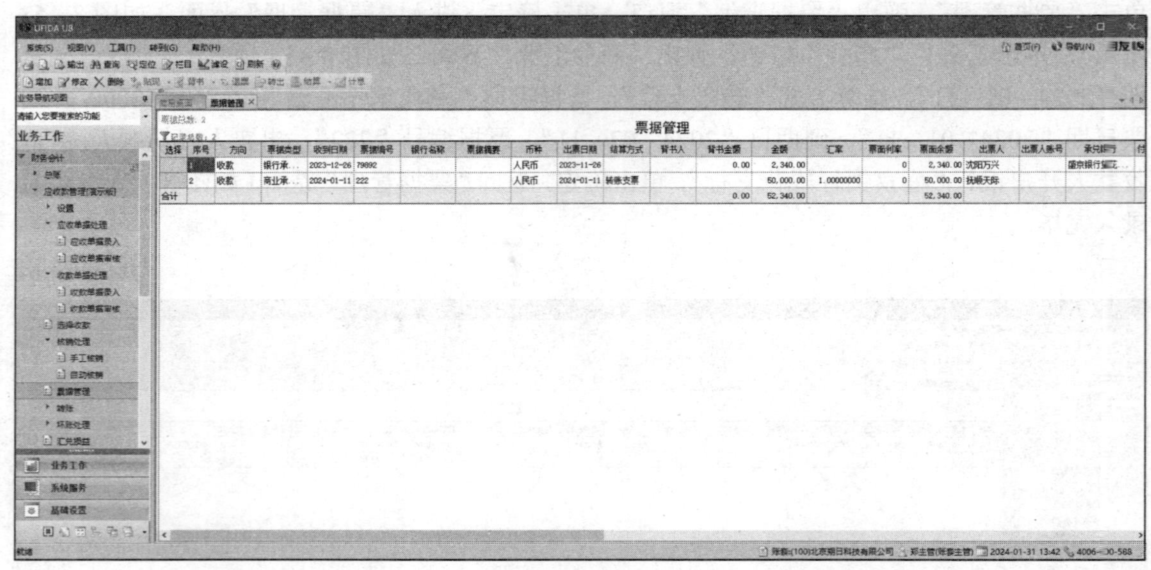

图 8－55　票据管理（二）

录入票据后，系统会自动生成一张收款单，这张收款单仍需要审核。现在对这张收款单进行审核。在应收款管理系统，单击“收款单据处理”下的“收款单据审核”，弹出单据过滤条件窗口，取消单据日期，选中“已审核”，单击确定，进入“收付款单列表”界面（如图 8－56 所示），双击第一条，进入“收款单”界面（如图 8－57 所示），单击“审核”，弹出提示“是否立即制单？”，单击“否”，返回收款单界面，退出。

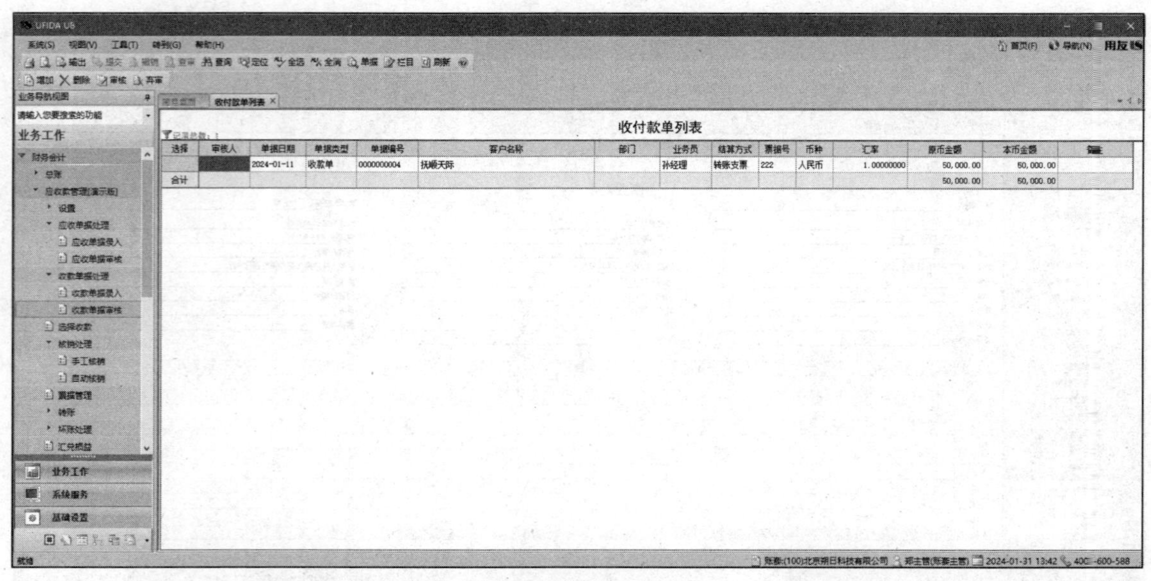

图 8－56　收付款单列表（二）

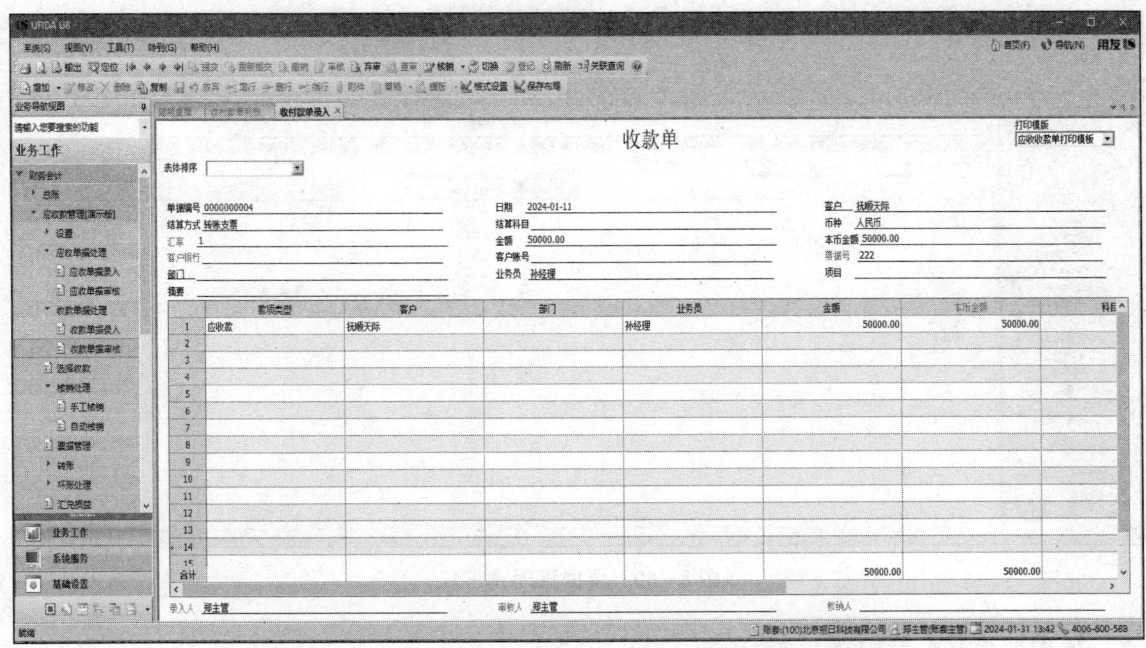

图 8－57　收款单

2. 银行承兑汇票结算

2024 年 1 月 25 日，沈阳万兴公司 2023 年 11 月 26 日开具的银行承兑汇票到期，进行结算。在应收款管理系统，单击“票据管理”，弹出“票据查询”窗口，单击确定，进入“票据管理”窗口，单击选中沈阳万兴公司汇票，单击工具栏“结算”按钮，弹出“票据结算”对话框（如图 8－58 所示），录入结算日期“2024－01－31”，结算金额“2340”，结算科目“100201”，单击确定，弹出提示“是否立即制单”（如图 8－59 所示），暂时不须制单，单击否，结算完成。可以看到沈阳万兴公司的汇票记录处理方式一栏已显示“结算”状态（如图 8－60 所示），单击“退出”。

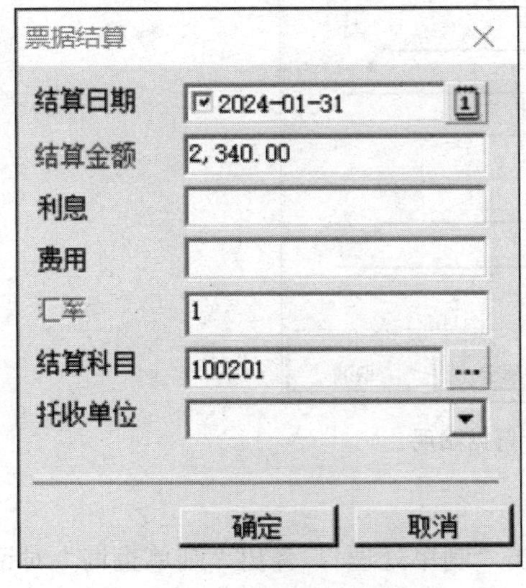

图 8－58　票据结算

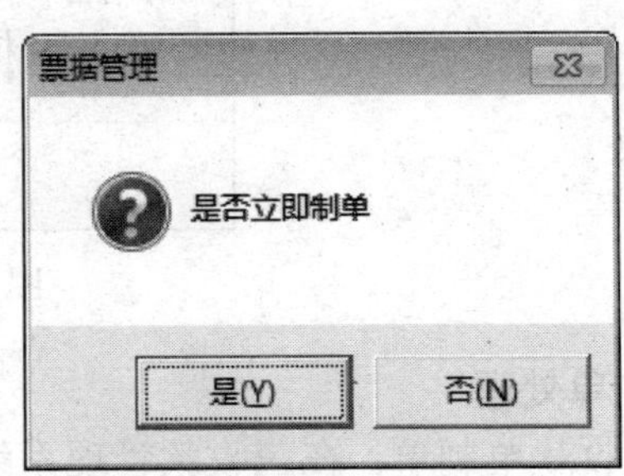

图 8－59　提示窗口

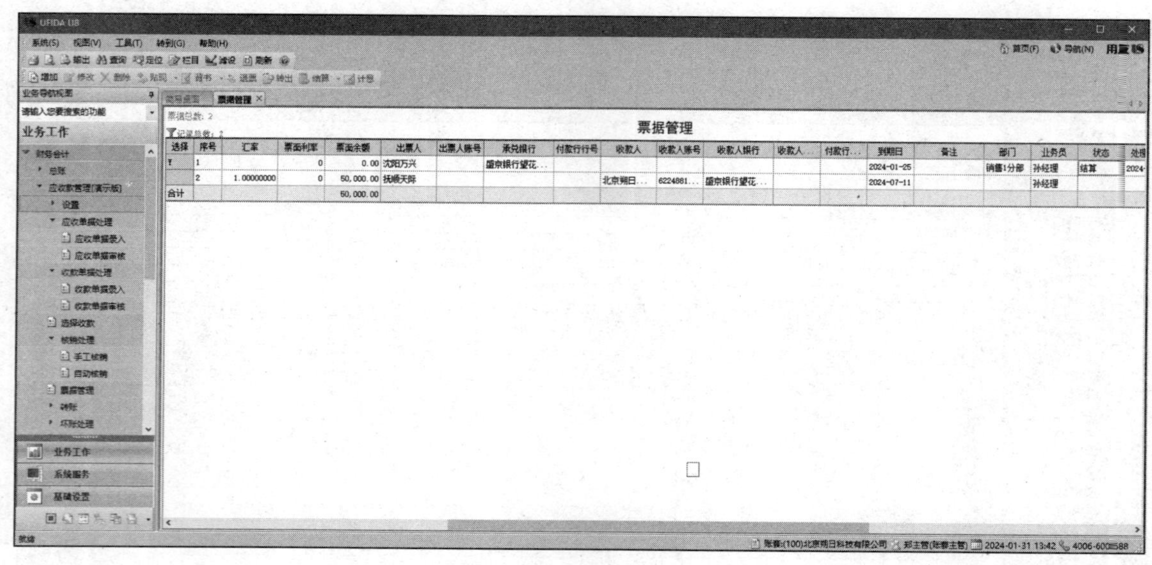

图 8-60　票据管理（三）

3. 商业承兑汇票贴现

2024 年 1 月 21 日，将抚顺天际公司 1 月 11 日的商业承兑汇票贴现，贴现率为 10%。在应收款管理系统，单击“票据管理”，弹出“票据查询”窗口，单击确定，进入“票据管理”对话框，选中抚顺天际公司汇票，单击工具栏“贴现”按钮，弹出“票据贴现”对话框（如图 8-61 所示），录入贴现银行“盛京银行望花支行”，贴现日期“2024-01-21”，结算科目“100201”，单击确定，弹出提示“是否立即制单”，先不制单，单击“否”。

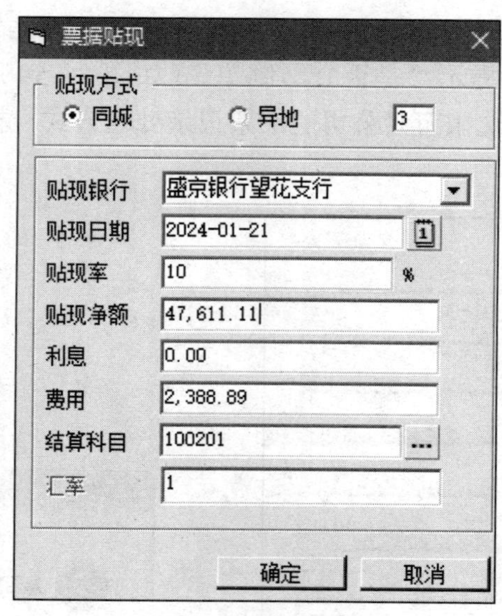

图 8-61　票据贴现

4. 制单处理

（1）收款单制单。在应收款管理系统，单击“制单处理”，弹出“制单查询”对话框（如图 8-62 所示），选中收付款单制单，单击确定，进入制单窗口，单击确认，进入“收付款单制单”界面（如图 8－63 所示），选择第一条记录，选择标志栏显示“1”，单击工具栏“制单”按钮，进入填制凭证界面，凭证类别选择“转账凭证”，单击保存，转账凭证显示“已生成”（如图 8－64 所示），单击“退出”。

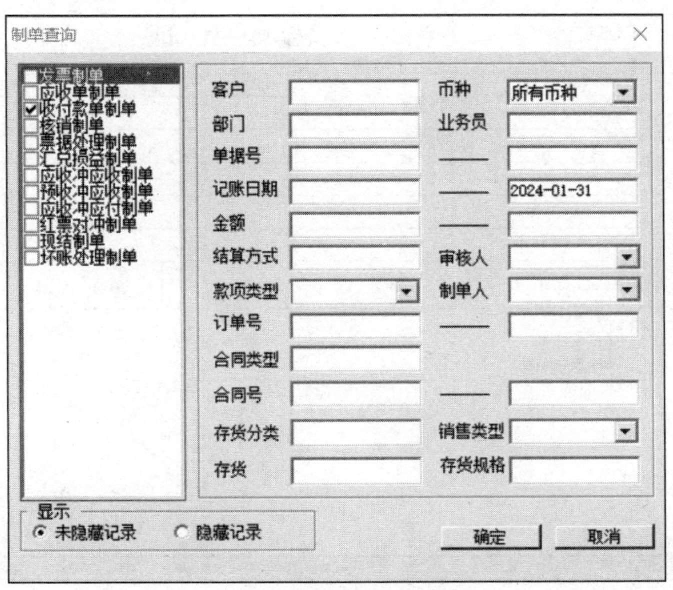

图 8－62 制单查询（一）

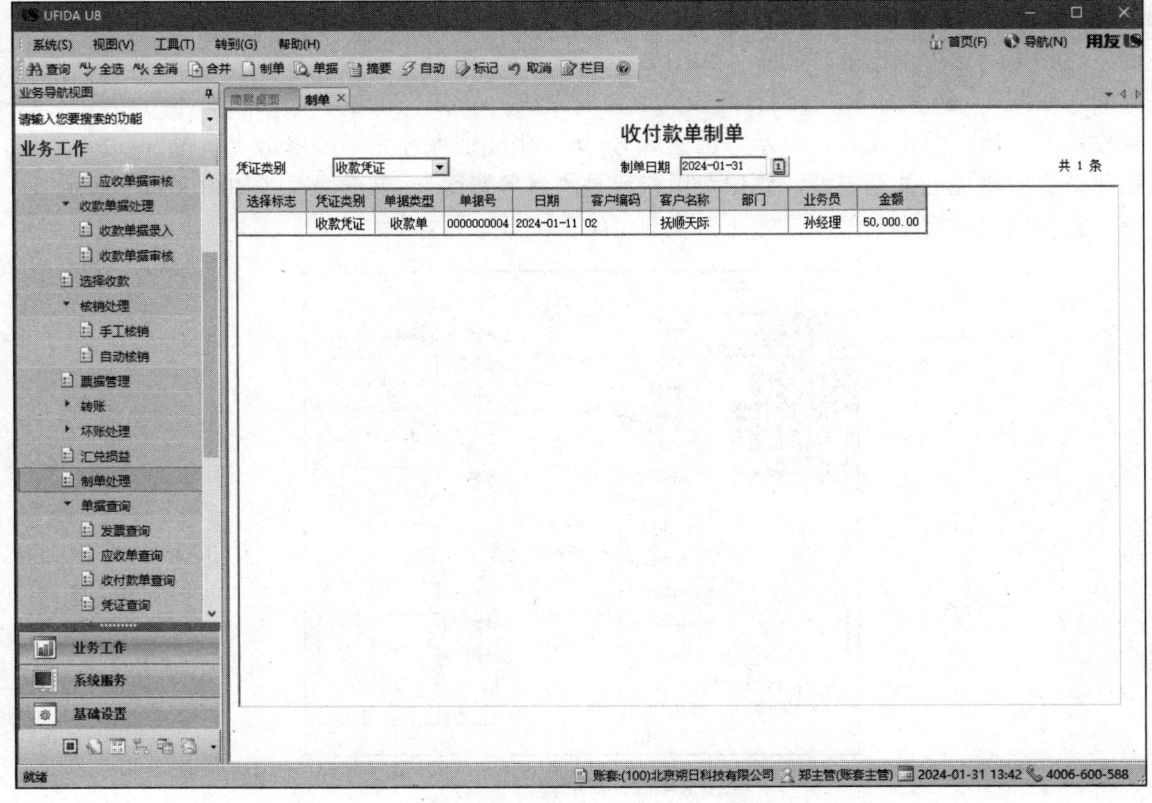

图 8－63 收付款单制单（二）

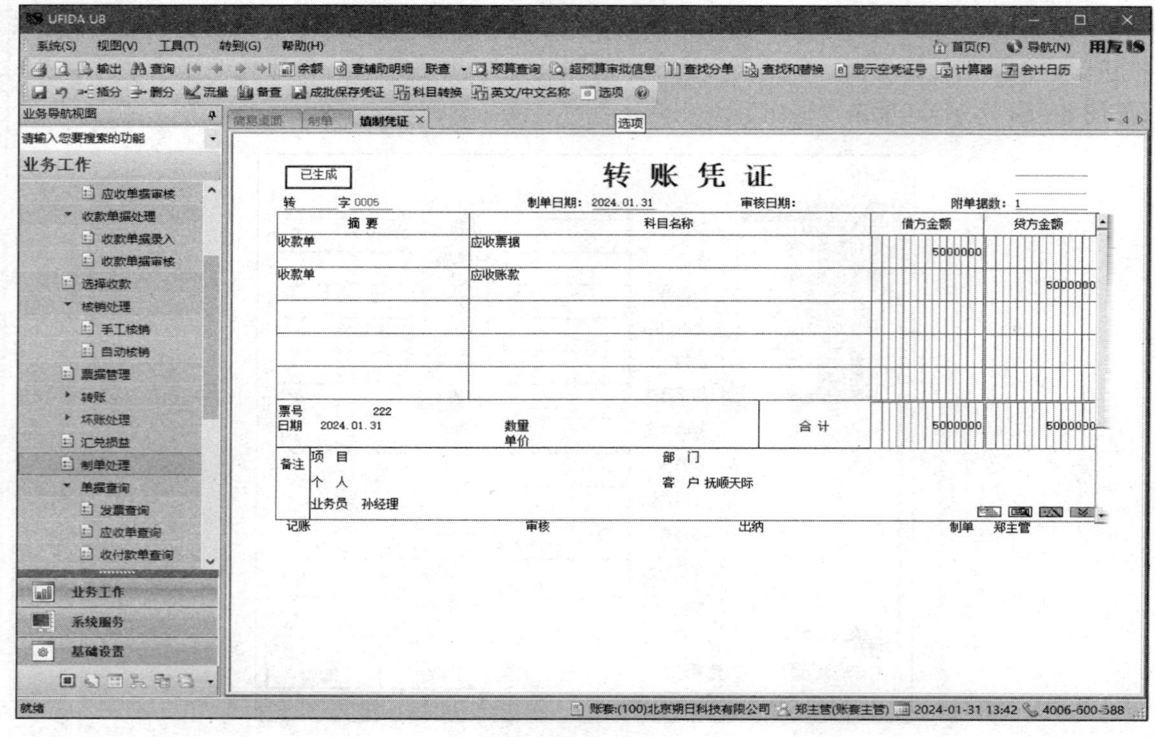

图 8-64　生成凭证（一）

（2）商业汇票结算、贴现制单。在应收款管理系统中，单击“制单处理”，弹出“制单查询”对话框，选中票据处理制单（如图 8-65 所示），单击“确定”，弹出“票据处理制单”界面（如图 8-66 所示），看到有两张凭证需要生成，单击“全选”，单击“制单”，弹出“收款凭证”窗口，单击保存，显示“已生成”，第一张凭证保存完毕，单击“下张”，进入第二张凭证界面将凭证补充完整，票据费用科目是“财务费用”，单击保存（如图 8-67 所示），第二张凭证保存完毕，退出。

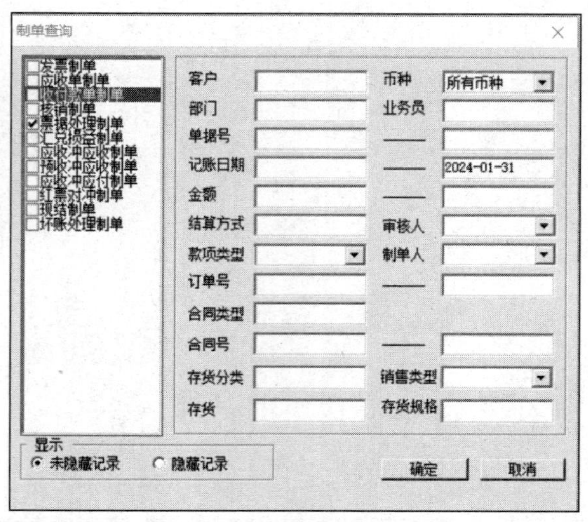

图 8-65　制单查询（二）

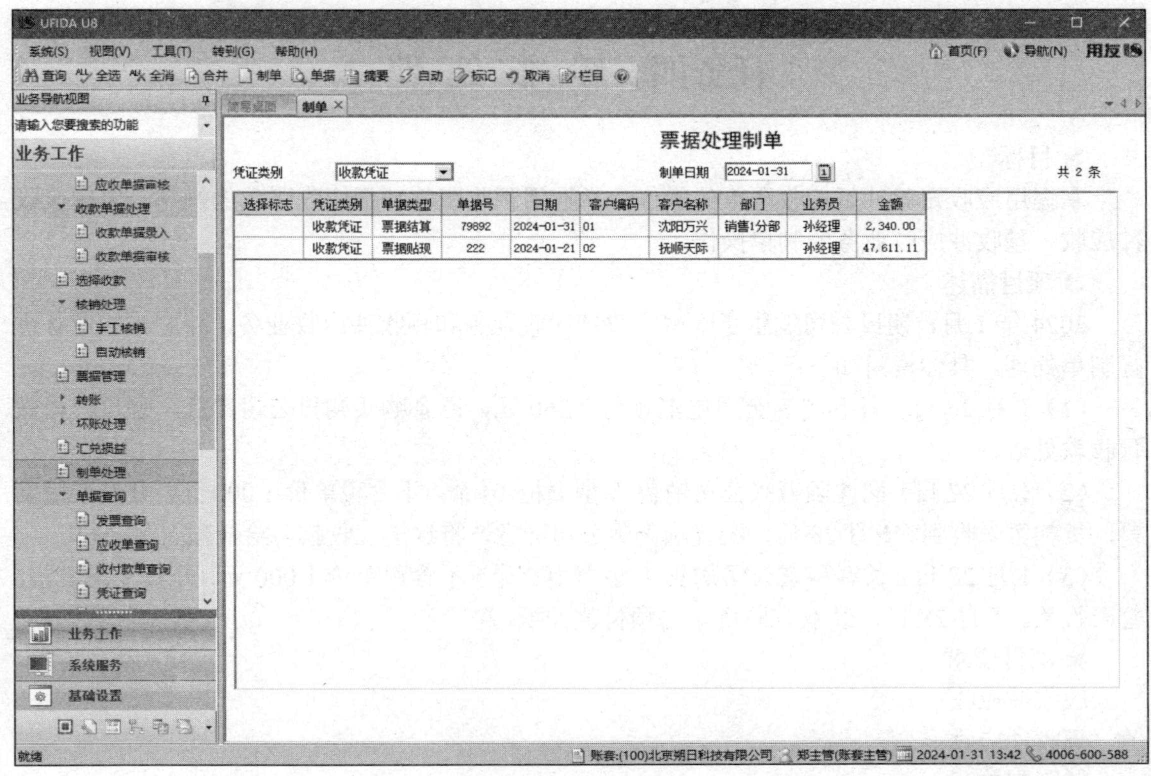

图 8－66　票据处理制单

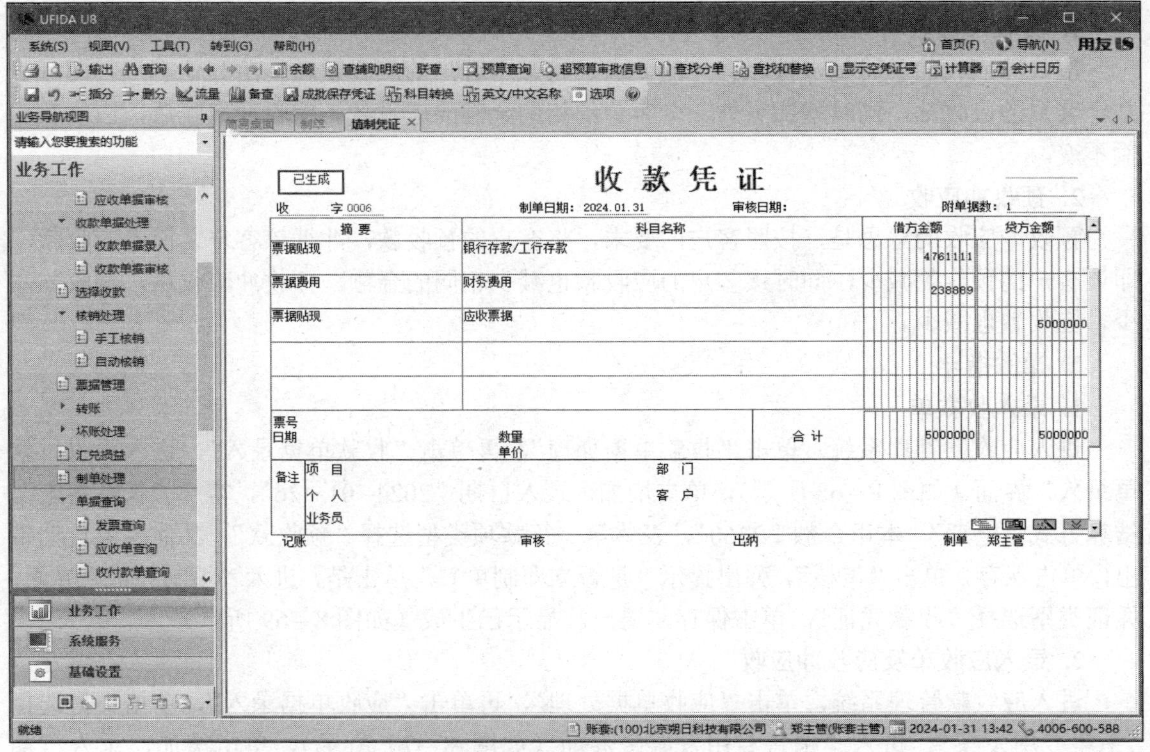

图 8－67　生成凭证（二）

任务四　转 账 处 理

↘ 目标

掌握用应收账款冲抵应收账款的操作，掌握用预收账款冲抵应收账款的操作，掌握应收冲应收、预收冲应收业务的制单操作。

↘ 项目描述

2024 年 1 月，朔日公司发生了一些应收冲应收业务和预收冲应收业务，并对这些业务进行制单处理。具体资料如下：

（1）1 月 26 日，长春科宏公司电汇预付 2 260 元，准备购买朔日公司产品，朔日公司做预收款处理。

（2）1 月 27 日，向沈阳万兴公司销售 A 型书柜 10 个，不含税单价 1 000 元，开具专用发票，货款暂未收到。1 月 28 日，经抚顺天际公司同意，将这笔应收款转给抚顺天际公司。

（3）1 月 28 日，长春科宏公司购买 A 型书柜 2 个，不含税单价 1 000 元，开具专用发票，暂未收款。1 月 28 日，经双方同意，用预付款冲抵。

↘ 项目要求

应收冲应收；

预收冲应收；

转账制单。

↘ 知识准备

1. 应收冲应收

应收冲应收的意思是，按照客户的要求，将某个客户的应收款项转给其他客户，即减少某个客户的应收款，同时增加另外一个客户的相同金额的应收款。应收冲应收后，应收款总额不变。

2. 预收冲应收

预收冲应收的意思是，按照客户的要求，将客户的预收款，冲抵该客户之前的应收款，即该客户的预收款减少，同时该客户的应收款也减少相同的金额。预收冲应收后，预收款减少，应收款也减少。

↘ 操作指导

1. 录入收款单

进入应收款管理系统，单击“收款单据处理”，再单击“收款单据录入”，进入“收付款单录入”界面（如图 8－68 所示），单击增加，录入日期“2024－01－26”，客户“长春科宏”，结算方式“电汇”，本币金额“2260”，表体第一行款项类型选择“预收款”，其他内容自动带出，单击保存，单击“审核”，弹出提示“是否立即制单？”单击是，进入“填制凭证”界面，凭证类别选择“收款凭证”，单击保存，退出。显示已生成（如图 8－69 所示）。

2. 录入应收单及应收冲应收

进入应收款管理系统，单击“应收单据处理”，再单击“应收单据录入”，单据类型选择“销售专用发票”，进入“销售专用发票”界面（如图 8－70 所示），单击增加，录入日期“2024－01－27”，客户简称“沈阳万兴”，存货名称“A 型书柜”，数量“10”，无税单价“1000”，其他信息自动带出，单击保存，单击“审核”，出现提示“是否立即制单？”单击“是”，进入填制凭证界面，凭证类别选择“转账凭证”，单击保存，退出。显示已生成（如图 8－71 所示）。

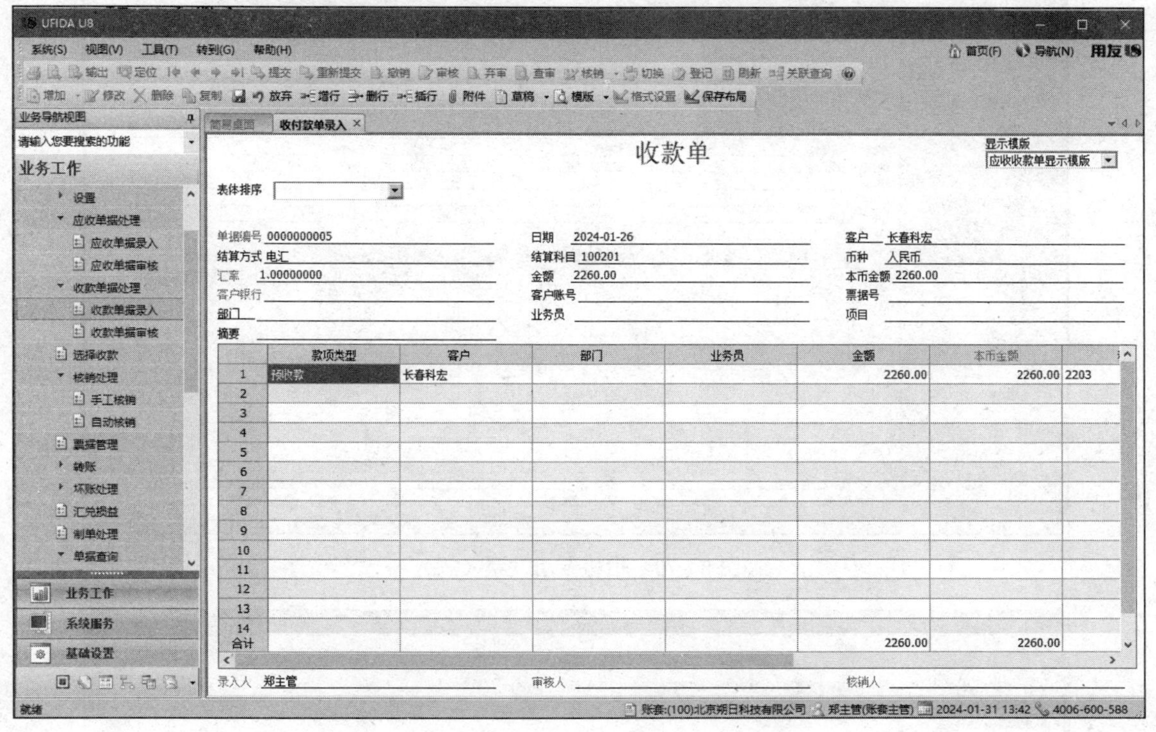

图 8－68　收款单录入

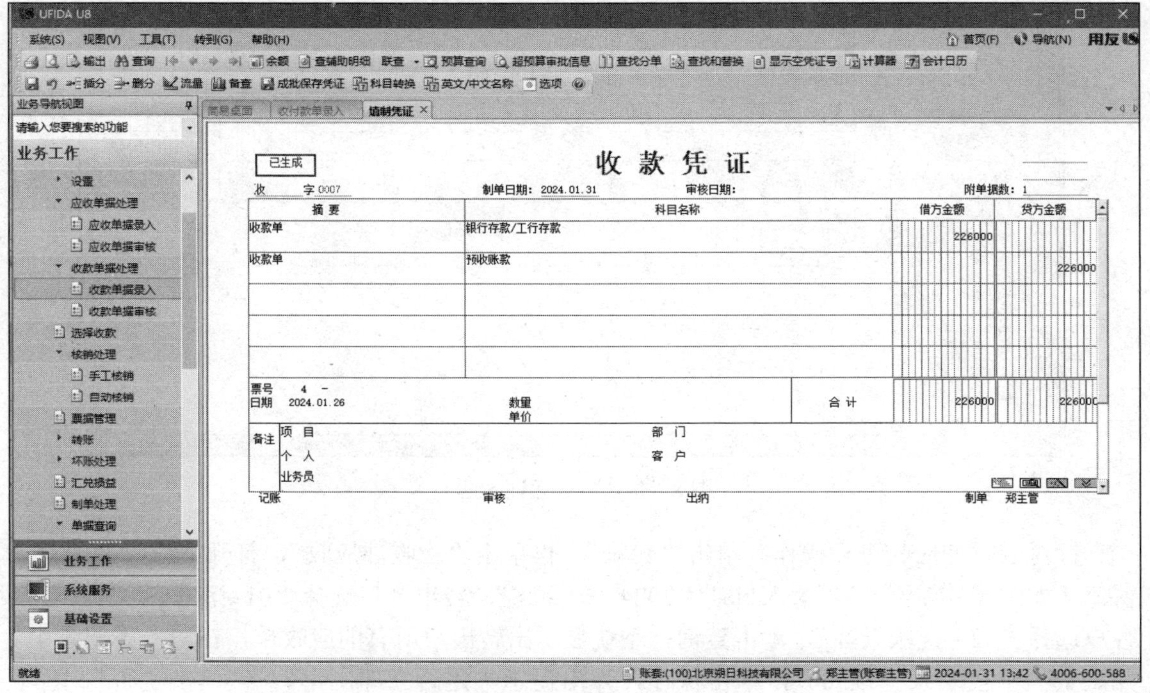

图 8－69　生成凭证（三）

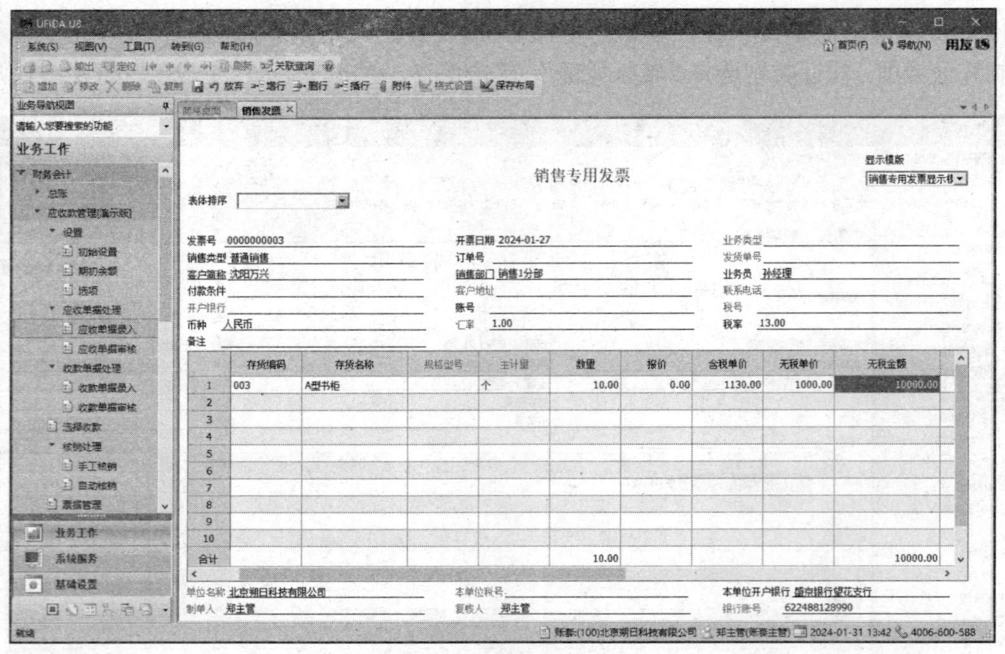

图 8-70　销售专用发票（三）

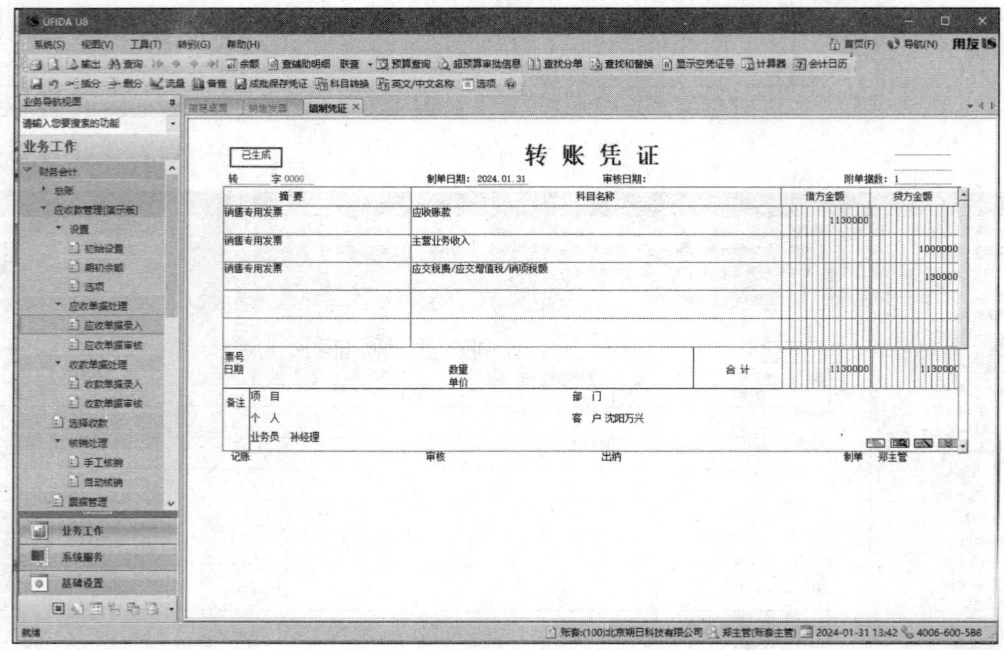

图 8-71　生成凭证（四）

针对应收冲应收进行操作。单击“转账”，再单击“应收冲应收”，打开“应收冲应收”窗口（如图 8-72 所示），录入日期“2024-01-28”，转出客户选择“01-沈阳万兴”，转入客户选择“02-抚顺天际”，单击查询，系统显示出转出户所有的应收单，在第一条记录中，并账金额一栏录入“11300”，单击保存，弹出提示“是否立即制单？”，单击“否”，暂不制单。

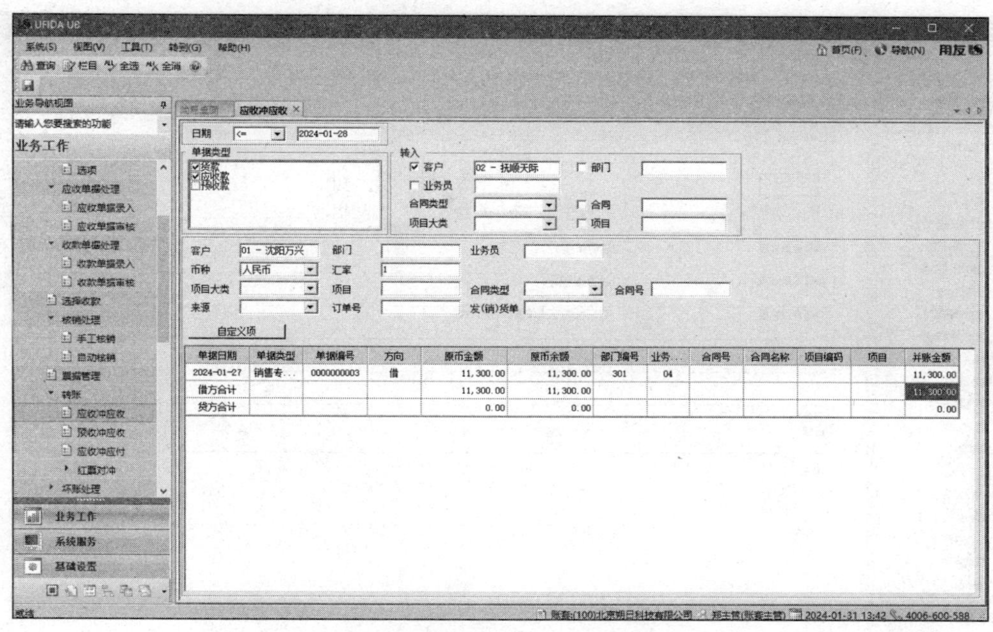

图 8－72 “应收冲应收”录入窗口

3. 预收冲应收

（1）录入应收单。进入应收款管理系统，单击“应收单据处理”，再单击“应收单据录入”，单据类别选择“销售专用发票”，进入销售专用发票录入界面（如图 8－73 所示），单击增加，录入日期“2024－01－28”，客户简称“长春科宏”，销售部门“销售 1 分部”，存货名称“A 型书柜”，数量“2”，无税单价“1000”，保存，单击审核，弹出提示“是否立即制单”，单击是，生成凭证（如图 8－74 所示）。

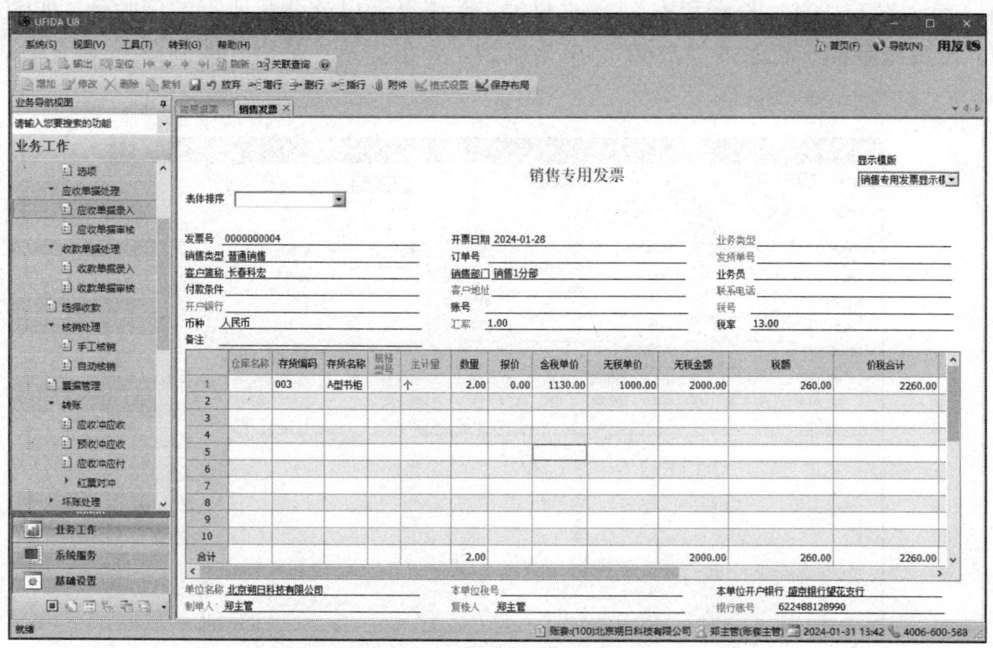

图 8－73 销售专用发票录入

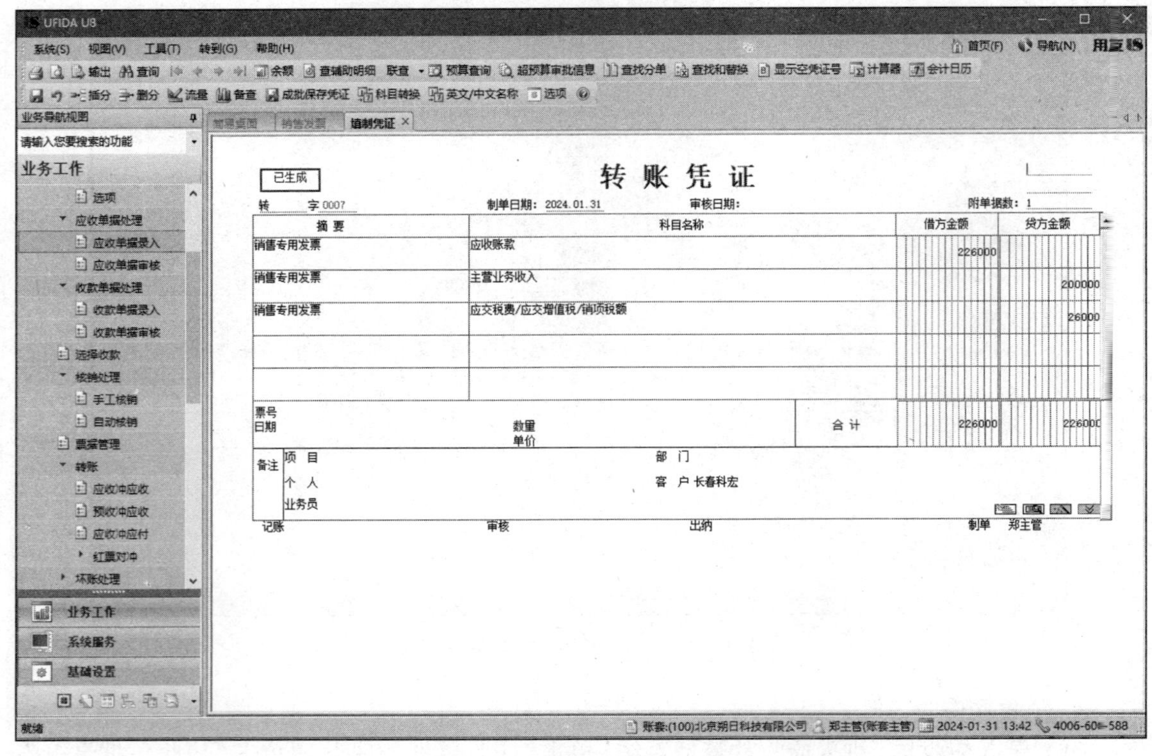

图 8－74　生成凭证（五）

（2）预收冲应收。进入应收款管理系统，单击“转账”，再单击“预收冲应收”，进入“预收冲应收”界面，录入日期“2024－01－28”，客户“04－长春科宏”，单击过滤，系统显示出该公司所有的预收款（如图 8－75 所示），在转账金额一栏录入“2260”，再单击“应收款”选项卡，录入客户“04－长春科宏”，单击过滤，系统显示出该公司所有的应收款（如图 8－76 所示），在转账金额一栏录入“2260”，单击确定，弹出提示“是否立即制单”，单击否，暂不制单。

预收冲应收

日期 2024-01-28　转账总金额　自动转账

预收款 | 应收款

客户 04－长春科宏　币种 人民币　汇率 1

部门　合同类型　合同号

业务员　项目大类　项目

类型 收款单　来源　订单号

发(销)货单　款项类型

单据日期	单据类型	单据编号	款项类型	结算...	原币金额	原币余额	转账金额
2024-01-26	收款单	0000000005	预收款	电汇	2,260.00	2,260.00	2,260
合计					2,260.00	2,260.00	2,260

过滤　分摊　全选　全消　栏目　自定义项

确定　取消

图 8－75　预收冲应收“预收款”选项卡

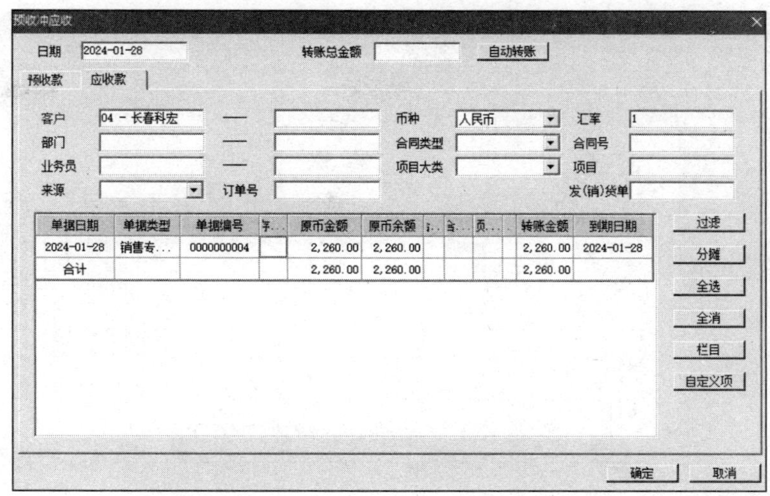

图 8－76　预收冲应收“应收款”选项卡

4. 转账制单

（1）应收冲应收制单。在应收款管理系统中，单击“制单处理”，弹出“制单查询”窗口，选中“应收冲应收制单”，单击确定，进入“并账制单”界面（如图 8－77 所示），单击全选，选择第一条记录，单击制单，打开“转账凭证”界面，凭证类别选择“转账凭证”，单击保存，显示已生成（如图 8－78 所示）。

图 8－77　并账制单

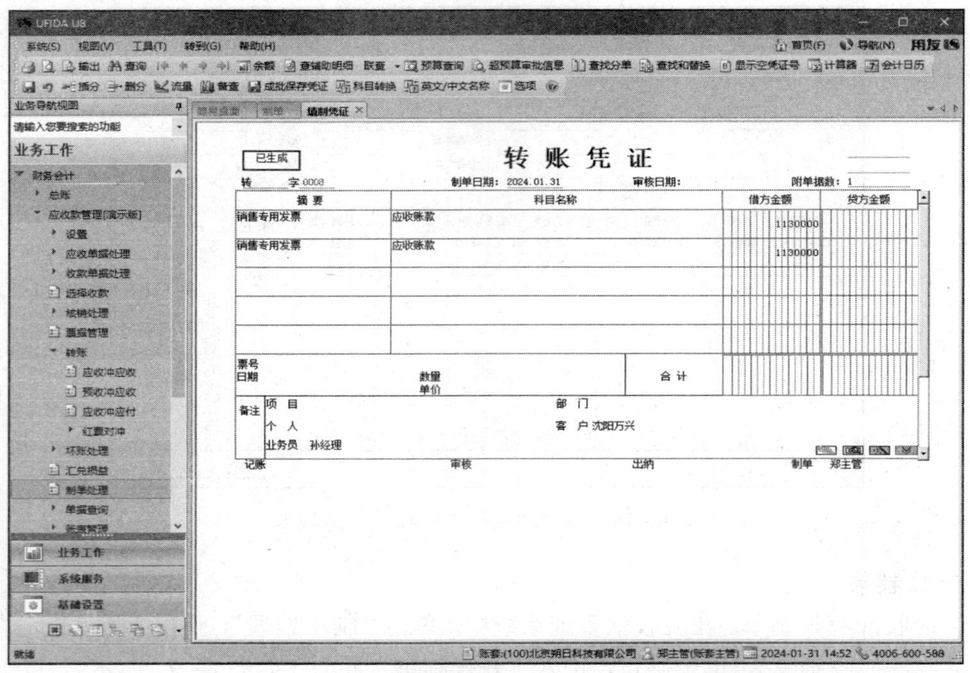

图 8－78　生成凭证（六）

（2）预收冲应收制单。在应收款管理系统中，单击“制单处理”，弹出“制单查询”窗口，选中“预收冲应收制单”，单击确定，进入“转账制单”界面（如图 8－79 所示），单击全选，选择第一条记录，单击制单，打开“转账凭证”窗口，凭证类别选择“转账凭证”，单击保存，显示已生成（如图 8－80 所示）。

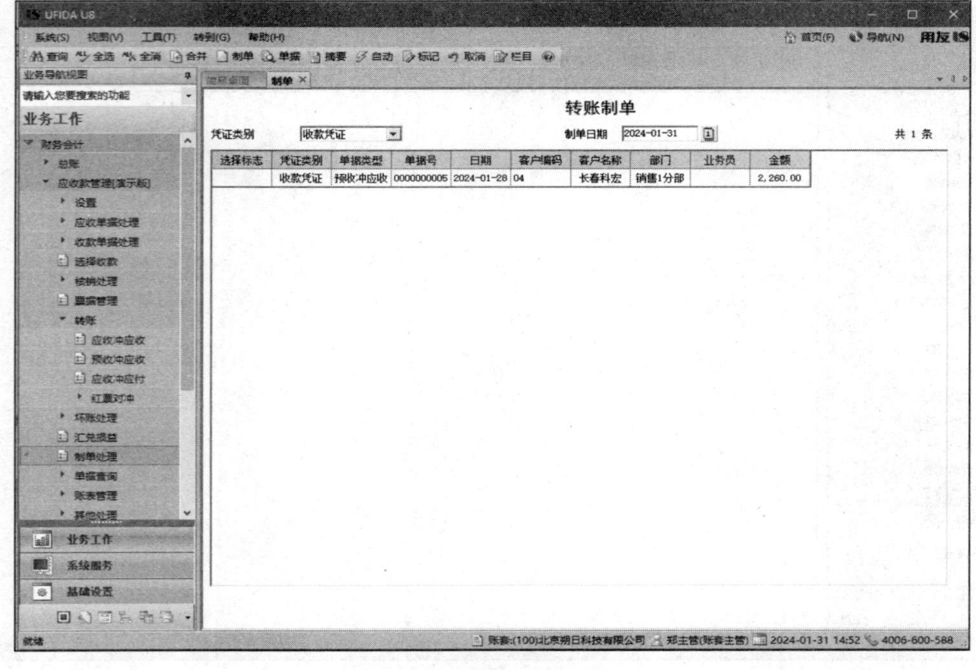

图 8－79　“转账制单”窗口

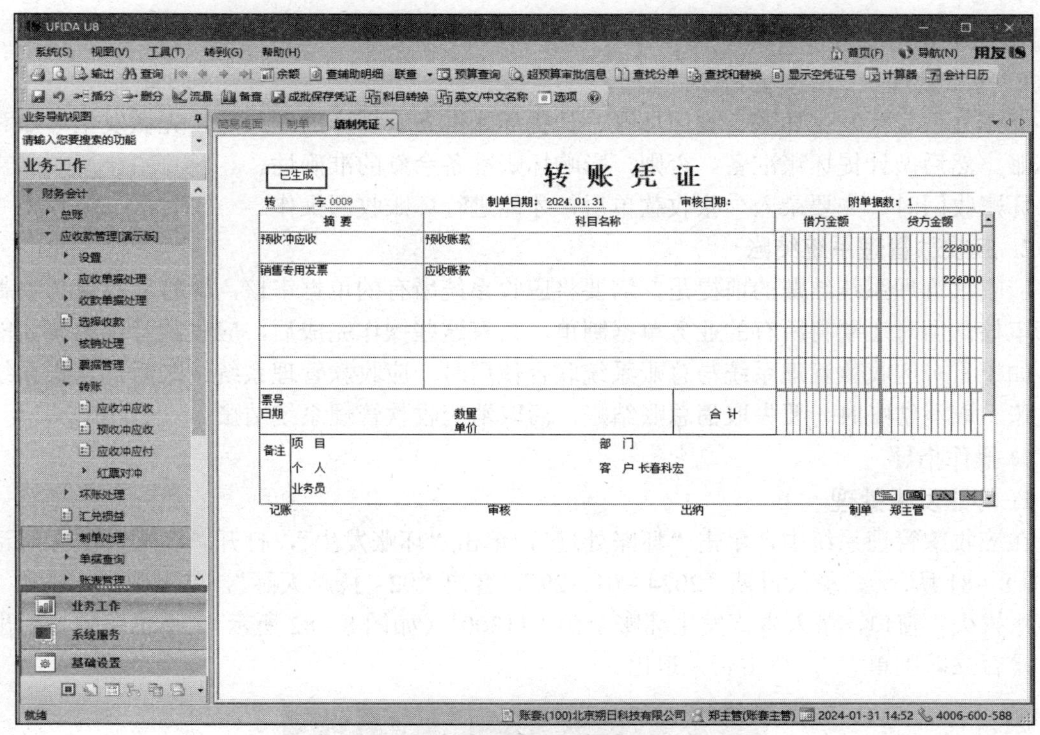

图 8－80 生成凭证（七）

任务五 其 他 业 务

➘ 目标

掌握坏账发生处理操作，坏账收回处理操作，掌握计提坏账的原理与操作，了解应收账款管理系统结账与总账结账的关系，掌握应收款管理系统结账与取消结账。

➘ 项目描述

2024 年 1 月，企业发生了一些坏账业务，并对这些业务进行制单处理。到了月末，对应收管理系统进行结账处理。具体资料如下：

（1）1 月 29 日，抚顺天际公司在 28 日转账形成的 11 300 元的应收账款，发生坏账。

（2）1 月 31 日，抚顺天际公司 11 300 元的坏账又收回，收到电汇 11 300 元。

（3）计提本月坏账准备。

（4）坏账处理制单。

（5）本月应收款管理系统结账。

➘ 项目要求

坏账发生处理；

坏账收回处理；

计提坏账准备；

坏账处理制单；

应收款管理系统结账。

知识准备

1. 坏账处理

坏账处理包括发生坏账、收回坏账、计提坏账准备。操作的顺序是，先做发生坏账和收回坏账，然后做计提坏账准备。否则，影响坏账准备余额的准确性。

坏账收回时，先要录入一张收款单后，才能进行坏账收回操作。

2. 应收款管理系统结账

应收款管理系统结账的前提是，需要将应收系统所有的单据审核，即将应收单与收款单全部审核，同时还要将所有的业务单据制单。只有这些操作完成后，应收款管理系统才能结账。如果只有应收款管理系统与总账系统联合使用时，应收款管理系统结账后，总账系统才能结账。取消结账时，要先取消总账结账，后取消应收款管理系统结账。

操作指导

1. 坏账发生处理

在应收款管理系统中，单击“坏账处理”，单击“坏账发生”，打开“坏账发生”对话框（如图 8－81 所示），录入日期“2024－01－29”，客户“02－抚顺天际”，单击确定，进入‘发生坏账损失”窗口，录入本次发生坏账金额“11300”（如图 8－82 所示），单击确定，弹出提示“是否立即制单？”，单击否，退出。

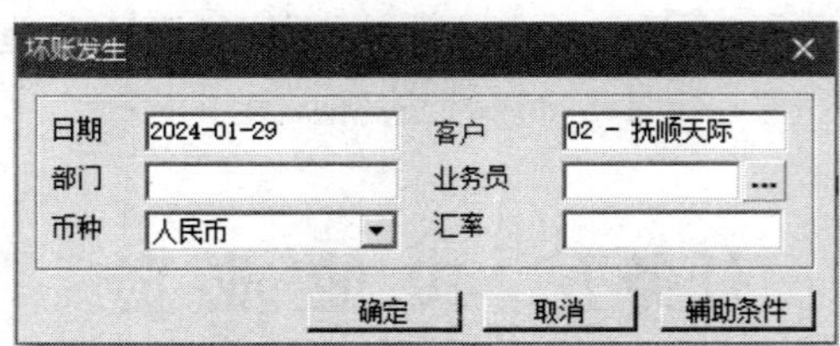

图 8－81　坏账发生

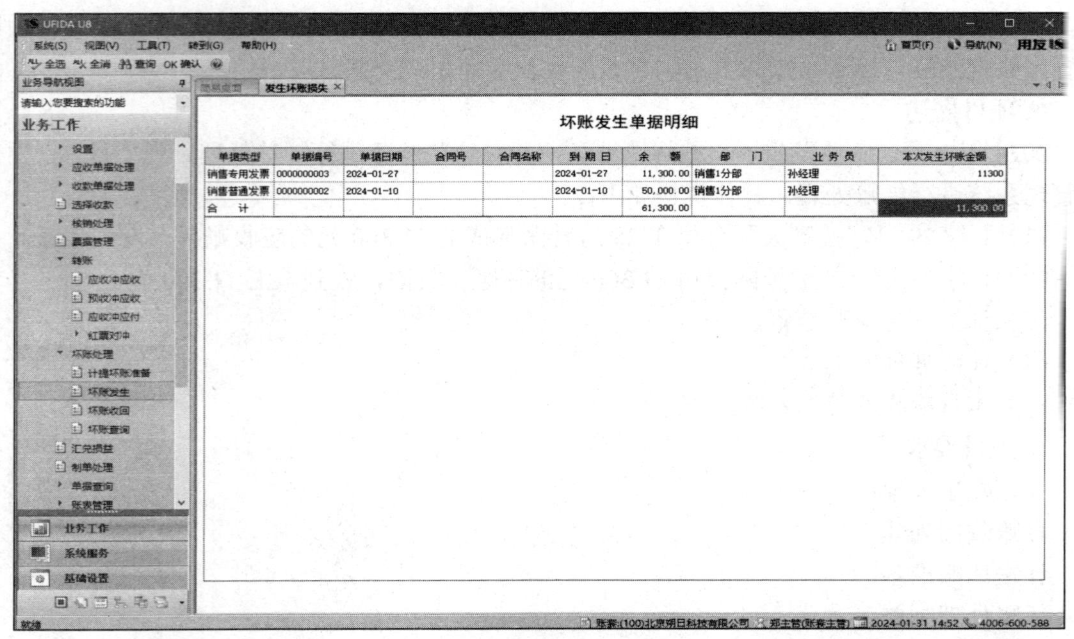

单据类型	单据编号	单据日期	合同号	合同名称	到期日	余额	部门	业务员	本次发生坏账金额
销售专用发票	0000000003	2024-01-27			2024-01-27	11,300.00	销售1分部	孙经理	11300
销售普通发票	0000000002	2024-01-10			2024-01-10	50,000.00	销售1分部	孙经理	
合计						61,300.00			11,300.00

图 8－82　发生坏账损失

2. 坏账收回处理

（1）录入收款单。进入应收款管理系统，单击“收款单据处理”，再单击“收款单据录入”，进入“收付款单录入”窗口（如图 8－83 所示），单击增加，录入日期“2024－01－31”，客户“抚顺天际”，结算方式“电汇”，金额“11300”，单击保存，坏账收回录入的收款单不需要审核。

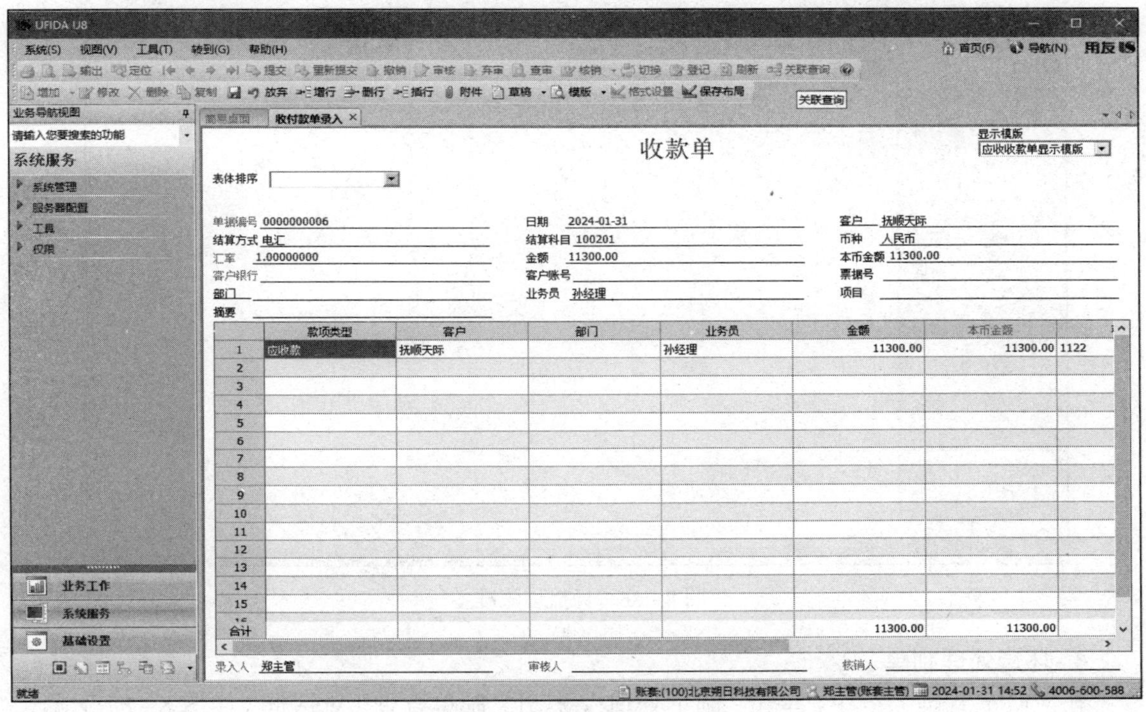

图 8－83　“收款单录入”窗口

（2）录入坏账收回。在应收款管理系统中，单击“坏账处理”，单击“坏账收回”，打开“坏账收回”对话框（如图 8－84 所示），录入日期“2024－01－31”，客户“02－抚顺天际”，单击“结算单号”按钮，打开“收款单参照”对话框（如图 8－85 所示），显示一条 11 300 元的记录，单击确定，将收款单号带入“坏账收回”对话框，单击确定，弹出提示“是否立即制单？”单击否，暂不制单。

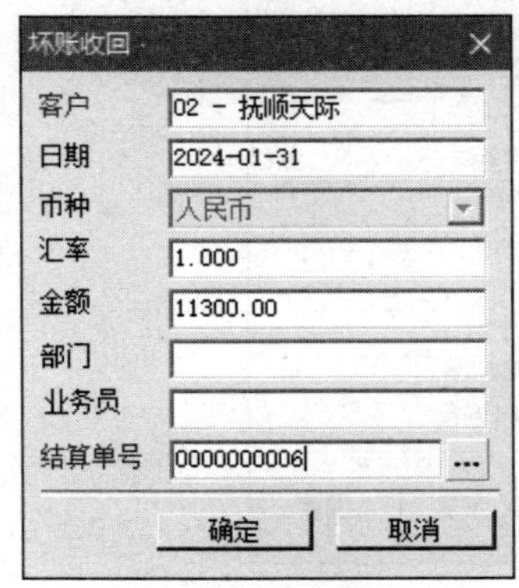

图 8－84　坏账收回

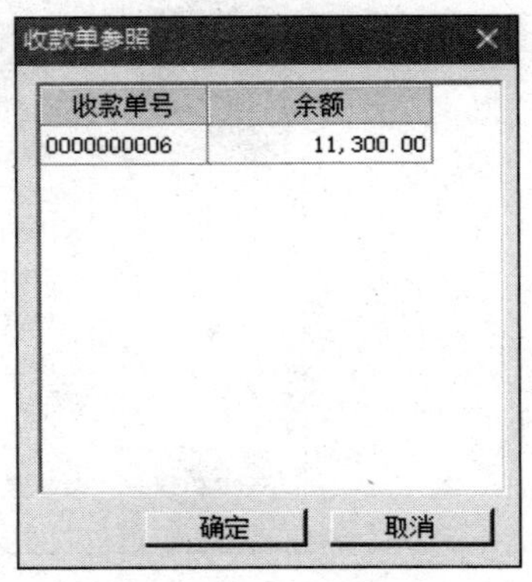

图 8－85　收款单参照

3. 计提坏账准备

在应收款管理系统中，单击“坏账处理”，单击“计提坏账准备”，打开计提坏账准备界面（如图 8-86 所示），查看本期坏账准备计提情况，单击确定，弹出提示“应收账款总额应大于 0”，说明本期应收账款余额小于 0，不需要计提坏账准备。退出即可。

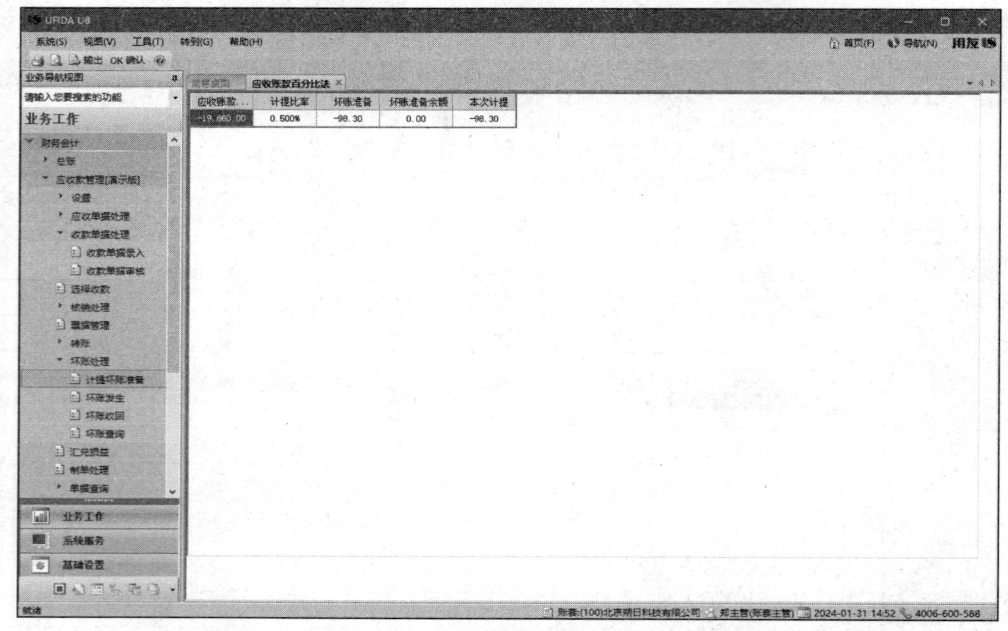

图 8-86 计提坏账准备

4. 坏账处理制单

在应收款管理系统中，单击“制单处理”，打开“制单查询”对话框（如图 8-87 所示），选中“坏账处理制单”，单击确定，进入“坏账制单”窗口，可以看到有两张待生成凭证（如图 8-88 所示），单击全选，单击制单，生成第一张凭证（如图 8-89 所示），凭证类型选择“转账凭证”，单击保存，生成一张凭证，单击“下张”，进入下一张凭证（如图 8-90 所示），凭证类型选择“收款凭证”，单击保存，生成第二张凭证，退出。

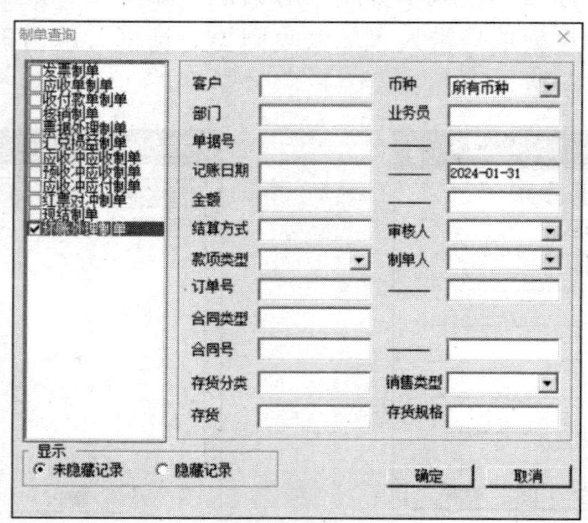

图 8-87 制单查询

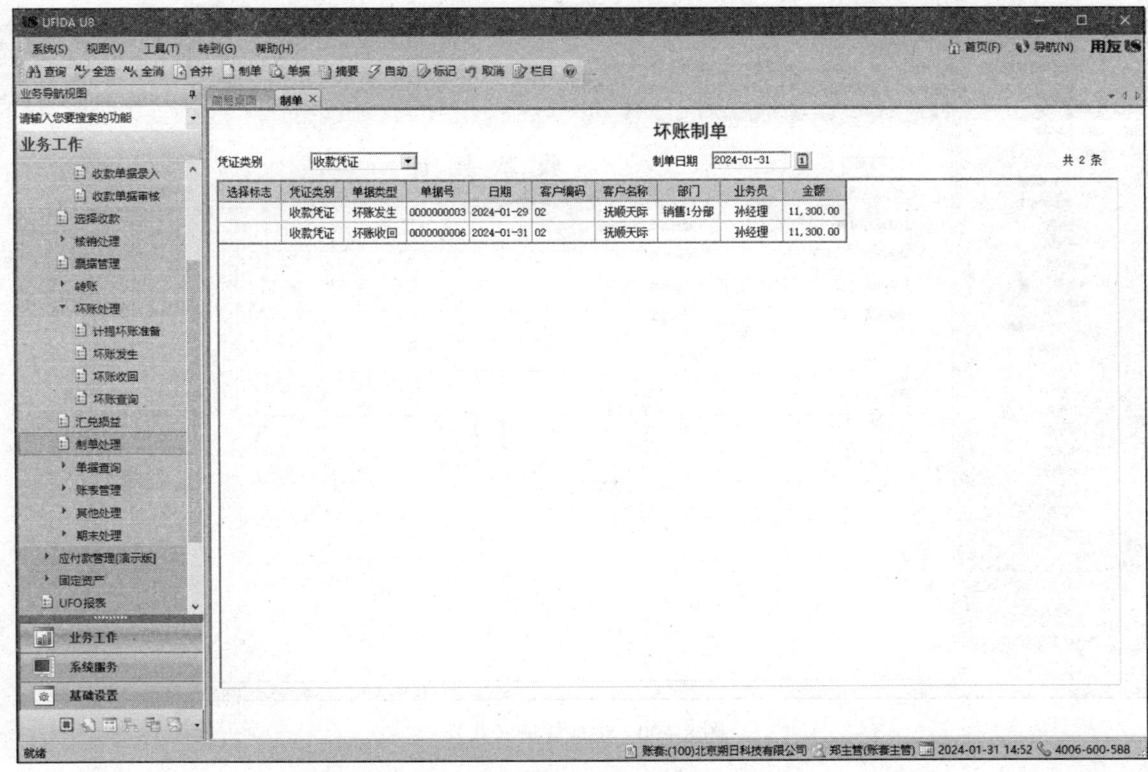

图 8－88　坏账制单

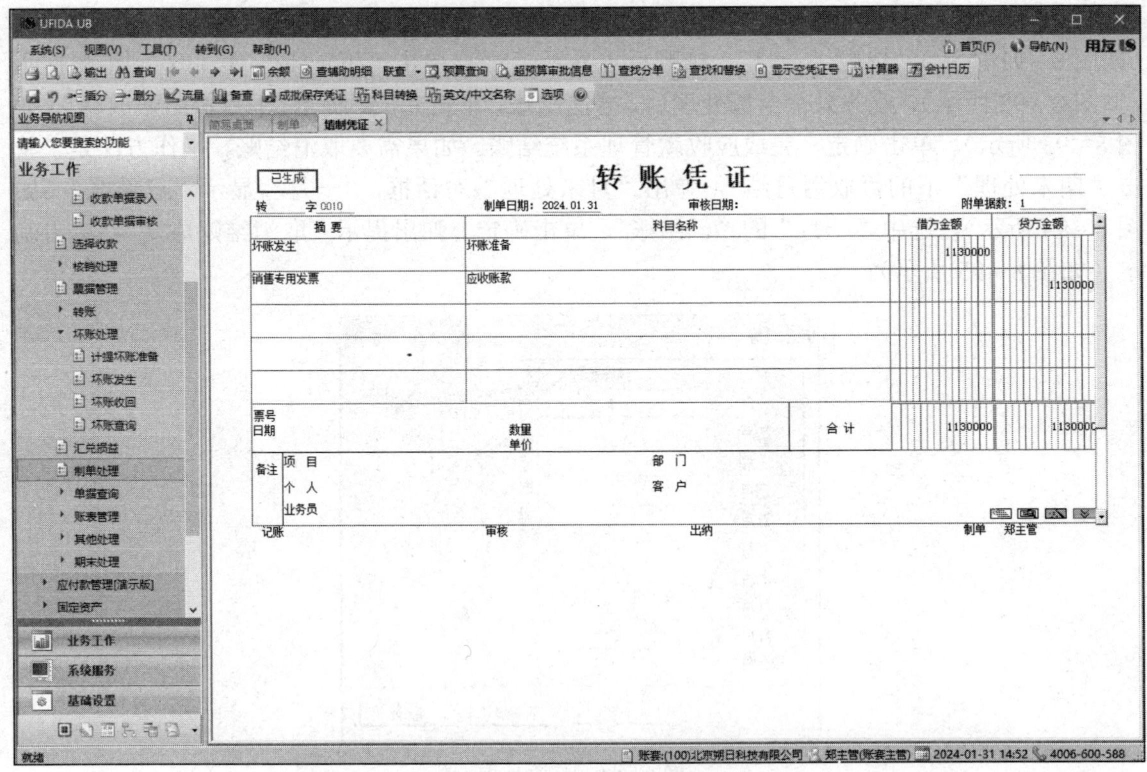

图 8－89　生成凭证（七）

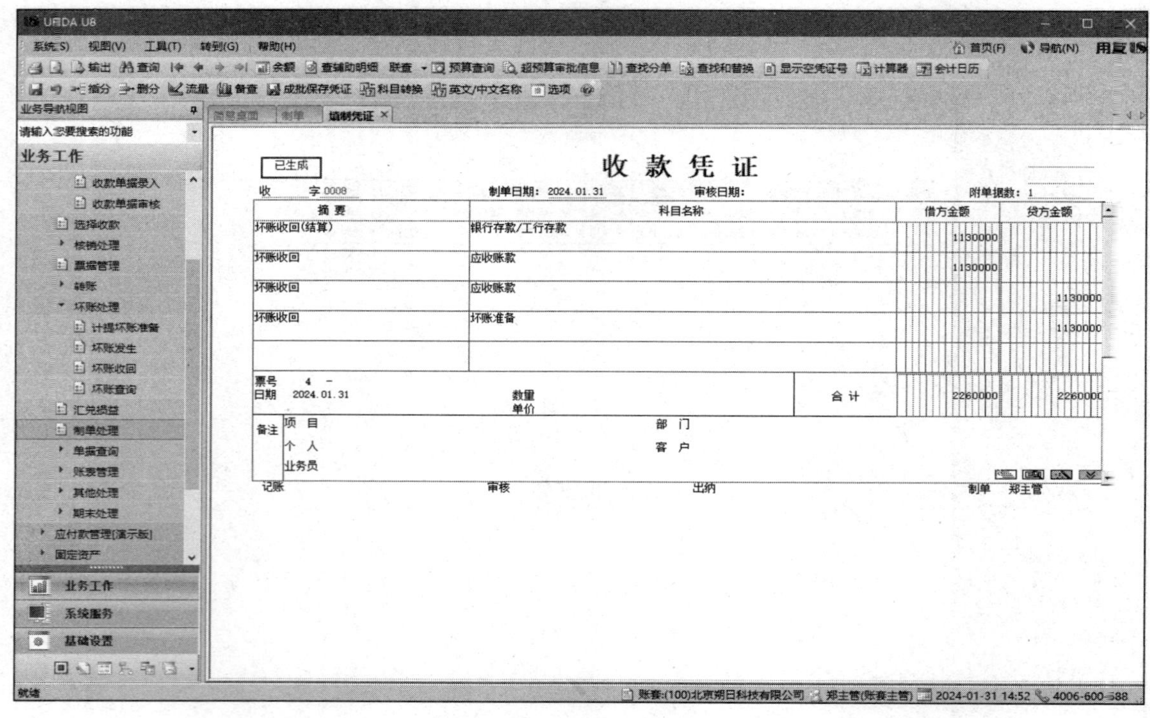

图 8－90　生成凭证（八）

5. 结账

在应收款管理系统中，单击“期末处理”，单击“月末结账”，打开“月末处理”对话框（如图 8－91 所示），选中“一月”，结账标志显示“Y”，单击“下一步”，可以看到结账提示（如图 8－92 所示），业务只有全部处理后，才能结账，单击完成，提示“1 月份结账成功”（如图 8－93 所示）。单击确定，完成应收款管理系统结账。如果需要取消结账，操作方法是，单击“期末处理”下的“取消月结”，弹出“月末处理”对话框，“一月”显示“已结账”（如图 8－94 所示），选中“一月”的“已结账”，单击确定。弹出提示“取消结账成功”，单击确定（如图 8－95 所示）。

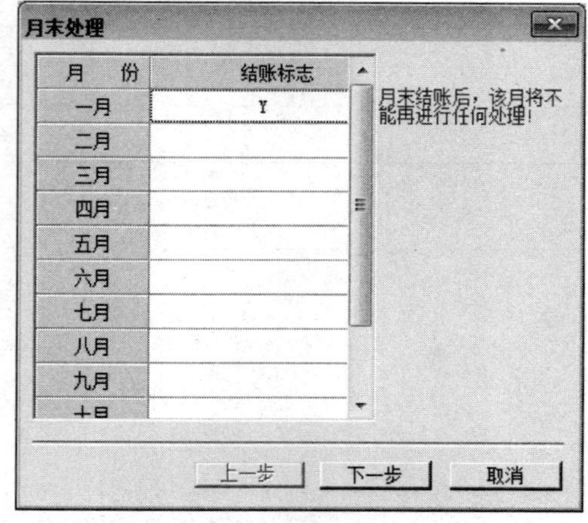

图 8－91　月末处理

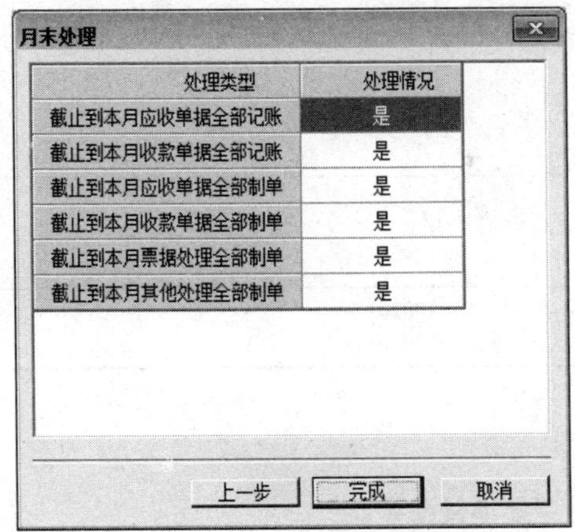

图 8－92　结账提示

图 8－93　结账成功提示

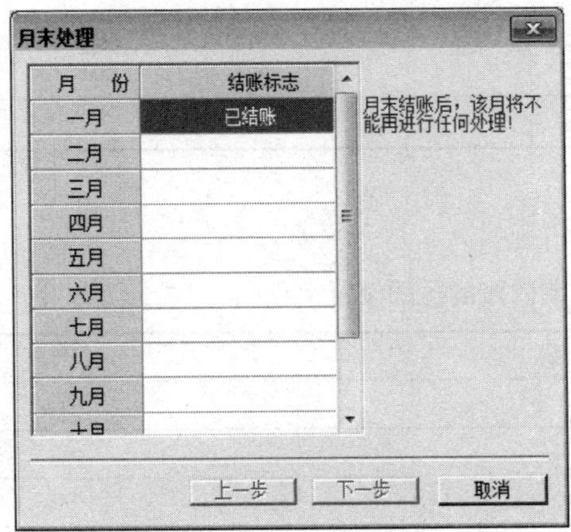

图 8－94　取消结账

图 8－95　取消结账提示

巩固练习

项目练习：利用所学知识，将下列资料录入练习账套中。

实验资料

1. 初始设置

（1）控制参数见表 8－9。

表 8－9　控制参数

控制参数	参数设置
坏账处理方式	应收余额百分比
是否自动计算现金折扣	√

（2）科目设置见表 8－10。

表 8－10　科目设置

科目类别	设置方式
基本科目设置	应收科目（本币）：1122 预收科目（本币）：2203 销售收入科目：6001 应交增值税科目：22210102
控制科目设置	所有客户的控制科目： 应收科目：1122 预收科目：2203
结算方式科目设置	结算方式：现金支票；币种：人民币　科目：100201 结算方式：转账支票；币种：人民币　科目：100201

（3）坏账准备设置见表 8－11。

表 8－11　坏账准备设置

控制参数	参数控制
提取比例	0.5%
坏账准备期初余额	800
坏账准备科目	1231
对方科目	660207

（4）账期内账龄区间设置见表 8－12。

表 8－12　账期内账龄区间设置

序号	起止天数	总天数
01	0—30	30
02	31—60	60
03	61—90	90
04	91 以上	

（5）计量单位组设置见表 8－13。

表 8－13　计量单位组设置

计量单位组编号	计量单位组名称	计量单位组类别
01	无换算关系	无换算率

（6）计量单位设置见表 8－14。

表 8－14　计量单位设置

计量单位编号	计量单位名称	所属计量单位组名称
01	盒	无换算关系
02	台	无换算关系
03	只	无换算关系
04	千米	无换算关系

（7）存货分类见表 8－15。

表 8－15　存货分类

存货类别编码	存货类别名称
01	原材料
0101	主机
010101	芯片
010102	硬盘
0102	显示器
0103	键盘
0104	鼠标
02	产成品
0201	计算机
03	配套用品
0301	配套材料
0302	配套硬件
030201	打印机
030202	传真机
0303	配套软件
09	应税劳务

（8）存货档案见表 8－16。

表 8－16　存货档案

存货编码	存货名称	所属类别	主计量单位	税率	存货属性	参考成本	参考售价
001	PIII 芯片	010101 芯片	盒	13%	外购，生产耗用，内销、外销	1 200	
002	40 GB 硬盘	010102 硬盘	盒	13%	外购，生产耗用，内销、外销	800	1 000
003	17 英寸显示器	0102 显示器	台	13%	外购，生产耗用，内销、外销	2 200	2 500
004	键盘	0103 键盘	只	13%	外购，生产耗用，内销、外销	100	120
005	鼠标	0104 鼠标	只	13%	外购，生产耗用，内销、外销	50	60
006	计算机	0201 计算机	台	13%	自制，内销、外销	5 000	6 500
007	160 K 打印机	030201 打印机	台	13%	外购，内销、外销	2 000	2 300
008	运输费	09 应税劳务	千米	6%	外购，内销、外销，应税劳务		

（9）期初余额见表 8－17、表 8－18 和表 8－19。

应收账款（1122）余额：借　157 600 元

表 8－17　销售普通发票期初余额

开票日期	客户	销售部门	科目	货物名称	数量	单价	金额
2023－12－25	海达公司	销售一部	1122	键盘	1 992	50	99 600

表 8－18　增值税发票期初余额

开票日期	客户	销售部门	科目	货物名称	数量	单价	税率	金额
2023－12－10	万邦证券	销售一部	1122	计算机	18	2 588.5	13%	52 6[illegible]0

表 8－19　其他应收单期初余额

单据日期	科目编码	客户	销售部门	金额	摘要
2023－12－10	1122	万邦证券	销售一部	5 350	代垫运费

（10）开户银行。

银行编码是 01，银行名称是工商银行北京分行中关村分理处，账号是 831658796200。

2. 2024 年 1 月发生的经济业务

（1）1 月 2 日，销售一部出售给海达公司计算机 10 台，单价 6 500 元/台，开出普通发票，货已发出。

（2）1 月 4 日，销售二部出售给哈飞公司计算机 20 台，含税单价 2 500 元/台，开出增值税发票。货已发出，同时代垫运费 5 000 元。

（3）1 月 5 日，收到海达公司交来转账支票一张，金额 65 000 元，支票号 ZZ001，用以归还前欠货款。

（4）1 月 7 日，收到万邦证券交来转账支票一张，金额 100 000 元，支票号 ZZ002，用以归还以前欠货款及代垫运费，剩余款转为预收账款。

（5）1 月 9 日，海达公司交来转账支票一张，金额 10 000 元，支票号 ZZ003，作为预购 PIII 芯片的订金。

（6）1 月 10 日，将哈飞公司购买计算机的应收款 50 000 元转给万邦证券。

（7）1 月 11 日，用海达公司交来的 10 000 元订金冲抵其期初应收款项。

（8）1 月 17 日，确认本月 4 日为哈飞公司代垫运费 5 000 元，作为坏账处理。

（9）1 月 31 日，计提坏账准备。

➘ 操作指导

1. 启用系统

（1）启用并进入应收款管理系统。

（2）以账套主管“陈明”的身份登录企业应用平台。启用“应收款管理”系统，启用日期“2024－01－01”。

在企业应用平台的“业务工作”选项卡中，执行“财务会计”→“应收款管理”命令，打开应收账款管理菜单。

2. 初始设置

1）设置控制参数

① 执行“设置”→“选项”命令，打开“账套参数设置”对话框。

② 单击“编辑”按钮，按实验资料进行控制参数设置。

注意：

- 应收账款管理系统核销方式一经确定，不允许调整。
- 如果当年已计提过坏账准备，则坏账处理方式不允许修改，只能在下一年度修改。

2）初始设置

① 执行“设置”→“初始设置”命令，进入“初始设置”窗口。

② 按实验资料进行基本科目设置、控制科目设置、结算方式科目设置、坏账准备设置、账期内账龄区间设置和逾期账龄区间设置。

3）设置存货分类和存货档案

① 在“企业应用平台”中，执行“基础设置”→“基础档案”→“存货”→“存货分类”命令。

② 按实验资料进行存货分类设置。

③ 执行“基础设置”→“基础档案”→“存货”→“存货档案”命令，进入“存货档案”窗口。

④ 选择存货分类“010101 芯片”，单击“增加”按钮，进入“存货档案卡片”窗口。按实验资料输入存货档案。

4）输入期初余额

（1）输入期初销售发票。执行“设置”→“期初余额”命令，打开“期初余额－查询”对话框；单击确定，进入“期初余额明细表”窗口；单击增加，打开“单据类别”对话框；选择单据名称“销售发票”，单据类型“销售普通发票”；单击确定，进入“销售普通发票”窗口；输入开票日期“2023－12－25”，客户名称“海达公司”，销售部门“销售一部”，科目“1122”；选择货物名称“键盘”，输入数量“1992”，单价“50”，金额自动算出，单击保存。

（2）同理，输入增值税发票。

注意：

- 输入期初销售发票时，要确定科目，以方便与总账管理系统的应收账款对账。

5）输入期初其他应收单

① 在“期初余额明细表”窗口中，单击“增加”按钮，打开“单据类别”对话框。

② 选择单据名称“应收单”，单据类型“其他应收单”，单击确定，进入“期初录入－其他应收单”窗口。

③ 输入单据日期“2023－12－10”，科目编码“1122”，客户“万邦证券”，销售部门“销售一部”，金额“5350”，摘要“代垫费用”，单击保存。

6）期初对账

① 在“期初余额明细表”窗口，单击“对账”按钮，进入“期初对账”对话框。

② 查看应收款管理系统与总账管理系统的期初余额是否平衡。

③ 关闭“期初对账”，返回“期初余额明细表”窗口。

注意：

- 应收款管理系统与总账管理系统的期初余额的差额应为 0，即两个系统的客户往来科目的期初余额应完全一致。

7）输入开户银行信息

在企业应用平台“基础设置”中，选择“基础档案”→“收付结算”→“本单位开户银行”选项，输入本单位开户银行信息。

3. 日常处理

1）增加应收款

业务1：输入并审核普通发票

（1）执行“应收单据处理”→“应收单据录入”命令，打开“单据类别”对话框。

（2）选择单据名称“销售发票”，单据类型“普通发票”。

（3）单击确定，进入“销售普通发票”窗口。

（4）单击“增加”按钮，输入开票日期“2024－01－02”，客户名称“海达公司”。

（5）选择存货名称“计算机”；输入数量“10”，单价“6500”，金额自动算出，单击保存。

（6）单击“审核”按钮，系统弹出“是否立即制单？”信息提示对话框。

（7）单击否，暂不生成凭证，单击退出。

注意：

● 如果应收款管理系统与销售管理系统集成使用，销售发票在销售管理系统中录入并审核。应收款管理系统可对这些销售发票进行审核，以形成应收款，并对这些发票进行查询、核销、制单等操作。

● 如果没有使用销售管理系统，则在应收款管理系统中录入并审核销售发票，以形成应收款并对这些发票进行查询、核销、制单等操作。

业务2：输入并审核专用发票

（1）执行“应收单据处理”→“应收单据录入”命令，打开“单据类别”对话框。

（2）选择单据名称“销售发票”，单据类型“销售专用发票”，单击确定，进入“销售专用发票”窗口。

（3）输入开票日期“2024－01－04”，客户名称“哈飞公司”。

（4）选择货物名称“计算机”。输入数量“20”，单价“2500”，金额自动计算出，单击保存。

（5）单击“审核”按钮，系统弹出“是否立即制单？”信息提示对话框。

（6）单击否，暂不生成凭证，单击退出。

业务3：输入并审核其他应收单据

（1）执行“应收单据处理”→“应收单据录入”命令，打开“单据类别”对话框。

（2）选择单据名称“应收单”，单据类型“其他应收单”，单击“确定”按钮，进入“其他应收款”窗口。

（3）选择对应科目“100201”，单击保存。

（4）单击“审核”按钮，系统弹出“是否立即制单？”信息提示对话框。

（5）单击否，暂不生成凭证，单击退出。

注意：

● 已审核和生成凭证的应收单不能修改和删除。若要修改和删除，必须取消相应的操作。

● 应收款管理系统与销售管理系统集成使用时，需对销售管理系统代垫费用单据所形成的应收单据进行审核。

2）收款结算

业务 4：输入一张收款单据并完全核销应收款

（1）执行“收款单据处理”→“收款单据录入”命令，进入“收款单”窗口。

（2）单击“增加”按钮。

（3）输入日期“2024－01－05”，选择客户“海达公司”，结算方式“转账支票”，金额“65000”，支票号“ZZ001”，单击保存。

（4）单击“审核”按钮，系统弹出“是否立即制单？”信息提示对话框。

（5）单击否，暂不生成凭证。

（6）单击“核销”按钮，在 1 月 2 日的发票中输入本次结算金额“65000”。

（7）单击保存。

注意：

- 录入收款单据内容时，结算方式、结算科目及金额不能为空。
- 系统自动生成的结算单据号不能进行修改。
- 已核销的收款单据不允许修改和删除。

业务 5：输入一张收款单据，部分核销应收款，部分形成预收账款

（1）在“收款单”窗口，单击“增加”按钮。

（2）输入日期“2024－01－07”，选择客户“万邦证券”，结算方式“转账支票”，金额“100000”，支票号 ZZ002。

（3）单击保存。

（4）单击“审核”按钮，系统弹出“是否立即制单？”信息提示对话框，单击否，暂不生成凭证。

（5）单击“核销”按钮，在结算单据中，输入专用发票本次结算额“52650”，其他应收单据本次结算额“5350”，收款单据本次结算额“58000”，单击保存。

业务 6：输入一张收款单据全部形成预收款

（1）在“收款单”窗口，单击“增加”按钮。

（2）输入表头项目：选择客户“海达公司”，输入日期“2024－01－09”，结算方式“转账支票”，金额“10000”，支票号 ZZ003。输入表体项目：款项类型“预收款”。

（3）单击保存，系统弹出“是否立即制单？”信息提示对话框。

（4）单击否，暂不生成凭证，单击“退出”按钮。

注意：

- 全部款项形成预收款的收款单，可在“结算单查询”功能中查看。以后可通过“预收冲应收”及“核销”等操作中使用此笔预收款。

3）转账处理

业务 7：应收冲应收

（1）执行“转账”→“应收冲应收”命令，进入“应收冲应收”窗口。

（2）输入日期“2024－01－10”；选择转出客户“哈飞公司”，转入客户“万邦证券”。

（3）单击“查询”按钮，系统列出转出客户“哈飞公司”的未核销的应收款。

（4）双击专用发票单据行，单击确定，系统弹出“是否立即制单？”信息提示对话框。

（5）单击否，暂不生成凭证。

业务 8：预收冲应收

（1）执行“转账”→“预收冲应收”命令，进入“预收冲应收”窗口。

（2）输入日期“2024－01－11”。

（3）单击“预收款”选项卡，单击“过滤”按钮，系统列出该客户的预收款，输入转账金额 10 000。

（4）打开“应收款”选项卡，单击“过滤”按钮，系统列出该客户的应收款，输入转账金额 10 000。

（5）单击确定，系统弹出“是否立即制单？”信息提示对话框。

（6）单击否，暂不生成凭证。

注意：

- 每一笔应收款的转账额不能大于其余额。
- 应收款的转账金额合计应该等于预收款的转账金额合计。
- 在初始设置时，如果将应收科目和预收科目设置为同一科目，将无法通过预收冲应收功能生成凭证。
- 此笔预收款也可不先冲应收款，待收到此笔货款的剩余款时，再同时使用此笔预收款进行核销。

4）坏账处理

业务 9：发生坏账

（1）执行“坏账处理”→“坏账发生”命令，打开“坏账发生”对话框。

（2）选择客户“哈飞公司”，输入日期“2024－01－17”，选择币种“人民币”。

（3）单击确定，进入“坏账发生单据明细”窗口，系统弹出该客户所有未核销的应收单据。

（4）在“本次发生坏账金额”处输入“5000”，单击确定。

（5）系统弹出“是否立即制单？”信息提示对话框，单击否，暂不生成凭证。最后单击退出。

业务 10：计提坏账准备

（1）执行“坏账处理”→“计提坏账准备”命令，进入“应收账款百分比法”窗口。

（2）系统根据应收账款余额、坏账准备余额、坏账准备初始设置情况自动计算出本次计提金额。

（3）单击确定，系统弹出“是否立即制单？”信息提示对话框。

（4）单击否，暂不生成凭证。

注意：

- 如果坏账准备已计提成功，本年度将不能再次计提坏账准备。

5）制单

（1）立即制单。

① 在单据进行完相应的操作后，系统弹出“是否立即制单？”信息提示对话框，单击是，便可立即生成一张凭证。

② 修改后，单击保存，此凭证可传递至总账管理系统。

（2）批量制单。

① 执行“制单处理”，打开“制单查询”对话框。

② 选中“发票制单”复选框，单击确定，进入“销售发票制单”窗口。

③ 选择凭证类别“转账凭证”，单击“全选”按钮。

④ 单击“制单”按钮，进入“填制凭证”窗口。

⑤ 单击保存，凭证左上方出现“已生成”字样，表明此凭证已传递至总账管理系统。

⑥ 单击“上张”“下张”按钮，保存其他需要保存的凭证。

⑦ 完成应收单据制单、收付款单据制单、转账制单、并账制单、坏账处理制单。

注意：

- 执行生成凭证的操作员，必须在总账管理系统拥有制单的权限。
- 制单日期应大于或等于所选的单据的最大日期，但小于当前业务日期。同时，制单日期应满足总账管理系统中制单序时要求。

4. 期末处理

1）结账

（1）执行“期末处理”→“月末结账”命令，打开“月末处理”对话框。

（2）双击1月的结账标志栏。

（3）单击“下一步”按钮，屏幕显示各处理类型的处理情况。

（4）在处理情况都为“是”的情况下，单击确定，结账后，系统弹出“月末结账成功！”信息提示对话框。

（5）单击确定。系统自动在对应的结账月份的“结账标志”栏中显示“已结账”字样。

注意：

- 本月的单据在结账前应该全部审核，本月的结算单据在结账前应全部核销。
- 应收管理系统结账后，总账管理系统才能结账。
- 应收管理系统与销售管理系统集成使用，应在销售管理系统结账后，才能对应收管理系统进行结账处理。

2）取消结账

（1）执行“期末处理”→“取消月结”命令，打开“月末处理”对话框。

（2）选择“一月”的“已结账”。

（3）单击确定，系统弹出“取消结账成功！”信息提示对话框。

（4）单击确定，当月结账标志即被取消。

注意：

- 如果当月总账管理系统已经结账，则应收管理系统不能取消结账。

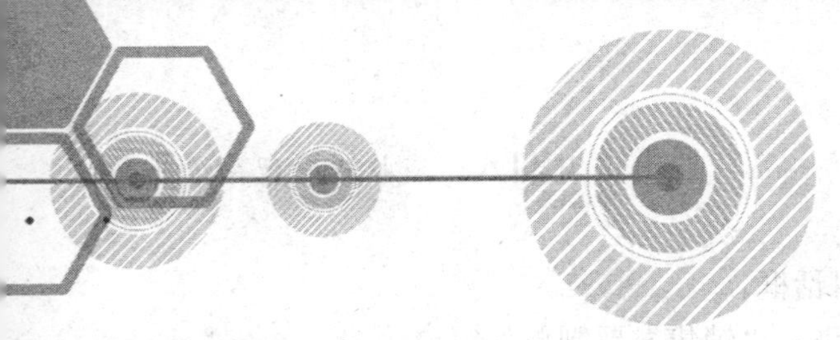

项目九

应付款管理系统业务

项目导学

学习了总账系统、会计报表系统、薪资管理系统、固定资产管理系统等以后，对于不太复杂的企业业务，这些系统完全可以满足企业的要求。但是对于稍微复杂一点的业务，企业可能还需要其他系统来实现对某些业务的管理。例如，要对采购业务和应付业务进行详细管理，企业就需要用到应付款管理系统。

应付款管理系统主要针对企业与供应商之间的业务往来进行管理与核算。它可以对每个供应商的每笔采购业务登记、支付货款情况登记、是否核销、是否转账等提供详细管理，还具有生成应付凭证、付款凭证等凭证制单功能。应付款管理系统生成的凭证，直接传递到总账系统。

本项目主要包括系统初始化、单据处理、票据管理、转账处理、制单处理、期末处理等内容。

学习目标

了解应付款管理系统初始化的含义，掌握初始化操作，掌握应付款单据业务处理内容与操作，掌握票据管理的内容与操作，了解转账处理的含义与操作，掌握制单处理操作，了解期末处理的含义，熟练运用应付款管理系统来完成应付款管理有关业务。

任务一 系统初始化

↘ 目标

了解应付款管理系统初始化的含义，掌握参数设置方法，掌握计量单位设置方法，掌握科目设置方法，掌握坏账准备设置方法，了解账龄区间含义，掌握存货分类设置方法，掌握存货档案设置方法，掌握录入期初余额操作方法，了解期初对账的含义。

↘ 项目描述

朔日公司决定对采购业务和应付业务进行详细管理，需要启用应付款管理系统，并对应付款管理系统进行初始设置。具体要求如下。

（1）启用应付款管理系统，启用日期 2024 年 1 月 1 日。

（2）应付款管理系统参数见表 9－1。

表 9-1 应付款管理系统参数

参　数	内　容
是否自动计算现金折扣	是
月末结账前是否全部制单	是

（3）科目设置见表 9-2。

表 9-2 科目设置

科目类别	设置方式
基本科目设置	应付科目：2202 预付科目：1123 采购科目：1401 税金科目：22210101 银行承兑汇票科目：2201 现金折扣、票据利息、票据费用科目：6603
控制科目设置	所有供应商的控制科目： 应付科目：2202 预付科目：1123
结算方式科目设置	结算方式：现金；币种：人民币；科目：1001 结算方式：现金支票；币种：人民币；科目：100201 结算方式：转账支票；币种：人民币；科目：100201 结算方式：电汇；币种：人民币；科目：100201

（4）账期内账龄区间设置见表 9-3。

表 9-3 账期内账龄区间设置

序号	起止天数	总天数
01	0—30	30
02	31—60	60
03	61—90	90
04	91 以上	

（5）银行编码是 01，开户银行名称是盛京银行望花支行，银行账号是 622488128990。
（6）存货分类见表 9-4。

表 9-4 存货分类

存货类别编码	存货类别名称
03	木材
0301	实木
0302	实木颗粒
04	钢材
0401	白钢
0402	黑钢

续表

存货类别编码	存货类别名称
05	办公桌
06	办公椅
07	书柜

（7）计量单位组设置和计量单位设置见表 9－5 和表 9－6。

表 9－5　计量单位组设置

计量单位组编号	计量单位组名称	计量单位组类别
01	基本单位	无换算率

表 9－6　计量单位设置

计量单位编号	计量单位名称	计量单位组名称
01	盒	基本单位
02	台	基本单位
03	张	无换算关系
04	把	无换算关系
05	个	无换算关系
06	吨	无换算关系

（8）存货档案见表 9－7。

表 9－7　存货档案

存货编码	存货名称	所属类别	主计量单位	税率	存货属性
001	A 型办公桌	05	张	13%	内销、外销、外购、自制
002	A 型办公椅	06	把	13%	内销、外销、外购、自制
003	A 型书柜	07	个	13%	内销、外销、外购、自制
004	A 型实木	0301	吨	13%	外购、内销、外销、生产耗用
005	A 型实木颗粒	0301	吨	13%	外购、内销、外销、生产耗用
006	A 型白钢	0401	吨	13%	外购、内销、外销、生产耗用
007	A 型黑钢	0402	吨	13%	外购、内销、外销、生产耗用

（9）期初余额。

① 应付票据期初余额，23 400 元，由一笔业务组成：

2023－12－27，从抚顺韦力公司采购货物 23 400 元，开具应付票据，票号 12345，到期日为 2024 年 1 月 26 日，承兑银行为盛京银行望花支行。

② 应付账款期初余额，62 010 元，由两笔业务组成：

2023－12－18，从抚顺韦力公司采购 A 型实木 10 吨，价税合计为 38 610 元，货款未付，开具增值税专用发票。

2023－12－21，从沈阳品达公司采购A型白钢10吨，价税合计为23 400元，货款未付，开具增值税普通发票。

③ 预付账款期初余额10 000元，由一笔业务组成：

2023－12－27，预付沈阳万顺公司货款10 000元。

➘ 项目要求

设置系统参数；

设置计量单位；

设置科目；

设置坏账准备；

设置存货分类与存货档案；

录入期初余额。

➘ 知识准备

1. 存货分类和存货档案

先设置存货分类然后设置存货档案。设置好以后输入采购发票时，存货一栏可以参照选择输入，不需要再手工录入，可以提高单据录入效率。

2. 设置单据类型

应付款管理系统提供了采购发票和应付单两大种类的单据。采购发票类的单据具体包括增值税专用发票、增值税普通发票两种类型。发票的类型是预先设置好的，不能修改或删除。应付单类的单据指其他应付单。其他应付单是指除了发票之外的其他应付款而未收的单据，如代垫费用等，可以在应付单摘要栏里标出产生应付单的具体原因。

3. 输入期初余额

初次使用应付款管理系统时，要先启用应付款管理系统会计期间的应付资料的期初余额，具体包括所有供应商的应付账款、预付账款、应付票据等数据，将这些数据录入应付款管理系统期初余额中，以便和总账系统中应付账款、预付账款科目的期初余额一致，便于应付款管理系统与总账管理系统对账。

输入应付款管理系统期初数据时应注意以下问题：

（1）选择单据类型。录入单据之前，要选择单据类型，是采购发票还是应付单，若是采购发票还须选择是增值税专用发票还是增值税普通发票。

（2）发票和应付单的方向包括正向和负向，类型包括系统预置的各类型以及用户定义的类型。如果是预付款和应付票据，则不用选择方向，系统默认预付款方向为贷方，应付票据方向为借方。

➘ 操作指导

1. 启用应付款管理系统

引入总账期初余额账套，以“郑主管”的身份登录企业应用平台，单击“基础设置”功能按钮，单击“基本信息”图标，打开“基本信息”窗口（如图9－1所示）。双击“系统启用”，打开“系统启用”窗口（如图9－2所示），单击系统名称“应付款管理”前边的方框，弹出日历，录入日期2024年1月1日（如图9－3所示），单击“确定”按钮，弹出提示信息“确实要启用当前系统吗？”（如图9－4所示），单击“是”，启用应付款管理系统（如图9－5所示）。

图 9－1　基本信息

图 9－2　系统启用

图 9－3　录入日期

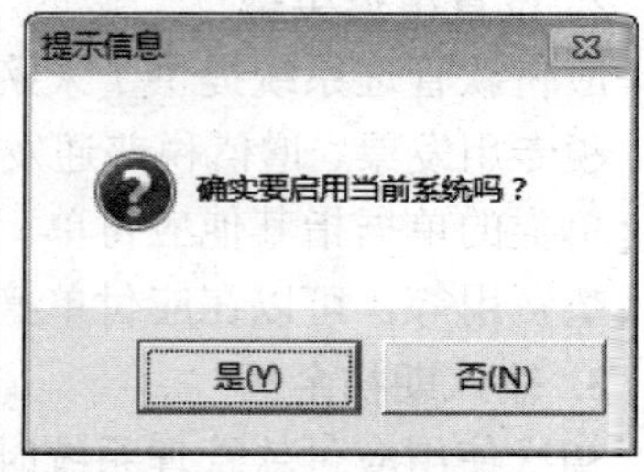

图 9－4　提示窗口

图 9－5　启用应付款管理系统

2. 设置系统参数

单击“财务会计”功能按钮，双击“应付款管理”图标，进入应付款管理系统，单击“设置”下的“选项”，弹出“账套参数设置”对话框，单击“编辑”，单击“常规”选项卡，选中“应付票据直接生成付款单”（如图 9－6 所示），选中“自动计算现金折扣”（如图 9－7 所示），单击“凭证”选项卡，选中“月末结账前是否全部制单”，单击确定。

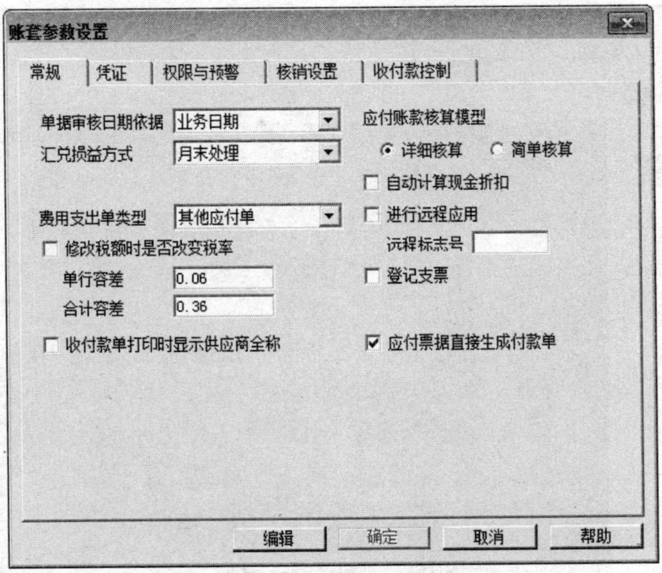

图 9－6　账套参数设置（一）

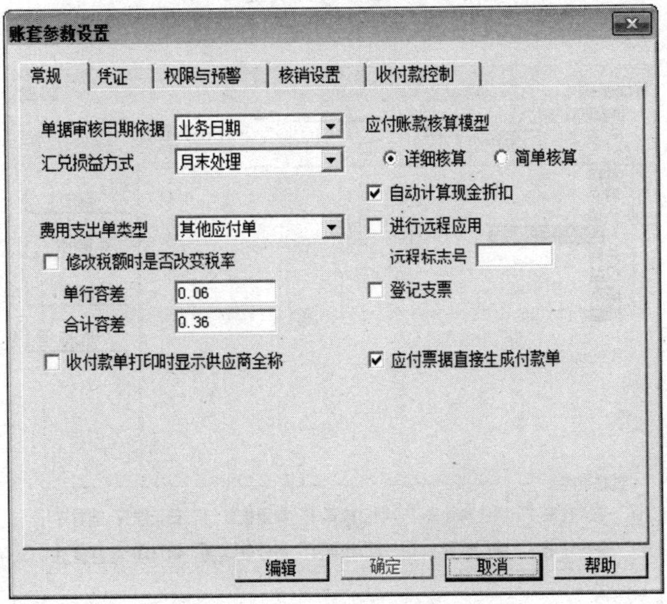

图 9－7　账套参数设置（二）

3. 初始设置

（1）基本科目设置。单击“设置”下的“初始设置”，弹出“初始设置”窗口（如图 9－8 所示）。单击“增加”按钮，在“基础科目种类”中选择“应付科目”，在“科目”中打开“科目参照”对话框（如图 9－9 所示），选择科目“2202 应付账款”，单击“确定”按钮。同理录入其他科目（如图 9－10 所示）。

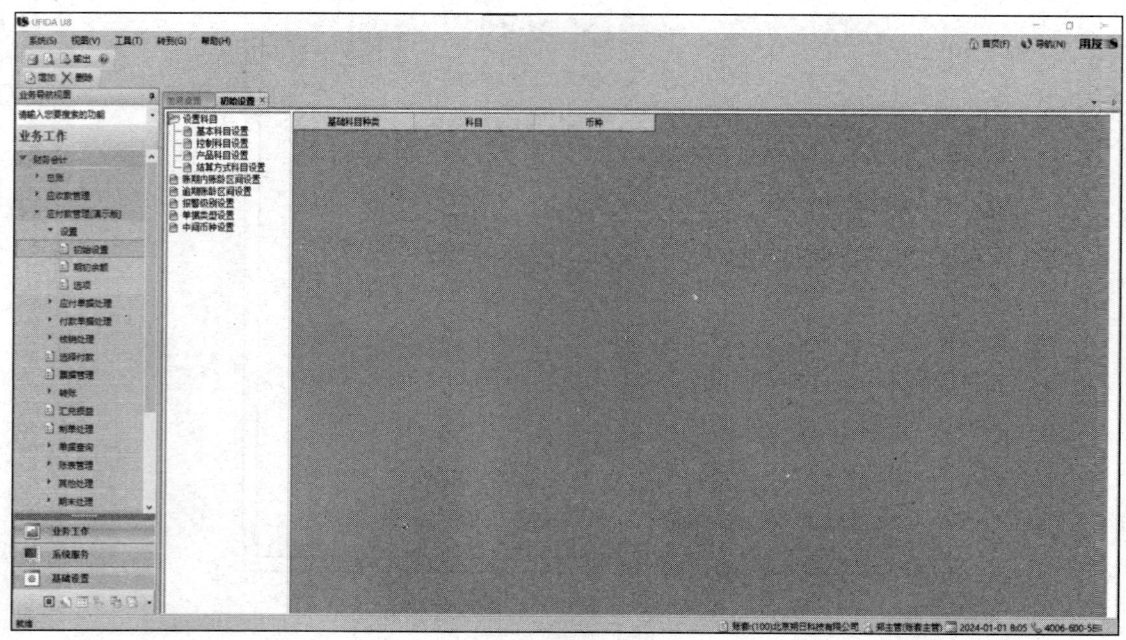

图 9－8　基本科目设置（一）

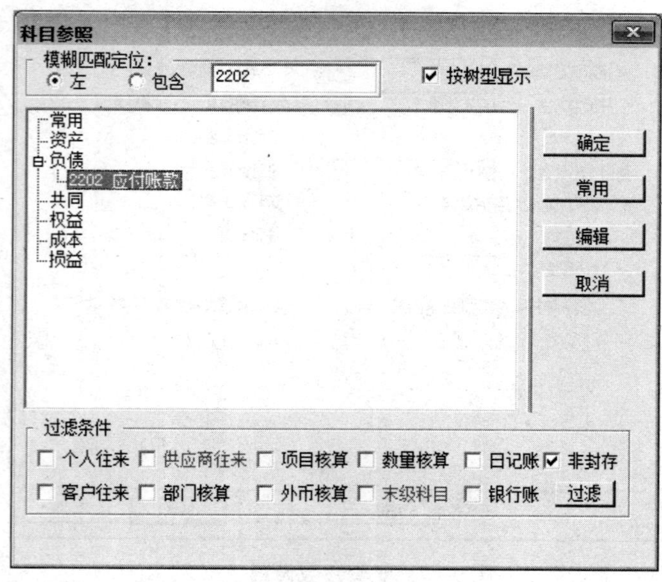

图 9－9　科目参照

（2）控制科目设置。单击“控制科目设置”，在万顺公司应付科目一栏录入“2202”，预付科目一栏录入“1123”。同理，录入其他供应商的应付科目和预付科目（如图 9－11 所示）。

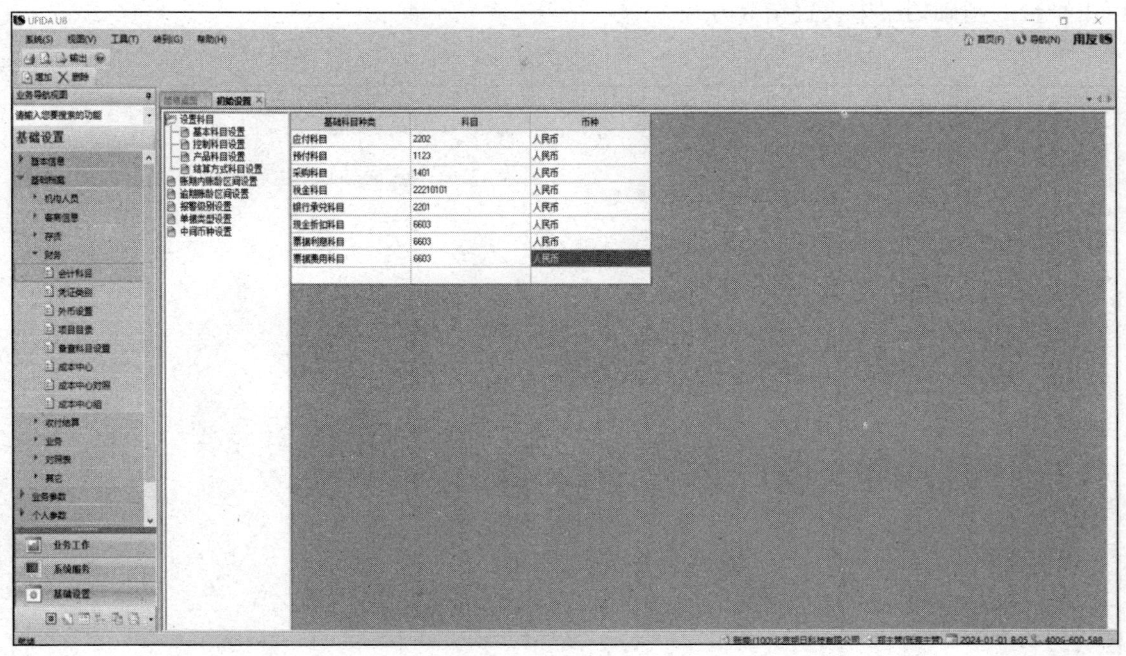

图 9－10 基本科目设置（二）

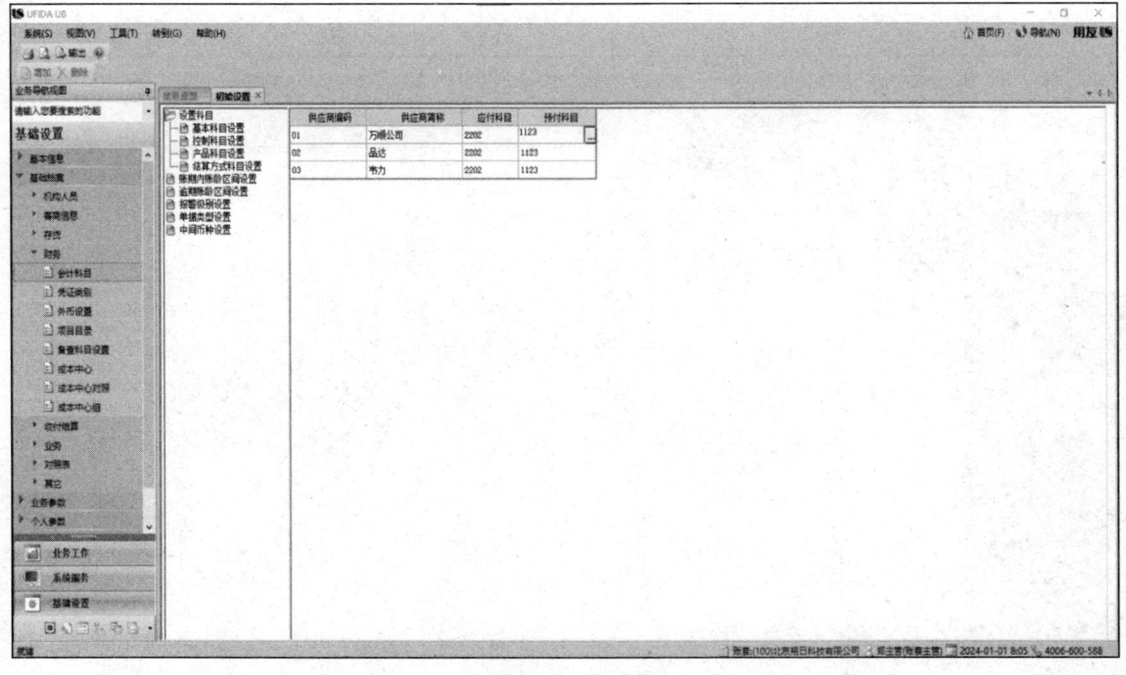

图 9－11 控制科目设置

（3）结算方式科目设置。单击“结算方式科目设置”，双击“结算方式”空白栏（如图 9－12 所示），单击下拉框，选择“现金”，币种选择“人民币”，科目选择现金科目“1001”。同理，录入其他结算方式对应的科目（如图 9－13 所示）。如系统没有某些结算方式，可以先在企业应用平台的基础档案中设置结算方式。

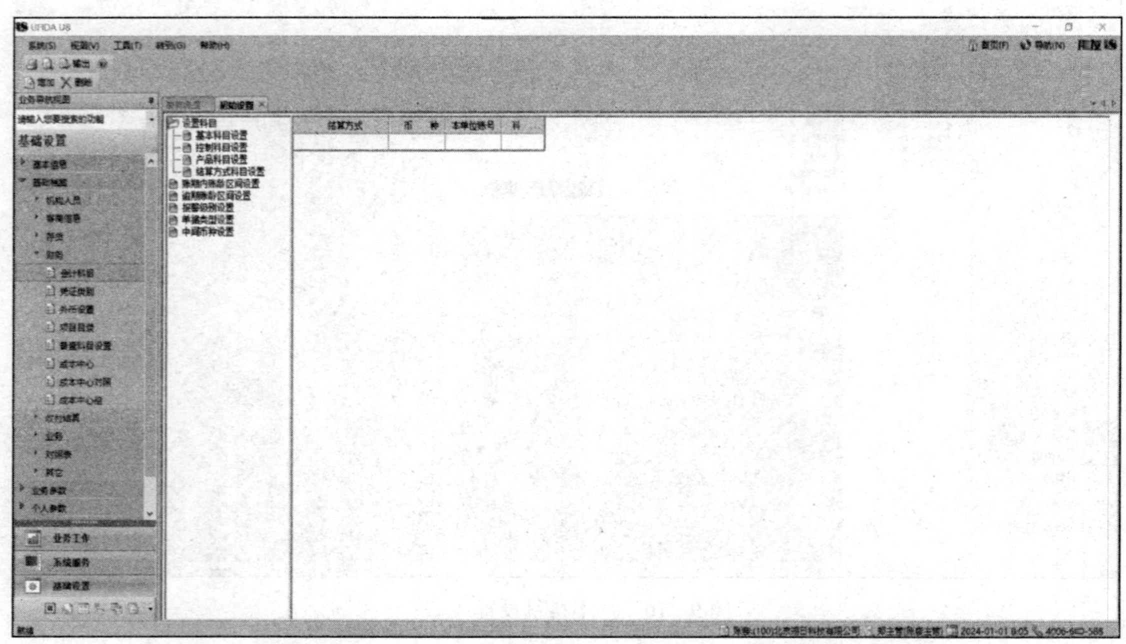

图 9－12　结算方式科目设置（一）

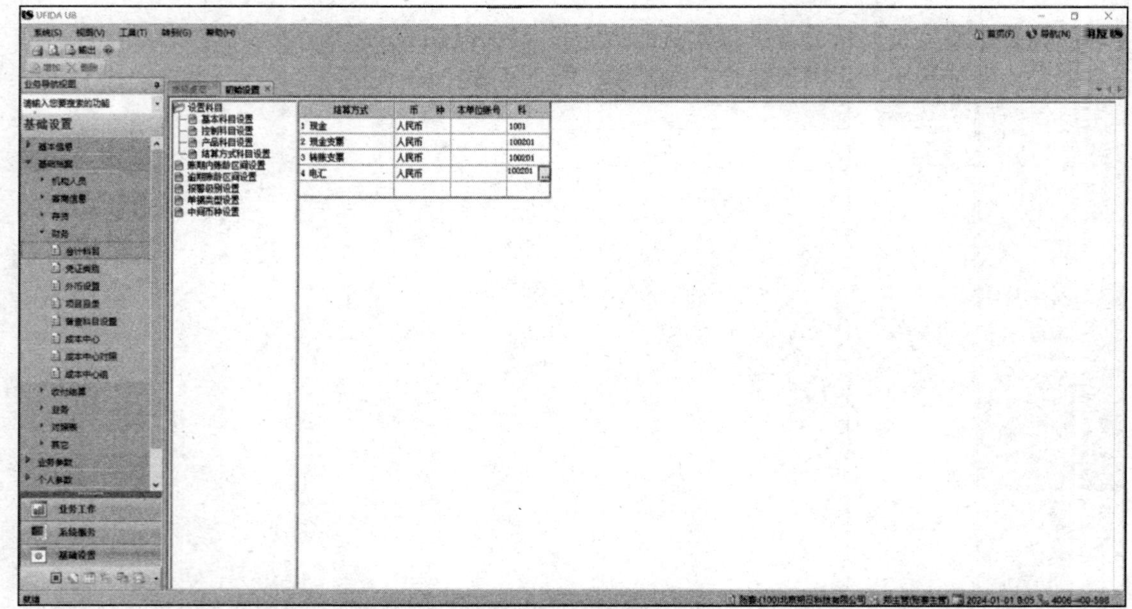

图 9－13　结算方式科目设置（二）

（4）账期内账龄区间设置。单击“账期内账龄区间设置”，打开账龄区间设置窗口（如图 9－14 所示），第一行总天数栏录入“30”回车，自动弹出第 2 行，录入总天数“60”，同理，录入“90”（如图 9－15 所示），设置完毕后，退出。

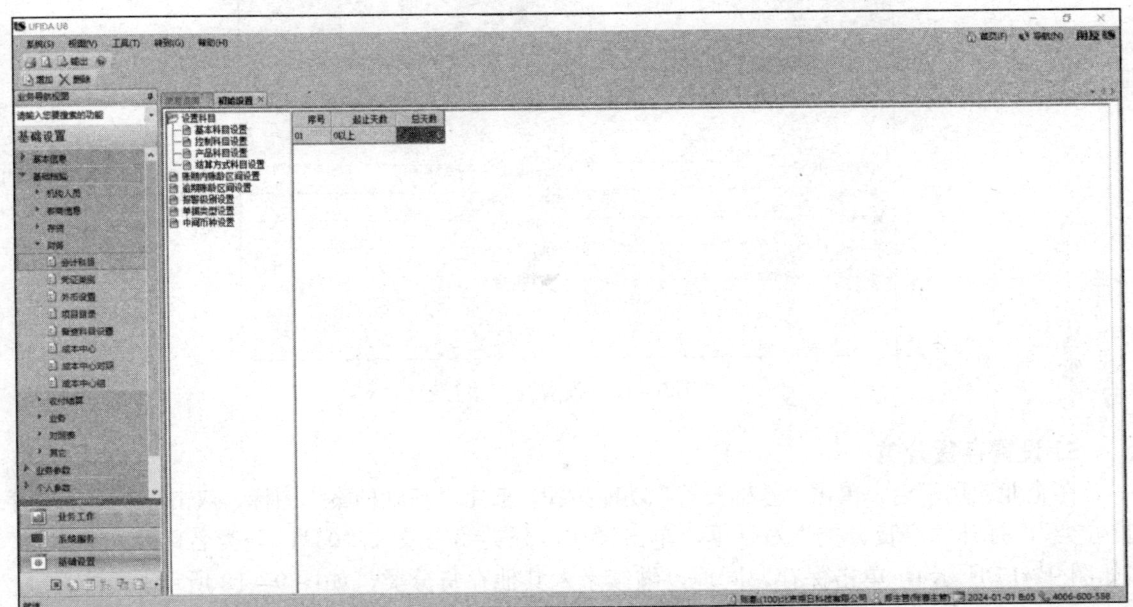

图 9－14 账期内账龄区间设置（一）

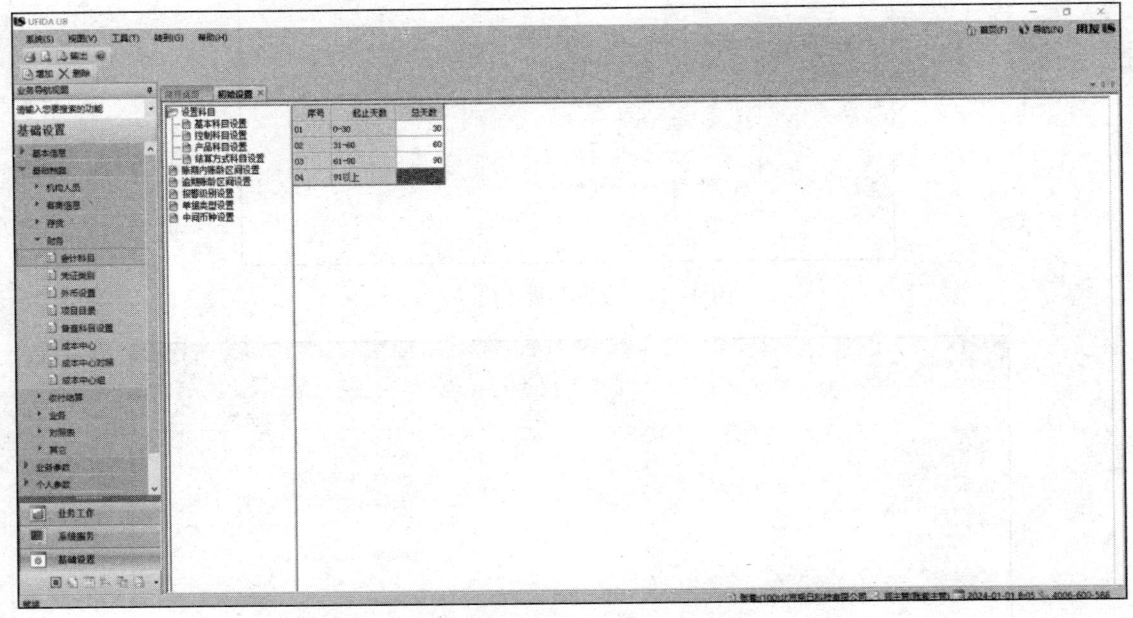

图 9－15 账期内账龄区间设置（二）

4. 设置开户银行

在企业应用平台，单击“基础设置”按钮，双击“基础档案”图标，双击收付结算下的“本单位开户银行”，打开“开户银行”窗口，单击增加，打开“修改本单位开户银行”对话框，录入编码“01”，录入账户名称“盛京银行望花支行”，录入银行账号“622488128990”（如图 9－16 所示），单击保存。

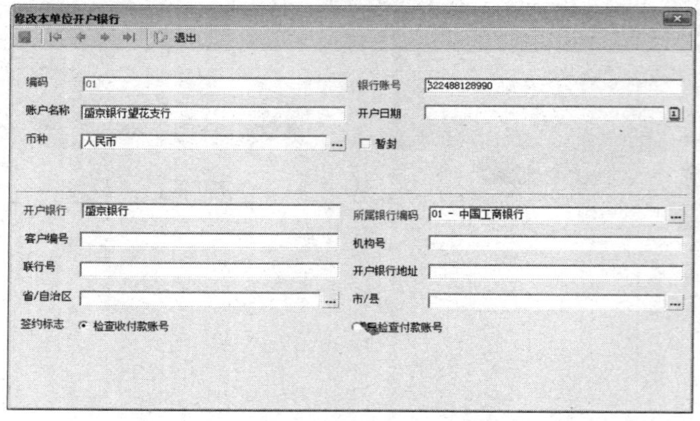

图 9－16　设置开户银行

5. 设置存货分类

在企业应用平台，单击“基础设置”功能按钮，双击“基础档案”图标，双击存货下的“存货分类”，打开“存货分类”对话框，单击增加，分类编码录入“03”，分类名称录入“木材”（如图 9－17 所示），单击保存。同理，继续录入其他存货分类，如图 9－18 所示。

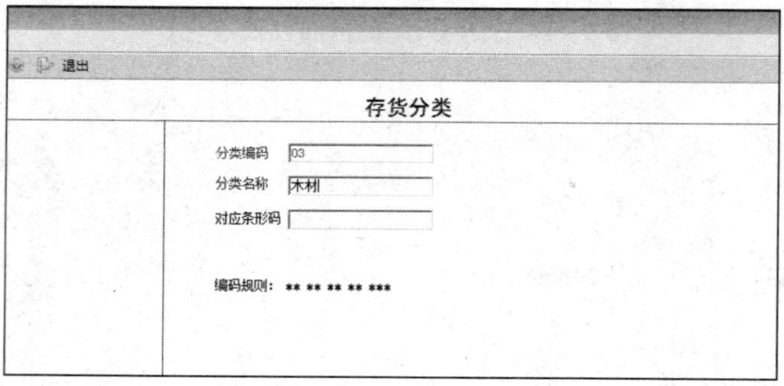

图 9－17　设置存货分类（一）

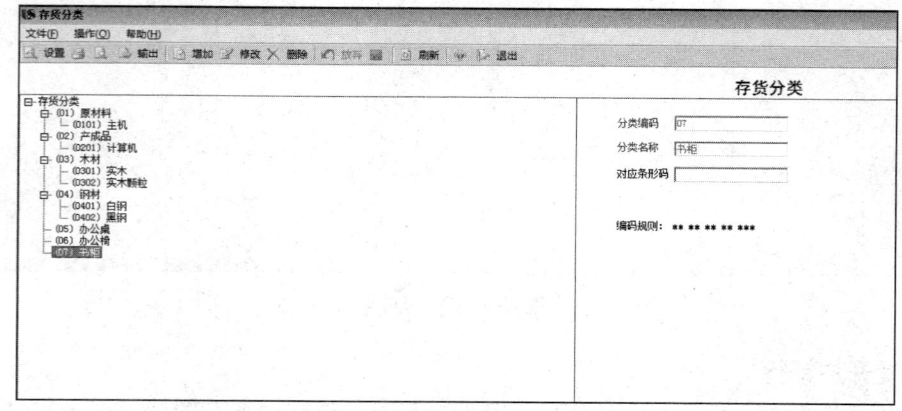

图 9－18　设置存货分类（二）

6. 设置计量单位组和计量单位

在企业应用平台，单击“基础设置”功能按钮，双击“基础档案”图标，双击存货下的“计量单位”，打开“计量单位”界面（如图 9-19 所示），先单击工具栏“分组”，然后单击增加，计量单位组编码录入“01”，计量单位组名称录入“基本单位”，计量单位组类别选择“无换算率”（如图 9-20 所示），单击保存，分组设置完毕。单击退出，返回到“计量单位”界面，单击工具栏“单位”，弹出“计量单位”对话框（如图 9-21 所示），单击增加，录入计量单位编码“01”，计量单位名称“盒”，单击保存。同理，继续录入其他计量单位信息。录入结果如图 9-22 所示。

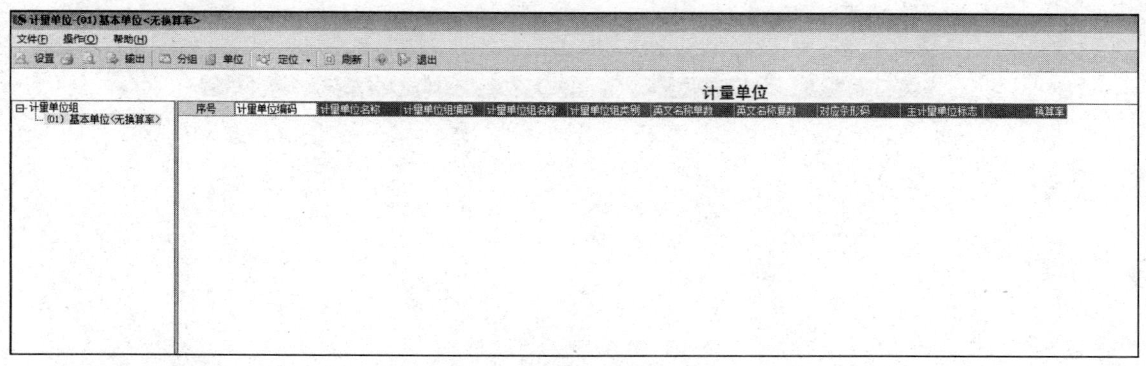

图 9-19　设置计量单位

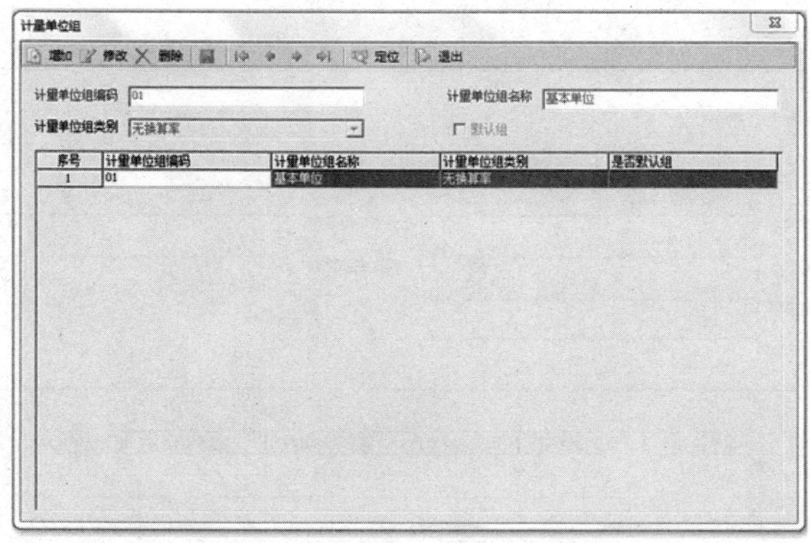

图 9-20　计量单位组

7. 设置存货档案

在企业应用平台，单击“基础设置”按钮，双击“基础档案”，双击存货下的“存货档案”，打开“存货档案”窗口，单击工具栏“增加”，打开“增加存货档案”界面（如图 9-23 所示），存货编码录入“001”，存货名称录入“A 型办公桌”，存货分类选择“（05）办公桌”，存货属性选择“内销、外销、外购、自制”，单击“保存”。同理，录入其他存货档案（如图 9-24 所示）。

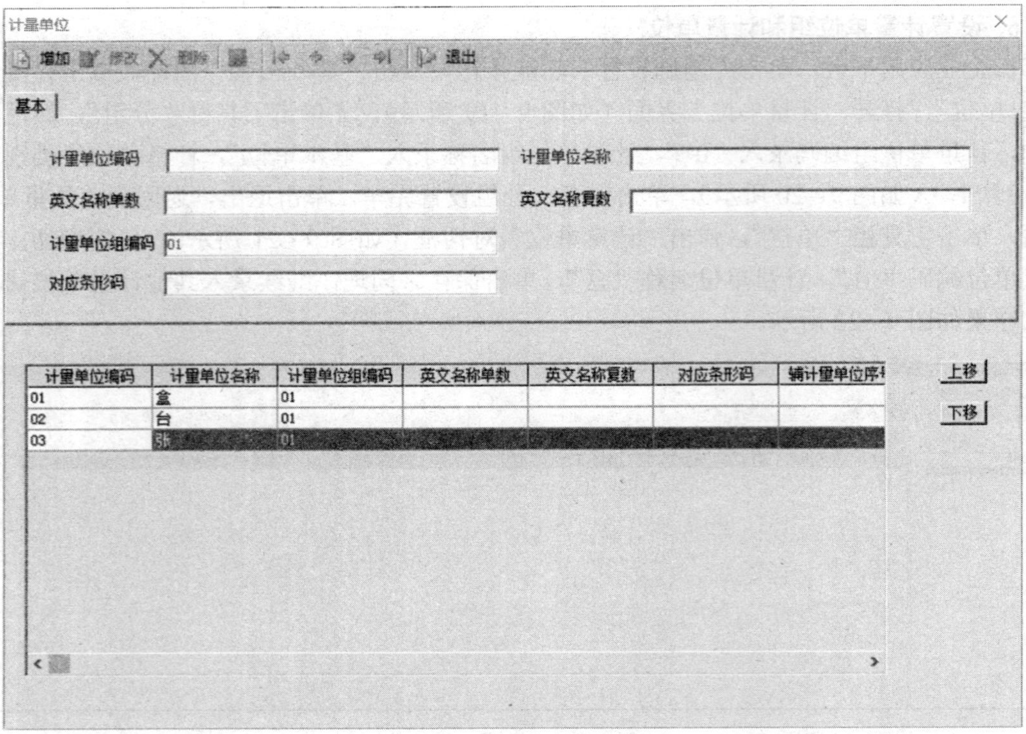

计量单位

增加 修改 删除 退出

基本

计量单位编码 | 计量单位名称

英文名称单数 | 英文名称复数

计量单位组编码 01

对应条形码

计量单位编码	计量单位名称	计量单位组编码	英文名称单数	英文名称复数	对应条形码	辅计量单位序号
01	盒	01				
02	台	01				
03	张	01				

上移 下移

图 9-21　计量单位

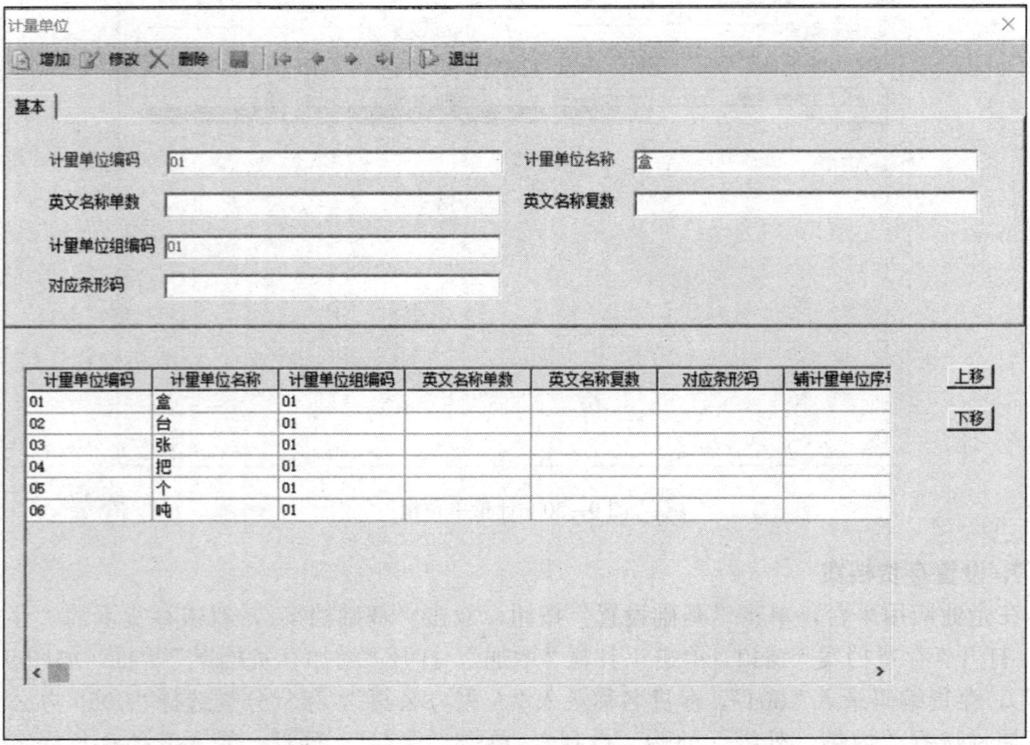

计量单位

增加 修改 删除 退出

基本

计量单位编码 01 | 计量单位名称 盒

英文名称单数 | 英文名称复数

计量单位组编码 01

对应条形码

计量单位编码	计量单位名称	计量单位组编码	英文名称单数	英文名称复数	对应条形码	辅计量单位序号
01	盒	01				
02	台	01				
03	张	01				
04	把	01				
05	个	01				
06	吨	01				

上移 下移

图 9-22　计量单位结果

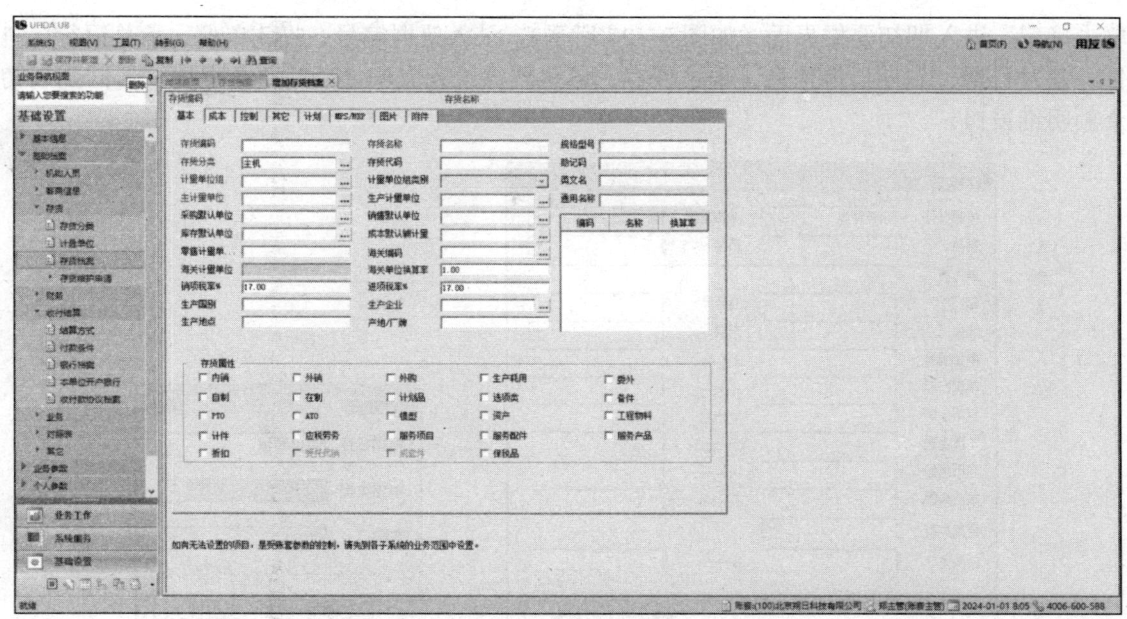

图 9－23 增加存货档案

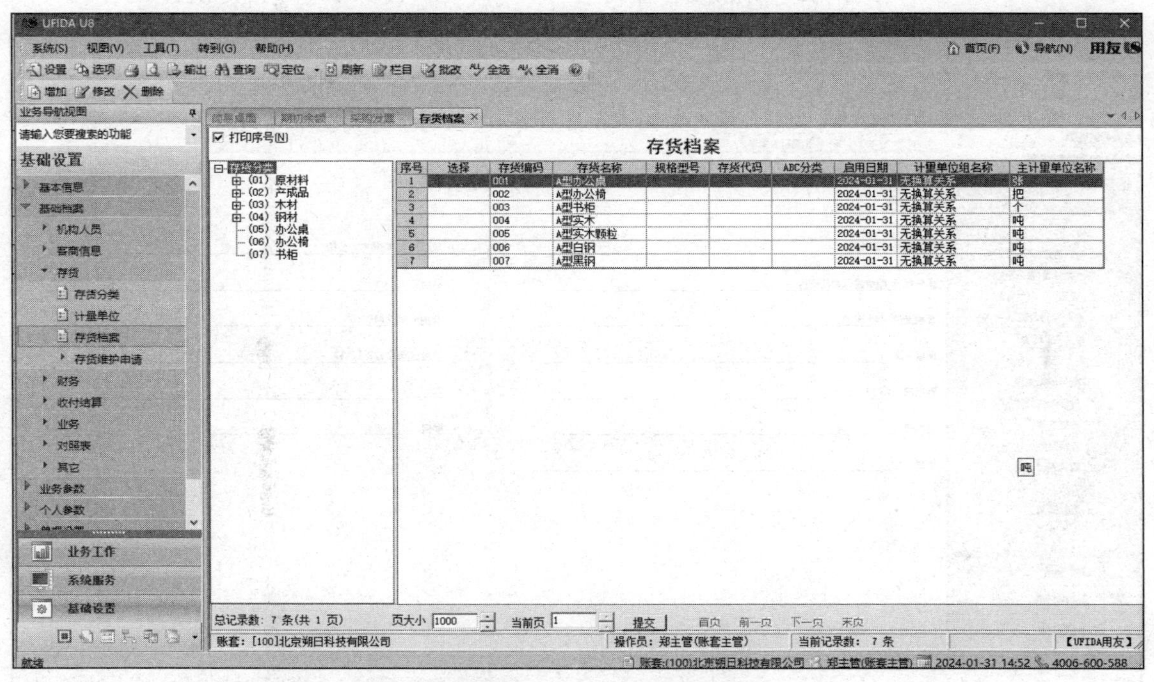

图 9－24 存货档案设置结果

8. 录入期初余额

（1）录入应付票据。在企业应用平台，单击“财务会计”功能按钮，双击“应付款管理”图标，进入应付款管理系统，单击设置下的“期初余额”，打开“期初余额－查询”对话框（如图 9－25 所示），单击确定，进入期初余额明细对话框，单击工具栏“增加”，弹出“单据类别”对话框（如图 9－26 所示），单据名称选择“应付票据”，单据类型选择“银行承兑汇票”，单击确定，进入期初票据界面（如图 9－27 所示），录入票据编号、收款单位、承兑银行、科目、签发日期、到期日等信息，单击保存，应付票据录入完毕之后，单击退出。返回到期初余额明细窗口。

图 9－25 期初余额－查询

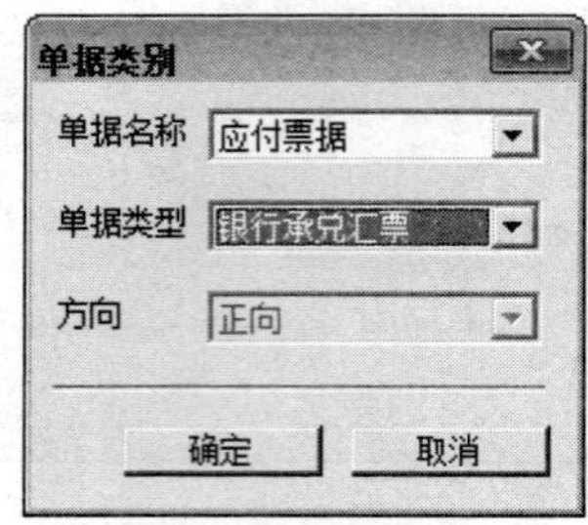

图 9－26 单据类别窗口

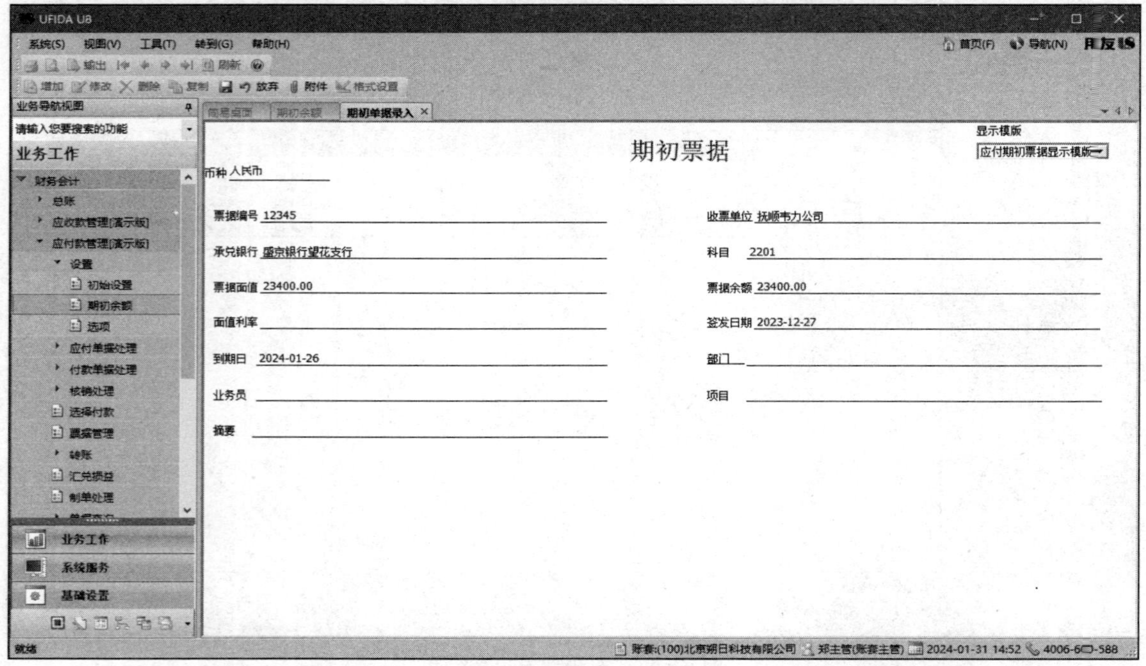

图 9－27 期初票据

（2）录入发票。单击工具栏“增加”，弹出“单据类别”窗口，单据名称选择“采购发票”，单据类型选择“采购专用发票”，单击确认，进入“采购专用发票”界面（如图 9－28 所示），录入开票日期、供应商、税率、存货编码、数量等信息，单击保存，该发票录入完毕。同理，录入采购普通发票信息（如图 9－29 所示），单击“退出”。返回到期初余额明细窗口。

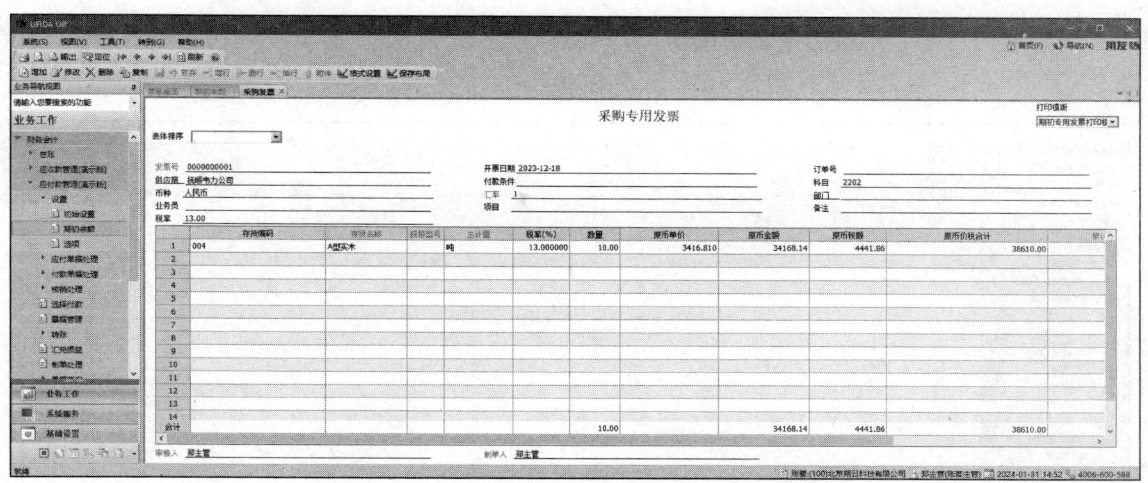

图 9－28 采购专用发票

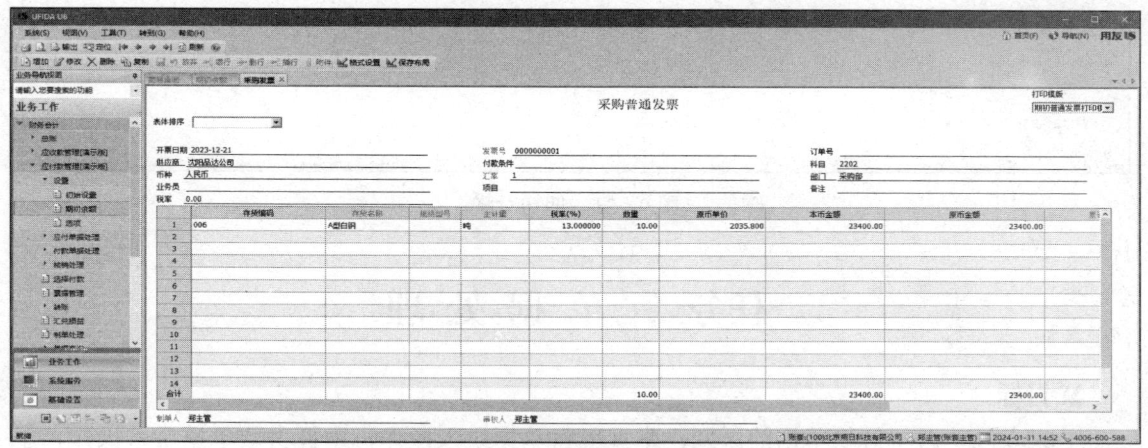

图 9－29 采购普通发票

（3）录入预付款。单击工具栏“增加”，进入“付款单”界面（如图 9－30 所示），录入日期、结算方式、金额等信息，单击保存。退出，回到期初余额明细窗口。

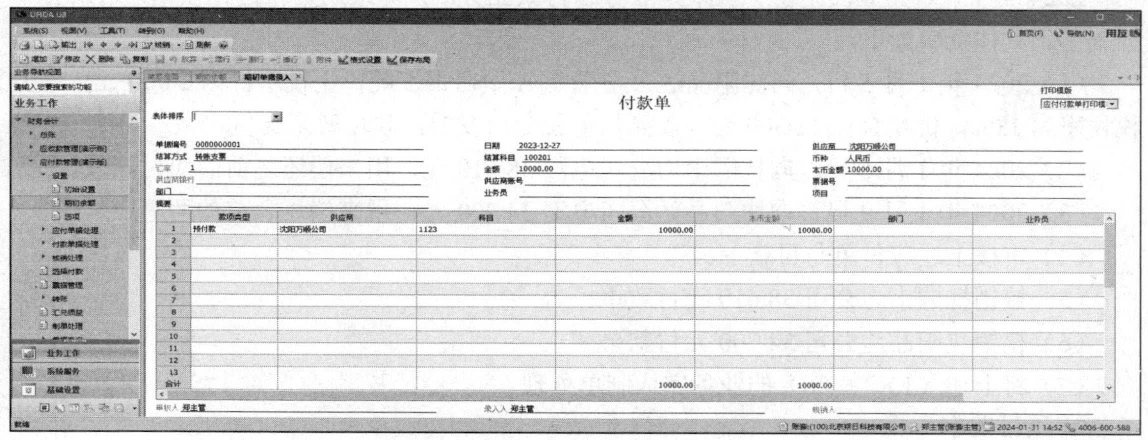

图 9－30 付款单

（4）期初对账。在期初余额明细窗口，单击工具栏“对账”，打开“期初对账”窗口（如图 9－31 所示），与总账进行对账。

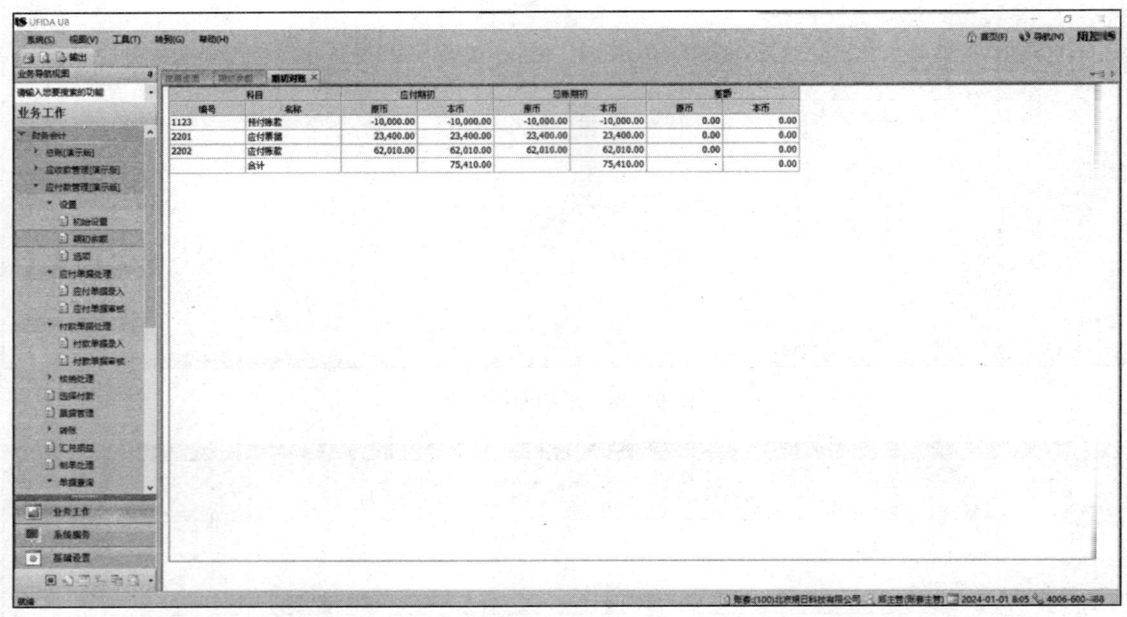

图 9－31　期初对账

任务二　单 据 处 理

目标

了解应付单据与付款单据的区别，掌握应付单据录入操作，掌握付款单据录入操作，了解应付单据与付款单据核销原理，掌握核销应付单据与付款单据操作，掌握应付单据、付款单据的审核操作，以及应付单据、付款单据的制单操作。

项目描述

2024 年 1 月，企业发生了一些采购业务和付款业务，并对采购货款进行核销，对所有单据制单。具体资料如下。

（1）2024 年 1 月 5 日，向沈阳品达公司采购 A 型白钢 5 吨，无税单价为 2 000 元，增值税税率为 13%，价税合计 11 300 元。收到增值税专用发票，款项暂未支付。

（2）2024 年 1 月 6 日，向抚顺韦力公司电汇 38 610 元，用来偿还之前的应付账款。

（3）2024 年 1 月 9 日，向沈阳品达公司电汇 34 700 元，用来偿还之前的两笔应付账款。

（4）审核上述应付单与付款单。

（5）核销抚顺韦力公司 38 610 元付款单。

（6）核销沈阳品达公司 34 700 元付款单。

（7）将上述（1）～（6）的业务完成制单处理。

项目要求

录入应付单据；

录入付款单据；

审核本月录入的应付单据、付款单据；

核销应付单据与付款单据；

对应付单据、付款单据进行制单处理。

➘ 知识准备

1. 应付单据

应付单据包括采购发票与应付单。采购发票是指采购业务中的各类普通发票和专用发票。应付单是指采购业务之外的应付单据，如对方代垫运费等。

如果同时使用应付账款管理系统和采购管理系统，则采购发票和代垫费用产生的单据由采购管理系统录入、审核，自动传递到应付款管理系统，在本系统可以对这些单据进行查询、核销、制单，在本系统需要录入的单据仅限于应付单。如果没有使用采购管理系统，则各类发票的应付单均应在应付款管理系统录入并审核。

2. 付款单据

付款单据用来记录企业支付的款项，例如，支付支票、电汇等。企业支付每一笔款项时，需要知道该款项是与供应商结算所欠货款，还是提前支付的货款或支付其他费用等，录入付款单据时需要录入具体用途。

3. 核销

核销指由用户确定付款单据核销与它们对应的应付单据，即将应付单据上记载的应该支付的款项真正支付的环节。可以根据核销查询条件选择需要核销的单据，然后手工核销，加强对应付往来款项的管理。

4. 制单

制单即生成凭证，并将凭证传递至总账记账。系统在各个业务处理的过程中都提供了实时制单的功能。制单时，需要选择要制单单据的类型。制单类型包括发票制单、付款单制单等。

➘ 操作指导

1. 录入应付单据

以“郑主管”的身份登录企业应用平台，日期为2024年1月31日，进入应付款管理系统。录入1月5日的采购发票。单击“应付款管理”，单击应付单据处理下的“应付单据录入”，弹出单据类型窗口，单据类型选择“采购专用发票”，单击确定，进入采购专用发票录入界面（如图9-32所示），录入开票日期“2024-01-05”、供应商“沈阳品达公司”、存货编码“006”、数量“5”、无税单价“2000”，其他项目自动计算出来，单击保存。

2. 录入付款单

（1）录入1月6日付款单。单击“付款单据处理”下的“付款单据录入”，进入付款单录入界面（如图9-33所示），单击增加，录入开票日期“2024-01-06”、供应商“抚顺韦力公司”、结算方式“电汇”、金额“38610”，其他信息系统自动带出，单击保存。

（2）录入1月9日付款单（如图9-34所示）。录入开票日期“2024-01-09”、供应商“沈阳品达公司”、结算方式“电汇”、金额“34700”，其他信息系统自动带出，单击保存。

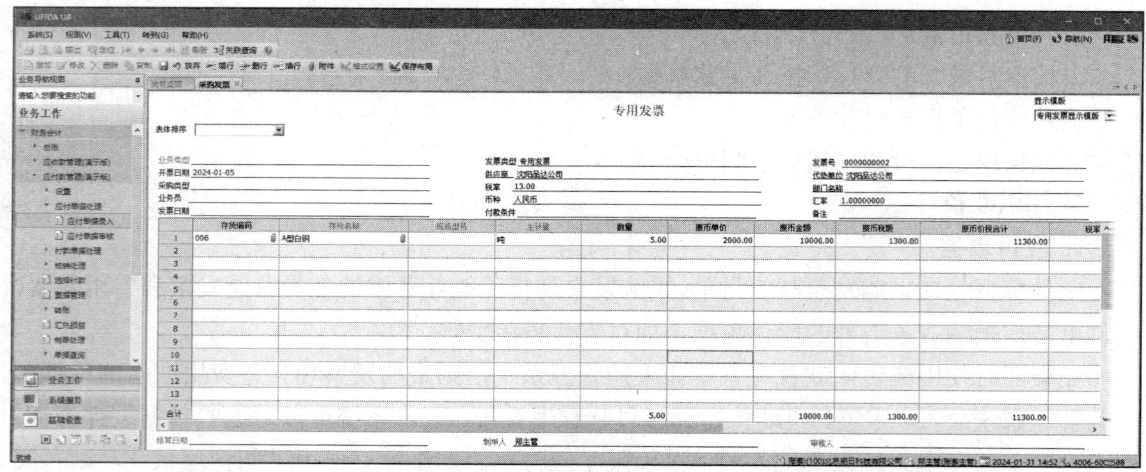

图 9－32　专用发票录入

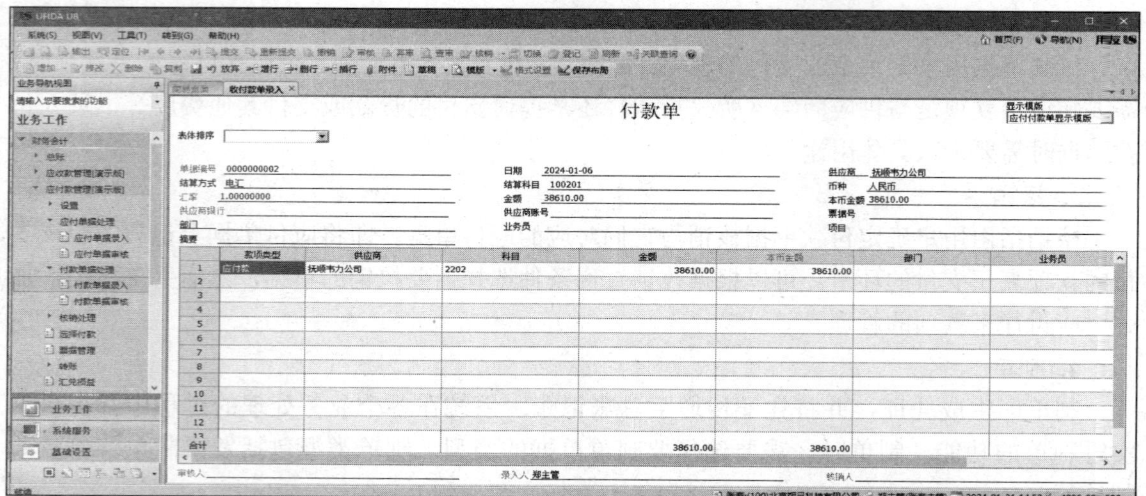

图 9－33　付款单录入（一）

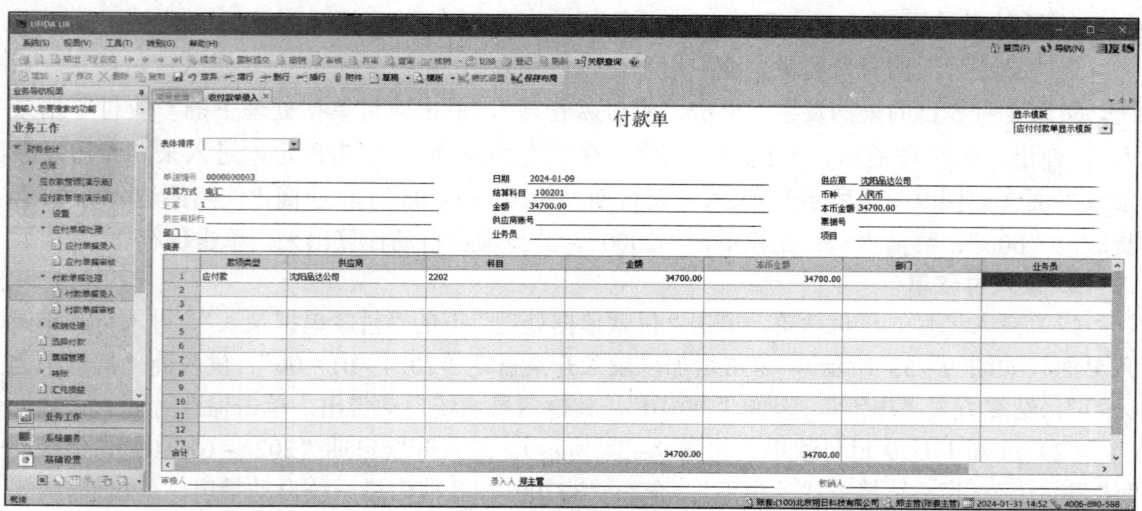

图 9－34　付款单录入（二）

3. 审核本月应付单和付款单

（1）审核应付单。在应付款管理系统中，单击“应付单据处理”下的“应付单据审核”，弹出“应付单查询条件”对话框（如图 9－35 所示），取消单据日期，选中“未审核”，单击“确定”按钮，进入“应付单据列表”界面（如图 9－36 所示），双击第一条记录的“选择”栏，选择该条记录，单击工具栏“审核”按钮，弹出提示，审核成功。可以看到审核人一栏显示“郑主管”。

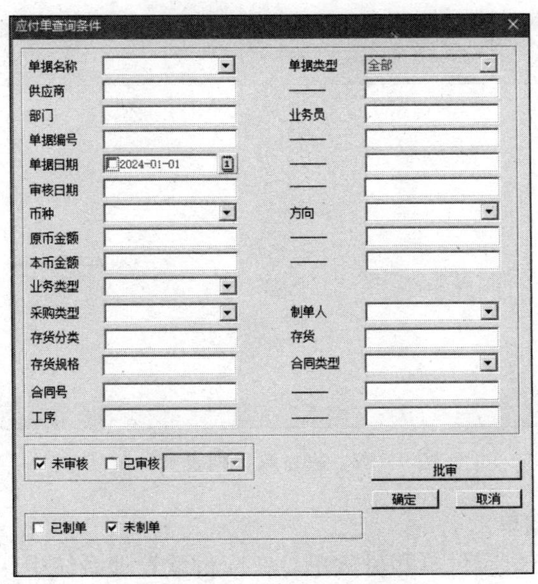

图 9－35 应付单查询条件

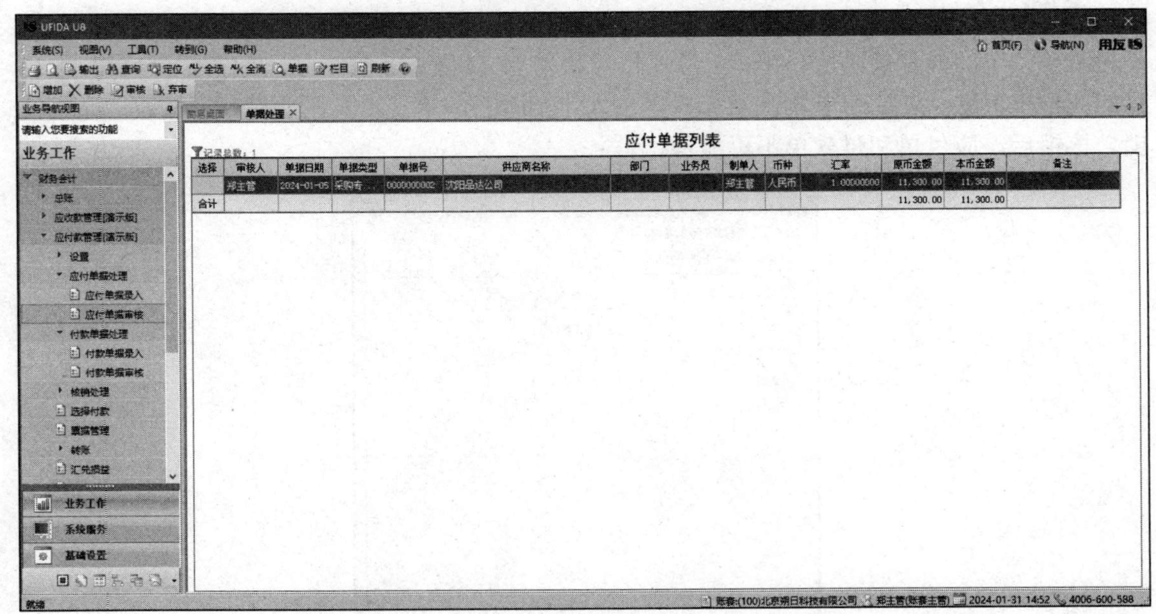

图 9－36 应付单据列表

（2）审核付款单。在应付款管理系统中，单击“付款单据处理”下的“付款单据审核”，弹出“应付单查询条件”对话框，取消单据日期，选中“未审核”，单击“确定”按钮，进入

“收付款单列表”界面（如图 9－37 所示），双击第一条、第二条记录的“选择”栏，选择这两条记录，单击工具栏“审核”按钮，弹出提示，审核成功。可以看到两张付款单上的审核人一栏显示“郑主管”。

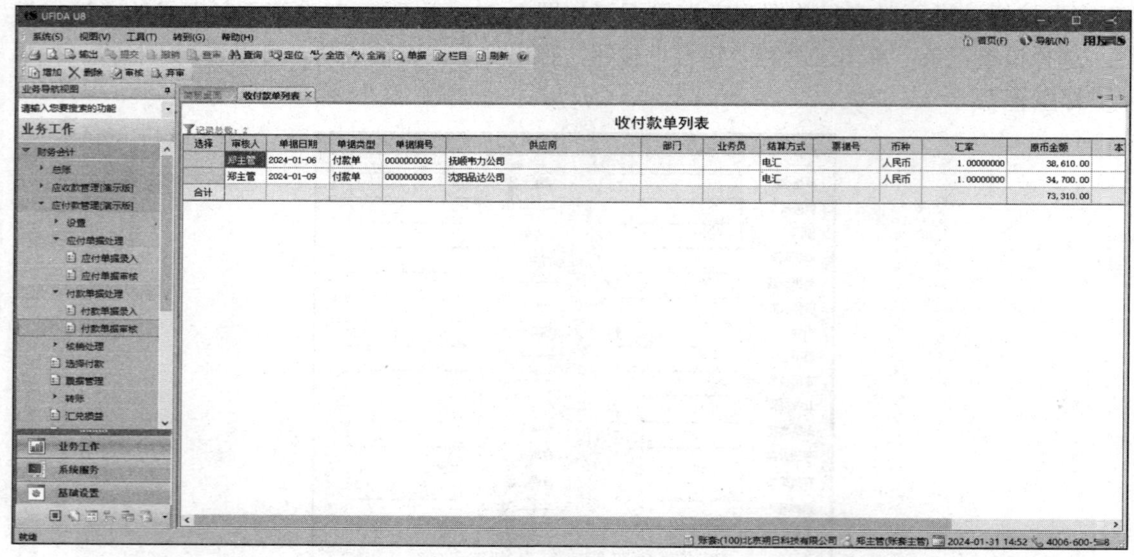

图 9－37　收付款单列表（一）

4. 核销应付单和付款单

（1）核销抚顺韦力公司应付单和付款单。在应付款管理系统中，单击“核销处理”下的“手工核销”，弹出“核销条件”对话框（如图 9－38 所示），选择供应商“03－抚顺韦力公司”，取消计算日期，单击“确定”按钮，进入“单据核销”界面（如图 9－39 所示），上面显示的是付款单，下面显示的是应付单，1 月 6 日付款单上支付的 38 610 元，是偿还去年 12 月 18 日的应付单欠款，在应付单本次结算栏里录入“38610”，单击工具栏“保存”按钮，完成核销。核销后，应付单和付款单不再显示。

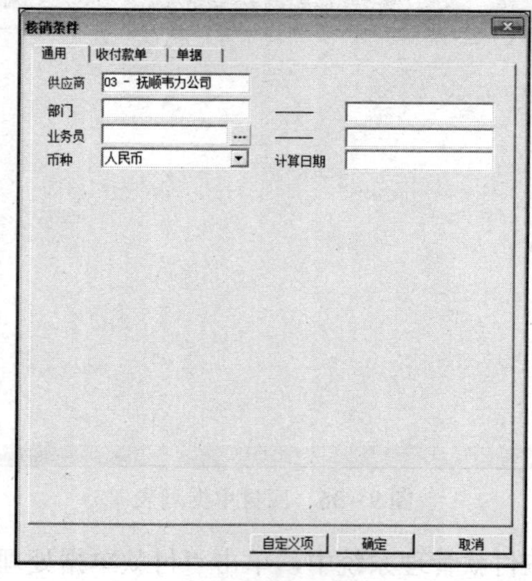

图 9－38　核销条件

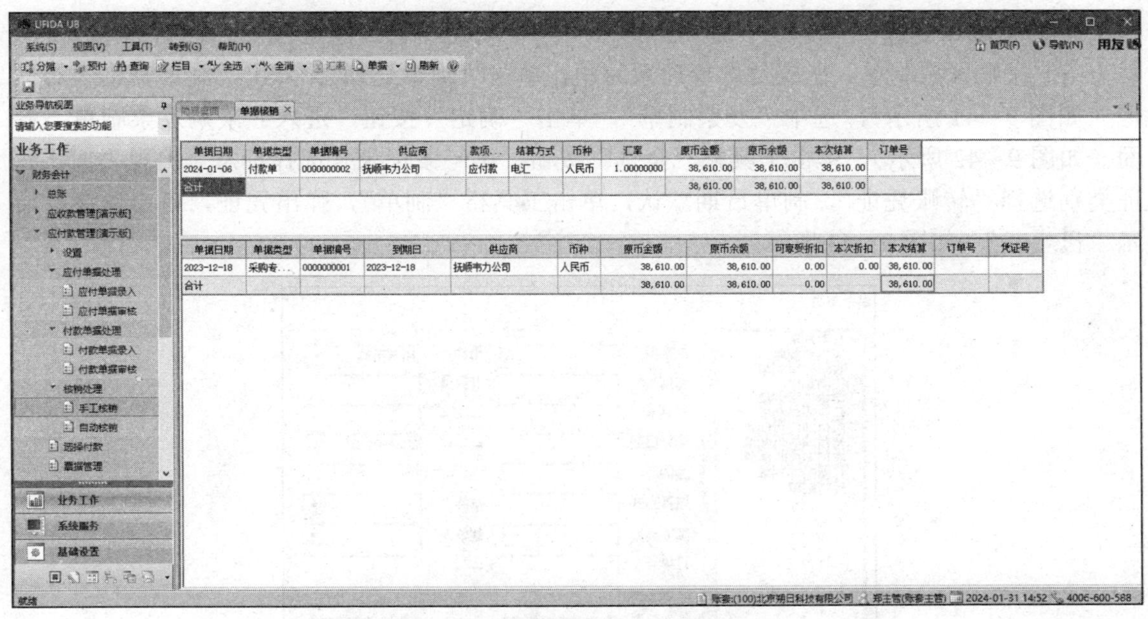

图 9－39　抚顺韦力公司单据核销窗口

（2）核销沈阳品达公司应付单和付款单。在应付款管理系统中，单击“核销处理”下的“手工核销”，弹出“核销条件”对话框，选择供应商“02－沈阳品达公司”，取消计算日期，单击“确定”按钮，进入“单据核销”界面（如图 9－40 所示），上面显示的是付款单，下面显示的是应付单。应付单两张分别是 23 400 元和 11 300 元，1 月 9 日付款单上收到 34 700 元，是偿还这两张应付单的，在第一张应付单本次结算栏里录入“23400”，在第二张应付单“本次结算”栏里录入“11300”，单击工具栏“保存”按钮，完成核销。核销后，应付单和付款单不再显示。

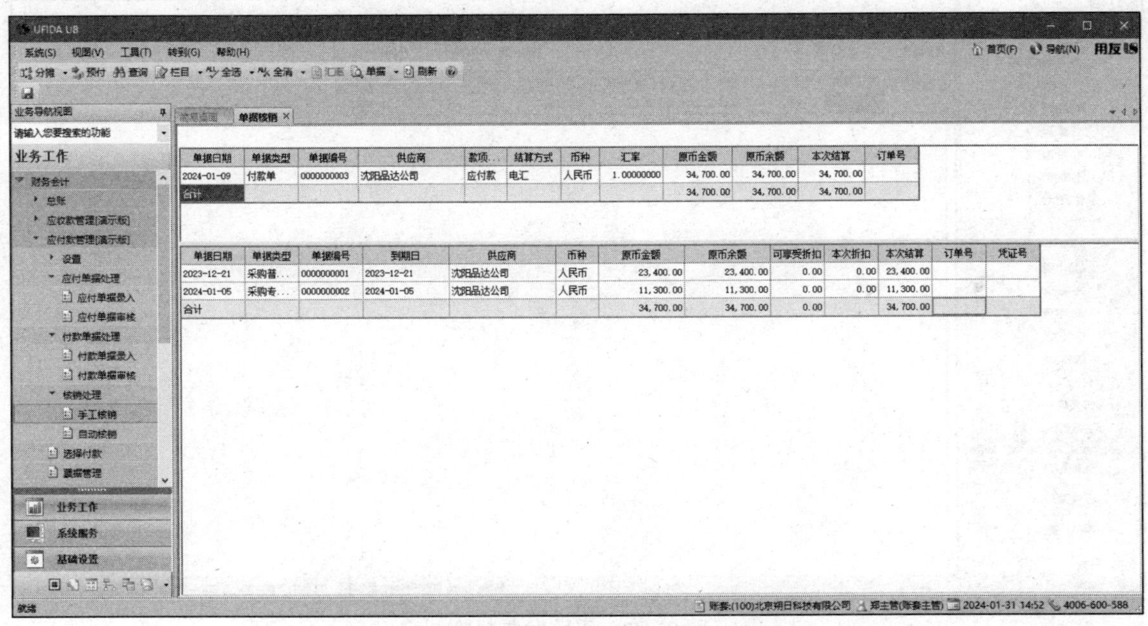

图 9－40　沈阳品达公司单据核销窗口

5. 单据制单处理

（1）采购发票制单。在应付款管理系统中，单击“制单处理”，弹出“制单查询”对话框（如图 9–41 所示），选中“发票制单”，单击“确定”按钮，进入“采购发票制单”界面（如图 9–42 所示），单击工具栏“全选”按钮，第一条记录“选择标志”出现“1”，凭证类别选择“转账凭证”，制单日期默认，单击工具栏“制单”，弹出凭证，单击保存，显示“已生成”（如图 9–43 所示）。

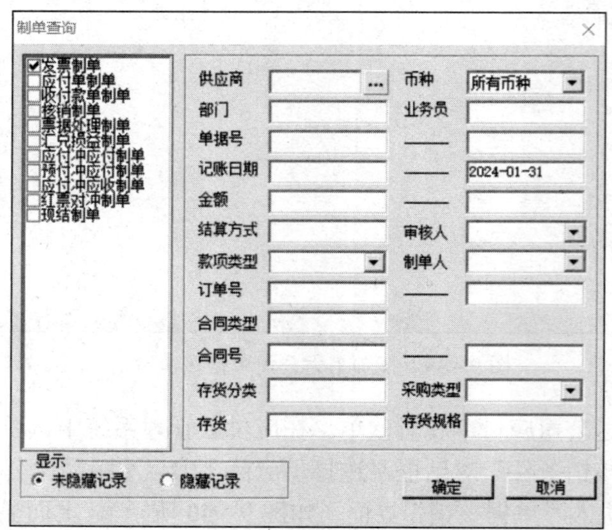

图 9–41　制单查询

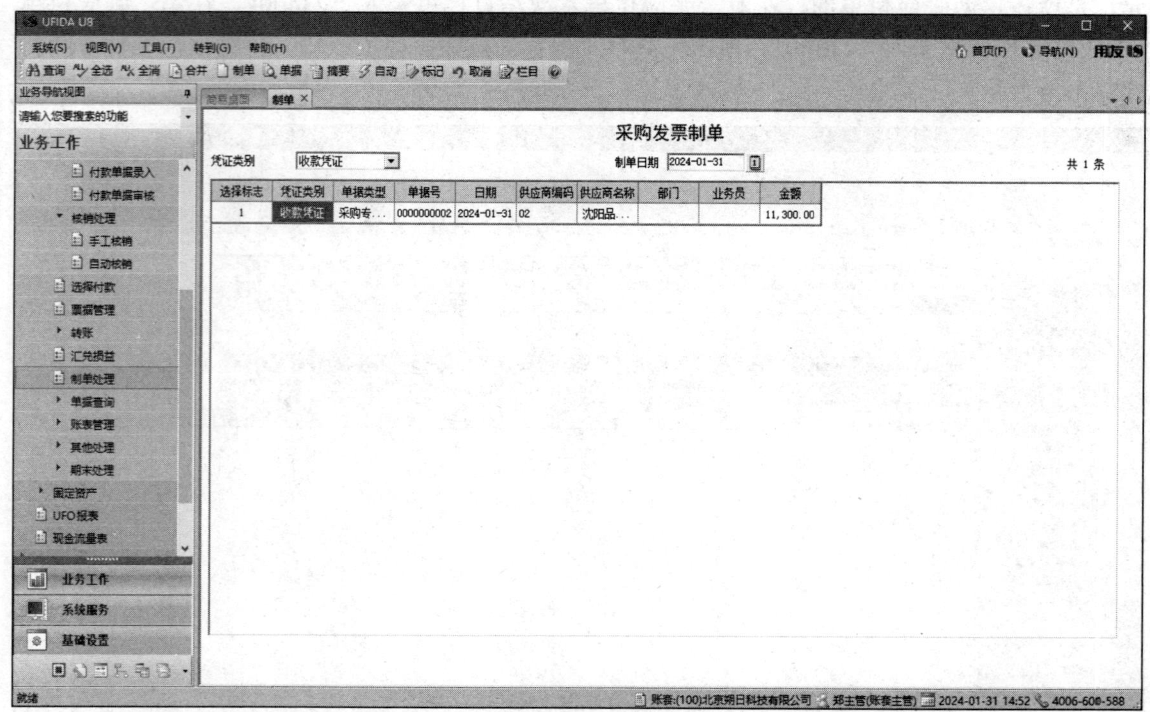

图 9–42　采购发票制单

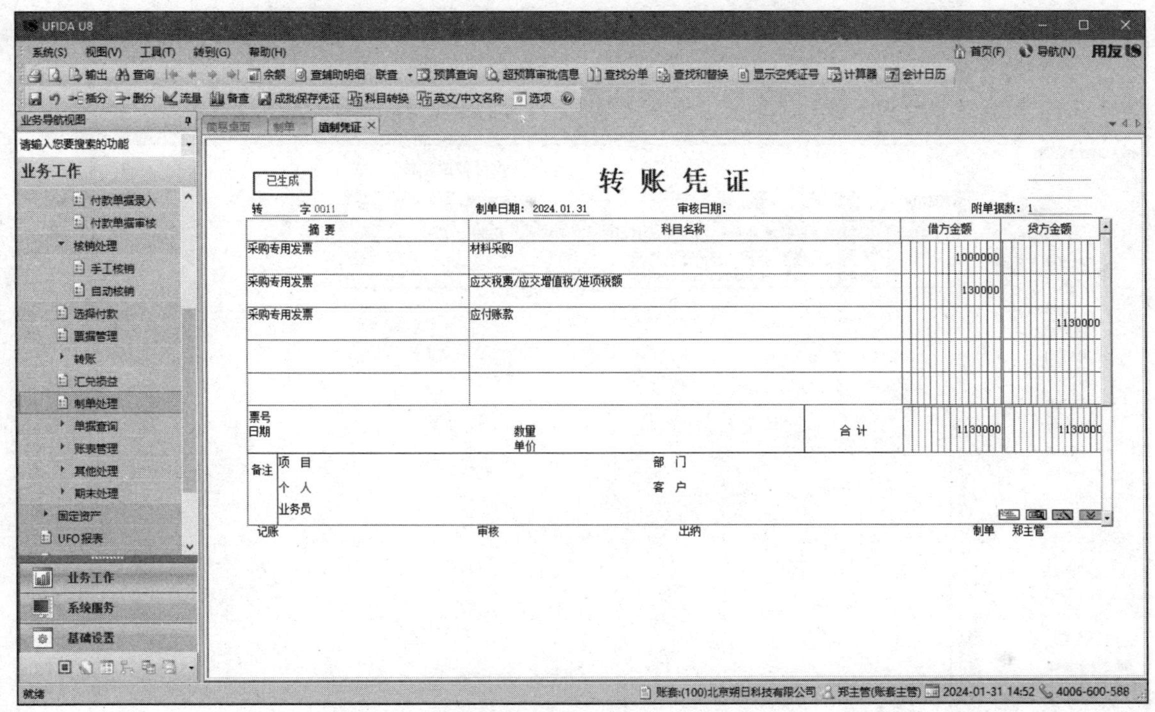

图 9－43 生成转账凭证（一）

（2）付款单制单。在应付款管理系统中，单击“制单处理”，弹出“制单查询”对话框，取消“发票制单”，选中“收付款单制单”（如图 9－44 所示），单击“确定”按钮，进入“收付款单制单”界面，单击“全选”按钮，选择标志显示“1”“2”（如图 9－45 所示），单击“制单”按钮，弹出第一张付款凭证（如图 9－46 所示），凭证类型选择“付款凭证”，单击保存。单击“下张”，跳转到下一张付款凭证，凭证类型选择“付款凭证”，单击保存（如图 9－47 所示），生成第二张付款凭证。单击退出。

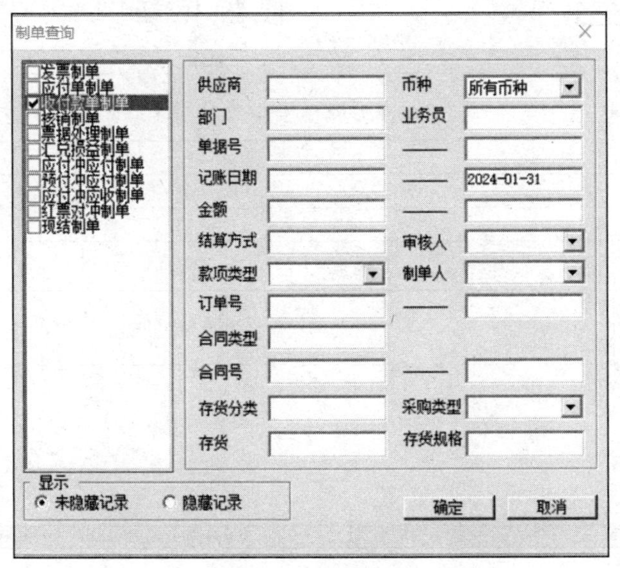

图 9－44 收付款单制单查询窗口

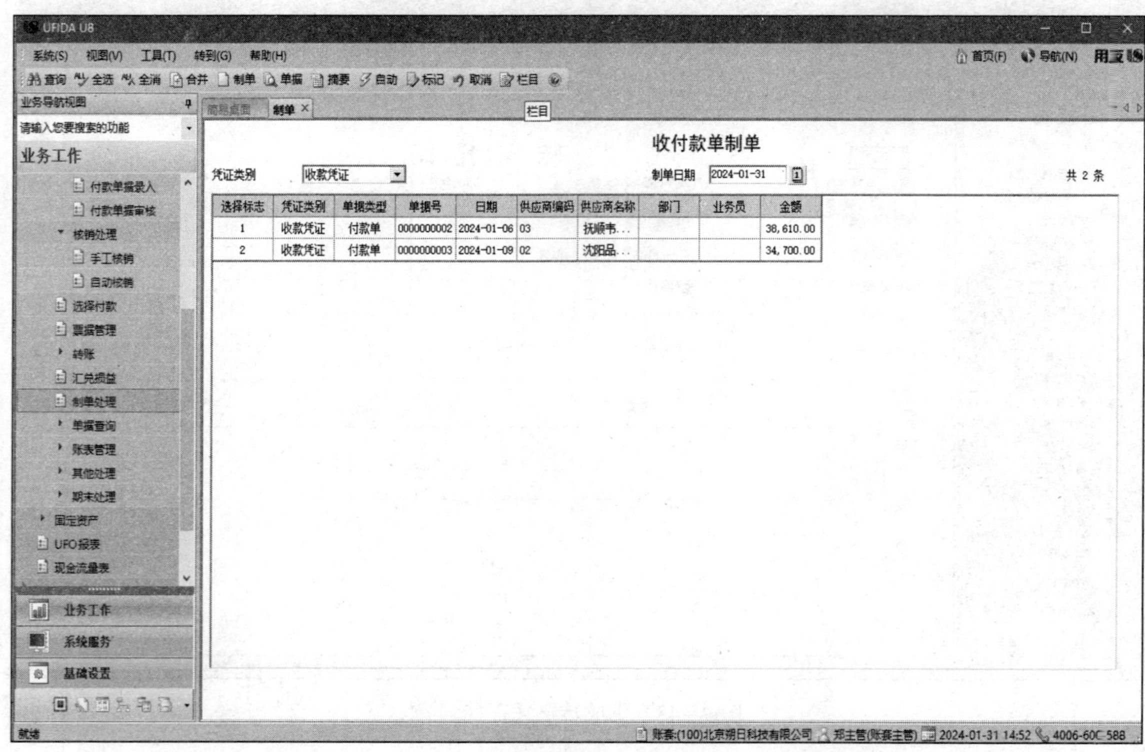

图 9－45　收付款单制单

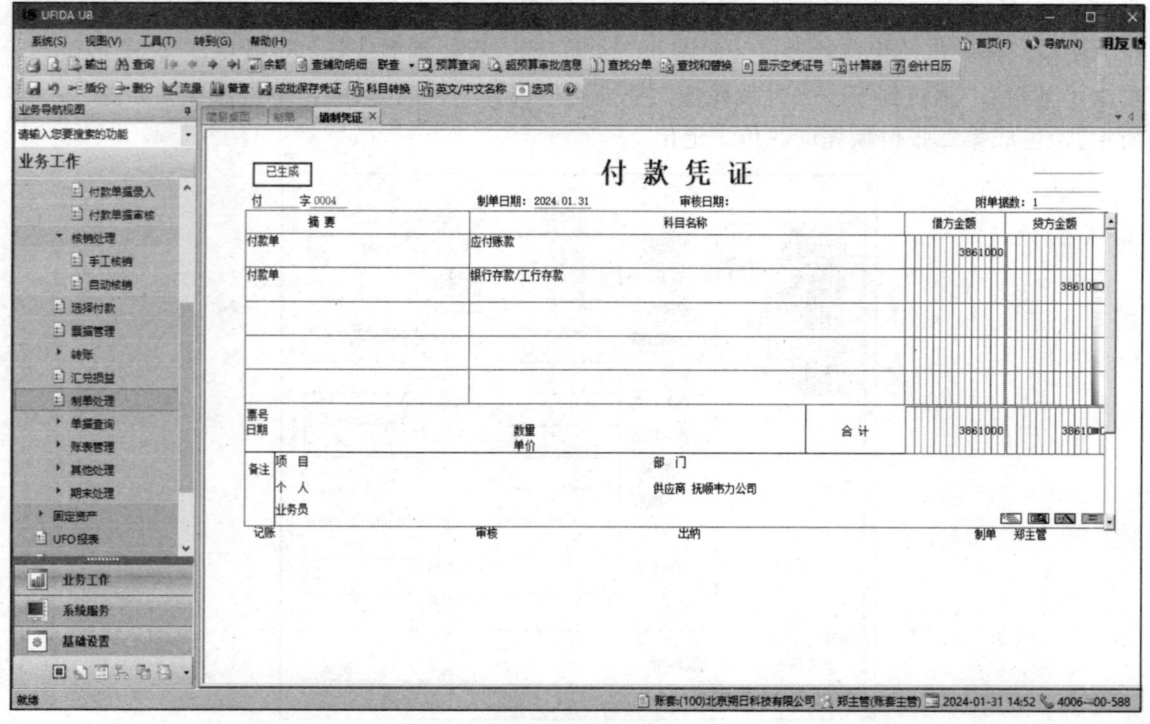

图 9－46　付款凭证（一）

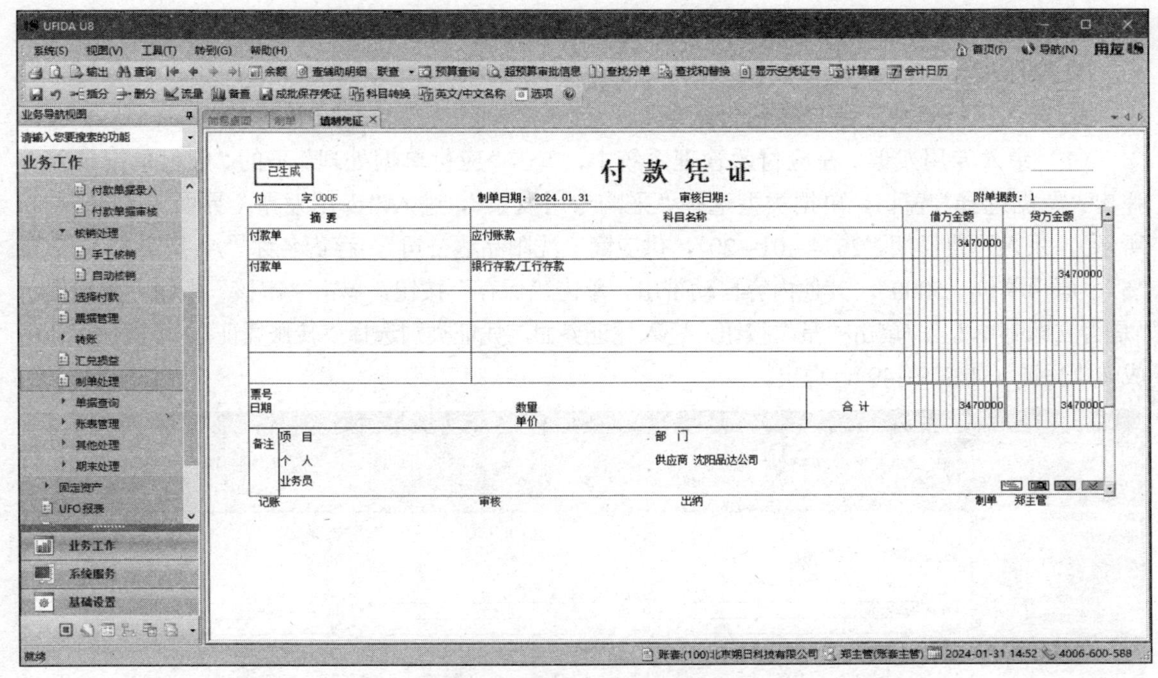

图 9－47　付款凭证（二）

任务三　票 据 管 理

➘ 目标

掌握应付票据的录入操作，掌握应付票据的到期结算操作，掌握应付票据的录入制单、结算制单。

➘ 项目描述

2024 年 1 月，朔日公司发生了一些有关商业汇票的业务，并对这些业务进行制单处理。具体资料如下。

（1）2024 年 1 月 20 日，向沈阳品达公司采购 A 型实木 5 吨，不含税单价为 5 000 元，价税合计为 28 250 元，收到增值税专用发票，开具银行承兑汇票一张，票据编号为 224。

（2）2024 年 1 月 26 日，2023 年 12 月 27 日给抚顺韦力公司开具的银行承兑汇票到期，进行付款结算。

（3）将上述应付票据录入，结算业务制单。

➘ 项目要求

录入银行承兑汇票与审核付款单；

银行承兑汇票结算；

应付票据生成、付款单制单、应付票据结算制单。

➘ 知识准备

银行承兑汇票结算。

开具银行承兑汇票到期时，对方会凭票到指定银行，进行付款结算，同时在应付款管理系统中录入结算操作。结算操作完成后，系统自动生成一张付款单。

操作指导

1. 录入银行承兑汇票与审核付款单

（1）录入专用发票。在应付款管理系统中，单击“应付单据处理”下的“应付单据录入”，弹出“票据选择”窗口，单据类型选择“采购专用发票”，进入“专用发票”界面（如图 9-48 所示），录入开票日期“2024-01-20”，供应商“沈阳品达公司”，存货名称“A 型实木”，数量“5”，原币单价“5000”，其他内容自动带出。单击“保存”按钮，单击“审核”按钮，弹出提示“是否立即制单？”，单击“是”按钮，进入凭证界面，凭证类别选择“转账凭证”，单击保存，生成转账凭证（如图 9-49），退出。

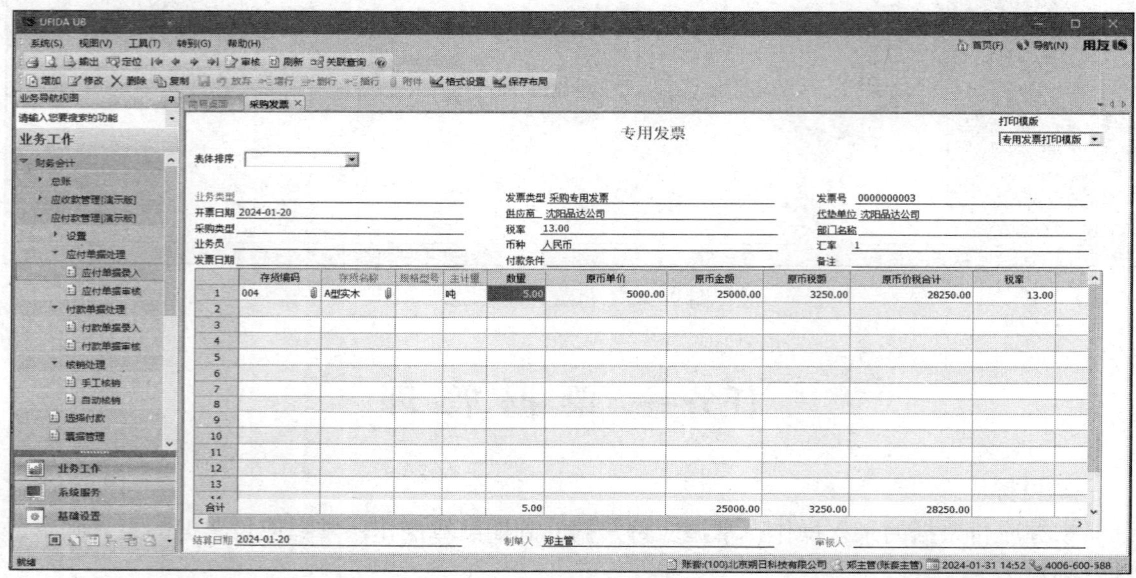

图 9-48　专用发票

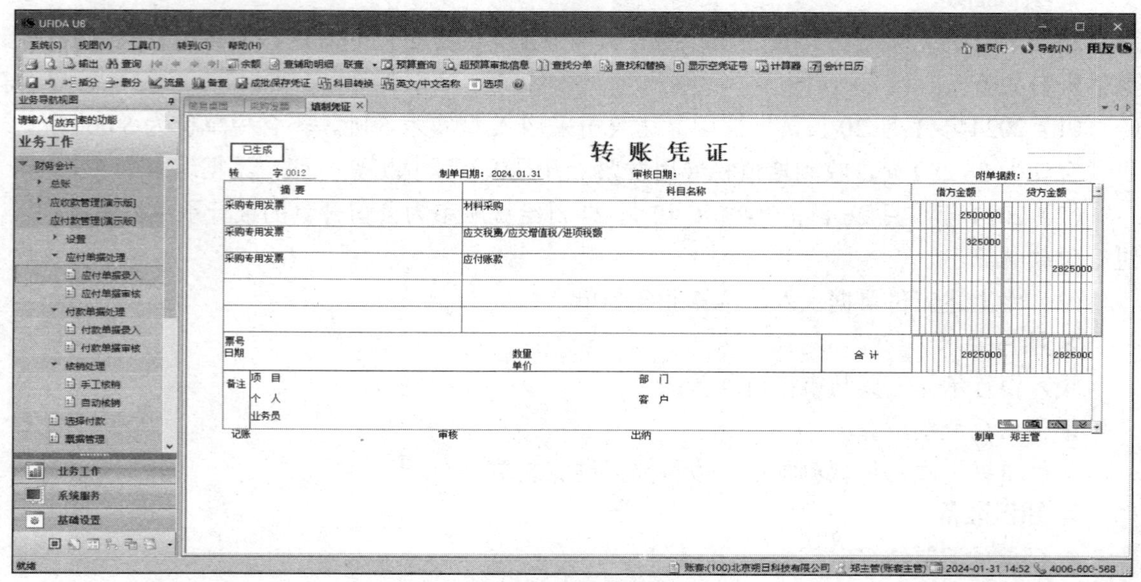

图 9-49　生成转账凭证（二）

（2）录入 2024 年 1 月 20 日开具的沈阳品达公司的银行承兑汇票。在应付款管理系统中，单击“票据管理”，弹出“票据查询”窗口，单击“确定”按钮，进入“票据管理”界面（如图 9－50 所示），单击“增加”按钮，弹出“商业汇票”界面（如图 9－51 所示），录入出票日期“2024－01－20”，结算方式“电汇”，票据类型“银行承兑汇票”，金额“28250”，到期日期“2024－06－20”，票据编号“224”，收款人“沈阳品达公司”，付款人银行“盛京银行望花支行”，单击“保存”按钮，返回“票据管理”界面（如图 9－52 所示），录入完毕。

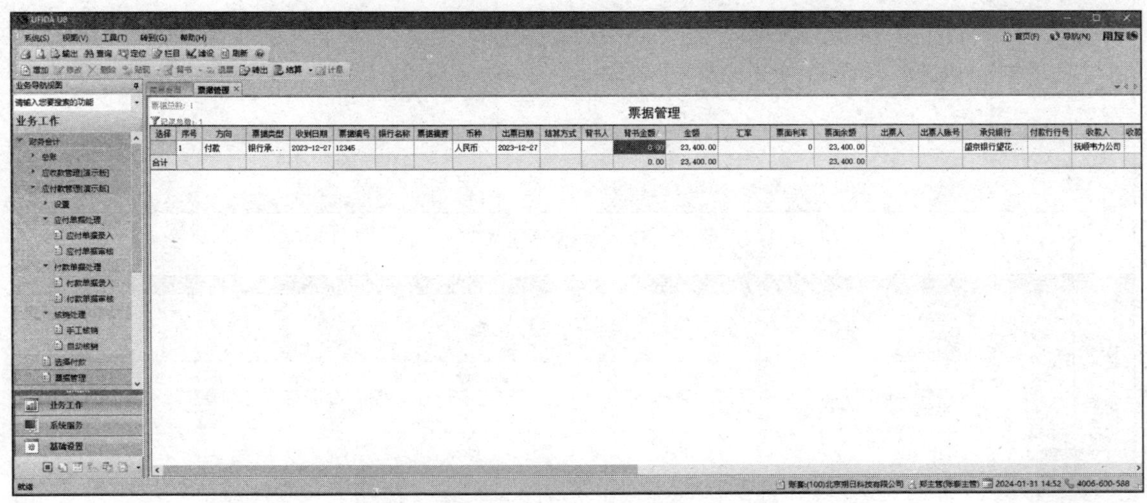

图 9－50　票据管理（一）

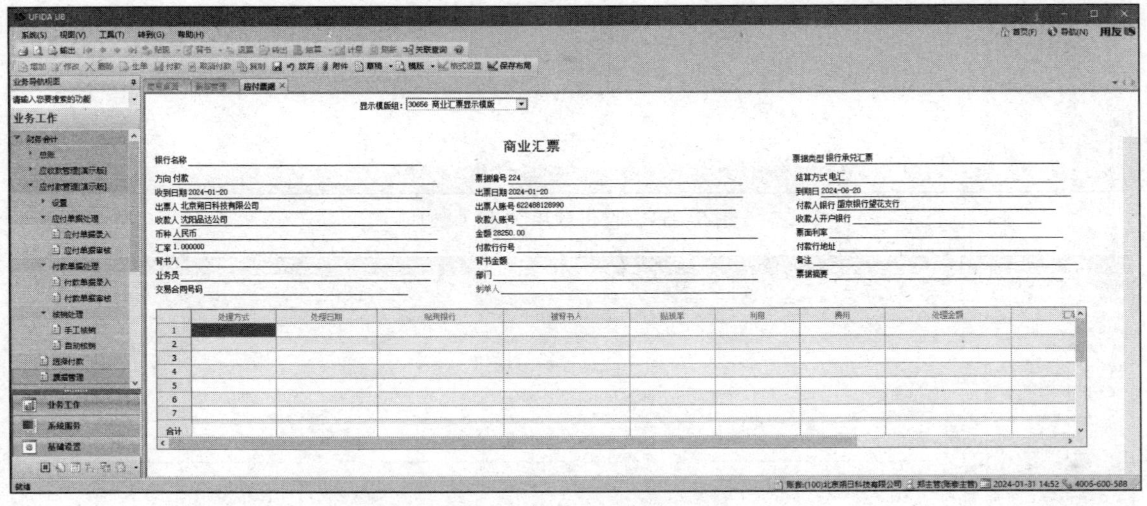

图 9－51　商业汇票

录入票据后，系统会自动生成一张付款单，这张付款单仍需要审核。在应付款管理系统中，单击“付款单据处理”下的“付款单据审核”，弹出“付款单查询条件”对话框，取消单据日期，选中“已审核”，单击“确定”按钮，进入“收付款单列表”界面（如图 9－53 所示），双击第一条，进入“付款单”界面（如图 9－54 所示），单击“审核”按钮，弹出提示“是否立即制单？”，单击“否”按钮，返回付款单界面，退出。

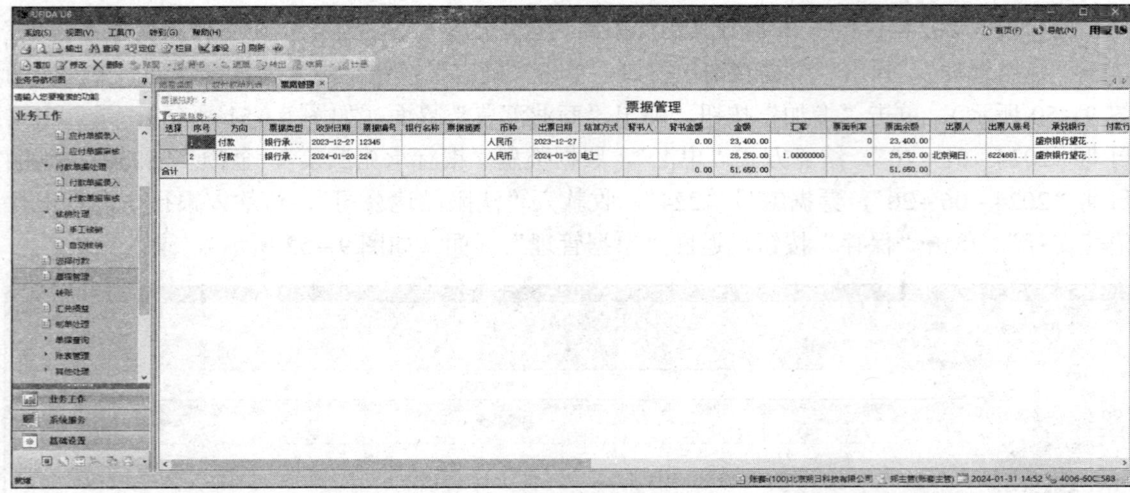

图 9－52　票据管理（二）

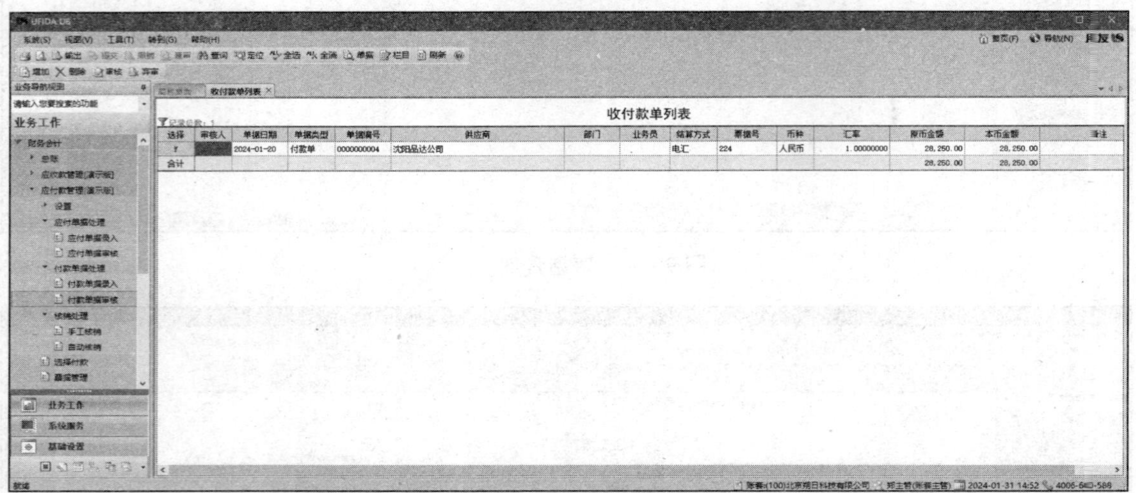

图 9－53　收付款单列表（二）

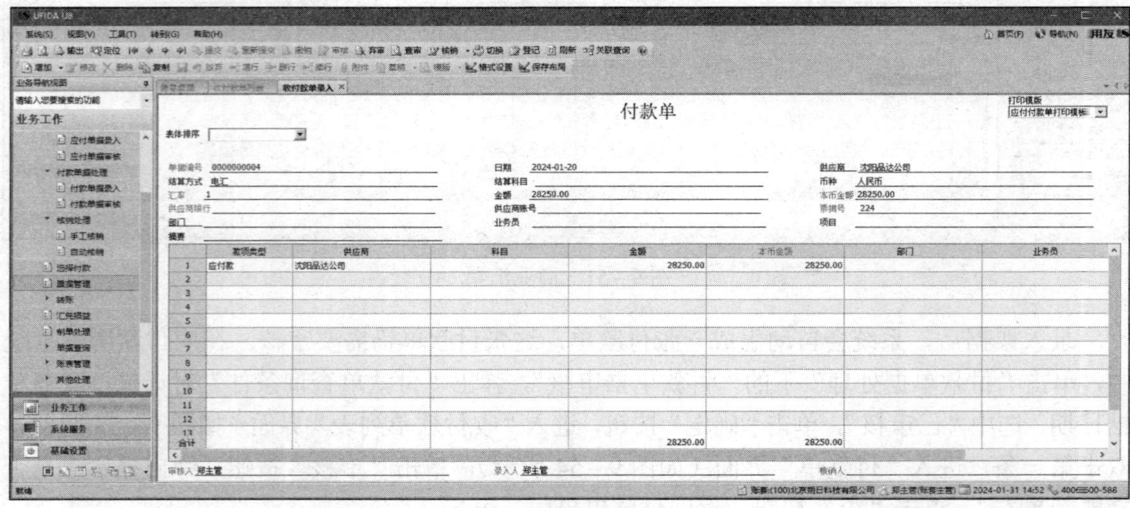

图 9－54　付款单

2. 银行承兑汇票结算

2024 年 1 月 26 日，2023 年 12 月 27 日给抚顺韦力公司开具的银行承兑汇票到期，进行付款结算。在应付款管理系统中，单击“票据管理”，弹出“票据查询”窗口，单击确定，进入“票据管理”界面（如图 9－55 所示），单击选中抚顺韦力公司汇票，单击工具栏上“结算”按钮，弹出“票据结算”对话框（如图 9－56 所示），录入结算日期“2024－01－31”，结算金额“23400”，结算科目“100201”，单击“确定”按钮，弹出提示“是否立即制单”（如图 9－57 所示），暂时不需要制单，单击“否”按钮，结算完成。可以看到抚顺韦力公司的汇票记录处理方式一栏显示“结算”（如图 9－58 所示），单击退出。

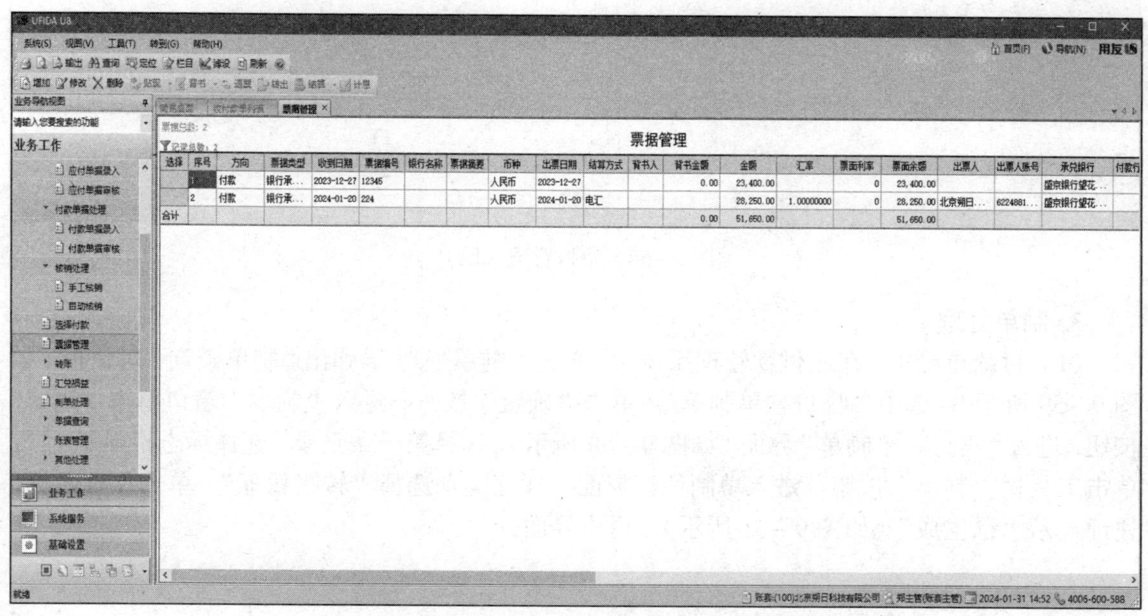

图 9－55　票据管理（三）

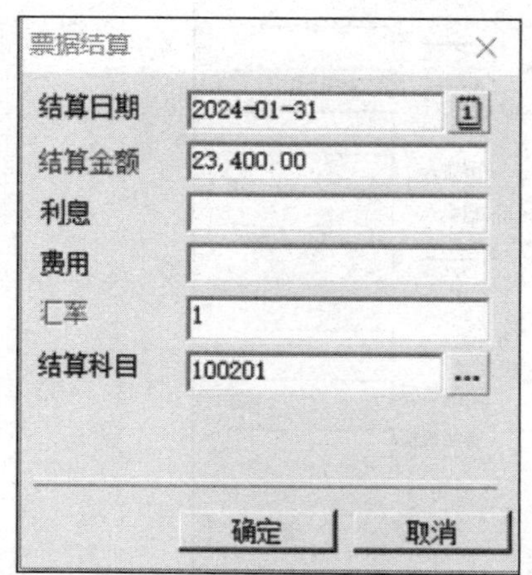

图 9－56　“票据结算”对话框

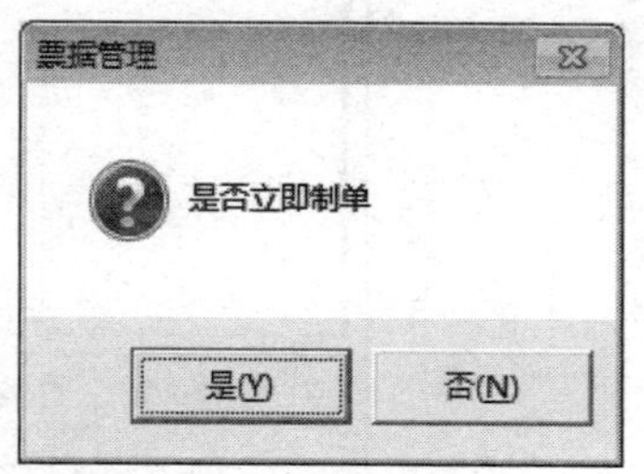

图 9－57　提示窗口

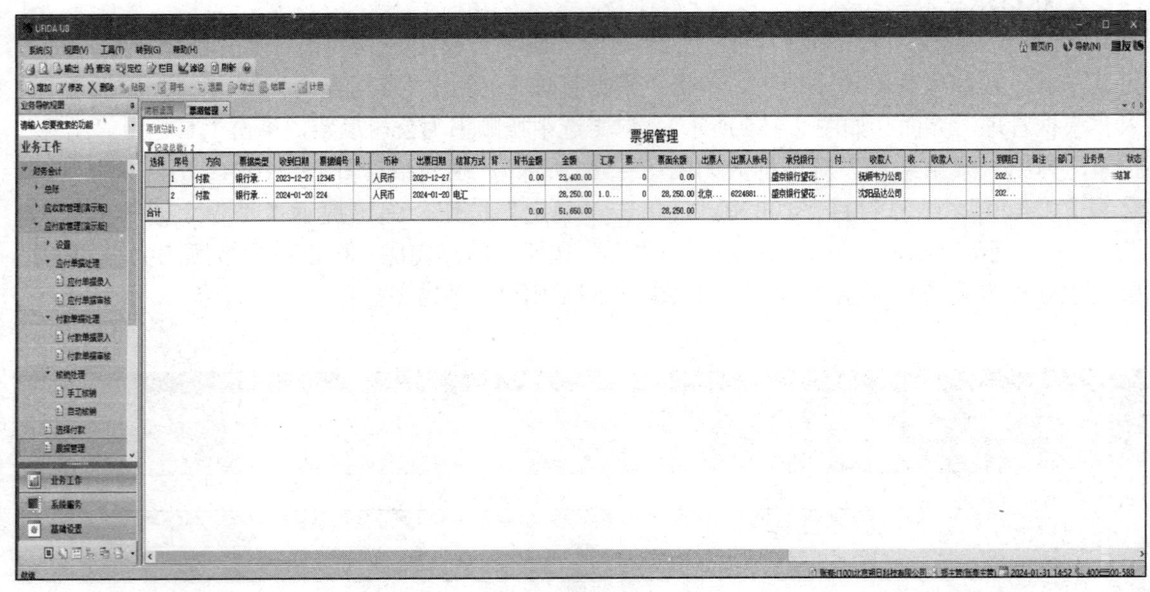

图 9－58　票据管理（四）

3. 制单处理

（1）付款单制单。在应付款管理系统中，单击“制单处理”，弹出“制单查询”对话框（如图 9－59 所示），选中“收付款单制单”，单击“确定”按钮，进入“制单”窗口单击“确定”按钮，进入“收付款单制单”界面（如图 9－60 所示），选择第一条记录，选择标志栏显示“1”，单击工具栏“制单”按钮，进入填制凭证界面，凭证类别选择“转账凭证”，单击保存图标，凭证显示“已生成”（如图 9－61 所示），退出界面。

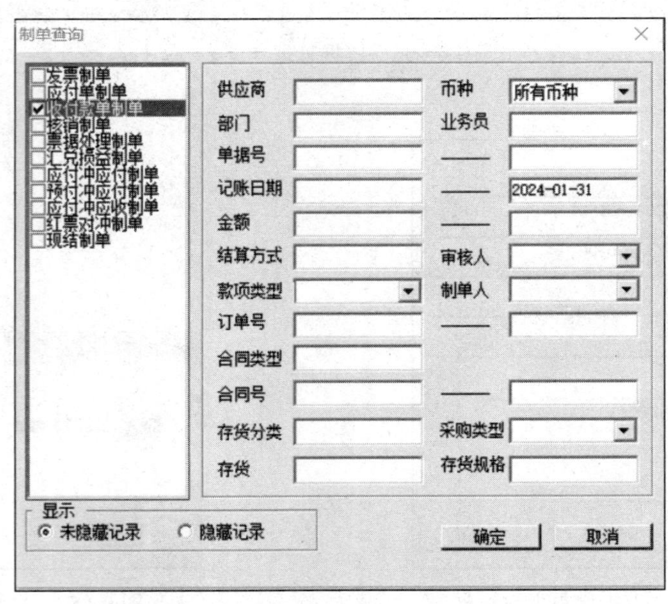

图 9－59　制单查询（一）

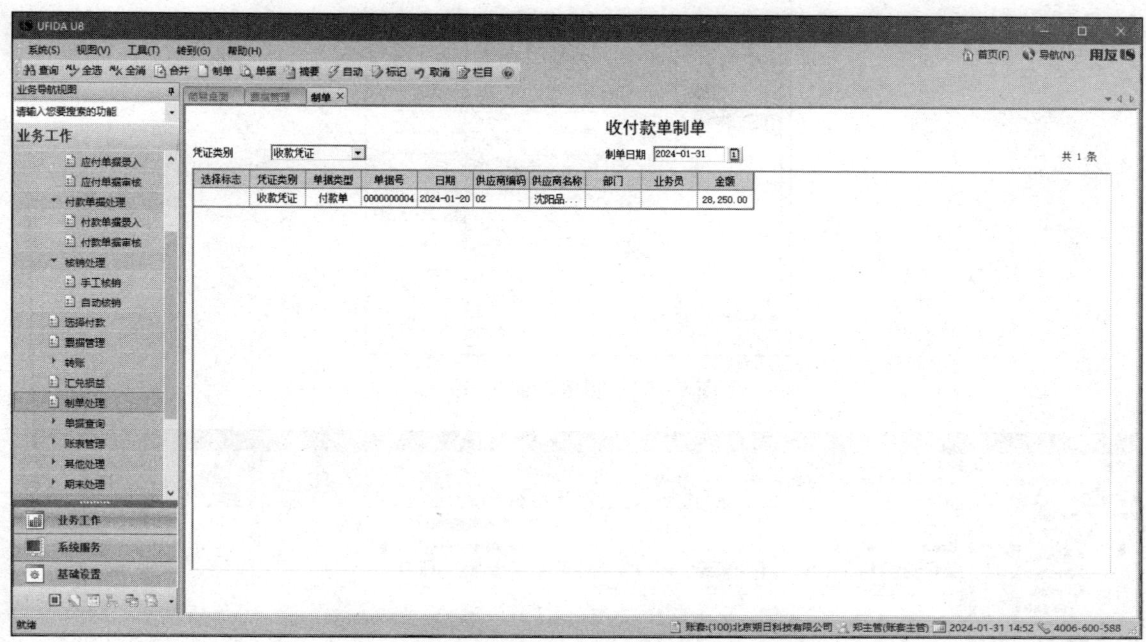

图 9-60　收付款单制单（三）

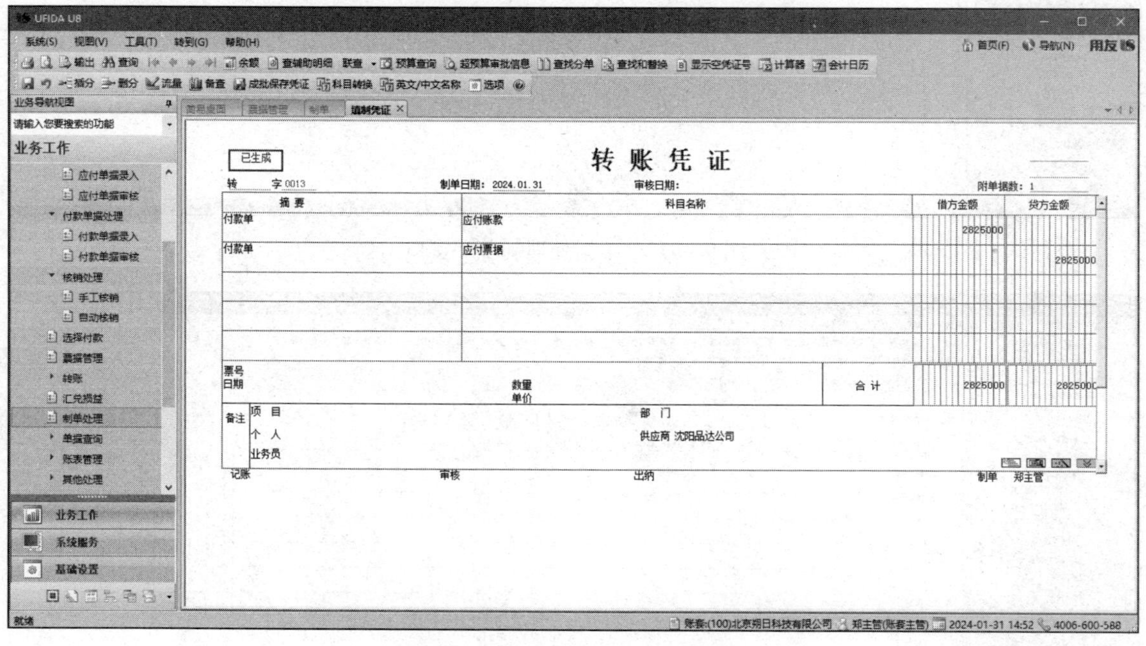

图 9-61　生成转账凭证（三）

（2）银行承兑汇票结算制单。在应付款管理系统中，单击“制单处理”，弹出“制单查询”对话框，选中“票据处理制单”（如图 9-62 所示），单击“确定”按钮，进入“票据处理制单”界面（如图 9-63 所示），看到有一张凭证需要生成，单击“全选”按钮，单击“制单”按钮，弹出“付款凭证”界面，单击保存图标，显示“已生成”（如图 9-64 所示），退出界面。

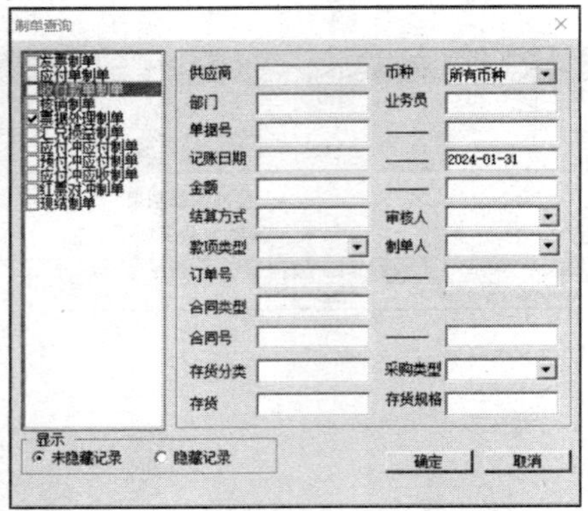

图 9－62　制单查询（二）

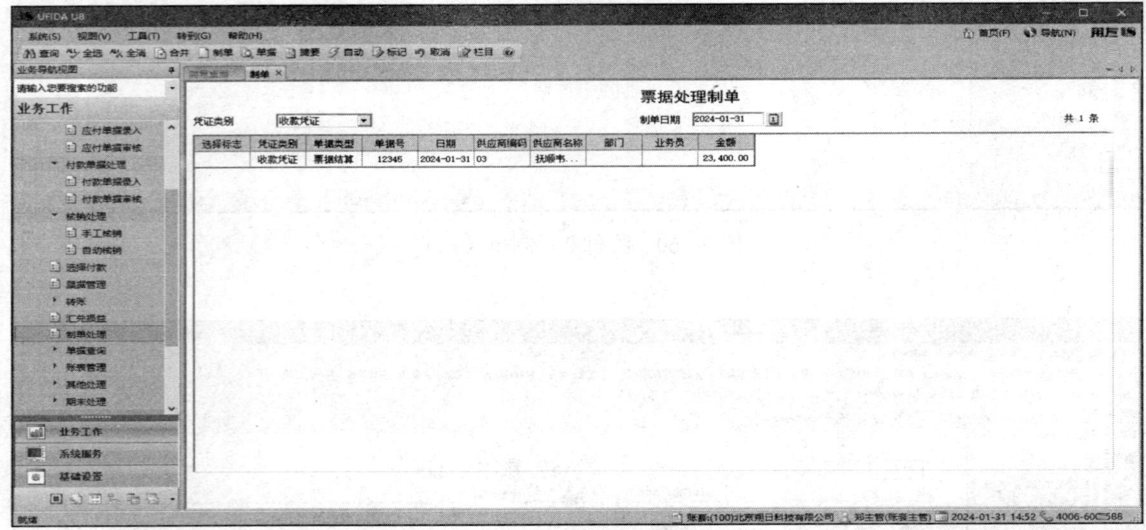

图 9－63　“票据处理制单”窗口

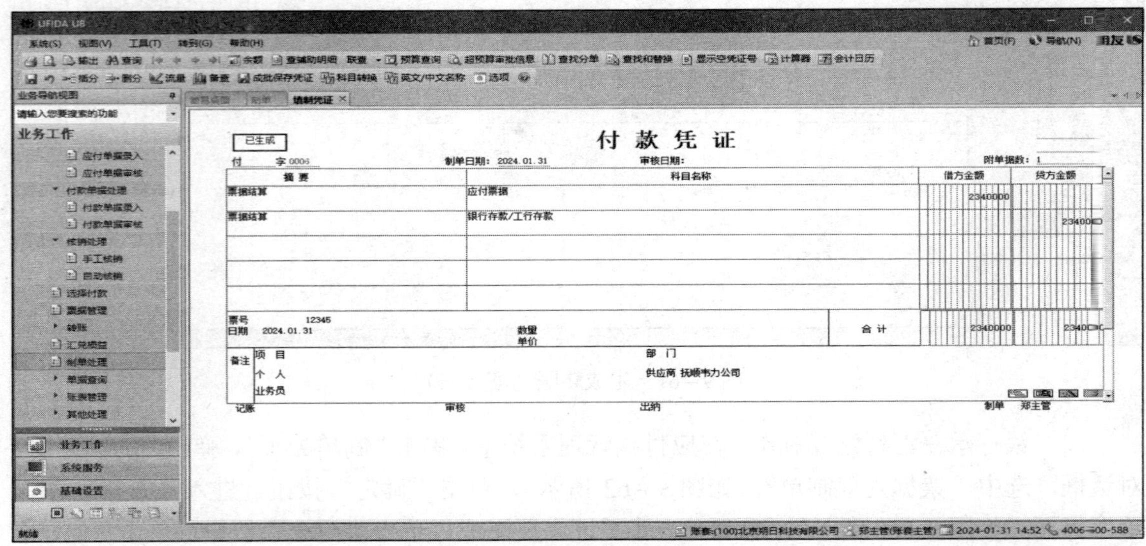

图 9－64　生成付款凭证

任务四 转账处理

➘ 目标

掌握用应付账款冲抵应付账款的操作，掌握用预付账款冲抵应付账款的操作，掌握应付冲应付、预付冲应付业务的制单操作。

➘ 项目描述

2024 年 1 月，朔日公司发生了一些应付冲应付业务和预付冲应付业务，并对这些业务进行制单处理。具体资料如下：

（1）1 月 27 日，向抚顺韦力公司采购 A 型实木 4 吨，不含税单价 4 000 元，收到专用发票，货款暂未支付。1 月 28 日，经三方公司同意，将这笔应付款转给沈阳品达公司。

（2）1 月 28 日，向沈阳万顺公司采购 A 型实木颗粒 4 吨，含税单价 2 500 元，收到普通发票，货款暂未支付。1 月 29 日，经双方同意，用预付款冲抵支付货款。

➘ 项目要求

应付冲应付；

预付冲应付；

转账制单。

➘ 知识准备

1. 应付冲应付

应付冲应付，是指按照供应商的要求，将某个供应商的应付款项转给其他供应商，即减少某个供应商的应付款，同时增加另外一个供应商的相同金额的应付款。应付冲应付后，应付款总额不变。

2. 预付冲应付

预付冲应付，是指按照供应商的要求，将供应商的预付款冲抵该供应商之前的应付款，即该供应商的预付款减少，同时该供应商的应付款也减少相同的金额。预付冲应付后，预付款减少，应付款也减少。

➘ 操作指导

1. 录入应付单及应付冲应付

进入应付款管理系统，单击“应付单据处理”，再单击“应付单据录入”，单据类别选择“采购专用发票”，进入“专用发票”界面（如图 9－65 所示），单击“增加”按钮，录入日期“2024－01－27”，供应商“抚顺韦力公司”，存货名称“A 型实木”，数量“4”，原币单价“4000”，其他信息自动带出，单击保存，单击审核，出现提示“是否立即制单？”单击“是”按钮，进入“填制凭证”界面，凭证类别选择“转账凭证”（如图 9－66 所示），单击保存，退出。

针对应付冲应付进行操作。单击“转账”，再单击“应付冲应付”，打开“应付冲应付”窗口（如图 9－67 所示），录入日期“2024－01－28”，转出供应商选择“抚顺韦力公司”，转入供应商选择“沈阳品达公司”，单击“查询”按钮，系统显示出转出供应商所有的应付单，在第一条记录中，并账金额一栏录入“18080”，单击确认，弹出提示“是否立即制单？”，单击“否”按钮，暂不制单。

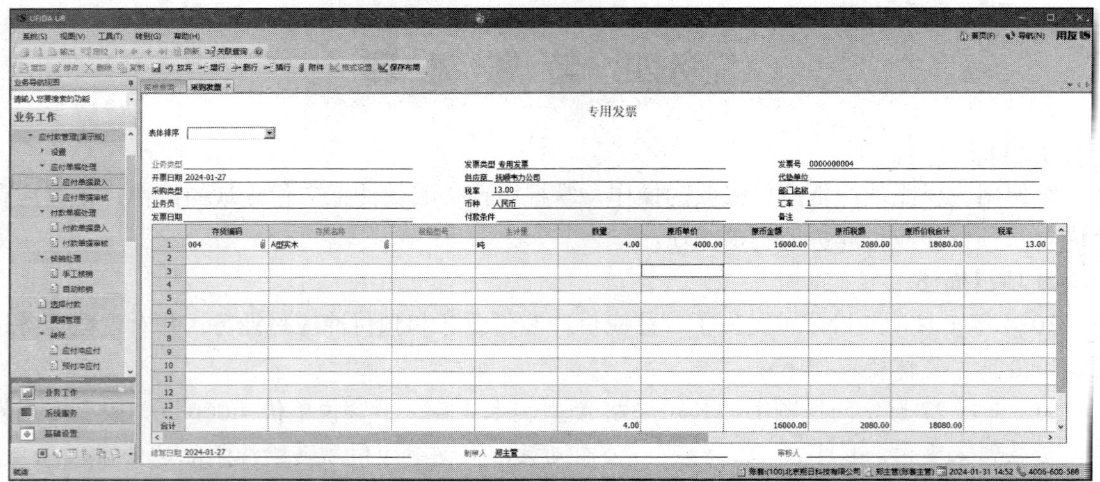

图 9－65　采购专用发票窗口

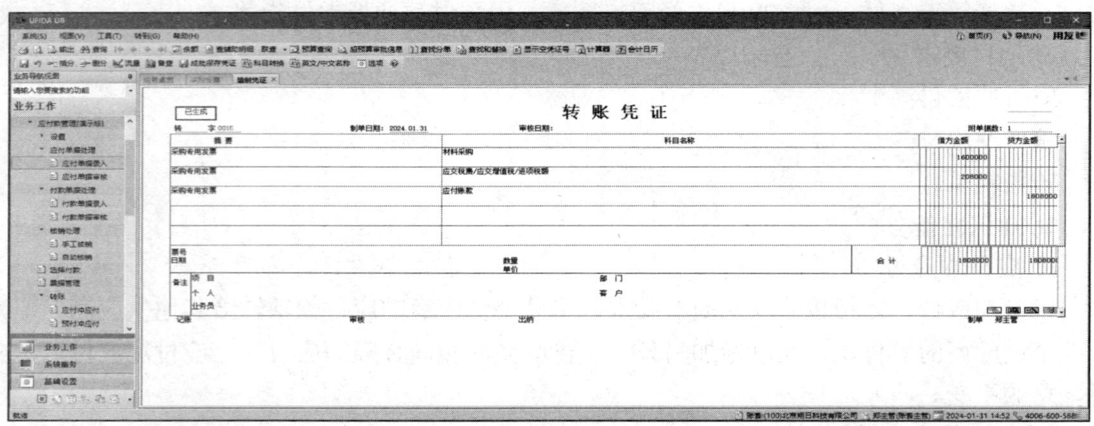

图 9－66　生成转账凭证（四）

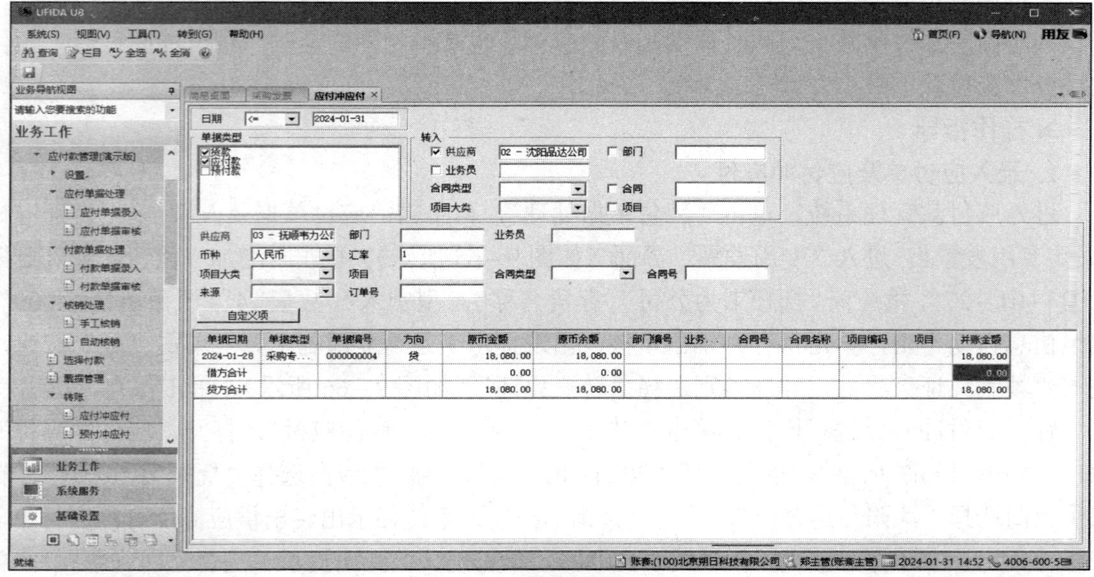

图 9－67　应付冲应付录入窗口

2. 录入应付单与预付冲应付

进入应付款管理系统，单击“应付单据处理”，再单击“应付单据录入”，单据类别选择“采购普通发票”，进入“普通发票”界面（如图9－68所示），单击“增加”按钮，录入日期“2024－01－28”，供应商“沈阳万顺公司”，存货名称“A型实木颗粒”，数量“4”，原币金额“10000”，单击保存，单击审核，弹出提示“是否立即制单”，单击“是”按钮，生成转账凭证（如图9－69所示）。针对预付冲应付进行操作。进入应付款管理系统，单击“日常处理”下的“转账”，再单击“预付冲应付”，打开“预付冲应付”对话框（如图9－70所示），录入日期“2024－01－29”，供应商“01－沈阳万顺公司”，单击“过滤”按钮，系统显示出该公司所有的预付款，在转账金额一栏录入“10000”，再单击“应付款”选项卡（如图9－71所示），录入供应商“01－沈阳万顺公司”，单击“过滤”按钮，系统显示出该公司所有的应付款，在转账金额一栏录入“10000”，单击“确定”按钮，弹出提示“是否立即制单”，单击“否”按钮，暂不制单。

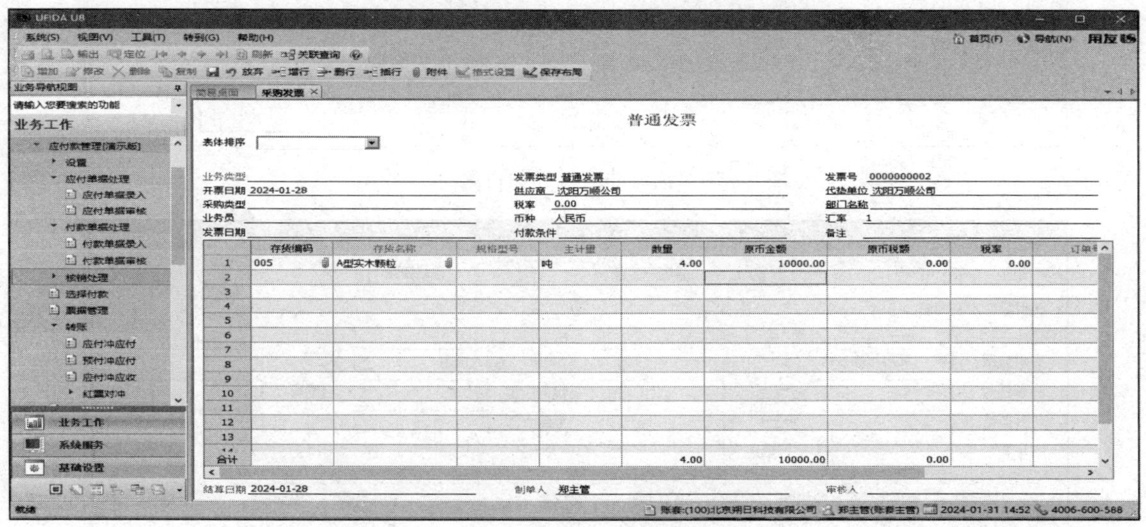

图9－68 普通发票

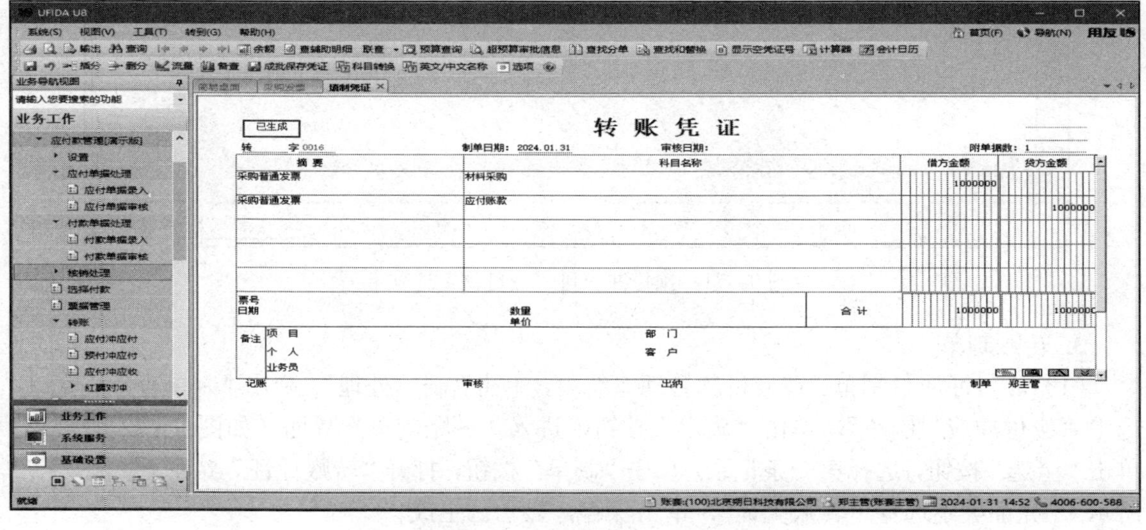

图9－69 生成转账凭证（五）

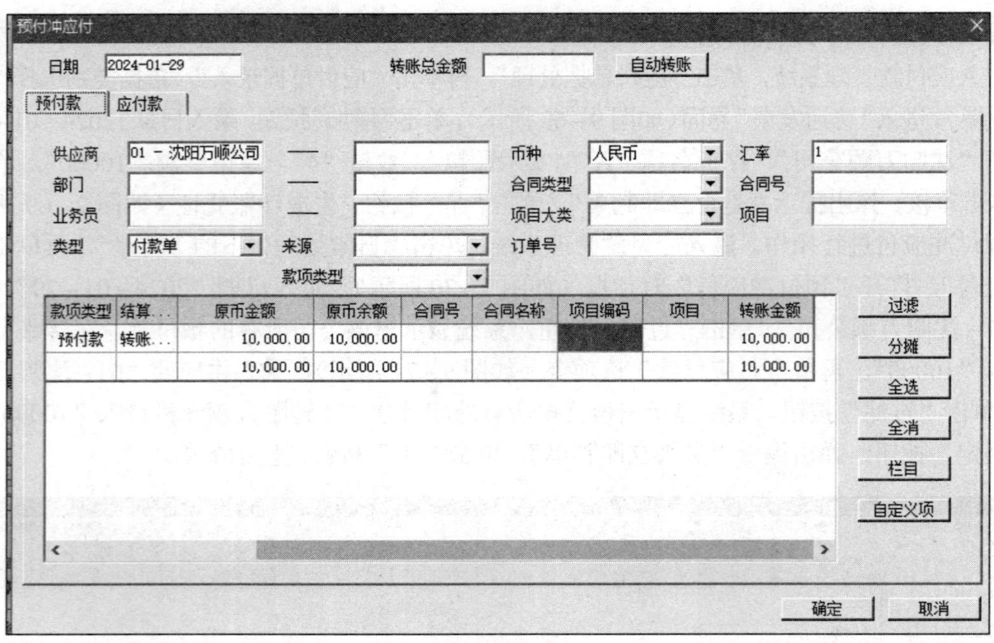

图 9－70　预付冲应付“预付款”选项卡

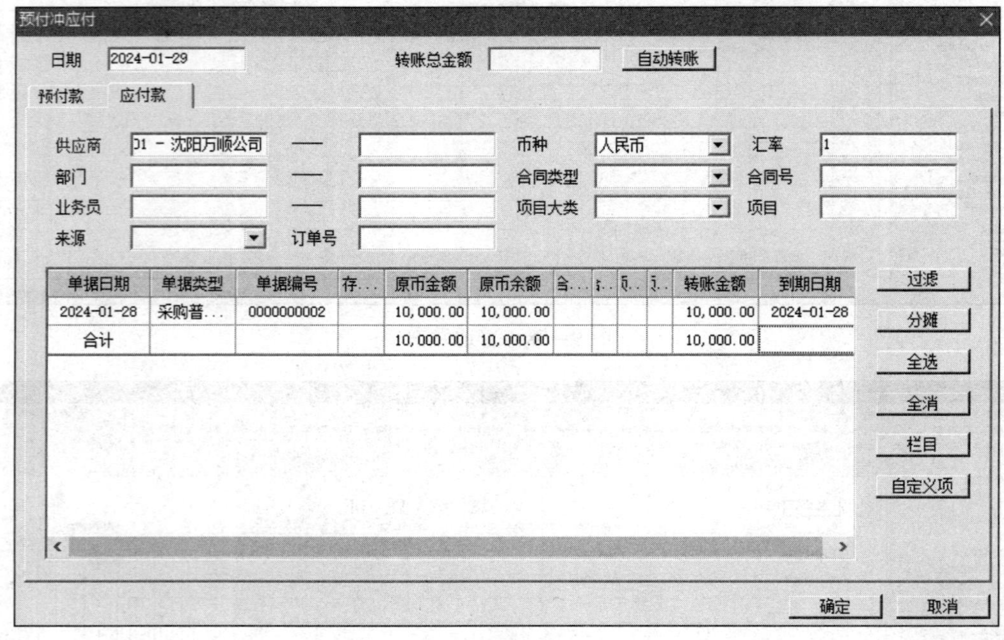

图 9－71　预付冲应付“应付款”选项卡

3. 转账制单

（1）应付冲应付制单。在应付款管理系统中，单击“制单处理”，弹出“制单查询”窗口，选中“应付冲应付制单”，单击“确定”按钮，进入“并账制单”界面（如图 9－72 所示），单击“全选”按钮，选择第一条记录，单击“制单”按钮，打开“转账凭证”界面（如图 9－73 所示），凭证类别选择“转账凭证”，单击保存，显示已生成。

图 9－72 “并账制单”界面

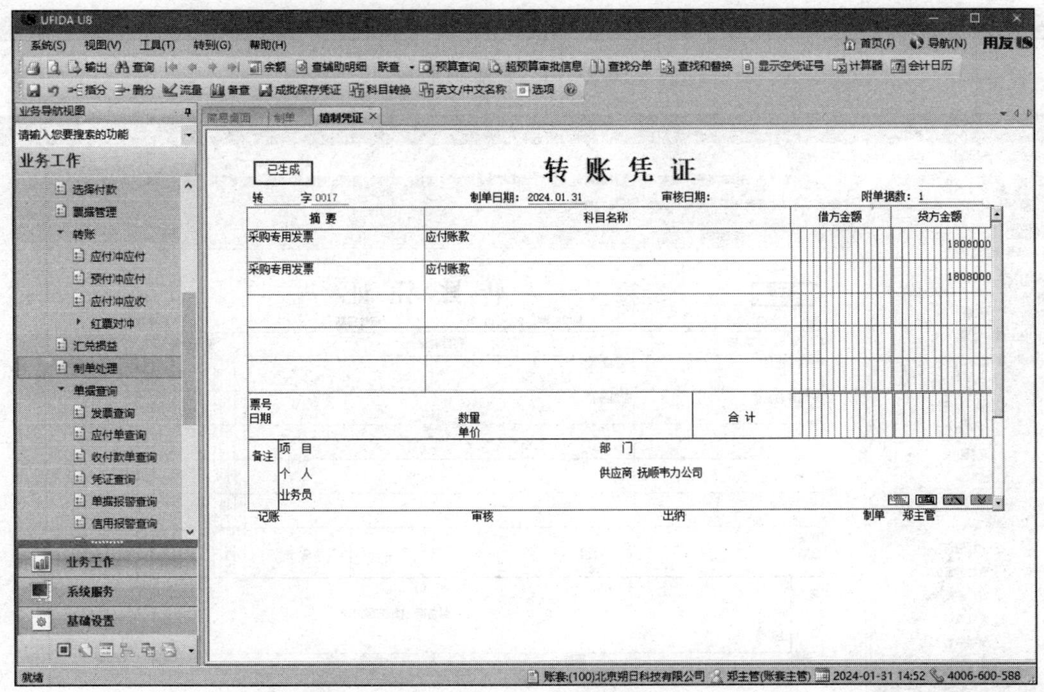

图 9－73 生成转账凭证（六）

（2）预付冲应付制单。在应付款管理系统中，单击“制单处理”，弹出“制单查询”窗口，选中“预付冲应付制单”，单击“确定”按钮，进入“转账制单”界面（如图 9－74 所示），单击“全选”按钮，选择第一条记录，单击“制单”按钮，打开“转账凭证”界面（如图 9－75

所示），凭证类别选择“转账凭证”，单击保存，显示已生成。

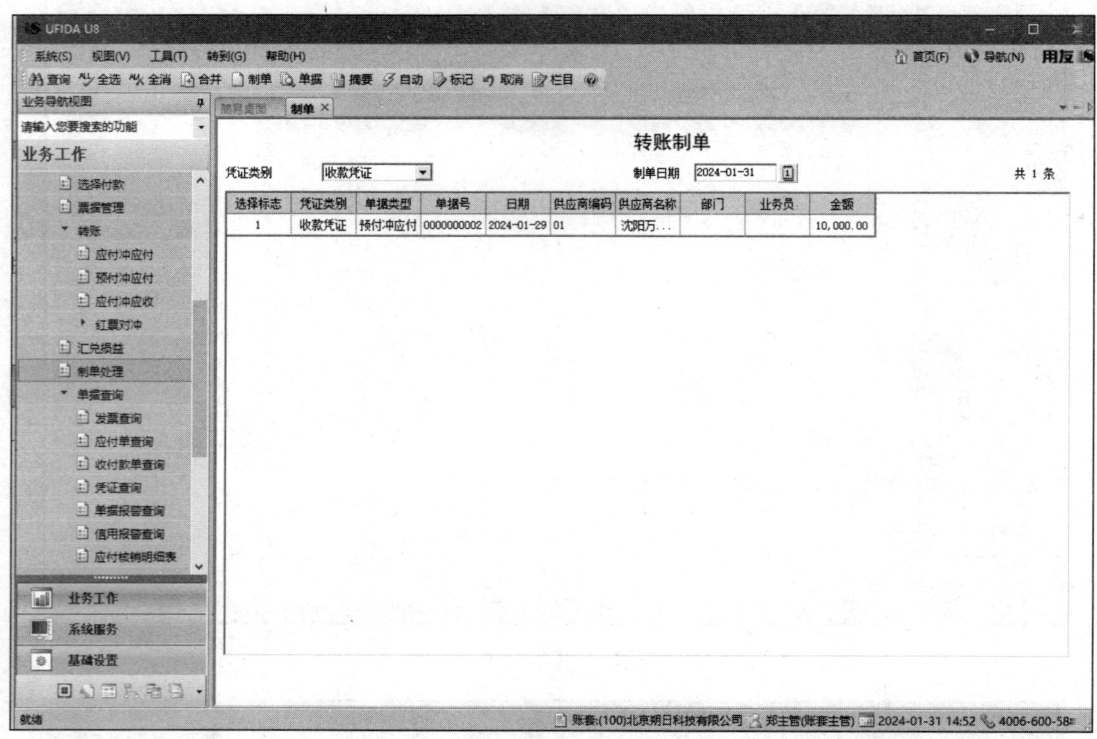

图 9－74　转账制单

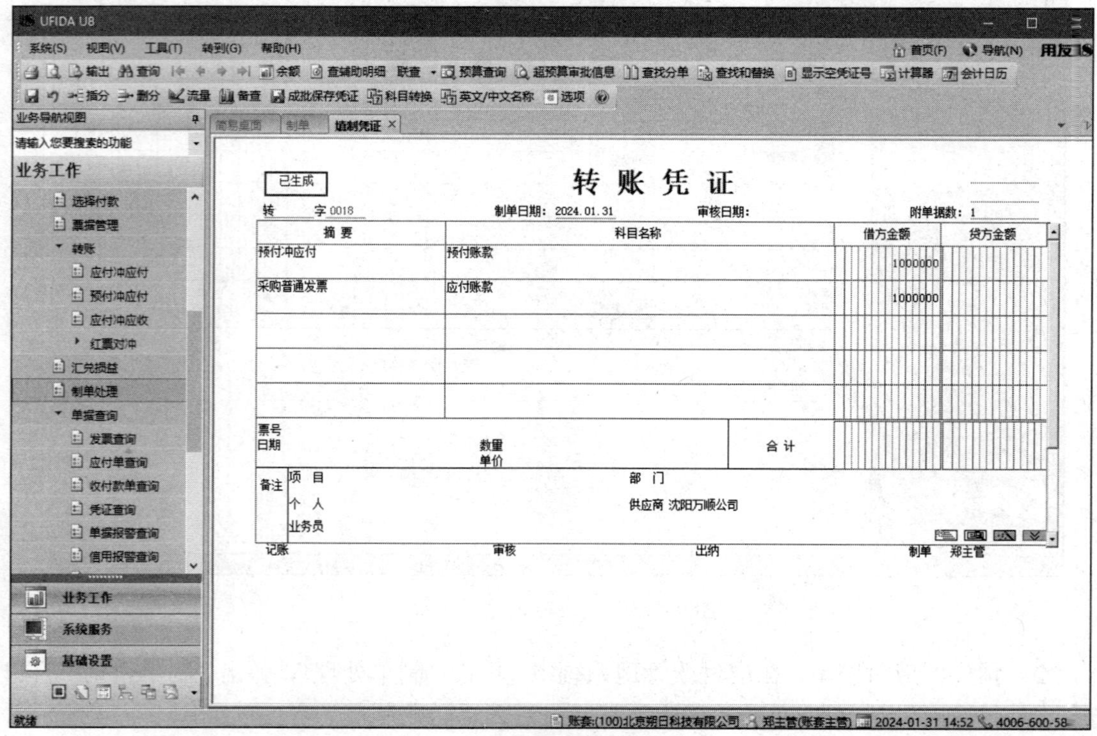

图 9－75　生成转账凭证（七）

任务五　其他业务

➘ 目标

掌握应付款管理系统结账与总账结账的关系，掌握应付款管理系统结账与取消结账。

➘ 项目描述

2024 年 1 月，企业发生了一些查询业务，检查是否可以结账。具体资料如下。

（1）1 月 31 日，查询所有付款单是否制单。

（2）1 月 31 日，查询所有发票与应付单是否制单。

（3）1 月 31 日，查询所有票据处理是否制单。

（4）1 月 31 日，查询所有转账与并账是否制单。

（5）本月应付款管理系统结账。

➘ 项目要求

制单查询；

期末结账。

➘ 知识准备

1. 制单查询

发生的业务单据，包括应付单、付款单、应付票据录入、票据结算等业务的单据，都需要制单处理。只有业务单据全部制单处理后，应付系统才能结账。如果想知道业务单据是否全部制单，可以进行制单查询，逐一查看各个业务是否有尚未制单的单据。

2. 应付款管理系统结账

应付款系统结账的前提是，需将应付款系统所有的单据审核，即将应付单与付款单全部审核，同时还要将所有的业务单据制单。只有这些操作完成后，应付款管理系统才能结账。如果只有应付管理系统与总账系统联合使用时，应付款管理系统结账后，总账才能结账。取消结账时，要先取消总账结账，后取消应付款管理系统结账。

➘ 操作指导

1. 制单查询

在应付款管理系统中，单击“日常处理”下的“制单处理”，打开“制单处理”窗口，选择“发票制单”，取消日期，单击“确定”按钮，进入“采购发票制单”界面（如图 9－76 所示），没有看到任何记录，所以，可以确定本月发票均已制单。

同理，确定应付单、收付款单、票据处理、转账、并账是否都已制单。如果存在未制单的单据，请制单处理。

2. 结账

在应付款管理系统中，单击“期末处理”，单击“月末结账”，打开“月末处理”对话框（如图 9－77 所示），选中一月，结账标志显示“Y”，单击“下一步”按钮，可以看到结账提示（如图 9－78 所示），只有业务全部处理后，才能结账，单击“完成”按钮，提示“1 月份结账成功”（如图 9－79 所示）。单击“确定”按钮，完成 1 月应付款管理系统结账。如果需要取消结账，操作方法是，单击“期末处理”下的“取消月结”，弹出“月未处理”对话框，“一月”显示“已结账”（如图 9－80 所示），选中“一月”的“已结账”，单击“取消”按钮。

弹出提示“取消结账成功”（如图 9－81 所示），单击“确定”按钮。

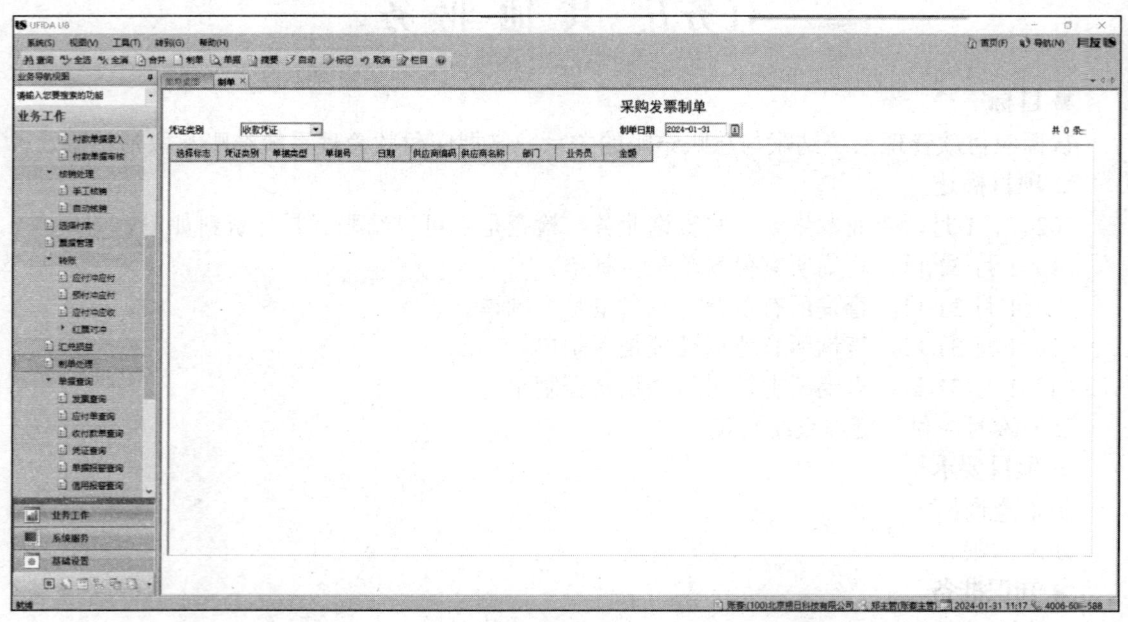

图 9－76　采购发票制单

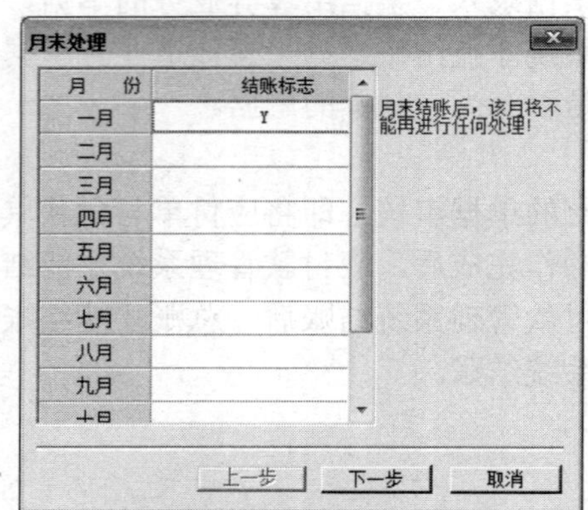

图 9－77　月末处理

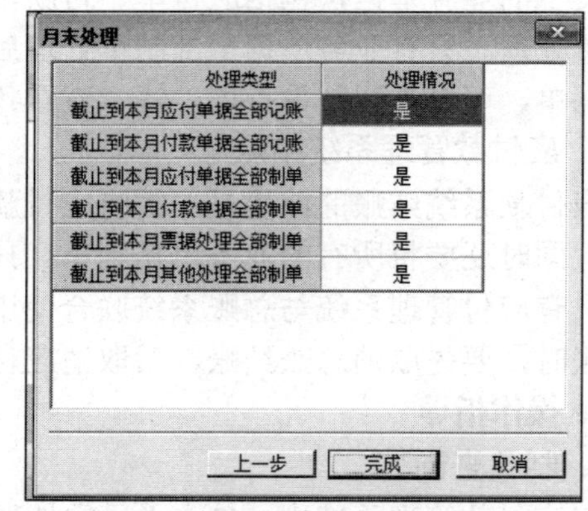

图 9－78　结账提示

图 9－79　结账成功提示

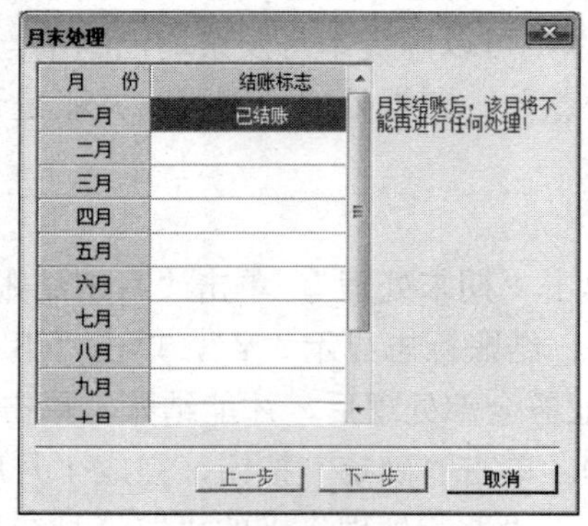

图 9－80　月末处理

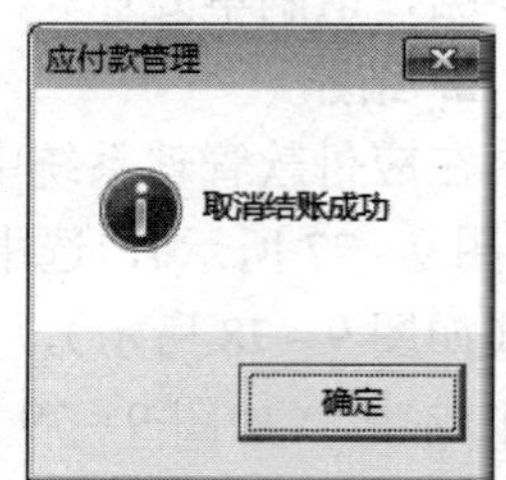

图 9－81　取消结账提示

巩固练习

根据所学知识，设置如下应付款管理系统实验资料。

实验资料

1. 初始设置

（1）控制参数见表 9-8。

表 9-8　控制参数

控制参数	参数设置
是否自动计算现金折扣	是
月末结账前是否全部制单	是

（2）科目设置见表 9-9。

表 9-9　科目设置

科目类别	设置方式
基本科目设置	应付科目：2202 预付科目：1123 采购科目：1401 应交增值税科目：22210101
控制科目设置	所有供应商的控制科目： 应付科目：2202 预付科目：1123
结算方式科目设置	结算方式：现金支票；币种：人民币　科目：100201 结算方式：转账支票；币种：人民币　科目：100201

（3）账期内账龄区间设置见表 9-10。

表 9-10　账期内账龄区间设置

序号	起止天数	总天数
01	0—30	30
02	31—60	60
03	61—90	90
04	91 以上	

（4）计量单位组设置见表 9-11。

表 9-11　计量单位组设置

计量单位组编号	计量单位组名称	计量单位组类别
01	无换算关系	无换算率

（5）计量单位设置见表 9-12。

表 9－12　计量单位设置

计量单位编号	计量单位名称	所属计量单位组名称
01	盒	无换算关系
02	台	无换算关系
03	只	无换算关系
04	千米	无换算关系

（6）存货分类见表 9－13。

表 9－13　存货分类

存货类别编码	存货类别名称
01	原材料
0101	主机
010101	芯片
010102	硬盘
0102	显示器
0103	键盘
0104	鼠标
02	产成品
0201	计算机
03	配套用品
0301	配套材料
0302	配套硬件
030201	打印机
030202	传真机
0303	配套软件
09	应税劳务

（7）存货档案见表 9－14。

表 9－14　存货档案

存货编码	存货名称	所属类别	主计量单位	税率	存货属性	参考成本/元	参考售价/元
001	PIII 芯片	10101 芯片	盒	13%	外购，生产耗用，采购	1 200	
002	40 GB 硬盘	10102 硬盘	盒	13%	外购，生产耗用，采购	800	1 000
003	22 英寸显示器	102 显示器	台	13%	外购，生产耗用，采购	2 200	2 500
004	键盘	103 键盘	只	13%	外购，生产耗用，采购	100	120
005	鼠标	104 鼠标	只	13%	外购，生产耗用，采购	50	60
006	计算机	201 计算机	台	13%	自制，采购	5 000	6 500
007	160 K 打印机	30201 打印机	台	13%	外购，采购	2 000	2 300
008	运输费	9 应税劳务	千米	6%	外购，采购，应税劳务		

（8）普通发票期初余额见表 9－15。

表 9－15　普通发票期初余额

开票日期	供应商	销售部门	科目	货物名称	数量	单价	金额
2023－11－20	万科	供应部	2202	芯片	100	2 768.5	27 6850 元

（9）开户银行。

① 银行编码是 01，银行名称是工商银行北京分行中关村分理处，账号是 831658796200。

② 2024 年 1 月发生的经济业务：

a）1 月 2 日，从万科公司购进芯片 100 盒，单价 220 元/片，收到专用发票，款未付。

b）1 月 5 日，归还万科公司去年 11 月所欠货款，支付转账支票一张，支票号为 ZZ002，同时核算该笔欠款。

c）1 月 6 日，预付多媒体研究所一批货款 20 000 元，支付转账支票一张，支票号 ZZ003。

d）1 月 2 日，从万科公司购进芯片 100 盒，由于质量问题，退货，1 月 7 日收到红字专用发票。

e）制单。

2. 月末处理

将应付款管理结账，之后取消结账。

➘ 操作指导

请参照项目八应收款管理巩固练习的操作指导进行操作。